'위안부',
더 많은 논쟁을 할 책임

'위안부',
더 많은 논쟁을 할 책임

feminist critique 3

김은실 엮음

권은선
김신현경
김은경
김은실
김주희
박정애
야마시타 영애
이지은
이혜령
정희진
허윤

민족주의와 망언의
적대적 공존을 넘어

들어가며   '위안부' 문제의 회복적 읽기를 위하여

맨날 했던 말, 하고 또 하고… 테레비고 신문이고 입이 아프도록 죽도록 말해놓으면 그 말은 다 어디 가삐고 한두 마디 나오고 그저 '김복동 위안부', '위안부 김복동 할매'… 이기 머, (내가) 위안부라고 선전하는 거밖에 더 되나 말이다. 안 그래?[1]

이 책은 한국 사회의 일본군 '위안부' 운동과 담론을 성찰하고 여성주의적 개입을 모색하고자 기획되었다. 1991년 김학순의 증언은 탈식민 시간을 사는 사람들에게 현실의 '정상성'을 의심하게 하는 놀라움의 순간이었다. 여전히 많은 사람이 '위안부' 문제가 왜 풀리지 않는지 질문한다. 가장 큰 이유는 일본 측에서 '위안부' 문제에 관한 공식적인 인정과 사과, 배상을 하지 않았기 때문이라고 간주된다. 또한 '위안부'를 둘러싼 그간의 논의가 여성의 '강제'와 '자발'을 둘러싼, 이분법적이면서 각각의 논리를 강화시키는 적대적 공존 관계가 유지되고 있기 때문이라고 본다.

---

1   이진순, ""난 평생 정이라곤 줘본 적이 없어"", 이진순의 열림-위안부 피해자 김복동 할머니, 《한겨레》, 2014년 2월 21일자.

'위안부'가 문제로 등장하고 사회의 관심을 끌기 시작한 것은 '위안부' 피해자가 직접 증언을 하기 시작하면서부터다. 그 이전까지 '위안부'에 대한 이야기는 남성들의 전쟁 수기나 전쟁 기록물, 영화나 문학작품 등에서 남성 목격자의 눈을 통해 언설화되었다. '위안부' 피해자 김학순의 등장과 성 노예 경험에 대한 증언은 남성 목격자들의 서사를 일단 멈추게 했다. '위안부'가 피해자 여성의 사건임을 밝힌 이 순간은 '위안부'의 역사에서 정치적인 사건이다.

  '위안부' 문제 해결 운동에서 가장 중요한 것은 피해자들의 증언이었다. 모두 피해자들의 말을 듣고자 했고, 그 말이 '위안부'의 고통과 현실을 전달하고 있다고 간주했다. 그래서 초기에는 증언의 정확성, 엄밀성, 정보성 등에 주의를 기울였고, 증언 채록자들은 증언자들의 말을 더 정확하고 분명하게 채록하고자 했다. 그 다음 단계에서는 잘 듣는 것이 중요하다고 생각해, '위안부'의 목소리를 있는 그대로 잘 듣고자 했다. 그러나 듣는 것은 단순히 열심히 귀를 기울이는 작업은 아니다. 듣기는 정치적인 과정이고, 또 윤리적인 행위이다. 초기의 증언자들은 국가의 피해 신고를 통해 등장했고, 피해 신고는 강제동원과 피해사실 등을 기록하게 되어 있었다. 피해 대상자 통고서를 받은 피해자들은 피해가 더 이상 자신의 책임에서 비롯된 것이 아니라 강제된 것임을 국가가 인정했다고 인식했다. 이것은 '위안부' 여성들의 말하기에 있어 첫 번째 회복적 읽기의 순간이고, 피해자 여성들이 전장에서 위안부였던 자신을 벗어나는 최초의 경험일 수 있었다고 생각한다.

그러나 동시에 이 순간은 '위안부' 여성들의 강제연행에 대한 말하기 구조와 기억 구조가 구축되는 지점이기도 했다. '위안부' 여성들의 말하기 그리고 듣기는 특정한 사회적 상황 속에서 상호성을 구축하는 과정에 있게 된다. 페미니스트들은 경험 혹은 몸의 경험이 어떻게 사회적·정치적 현실에 영향을 받고 또 현실을 변화시킬 수 있는지를 이해하는 데 현상학적 이해를 참조한다. 기존의 고전 현상학은 경험에 대한 1인칭 단수의 설명이 상호주관성보다 절대적으로 앞선다는 입장이었다. 그러나 페미니스트의 비판 현상학은 주체가 사회적 요구 혹은 권력에 의해 열려있고, 몸이 기억하는 경험적 능력 자체가 분절적이라 본다. 그것이 또한 새로운 가능성의 협상 지점이기도 하다는 것을 설명해왔다. 이런 차원에서 '위안부' 여성의 말하기는 결국 누가 어디서 어떻게 듣는가의 문제와 함께 간다.

특히 '위안부' 연구에서 '위안부' 피해 여성들의 몸의 경험은 매우 중요하지만 이는 본격적인 연구가 되지 못했다. 그들은 위안소에서 겪은 몸의 고통과 귀국 후 지속되는 몸적 고통으로 인해 위안소의 시간에 갇혀있다. 그러나 인간의 몸의 경험은 혹은 몸이 기억하는 능력은 기만적이고 분절적인 동시에 구성적이다.[2] 그래서 몸에 대한 기억과 몸의 실증적인 흔적은 일치하기도 하지만, 일치하지 않기도 한다. 우리는 몸을 강조하면서 몸에는 우리가 살아온 경험(lived experience)이 각인되고, 각인된 경험이 발견되어 언어화되고 있다고 생각하지만, 사실 그 과정은 매우 불완전하게 일어난다.[3] 경험의 신체 각인은 정체성을 조직하는 방법이자, 그 비일관성 때문에 주체가 세계 속에서 자신을 잃기도 하지만, 또 자신의 위치를 협상할 수 있다. 연구자들이 '위안부' 여성들의 몸의 경험과 말하기 관계를 드러내줄 도구나 방법론에 대해 더 많이 이야기하고 토론하는 것이 중요하다.

2   전쟁과여성인권센터 연구팀, 《역사를 만드는 이야기: 일본군 '위안부' 여성들의 경험과 기억》(일본군 '위안부' 증언집 6), 여성과인권, 2004 참조. 이 책에는 '위안부' 여성들의 살아온 경험으로서의 몸 그리고 말하기, '위안부' 여성들과 듣는 자 사이의 불편한 관계가 드러나는 사례들이 들어있다. 그리고 말하기를 거부하거나 트라우마적인 몸의 고통이 드러나거나 듣는 자가 말하는 자의 삶을 평가하지는 않지만 이해하지 못하는 상황도 솔직하게 보여준다. 이런 의미에서 열려있는 좋은 자료라고 생각한다.
3   김은실, 〈4·3 홀어멍의 "말하기"와 몸의 정치〉, 《한국문화인류학》 제49권 제3호, 한국문화인류학회, 313~359쪽. 4·3 피해자의 말하기를 다루는 이 논문에는 기억, 체현된 몸(embodiment), 말하기와 자기 정체성의 관계가 매우 분절적이고 복잡하게 드러나는 사례들이 들어있다.

‘위안부’ 연구에서 이브 세즈윅(Eve Kosofsky Sedg-
wick)의 ‘편집증적 읽기와 회복적 읽기(Paranoid Reading and
Reparative Reading)’는 ‘위안부’ 증언 듣기와 읽기를 통해 지
식을 탐색하고 조직하는 방법론에 관해 참고할 만한 개념이
다.[4] 편집증적 읽기는 글을 읽기 전에 이미 텍스트에 대한 의
심을 전제하며 그것을 문제제기하는 의심의 방법론이다. 세
즈윅은 편집증적 읽기가 비판적이고 이론적인 질문 양식으
로서, 진단이 아니라 처방을 앞세운다는 점에서 문제적이라
본다. 세즈윅은 비판적 도구 혹은 무기로서의 습관적인 편집
증적 질문 방식, 삶의 맥락과 절합되지 않은 대칭적·이분법
적 읽기 방식이 오늘날 비판이론이 직면한 핵심적인 문제라
고 비판한다. 반면 회복적 읽기는 자신이 알고 있는 앎의 한계
에 부딪치면서 그것을 넘어서는, 단정적이고 자신감 넘치는
선언적 지식에서 벗어나는 앎의 형태를 만날 수 있게 해준다
는 의미에서 편집증적 읽기보다 열려있다고 본다. 이는 기존
의 습관적인 사유 관계에서 탈구해 스스로 놀람에 개방하는
발견적인 읽기 방식이다. 세즈윅의 회복적 읽기가 완전한 대
안이 아니더라도 페미니스트 사유에 더 많은 가능성을 부여

4   Eve Kosofsky Sedgwick, “Paranoid Reading and Reparative Reading,
       or, You’re So Paranoid, You Probably Think This Essay is About You,”
       Touching Feeling: Affect, *Pedagogy*, *Performativity* , Duke University Press,
       2003, pp. 123~152.

한다는 차원에서 '위안부' 문제를 읽는 중요한 방법론적 준거가 될 수 있다.

그렇다면 '위안부' 문제를 어떻게 읽어야 할 것인가? '위안부' 문제는 그것이 발생된 역사적 맥락 속에서 얼마나 피해자들의 증언이 정확한가, 당시의 법이나 규칙에 얼마나 부합하거나 위반하는가 하는 문제가 아니다. 문제는 '위안부' 피해자들이 겪은 현실을 다른 맥락으로 이동시킬 수 있는 윤리적이고 정치적인 맥락 혹은 질문을 어떻게 만들 것인가이다.

'위안부' 문제가 한국 사회에서 공개 증언이 가능했던 것, 전쟁범죄에 관한 형사재판에서 강간 등을 인도에 반하는 죄로 규정한 것 등은 자연스럽고 당연한 것이 아니다. 경험과 새로운 정치를, 개념과 경험을 상호 관계로 맺어주는 윤리적이고 사회적인 책임의 담론 속에서 가능했다. 경험과 발화 사이의 관계, 발화하는 자아와 발화된 자아 간에도 구성된 상호성이 존재한다. 이런 맥락에서 인간은 경험을 자신의 삶에 대한 서사로 만들기도 하지만, 우리의 정체성과 성격이 기존 서사에 의해 형태 지워지기도 한다. 이러한 분석이 경험의 구성성에 관한 질문으로 이어질 수도 있을 것이다. 이론과 지식은 경험에 질문을 불러오고, 질문을 통해 현실을 이동시키는 힘이기도 하다.

'위안부'는 1946년 극동국제군사재판(International

Military Tribunal for the Far East, 일명 '도쿄전범재판')에서도, 1965년 한일협정에서도 일제의 침략 전쟁에 동원된 피해자로 인정받지 못한 식민지 시대의 여성 피해 집단이었다.[5] 이런 역사적 배경을 염두에 둘 때 김학순은 '위안부' 여성이 자신을 피해자로 명명하며 등장했다는 점에서 특별한 의미가 있다. '위안부' 여성의 문제가 역사적·정치적 질문으로, 그리고 여성 인권의 문제로 제기될 수 있었던 데는 각고의 노력이 수반되었다. 여기에는 1980년대부터 1990년대에 걸쳐 등장한 여성 인권 개념, 여성운동의 성과, 여성 활동가들 그리고 페미니스트 연구자들의 등장, 탈냉전 등이 중요하게 작용했다. 탈식민적 상황에서 국가나 민족의 보편성 혹은 동일성으로 수렴되지 않은 채 남아있는 여성의 성별적 혹은 성적인 위치에 대한 페미니즘의 시각, 탈식민적 상황에서 다양한 국가에 편입되어 있는 '위안부' 여성들의 피해와 권리를 설명하

5   니콜라 헨리는 1946년 전쟁범죄, 반인도 범죄, 평화 범죄에 대해 일본 피고인을 재판하기 위해 설립된 도쿄전범재판에서 '위안부'의 조직적 성노예화 같은 범죄는 적절히 기소되지 못했다고 그 과정을 설명하고 있다. 그래서 '위안부'들은 그들의 '위안부'로서의 존재 자체가 범죄였음을 증명하고, 자신의 억울함을 인정받기 위해 너무나 많은 노력을 해야 했다. 도쿄전범재판 결과는 역사 수정주의자와 피해자 옹호론자 들 사이에서 '위안부' 피해 사실을 부정하거나 확인하는 데 자주 활용되었다. Nicola Henry, "Memory of an Injustice: The "Comfort Women" and the Legacy of the Tokyo Trial," *Asian Studies Review*, Vol. 37, No. 3, 2013, pp. 362~380.

는 초국가적인 인식틀에 대한 요구 등이 '위안부' 문제를 가시화했다. 이와 동시에 탈냉전을 통해 북한과 중국의 피해자 등과 연대하고 소통할 수 있는 지점이 마련되었던 것도 중요한 대목이었다.

'위안부'는 일제하에서 발생한 성별화된 현상이자 초국적인 사건이었다. 그러나 그들의 등장과 언어가 탈식민 페미니즘의 담론이나 틀로 전유되지는 못했다. 대신 그들의 말은 '위안부' 문제를 전면적이고 실증적으로 증거하는 언어로 번역되고 심문되기 시작했다.

이 책은 모두 11편의 글로 구성되었다. 크게 1부와 2부로 나누고 맨 앞에 서문을 붙여 독자의 이해를 돕고자 한다. 〈서문: 전시 성폭력을 다시 질문하다〉에서 김은실은 30년이 지나도록 '위안부' 피해자에 대한 사과와 배상이 이뤄지지 않고 '자발'이라는 범주를 통해 '위안부' 피해를 부정하는 일본 우익의 논리가 만들어지는 오늘날의 현실을 넘어서기 위해서는 페미니스트 연구자들의 새로운 문제 제기가 필요하다고 주장한다.

'위안부' 문제는 식민지 시대 조선 여성들에게 일어난 폭력적이고 반인권적인 사건이다. 그런데 이 문제를 식민지 여성에 대한 차별과 억압의 결과로 볼 것인가 아니면 군인들의 사기를 위한다는 명목으로 수행된 여성 동원이자 성 노예 제도라고 볼 것인가에 따라 문제 해결을 위한 논의와 연대가 다르게 모색될 수 있다. 여성들을 동원해 군인들의 '위안부'로 만들었던 것을 범죄로 보지 않는 해방 후 최초의 틀은 일본군의 침략성을 판단했던 1946년 도쿄전범재판이다. 일본의 전쟁범죄를 묻는 도쿄전범재판에서 '위안부' 관련 자료들이 연합군에 제출되었음에도 '위안부' 문제는 전혀 다뤄지지 않았고, 그 결과 일본의 침략 전쟁에서 면죄되었다.

    김은실은 '위안부' 여성들의 공개 증언이 시작되었을 때 패전 후 이들의 존재를 은폐했던 일본 정부는 물론, '위안부' 문제를 전쟁범죄에서 배제한 연합군에도 '위안부' 여성들의 피해와 식민 이후의 트라우마에 대한 책임을 물었어야 했다고 생각한다. 결국 '위안부' 문제에 침묵한 연합군의 도쿄전범재판은 '위안부' 피해의 부정의함을 부추길 뿐만 아니라, 많은 생존자의 삶을 공식적으로 인정하지 않는 결과를 초래했다. 한편 1991년 유고슬라비아 전쟁에서 발생한 집단 성폭력에 대응하려는 페미니스트들의 노력과 딜레마는 도쿄전범재판에서 실현되지 못한 정의가 역사적으로 어떻게 이어지는지를 보여준다는 점에서 주요한 사례. 김은실은 도쿄전범재판에서 '위안부'에 관한 자료가 조사되었음에도 불구하고 왜 '위안부' 문제가 제외되었는지를 따지고 연합군에도 책임을 묻는 것이 '위안부'를 둘러싼 한일 간 교착 상태를 벗어나는 데 중요한 인식 틀이 될 수 있다고 본다. 그리고 구 유고슬라비아 국제형사재판소 등의 국제적 사례를 살펴봄으로써 '위안부' 문제를 지구적 관점으로 확장할 때 문명의 전환으로서 전시 성폭력에 대응하는 연대를 새롭게 모색할 수 있다고 주장한다.

이어지는 〈1부. 일본군 '위안부' 운동에 대한 성찰〉은 '위안부' 운동에 참여했던 활동가가 돌아본 운동, '위안부' 문제를 사회화하는 대중문화가 구성되는 방식과 관점, '위안부'를 둘러싼 논쟁 등을 돌아보는 글을 모았다.

〈1. 야마시타와 영애 사이에서: 틈새의 시점에서 본 일본군 '위안부' 운동〉은 1988년 여성학을 공부하러 한국에 유학 온 자이니치 페미니스트인 야마시타 영애가 정신대연구소와 정대협(정의연)의 초기 멤버로서 '위안부' 운동의 의제가 어떠한 역사적 경로를 통해 만들어졌는지, 그 과정에서 무엇이 문제라고 생각했는지, 그리고 현재의 '위안부' 운동을 어떻게 생각하고 있는지 밝히는 글이다. 저자는 시민운동단체의 협의체로 존재했던 정대협의 초기 멤버로서 '위안부' 운동에 참여했던 자신의 경험을 통해 '위안부' 운동의 의제가 형성되는 역사적 경로와 문제점을 성찰하는 작업을 지속적으로 해왔다. 이 글에서 저자는 당시에 토론했어야 했지만 가능하지 않았던 조선인 '위안부'와 일본인 '위안부'의 문제, 국민기금의 문제, '위안부'에게 있어 성적 피해와 민족적 피해 문제 등을 고찰하고 있다.

야마시타 영애는 '위안부' 운동이 피해 생존자들의 수치심과 죄책감을 사회적·정치적으로 승화시켰음을 긍정한다. 그럼에도 운동이 피해자의 고통에 직접 개입하고 공감하는 것은 부족하지 않았는지를 성찰한다. '위안부' 운동과 연구가 생존자의 복잡성을 다루지 못했다는 것이다. 그래서 야마시타 영애는 '위안부' 운동이 피해자들을 위한 운동이었다기보다 식민 지배로 인한 심적 상처를 입은 지식인 활동가들의 투쟁이었던 것은 아닌가 라는 질문을 던지고 있다. '위안부' 피해 생존자들은 진화하고 있었고, 그녀들은 지식인 활동가들이 갖는 사회적 힘을 이용해 '위안부' 문제를 해결하고 싶어 했다. 야마시타 영애는 '위안부' 운동의 중심이었던 정대협이 피해자를 피해자의 자리에 가둬 객체화해온 것은 아닐까 라는 질문을 우리에게 던지고 있다.

〈2. '용납할 수 없는 것'을 이미지화한다는 것의 의미: 영화 〈귀향〉의 성/폭력 재현을 중심으로〉는 '위안부' 피해가 영화와 같은 이미지를 매개해 정동적 호소의 재현물이 될 때 말할 수 없는 끔찍한 참상과 폭력을 어떻게 재현할 수 있는지, 그리고 그 상상의 이미지는 역사적이고 정치적인 '위안부' 문제의 현재성에 어떻게 개입할 수 있는지 묻는다. 2016년 개봉된 〈귀향〉은 관객 350만을 동원하면서 '위안부'를 소재로 하는 어떤 다큐멘터리나 극영화도 성취하지 못한 대중적인 성공을 거뒀다. 권은선은 이 글을 통해 '위안부'라는 문화적 트라우마 사건에 압도당한 남성 예술가의 수치심과 죄책감이 '위안부'에 대한 집단 기억을 어떻게 재현해내고 있는지, 그리고 그 재현에 사용되는 이미지의 시각장치는 어떤 의미를 소구해내고 있는지를 분석한다. 권은선은 〈귀향〉의 감독이 '용납할 수 없는' 폭력의 피해자인 '위안부'를 추상화·신성화함으로써 '위안부'의 시점, 언어 그리고 말하기 주체로서의 가능성을 소멸시켜, 〈귀향〉을 남성중심적인 영화로 만들어냈음을 분석한다. 그래서 감독이 의도한 것은 아니겠지만, 〈귀향〉에서 '위안부' 여성들이 겪는 성폭력은 제의화되어 포르노그래피가 되어버렸다고 지적한다. 권은선은 '용납하기' 어려운 '위안부' 피해자들의 성/폭력 고통의 재현은 관객 체험을 통해 해소되거나 치유되어서는 안 되고, 포스트트라우마적 기억으로 재삽입되어야 한다고 주장한다.

〈3. '우리 할머니들'의 이야기는 어떻게 물화되는가: 일본군 '위안부' 표상과 시민다움의 정치학〉에서 허윤은 그동안 '위안부'가 '할머니'라는 전형으로 표상되었다가 '소녀상'의 등장과 함께 소녀로 표상되는 현상을 대중 소비 운동을 분석함으로써 살펴본다. 즉, 소녀상이 어떻게 물질화되고 소비할 수 있는 상품이 되어 시민들이 '위안부' 운동에 참여한다는 자기 효능감을 갖게 하는지, 그러한 과정이 '위안부' 문제 해결 운동에 어떻게 힘이 되는지, 그와 더불어 한계는 무엇인지를 논한다. 허윤은 '위안부'가 소녀로 재현되는 과정에서 중요한 주제인 전시 성폭력과 성매매 논쟁이 탈각되고, '위안부'의 고통이 반일 민족 운동으로 전환되는 과정을 추적한다. 동시에 조선의 소녀들이 일본 제국주의에 의해 겪은 피해 경험을 알리고 일본 제국주의에 대한 인식을 확산시키기 위해 해외에 소녀상을 설치하는 국제주의 운동은 한국의 운동 진영에서 의도하는 소녀상 정치를 넘어서고 있다고 말한다. 그러면서 허윤은 지구화된 시대 다양한 맥락에서 수신되는 아웃사이더들의 연대가 '위안부'를 바라보는 한국 사회의 시각을 급진적으로 전환시키는 데 도움이 될 수 있기를 바라고 있다.

〈4. 어째서 공창과 '위안부'를 비교하는가: 정쟁이 된 역사, 지속되는 폭력〉은 '위안부' 문제의 최대 쟁점이라고 볼 수 있는 공창제와 '위안부' 제도를 둘러싼 논쟁을 다룬다. 박정애는 "'위안부'는 공창이다."와 "'위안부'는 공창이 아니라 피해자다."라는 두 개의 진술이 어떻게 '위안부' 논쟁을 장악해버렸는지, 누가 왜 공창제를 '위안부'와 비교하는지, 이런 비교가 '위안부' 연구에 무슨 도움이 되는지를 질문한다. "위안부는 공창이다."라는 진술은 "자발적으로 공창이 되었기 때문에 '위안부'는 피해자가 아니다. 그러므로 일본은 책임이 없다."라는 결론을 유도하기 위해 일본의 우익이 주장하는 것이다. 반면에 "'위안부'는 공창이 아니라 피해자다."라는 진술은 한국의 '위안부' 운동에서 일본 우익의 주장에 대한 반대 논변으로 주장하는 논리다. 이와 같은 주장은 "'위안부'는 자신의 의지에 반해 강제로 끌려갔기 때문에 피해자다."라는 결론으로 이어진다. 전자는 피해 여성으로서의 '위안부'를 부정하고, 후자는 강제성을 강조하면서 '위안부' 여성들의 피해를 옹호한다.

박정애는 자발(공창)과 강제(피해)라는 이분법적 논의가 등장한 이후 여성의 역사와 성폭력의 경험 혹은 여성주의적 질문이 주변으로 밀려나버렸다고 지적한다. 그에 따르면 '위안부' 문제의 본질에 대한 여성주의적 논의 대신 한국과 일본의 정치와 외교의 맥락에서 젠더 관점이 누락된 역사학자나 법학자, 국제정치학자, 활동가 들의 목소리가 '위안부' 문제에 대한 대중 인식을 지배했다. 박정애는 이러한 대중 인식이 경제학과 법학, 국제정치학의 언어를 통해 학문적인 장까지 영향을 미친 대표적인 예로 램지어 교수의 사례를 논하고 있다.

〈5. 배봉기의 잊힌 삶 그리고 주검을 둘러싼 경합: 포스트식민 냉전 체제 속의 '위안부' 문제〉에서 김신현경은 해방 후 한국으로 돌아오지 못한 채 오키나와에서 삶을 마감한 '위안부' 배봉기의 주검에 주목하면서, 이제까지 전후(戰後)

동아시아 '위안부' 논의에서 크게 문제시되지 않았던 냉전이라는 역사를 '위안부'의 삶을 구성하는 중요한 축으로 포함해야 한다고 주장하고 그 축을 '포스트식민 냉전 체제'라 명명한다. 1991년 김학순의 증언 이후 한국의 '위안부' 담론은 식민지 조선 출신 '위안부들'의 강제 동원과 피해를 중심으로 구성되었다. 배봉기는 1975년에 일본에서 최초의 '위안부' 증언자가 되었는데, 그의 증언은 조총련계 자이니치가 중심이 된 조선인 강제 연행 진상 조사 활동의 일환으로 가능했다. 그러나 2010년 이후까지 배봉기의 목소리는 거의 들리지 않았고, 한국의 '위안부' 운동에서도 큰 관심을 보이지 않았다. 한국에서 배봉기의 이야기를 듣고 싶어 했던 가장 대표적인 한국인은 정대협의 창립자 중 한 명인 윤정옥이다. 윤정옥에게 배봉기는 식민지 시대를 공유했던 동시대 여성으로 만나서 위로하고 또 이야기하고 싶은 대상이었다.

　　이 글은 냉전 체제하에서 배봉기의 삶이 남한 사회에서 전혀 주목받지 못했지만, 주검은 남북한 체제 경쟁의 장이 되었다는 점을 드러낸다. 이를 통해 식민지 조선과 일본 제국주의의 틀만이 아니라 해방 이후 동아시아의 냉전의 구도 역시 '위안부' 여성들의 말하기와 침묵, 고통을 구성하는 구조적 축임을 드러낸다. 김신현경은 국민국가가 침묵시킨 다양한 '위안부' 여성들의 이야기를 듣고 재현하며 새로운 가능성의 공간을 발견하기 위해서는 포스트식민 냉전 체제와 같은 새로운 관점이 필요하다고 강조한다.

　이어서 〈2부. 일본군 '위안부' 연구를 역사화하기〉는 포스트식민 페미니즘의 입장에서 '위안부' 연구에 대한 질문과 응답을 어떻게 새로이 모색해야 할지 고민하는 글을 모았다.

　〈6. '위안부' 망언은 어떻게 갱신되는가: 신자유주의 역사 해석으로 결속하는 수정주의 네트워크〉에서 김주희는 여성에 대한 폭력을 지식화하는 여성주의적 지식 생산의 관점에서 식민지 시대 '위안부'의 삶을 섹스 계약으로 논하는 램지어의 논문 〈태평양전쟁기 섹스 계약〉을 분석한다. 김주희는 램지어의 발언을 '위안부' 망언의 연속선에 놓으며, 망언이 망언의 계보와 더불어 한국 사회에서 '위안부' 연구와 활동을 어떻게 제한하고 방해하는지 검토한다.

　램지어는 논문에서 '모든 인간은 합리적 경제인'이라는 근대 자유주의 경제학의 모델을 모든 인간에게 보편적으로 적용할 수 있다는 전제하에 '위안부' 여성들의 섹슈얼리티에 성적 계약을 적용해 그들의 행위가 합리적인 선택의 결과라는 논리를 발전시킨다. 김주희는 램지어가 시장에서의 합리적 행위를 가정하는 합리적 경제인 개념을 '위안부' 여성들의 성적 착취에 적용함으로써 식민지의 성별 현실에 대한 오독과 함께 식민지 시대를 탈역사화된 시간으로 구축해내고 있다고, 또한 그가 식민 지배를 옹호하는 것을 넘어 성매매 비즈니스까지도 옹호하고 있다고 비판한다. 이런 의미에서 망언은 여성의 피해를 규명하는 여성주의적인 지식 확산을 위축시키고, '반일'을 중심으로 국내 세력이 결속되는 과정에서 '위안부' 운동 역시 민족주의에 경도되는 효과를 발생시킨다.

'위안부' 연구자들의 사유는 물론 '위안부' 피해자들의 행동의 자유와 가능성은 학자와 정치가 들의 망언이 확산되고 대중화되면서 더욱더 제한된다. 그리고 망언의 의미망에 걸리지 않으려는 '위안부' 피해자와 연구자의 방어적 노력은 망언의 바깥을 맴돌거나 새로운 담론 체계에 포섭되는 데 그치고 만다. 김주희는 '위안부' 피해자들의 말을 청취하고 해석할 수 있는 새로운 인식론적 도구로 '현장의 여성주의'와 '세계 이동'이라는 개념을 소개한다. 그럼으로써 '위안부' 여성들의 경험과 이야기를 공유 지식으로 만드는, 용기 있고 책임 있는 페미니즘 지식의 구축과 확산이 망언의 사회적·정치적 효과를 무력화할 가능성을 모색한다.

〈7. '인정' 이후 글로벌 지식장: 영어권의 일본군 '위안부' 연구의 동향과 과제〉에서 김은경은 '위안부'에 대한 기억을 생산하고 소비하는 중요한 행위자로 '글로벌 지식장'의 등장에 주목하며, 그중에서도 영어권의 '위안부' 연구 추세와 의미를 집중적으로 추적한다. 한국과 일본은 '위안부' 문제가 지구화되는 데 큰 역할을 수행했는데, 여기에는 한국과 일본의 민족주의 의제가 중요하게 매개되어 있다. 동시에 지구적 차원에서 전시 성폭력이나 여성 인신매매 그리고 성 노예와 같은 개념이 여성 인권과 관련되어 논의되는 상황 또한 크게 작용했다. 이런 맥락에서 '위안부'는 홀로코스트 희생자처럼 '상징 권력'을 가진 '글로벌 희생자'로 위치 지워지고 '위안부' 문제는 지역과 분리되어 보편적인 초국적 텍스트로 논의되는 상황을 맞고 있다. 김은경은 '위안부' 문제의 지구화가 오랫동안 '위안부' 피해자와 활동가 들이 원하는 바였고 '피해' 인정을 위한 투쟁의 결과임을 분명히 한다.

그렇지만 김은경은 여기에 그치지 않고 '위안부' 운동과 연구의 역사가 국제사회의 인정 체계로 편입되었다는 것이 어떤 의미이고 어떻게 인정받고 있는지, 한국의 연구자들은 글로벌 지식장과 어떻게 관계 맺고 있고, 한국에서는 무엇을 더 고민해야 하는지를 질문한다. '위안부' 문제가 보편적인 문제로 인정되는 곳에서는 '위안부' 문제의 지역성이 상실되고, 반대로 지역성이 강조되면 젠더화된 피해의 '아시아화'를 드러내는 타자로서의 '위안부' 상이 글로벌 지식장을 지배하는 문제가 발생한다. 이런 과정에서 '위안부'의 역사는 단순해지고 대중적으로는 '다크 투어리즘'으로 상품화될 위험에 놓인다. 김은경은 지역성을 삭제하고 소수자성을 주변화하는 글로벌 지식장의 초국적 이동이 '위안부' 문제를 타자화하지 않도록 더 많은 사람이 함께 논의할 것을 과제로 제안한다.

1991년 김학순의 공개 증언 이후 '위안부' 여성들은 자신들의 피해를 증언하고, 페미니스트들은 일본 군대가 '위안부' 여성들을 군수물자로 취급하면서 성폭력과 성착취를 자행한 것에 대해 국가 폭력의 이름으로, 그리고 여성 인권의 이름으로 비판해왔다. 〈8. 유동하는 '위안부' 표상과 번역된 민족주의: 1991년 이전 김일면, 임종국의 '위안부' 텍스트를 중심으로〉에서 이지은은 "어째서 '위안부'에 대한 문화적 고정관념과 일본 우익이 유포하는 매춘부로서의 '위안부'에 대한 관념과 표상이 지속되는가?"라는 질문을 다루고 있다. 이지은은 1991년 김학순의 공개 증언 이전이라는 '침묵의 시간'이 실은 침묵의 시간이 아니었음을, 1991년 이전에 유통되었던 목격담, 참전 군인 출신이 쓴 소설 등이 번역·복제·증식되면서 '위안부'에 대한 인식의 두터운 심층을 문화적으로 구성하는 시간이었음을 보여준다. 동시에 이지은은 위안소에서 시작된 '위안부' 이야기가 국경을 횡단하면서 재구성되고 '위안부'에 대한 민족주의 담론 역시 이러한 경계를 넘는 번역 과정에서 사후적으로 국민국가 체제 내에서 생산되었음을 살핀다. 특히 김일면과 임종국의 텍스트를 직접 검토하면서 '위안부'에 투사된 한국과 일본 남성 주체의 욕망을 들여다본다. 이를 통해 이지은은 '위안부' 논의에 있어 '제국주의 대 민족주의'라는 이분법적 대립 구도를 탈구축해야 한다고 주장한다.

〈9. 폐허, 바다의 기억: 일본군 '위안부'는 셀 수 있는가〉에서 이혜령은 "일본군 '위안부'는 셀 수 있는가?"라는 근본적인 물음을 던짐으로써, 한국에서 '위안부' 생존자를 정부에 등록시켜 셀 수 있고 관리할 수 있는 인구로 범주화한 것을 비판한다. 일본을 향해 진상규명과 피해에 대한 사과를 촉구하는 '위안부' 운동에서는 항상 숫자가 중요하게 언급된다. "몇 명의 여성이 '위안부'로 동원되었는가?" "몇 명이 한국정부에 피해자로 등록되었는가?" "등록자 중 몇 명이 생존했는가?" 등의 질문은 모두 '위안부' 문제를 관리 가능한 인구의 문제로 접근한다. 이혜령은 '위안부' 문제에서 숫자가 근본적인 문제가 아니라고 비판하고, 스스로 '위안부'임을 최초로 공개 증언한 김학순의 증언 투쟁에 내재한 정동을 고찰한다. 김학순은 공개 증언에서 자신이 오랫동안 말하기를 주저한 이유로 성적 수치심이나 '위안부' 경험뿐만 아니라 자신이 목격했던 무수한 죽음의 참상, 그리고 자신 또한 죽을 수 있다는 전쟁에 대한 공포의 기억을 제시했다. 이혜령은 김학순의 증언을 일본군에 의한 전장에서의 죽음과 폐허에 대한 체험으로, 내버려져 죽은 이들을 목격한 몸의 정동으로 이해해야 한다고, 그리하여 '위안부' 여성들이 목격하고 고발한 죽음의 현장과 공포를 역사적이고 철학적인 문제로 청취

해야 한다고 주장한다. 그러나 국가는 '위안부'의 증언을 폐허에 대한 체험이자 공포의 정동으로 읽지 않고 국가주의/민족주의라는 프레임 속에 등록하고 법제화한다. 그럼으로써 '위안부'의 기억과 서사는 국가의 관리 대상에 머물며 이는 국가주의/민족주의를 더욱 강화하는 방식으로 재구성된다. 이혜령은 이러한 논의를 통해 '위안부' 운동이 셀 필요조차 없는 존재를 대량 생산하는 자본주의로 인한 전쟁을 중단시키고 그와 반대로 향해야 한다고 주장한다.

〈10. 군 위안부 논의에서의 강제성 쟁점: 여성주의와 민족주의는 대립하지 않았다〉는 두 개의 질문을 중심으로 쓰였다. 하나는 피해자로서의 '위안부'를 설명하는 데 있어 주요 쟁점인 강제성을 어떻게 이해할 것인가 라는 질문이다. 다른 하나는 '위안부'를 둘러싸고 민족주의와 여성주의가 대립한다는 진술이 과연 사실인가 라는 질문이다. 정희진은 글을 시작하면서 두 개의 사건을 소개함으로써 강제와 자발 범주의 정치적 임의성을 드러낸다. 하나는 2011년 헌법재판소가 한국 정부를 향해 일본군 '위안부' 피해 문제를 일본국에 제기하지 않고 방치한 것은 위헌이라고 판결한 사건이다. 다른 하나는 2022년 한국의 대법원이 기지촌 성 산업 종사 여성들이 당시 한국 사회의 빈곤이라는 사회구조적인 원인 때문에 성 산업에 종사했으므로 그들을 국가 폭력의 피해자라고 인정한 판결이다.

여기서 정희진은 포스트식민 국가가 기지촌 성 산업이 한국 여성들에게 구조적 폭력이었음을 인정한 사건과, '위안부들'이 군 위안소로 강제로 끌려갔음을 증언함으로써 일본국의 가해를 고발하는 사건이 어떻게 연결되어 있는지 살핀다. 정희진은 식민지/피해 민족의 여성 섹슈얼리티에 '강제'를 배치하고 제국/가해 민족의 여성 섹슈얼리티에 '자발'을 배치하는 '위안부' 피해/강제성 쟁점과, 기지촌 여성들의 성 산업 종사에 국가 책임을 물은 사건 모두 여성 섹슈얼리티와 여성 인권에 대한 한국 페미니스트들의 쟁점이 되어야 한다고 주장한다. 그러나 두 사건 모두 여성의 인권 이슈, 페미니즘이 다뤄야 하는 쟁점이나 난제로 등장하지 않았다. 왜냐하면 하나는 식민 지배하 일본에 의한 피해이고, 다른 하나는 빈곤 때문에 한국 여성이 미군에 의해 성착취를 당한 사건으로 분리되기 때문이다. 정희진은 바로 이 지점에서 여성주의와 민족주의는 대립하지 않았다고 응답한다.

정희진은 이제까지 '위안부' 문제를 민족주의와 여성주의 사이의 불가피한 갈등으로 보는 시각에 문제를 제기하면서, 한국의 '위안부' 운동이 사실상 반일 사회 운동의 성별 분업이었음을 논변한다. 정희진은 '위안부' 운동 초기 여성 단체들의 협의체였던 정대협의 일원이었던 당시, 조선인 '위안부'의 강제성에 대한 자신의 인식을 비판적으로 성찰하면서, '위안부' 문제의 민족주의 의제화 과정에는 식민지 문제를 다루는 여성운동 내의 구조적인 곤경이 있었다고 지적한다. 이는 이제까지 '위안부' 문제로 다뤄왔던 쟁점 자체를 문제로 인식하고 토론해야 한다는 것이다.

❖

이 책이 출간되는 데 오랜 시간이 걸렸다. 나는 이화여자대학교 한국여성연구원장으로 재직하던 때부터 '위안부'에 대한 탈식민 페미니즘 연구서가 출판되어야 한다고 생각했다. 2014년 '위안부' 문제를 단행본으로 엮기 위한 기획안을 만들었고, 2017년에는 '위안부' 관련 다큐멘터리를 상영하고 토론하는 〈여성주의 시각으로 읽는 군위안부 다큐〉 포럼을 진행했다.

많은 페미니스트가 '위안부' 문제에 관심이 많다. 여성학적 관심이기도 하지만 역사적 사건으로서 '위안부' 문제에 정치적인 관심을 갖는다. 그럼에도 탈식민 페미니즘 관점에서 쓴 글은 한 권의 책으로 묶을 만큼 많지 않았다. 이 때문에 여성연구원에서 페미니스트 학자들에게 발표를 의뢰하며 논문 발표를 독려하기도 했다. 물론 '위안부' 문제에 관심을 갖는 것과 '위안부' 문제를 연구하고 논문을 출판하는 것이 똑같은 관심에서 비롯되었다고 말할 수는 없다. '위안부' 문제에 대한 새로운 관점과 패러다임의 필요성을 느끼던 젊은 페미니스트 학자들이 논문을 쓰고 쟁점을 만들기 시작한 것은 2015년이 지나면서부터다.

이번에 출간되는 단행본은 2014년 김신현경 선생이, 2015년에는 김주희 선생이 기획 초안을 잡았던 것이다. 2021년 한국여성연구원 연구교수들과 함께 단행본 기획안을 수정했고 함께 글을 쓸 동료 저자를 모았다. 당시 단행본 저자 선정 작업에 도움을 준 양혜원 선생과 김미선 선생에게 감사드린다. 본격적인 단행본 작업을 시작하면서 전체 저자들과 논문 관련 논평과 토론을 시도했다. 논문에 대한 논평과 수정사항을 잘 받아들여준 저자들에게 감사드린다. 2022년 이후 저자들 그리고 출판사와 수시로 연락하고 출판 과정 전반을 세심하게 살피고 많은 아이디어를 내준 김신현경 선생에게 특히 감사드린다. 이에 더해 책 마무리 작업에는 김주희 선생과 정희진 선생이 많이 힘써줬다. 늦어지는 출간을 인내해준 휴머니스트 출판사에도 감사드린다. 무엇보다 함께 고생하고 인내해준 공동 저자들에게 깊은 고마움과 미안함을 전한다.

2024년 7월, 기후 위기 시대,
무더운 여름날에 김은실

전시 성폭력을 다시 질문하다

김은실(이화여대 여성학과 명예교수)

들어가며

'위안부'에 대한 문제의식을 키우고 페미니즘 논의와 지식을 축적하며 '위안부' 문제를 여성과 평화의 문제로 제기하는 것은 페미니스트 연구자들이 수행해야 하는 과제다. 오랫동안 피해자에 대한 사과와 배상이 이뤄지지 않고 피해를 부정하는 가해국의 논리가 반복되는 현실을 넘어서려면 페미니스트 연구자들이 이론적·정치적으로 그리고 전략적으로 새롭게 문제를 제기하는 것이 필요하다. 그러기 위해서는 기존의 시각을 넓히는 초국적 비교 연구 그리고 사례 연구 등을 진행해야 한다.

1991년 김학순이 일본군 '위안부'였음을 공개 증언한 이후 30년이 지났다. 나이 든 '위안부' 여성들이 최전선에 서서 식민지기의 강제 연행과 위안소에서의 피해 경험을 반복해서 증언하고 사과와 배상을 요구하는 당사자 운동은 언제까지 가능할까? 왜 '위안부' 운동은 강제로 끌려가 성 노예생활을 한 '위안부' 여성들에게 식민지에서의 고통스러운 경험을 지속적으로 반복해서 말하게 하는가? 왜 피해자들은 탈식민 사회로 이동하지 못하는가? 왜 일본 정부는 이 문제를해결하지 않는가? 피해자들이 자신의 트라우마로 되돌아가지 않으면서도 한국과 일본의 평화시민연대가 이 문제를 같이 해결할 방법은 없는가?

그동안 한국의 '위안부' 운동은 제국의 국적과 공창제(公娼制)에 속했던 일본인 '위안부'를 '위안부' 논의에서 배제해왔다. 단적으로 정대협은 '위안부' 문제에 대한 최초의 공식적인 사과를 담고 있는 고노 담화[1] 중 '출신지의 여하를 떠나 종군위안부에게 사과와 반성의 뜻을 밝힌다'는 대목을 반박했고, 한국인 '위안부'와 일본인 '위안부'가 같은 방식으로 범주화될 수 없음을 분명히 했다. 나는 이 부분이 시간이 지날수록 한국의 '위안부' 논의에서 곤경을 가져오는 지점이라고 생각한다. '위안부' 자체가 식민지 조선의 문제로 완전하게

---

1   고노 담화 전문은 이화여자대학교 한국여성연구원 기획·엮음,《1990년대 한일 시민연대로 보는 일본군 '위안부' 문제: 포스트 식민 여성주의 실천의 가능성과 곤경》, 한국여성인권진흥원 일본군 '위안부' 문제연구소, 2023, 350~351쪽 참조.

포섭될 수 없는 복잡성을 갖고 있기 때문이다.

　이런 맥락에서 한국인 '위안부'는 식민지 조선 여성의 문제로서 주로 논의되었다. 반면 일본인 '위안부'는 지배국인 일본의 국적을 가지고 있었고 공창에 자발적으로 참여한 여성으로 간주되어 '위안부' 피해 범주에서 논의될 필요가 없는 집단이 되어버렸다. 한국인 '위안부'는 강제되었기 때문에 피해자이고, 일본인 '위안부'는 성매매 여성이기 때문에 자발적 행위자라는 이분법은 '위안부' 여성이 '순수한 피해자'의 상에서 벗어날 때마다 피해자가 아니라는 공격을 받게 만든다. 이로 인해 조선인 '위안부'에게서 순수한 피해자라는 범주를 벗어난 모습이 발견될 때마다 이들의 피해 경험을 무화시키고 '위안부' 문제 전체를 부정하는 편집증적 읽기/판단이 수행된다. 자발이라는 방식으로 '위안부' 피해를 부인하면 언제든지 강제의 범주 또한 자발이라는 의심의 해석학에 포섭될 수밖에 없다. '위안부'에 대한 의심의 해석학과 편집증적 읽기는 '위안부' 문제를 주어진 틀 속에서 사소한 개인의 문제로 만들어간다.

　'위안부' 문제는 식민지 시대 조선 여성들에게 일어난 폭력적이고 반인권적인 사건이다. 그런데 이를 식민지의 민족 문제라는 틀로 볼 것인가 아니면 제국주의 국가가 군인들에게 위안의 대상으로 여성을 동원한, 인도에 반하는 전쟁범죄라는 틀로 볼 것인가에 따라 문제 해결을 위한 연대와 논의,

운동의 방향도 다르게 시도된다. 여성을 동원하는 과정에서 식민지 여성들을 더 많이, 더 잔혹하고 폭력적인 방식으로 동원한 것은 맞다. 그와 동시에 여성들의 성을 군수물자라는 형태로 군인들과 함께 이동시키고 사용했던 제국주의의 전쟁과 여성의 문제로 접근할 필요가 있다.

'위안부' 문제를 전쟁범죄로 심문하지 않은 도쿄전범재판

'위안부'를 문제로 보지 않은 것은 일본 제국의 전쟁범죄를 다뤘던 도쿄전범재판에서 시작되었다. '위안부' 관련 자료가 있었음에도 불구하고 재판에서 '위안부' 문제는 다뤄지지 않았다. 이 같은 기조는 과거청산을 통해 한일 간의 새로운 관계를 추구한 1965년 한일회담으로 이어졌고, '위안부' 문제는 일본의 침략 전쟁에서 면죄되었다. 하지만 1991년 8월 이후 '위안부들'은 여성들이 전장에 있는 남성 군인을 위한다는 명목으로 성 노예가 되어 착취당했음을 증언함으로써 사과되지 않고 배상되지 못한 정의를 요구했다. 그녀들은 증언의 진정성을 증명하기 위해 무력한 피해자였음을 반복해서 말해야 했고, 피해자임을 인정받기 위해 가해국 일본과 끊임없이 싸우면서 공개 증언 이후의 삶을 다 보내야 했다.

나는 '위안부' 여성들의 공개 증언이 시작되었을 때 패전 후 이들의 존재를 은폐했던 일본 정부와 더불어, '위안부'를 전쟁범죄에서 제외한 연합군에도 '위안부' 여성들의 피해와 식민 이후의 트라우마에 대한 책임을 물었어야 했다고 생각한다. '위안부'에 관한 자료가 연합군에 의해 조사되었음에도 불구하고 왜 전쟁범죄 항목에서 제외되었는지를 따짐으로써 전범재판을 주도한 연합군에도 책임을 묻는 것이 '위안부'를 둘러싼 한일 간 교착 상태를 벗어나는 데 중요한 인식 틀이 될 수 있다. 또한 이는 '위안부' 여성들이 계속 전장에서 겪은 피해를 반복 증언해야 하는 고통으로부터도 해방시키는 문제 틀이 될 수 있다. 나는 '위안부'가 군인의 사기를 위해 동원된 군수물자이자 성 노예였다고 본다. 니콜라 헨리(Nicola Henry)가 밝혔듯이 전범재판은 실제로 역사적 부정의(injustice)에 대한 집단적 기억을 확고히 하거나 부정하는 수단으로 사용된다.[2] 그런 점에서 '위안부' 피해자의 고통을 법적으로 인정하지 않고 침묵한 도쿄전범재판은 '위안부' 문제의 부정의를 부추길 뿐만 아니라 많은 생존자의 삶을 공식적으로 인정하지 않는 결과를 초래했다.

도쿄전범재판이 다시 주목받은 것은 유고슬라비아 전

---

[2] Nicola Henry, "Memory of an Injustice: The "Comfort Women" and the Legacy of the Tokyo Trial," *Asian Studies Review*, Vol. 37, No. 3, 2013, p. 370.

쟁 때문이었다. '위안부' 문제가 국제사회에서 주목받기 시작했던 1991년, 유고슬라비아 사회주의 연방 공화국은 사회주의 체제가 해체되면서 종족/민족 간 전쟁에 돌입했다. 당시 서구의 페미니스트들은 유고슬라비아 전쟁 당시 집단 성폭력을 당한 여성들의 문제를 어떻게 해결할 것인지에 대해 어려움을 겪고 있었다. 이때 전 세계로 송신된 '위안부'의 공개 증언과 한국과 일본에서의 큰 반향을 본 우스티니아 돌고폴(Ustinia Dolgopol)은 국제사법위원회(International Commission of Jurists, ICJ)를 대신해 '위안부' 문제가 도쿄전범재판에서 어떻게 다뤄졌고, 재판 결과가 '위안부' 문제 해결과 어떻게 관련되는지 조사하기 위해 한국 등을 방문했다.[3] 그녀는 '위안부' 문제와 전시 성폭력이 도쿄전범재판의 사법처리 과정에서 적절히 수집되고 페미니스트들이 활용하고 토론할 수 있는 지식으로 구축되어 있다고 생각했다. 그러나 돌고폴은 '위안부' 문제가 도쿄전범재판에서 다뤄지지 않았음을 알고 크게 실망했다.

돌고폴을 비롯한 조사관들은 조사 과정에서 '위안부'로 동원되었던 한국과 필리핀의 여성들을 만났다. '위안부'

---

3 1992년 돌고폴은 인도의 변호사 스네할 파란자페(Snehal Paranjape)와 함께 내한했고 이후 결과 보고서를 제출했다. Ustinia Dolgopol and Snehal Paranjape, *Comfort Women: An Unfinished Ordeal*, International Commission of Jurists Report, 1994.

여성들은 유고슬라비아 전쟁에서도 자신들에게 일어났던 일이 반복되고 있다는 생각에 공포를 느꼈고, 여성들에게 자행된 범죄에 아무도 책임지고 있지 않다는 사실에 분노했다. '위안부' 여성들은 국제사회가 전쟁 시에 여성들에게 가해지는 폭력을 멈추고, 가해자들이 법의 심판을 받을 수 있기를 바랐다. 돌고폴은 바로 여기가 자신들이 개입해야 하는 지점이라고 생각했다. '위안부들'의 증언과 이후의 삶은 돌고폴과 페미니스트들에게 국제형사재판 과정에서 여성의 권리와 국제 인도법의 대응력이 통합되어야 한다는 통찰력을 갖게 했고, 구 유고슬라비아 국제형사재판소(International Criminal Tribunal for the former Yugoslavia, ICTY) 설립에 관여하면서 집단 성폭력을 범죄로 의제화하는 데 큰 영향을 끼쳤다.

돌고폴은 도쿄전범재판에서 '위안부' 문제가 제대로 다뤄지지 않은 것은 위안부들에게만 문제가 되는 것이 아니라, 전쟁이 일어났을 때 여성에게 가해지는 성폭행을 다룰 수 있는 사례가 되지 못함으로써 전시 성폭력을 겪는 다른 지역의 여성들에게도 문제가 된다고 봤다. 참고할 선례가 없어 유고슬라비아의 집단 성폭력을 다루는 데 어려움을 느끼던 돌고폴에게 도쿄전범재판은 여성과 전쟁범죄에 대한 지식의 축적과 책임이라는 차원에서 분명 문제적이었다. 돌고폴의 문제제기는 한국의 '위안부' 연구 역사에 흥미로운 부분을 제공한다. 한국의 '위안부' 문제를 국제적 맥락에 위치시키고 다자간 관계 속에서 해결을 모색함으로써 새로운 방식으로 문제를 해결하는 연대와 책임을 조직할 가능성을 보여주기 때문이다.

그동안 한국에서는 '위안부' 문제를 전장에 필요한 물자로서의 여성 동원이라는 차원보다 제국에 의한 식민지 여성의 강제 동원이라는 측면이 더 크게 다뤄져왔다. 비록 한국에서의 '위안부' 논의가 두 측면을 어느 정도 포괄하고 있기는 하지만, 식민주의 청산이라는 인식 틀이 더 강하게 운동을 추동하는 것으로 보인다.[4] 이제는 오랫동안 일본 정부와 싸워왔던 '위안부' 운동이 일본 정부만이 아니라 '위안부' 문제를 일본군의 전쟁범죄에서 제외시킨 연합군의 잘못 또한 피해자들의 회복을 위한 싸움의 의제로 제기해야 하는 것이 아닌가 생각한다.

한국과 일본에서 '위안부' 관련 활동가와 학자 그리고 단체 들이 이 문제를 진지하게 다룰 수 있었던 공간은 2000년 일본군 성노예 전범 여성국제법정이었다. 그러나 한국 측과 일본 측은 물론 분쟁 지역에서 발생한 여성의 성적 피해를 다루는 국제여성단체들까지 여성국제법정을 이해하는 방식에서, 그리고 각 주체가 목표하는 것에서 많은 점이 달랐다. 한

---

4   이 부분에 대해서는 김은실, 〈서문: 일본군 '위안부' 문제, 민주주의 반전 평화로 가는 길을〉, 이화여자대학교 한국여성연구원 기획·엮음, 앞의 책 참조.

국 측 활동가들은 '위안부' 문제가 식민지에서 일어난 범죄임을 강조하는 한편, 피지배 민족의 정체성을 지닌 여성의 피해에 대한 강조가 민족주의 입장이라고 간주되는 것을 불편해했다. 한편 일본 측 활동가들은 가해국 국민이라는 입장에서 새로운 연대를 모색하기 어려운 제국민화의 딜레마를 경험했다. 결국 여성국제법정은 민족을 비롯한 여성들의 정체성의 경합과 새로운 연대의 관계를 설정하지 못한 채 여성들 각자의 입장만을 드러내는 데 그쳐 아쉬움을 남겼다.[5]

도쿄전범재판은 무엇을 놓쳤는가

여기서는 돌고폴이 《승리자의 정의를 넘어서(Beyond Victor's Justice)》라는 책에 실은 논의를 간단히 소개하고자 한다.[6] '위안부'에 대한 성폭력과 성 노예화가 무엇 때문에

5   강가람, 〈2000년 여성국제법정을 통해 본 초국적 여성 연대의 가능성: 한일 사회 내 일본군 '위안부' 문제를 중심으로〉, 이화여자대학교 여성학과 석사학위논문, 2006; 김은실, 〈초국가적 경계에서 일어나는 지식/언설의 정치학을 생각하며〉, 《당대비평》 제14호, 생각의나무, 2001, 3~9쪽 참조.

6   Ustinia Dolgopol, "Knowledge and Responsibility: The Ongoing Consequences of Failing to Give Sufficient Attention to the Crimes against the Comfort Women in the Tokyo Trial," in Yuki Tanaka, Tim McCormack and Gerry Simpson eds., *Beyond Victor's Justice?: The Tokyo War Crimes*

도쿄전범재판의 전쟁범죄 분류에서 누락되었는가를 다루는 돌고폴의 논의는 '위안부' 문제를 새롭게 인식하는 데 도움을 준다.

돌고폴은 도쿄전범재판의 최종 보고서에서 여성 강제 연행에 대한 일부 증거가 제시되었고, 강제 매춘이 간략하게나마 언급되었음을 발견했다. 그녀는 일본의 전쟁범죄를 묻는 도쿄전범재판이 '위안부'에 대한 범죄에 충분한 주의를 기울이지 못함으로써 전시하 여성 피해자들에게 전혀 도움이 되지 않았음을 지적한다. 돌고폴은 국제형사재판소를 통한 전범재판이 보편적인 정의를 구현하기보다 부분적인 정의를 실현하는 장이라고 본다. 피해자들은 범죄를 저지른 사람들이 법의 심판을 받았다는 사실에 어느 정도 만족한다. 그러나 피해자들이 정의가 실현되고 있지 않다고 느꼈을 때 받는 충격은 매우 크다. 30년 이상 운동을 지속하고 있는 '위안부' 피해자들이 느끼는 좌절감과 충격이 여기에 해당한다.

돌고폴은 도쿄전범재판에서 '위안부' 문제가 다뤄지지 않은 가장 큰 요인은 이 문제를 범죄로 간주하고 기소할 수 있는 검사나 변호사의 부재라고 본다. 페미니스트들은 구 유고슬라비아 국제형사재판소의 전쟁범죄 의제에 집단 성폭력을 통합시키는 과정이 쉽지 않았다고 말한다. 성폭력에 대한

Trial Revisited , Martinus Nijhoff, 2011.

여성들의 증언은 상황과 정보가 정확하지 않고 과장되었다는 의심을 항상 받는다. 돌고폴은 그렇기 때문에 국제형사재판소와 그곳에서 범죄를 조사하고 기소하는 검사/변호사의 역할이 중요하다고 지적한다.

법정에서 피해자들에게 얼마나 주의를 기울이느냐는 검사/변호사의 재량이라고들 말한다. 돌고폴은 성폭력을 판단하는 데 이 '재량'이라는 것을 제대로 실천하기 위해서는 검사/변호사에게 윤리의식 또는 사회적 책임에 대한 의식이 있어야 한다고 본다.[7] 이러한 윤리와 사회적 책임하에서만 여성들이 겪는 집단 성폭력이 기소 가능한 사안이 될 수 있다는 것이다. 그래서 피해자에게 영향을 미치는 검사의 재량과 국제연합을 대신해 전쟁범죄와 반인도적 범죄를 조사하는 사람들의 '윤리적 의무감'이 집단 성폭력을 판단하는 데 중요하게 작용한다. 여기서 돌고폴은 데버러 로드(Deborah Rhode)의 윤리 개념을 참고해 윤리적 의무감을 설명한다.[8] 로

---

[7] 돌고폴은 2011년 당시 미국에서 검사가 형사사법 행정에서 가장 강력한 인물로 부각되고 검사의 윤리적 대응 능력에 대한 사회적 관심이 높아지고 있음을 지적하면서, 어떤 사안을 수사할 것인가 또는 어떤 혐의를 제기할 것인가를 결정하는 검사의 '재량'을 국제형사재판에도 그대로 적용할 수 있다고 본다.

[8] Deborah L. Rhode, "Personal Integrity and Professional Ethics" (Keynote Address), Third International Legal Ethics Conference, 14 July 2008, p. 2. Dolgopol, Op. Cit., p. 246에서 재인용.

드의 윤리 개념은 법조계의 행동 규칙보다 광범위하다. 이때 윤리는 "사회적 맥락", 특히 "부, 권력, 정보가 불평등하게 분배되는 현실적 배경"을 고려하는 사회적 책임을 의미한다. 돌고폴은 판결이 이러한 사회적 책임의 제약을 받지 않는다면 재량권 행사가 검사의 편견으로 오염될 수 있다고 본다.

돌고폴은 도쿄의 국제형사재판소가 의사 결정 과정에서 윤리적 의무와 사회적 책임에 민감했다면, 특히 사안이 갖고 있는 성별 차원에 충분히 주의를 기울일 수 있었다면 피해자와 국제사회를 위해 더 나은 결정을 할 수 있었을 것이라고 논평한다. 불행히도 도쿄전범재판은 아시아·태평양 지역의 전쟁으로 인한 성폭력 피해자들에게 전혀 도움을 주지 못했고, 국제사회에도 아무런 배움을 제공하지 못했다.

돌고폴은 도쿄전범재판에 제출된 연합군 문서와 호주 전쟁기념관에서 발견한, 전쟁포로와 귀환 병사에 대한 연합군 심문 보고서에 강간과 위안소에 대한 언급이 상당수 남아 있음을 발견했다.[9] 그녀는 연합국 검찰이 입수한 정보의 깊이를 고려할 때 위안소의 설립과 운영, 위안소 여성에 대한 처우가 반인도적 범죄로 기소될 수 있었다고 봤다. 한편 호주 전쟁기념관 자료에는 군인들이 저지른 범죄 목록이 조사되어 있었다. 이 목록에는 수천 건의 혐의가 포함되어 있었고, 혐

9   해당 자료에 대해서는 Dolgopol, Op. Cit., pp. 249~255 참조.

의마다 군인의 이름, 피해자, 범죄 날짜와 장소, 목격자가 남아있을 경우 그의 이름이 포함되어 있었다. 문서에 따르면 이 중 16명이 강간 혐의로 기소되었다. 호주의 자료에는 강간이 언급되어 있기는 하지만 강제 매춘에 대한 정보는 없었다.

1942년 이후 대부분의 보고서에는 군 매춘업소에 대한 언급이 포함되어 있었다. 매춘업소의 존재 여부와 매춘업소에 구금된 여성들의 국적에 대한 질문도 있었다. 귀환한 연합군 병사들은 일본군이 저지른 범죄에 대한 정보가 담긴 설문지를 작성하도록 요청받았는데, 범죄 목록에는 강간도 포함되었다. 그러나 모든 연합군 사무소에서 강간에 대한 정보를 요청한 것은 아니었고, 호주 군인들이 작성한 설문지에 따르면 호주 정부는 강간에 대한 정보를 요청한 반면 미국 정부는 요청하지 않았다. 연합군이 수집한 정보 중 일부는 '일본군의 편의시설'이라는 제목으로 여러 문서에 포함되어 있었다. 이 군대 내 '편의시설'이 바로 매춘업소인데, 일본군이 매춘업소의 설립과 규제에 관여했음을 알려주는 정보를 제시하고 있다. 돌고폴은 이러한 정보가 수집되어 있는 것을 볼 때, 정보를 수집한 사람들은 여성들이 전쟁과 연관되어 있었음을 인식했을 것이라고 유추한다.

돌고폴은 검찰이 위와 같은 정보를 받았으면서 어째서 '위안부' 자료를 무시했는지 이해하기 어렵다고 보면서도, 다음과 같이 이유를 추정한다. ① 여성의 동원을 전쟁범죄로 생각할 수 없을 만큼 지적 상상력이 부족했거나 전쟁에 동원된 여성들에게 끼친 영향을 이해할 수 있는 사회적 인식이 없었다. ② 군대 내 '편의시설'은 군이 설립과 규제에 개입한 매춘업소인데, 남성중심적 사고방식 때문에 여기에서의 강제매춘이 갖는 혐의를 상상할 수 없었다. ③ 여성에 대한, 특히 성매매 여성에 대한 1940년대 사회의 '도덕적' 태도가 도쿄전범재판의 증거를 수집하는 사람들에게 고정관념으로 작동해 '위안부' 판단에 있어 재량을 발휘하지 못하게 했다. ④ 식민지의 여성을 제국 내 자국 여성으로 간주해 전쟁범죄 대상에서 제외했다. ⑤ 국가 사무국이 수집한 증거가 제한적이었거나 여전히 만연한 식민지 차별 때문이다.[10]

도쿄전범재판에 참여한 연합국이 '위안부' 제도와 관련된 기소를 원했다면, 또 '위안부' 제도와 관련된 혐의를 제기하고 싶었다면[11] 얼마든지 할 수 있었을 것이라고 돌고폴

10   젠더 범죄와 관련해서는 뉘른베르크 국제군사재판과 도쿄전범재판 모두 실패했다고 평가받는다. 뉘른베르크재판은 나치 정권의 성격을 규명하는 데 초점을 뒀고, 도쿄전범재판은 일본군이 저지른 참상을 알리는 데 더 많이 노력했다. 그럼에도 참상의 성별성은 거의 다루지 않았다. 돌고폴은 도쿄전범재판이 여성에 대한 범죄에 더 관심을 뒀다면 대중적이고 학문적인 차원에서 도쿄전범재판에 더 많은 관심과 논의의 기회가 부여되었을 것이라고 언급한다. Ibid., p. 250.

11   공준환은 연합군이 진행한 전범재판에서 '인권'은 미묘한 방식으로 다뤄졌고 사실상 주변적인 사안이었음을 지적한다. 전범재판에서 가장 중요한 범죄 항목은 침략 전쟁이었고, 범죄는 침략 전쟁과의 연관 속에서 주로 다뤄졌다는 것이다. 공준환, 〈연합군의 전범재판과 '인권' 의제〉,

과 헨리[12] 모두 강조한다. 도쿄헌장 제5조는 반인도적 범죄를 "민간인에 대한 노예화, 추방 및 기타 비인도적 행위 등"으로 정의하고 있는데, 노예화와 추방만으로도 '위안부' 여성들의 경험은 반인도적 범죄에 포함될 수 있었다. 또한 기소장과 법적 각서 초안을 작성한 사람들은 1919년 파리강화회의에서 강제 매춘을 '비인도적 행위'로 간주해야 한다는 주장이 나왔음을 알고 있었을 것이다. 연합군이 도쿄에서 수집한 증거 역시 일본군의 범죄가 얼마나 광범위하게 자행되었는지를 증명했다. 검찰은 일본과 다른 지역에서 발견된 역사적 문서를 바탕으로 '위안부' 제도의 창설과 유지에 책임이 있는 자들을 찾아내 기소할 수 있었음에도 그렇게 하지 않았다.

도쿄전범재판은 국제사회가 '위안부' 제도를 비롯한 성폭력에 어떻게 대응할지 참고할 선례가 될 가능성을 갖고 있었다. 그러나 종국에는 성폭력 범죄의 범위와 영향 등에 대한 무지의 유산을 남겼을 뿐이다. 도쿄전범재판이 선례가 되지 못했기 때문에, 국제사회는 초기의 노력에도 불구하고 유고슬라비아 전쟁에서 발생한 성폭력 문제를 해결하는 데 젠

《역사비평》 제143호, 역사비평사, 2023, 22~48쪽. 전쟁물자와 동일한 방식으로 움직이는 '위안부'를 침략 전쟁의 일부로 보기 위해서는 페미니즘과 남성성 연구 등의 시각이 필요하다. 성별성에 대한 인식이나 가부장제에 대한 비판적 사고가 없는 재판관들에게 '위안부' 문제가 범죄로 인식되기는 어려웠을 것이다.

12   Henry, Op. Cit., pp. 362~380.

녀 인식의 부족을 드러냈다. 보스니아 헤르체고비나 수용소에서 조직적인 성폭력이 보고되었을 때, 수용소를 방문한 국제적십자위원회 대표단은 여성들의 진술로는 조직적 강간 혐의를 확증할 수 없다고 말했고, 국제언론인기구 역시 엄청난 양의 허위 정보가 있다는 결론에 도달했다. 돌고폴은 정보의 정확성에 대한 우려는 이해할 수 있지만, 다른 범죄에 비해 강간 범죄에 대해서는 이러한 우려가 반복적으로 표출되고 있다는 것은 문제라고 지적한다. 그리고 많은 논평가가 강간 경험이 공개되었을 때 공동체의 반응에 대한 여성들의 두려움을 언급하지만, 돌고폴은 이러한 주장이 꼭 사실은 아니라고 본다. 그럼에도 불구하고 수백 명의 여성이 자신의 이야기가 공개될 위험 때문에 침묵하고 있다는 인식으로 인해 누구도 여성들의 말을 들으려 하지 않는다고 지적한다.

전시 성폭력의 범죄화와 그 곤경

비록 도쿄전범재판은 전시 성폭력이나 강제 매춘 등을 전쟁범죄로 다루지 않았지만, 1990년대 초 전 세계의 페미니스트들은 힘을 모아 보스니아 헤르체고비나 분쟁에서의 전시 강간을 구 유고슬라비아 국제형사재판소에 전쟁범죄로 등록할 수 있었다. 페미니스트들은 구 유고슬라비아 국제형사재판소 설립에 대한 법령 제정에 관여했고, 강간 및 기타 성폭력 범죄의 기소에 적용되는 증거와 규칙, 성폭력 범죄의 기소 형태, 재판과 항소 수준에서 이뤄지는 전략과 법적 논증에 영향을 미치기 위해 공동의 노력을 기울였다.[13]

그러나 페미니스트들은 강간이 일반 전쟁법의 기본적인 규범이 되는 과정에서 분열되었다. 페미니스트들은 진영에 따라 전쟁 중 발생한 강간의 인정 여부, 범위, 중요성, 의미, 심지어 명칭에 대해서도 견해가 달랐다. 캐런 엥글(Karen Engle)은 강간이 오랫동안 국제법 위반으로 간주되어 왔기 때문에 이를 전쟁범죄에 포함시키는 것 자체가 급진적이지는 않았다고 말한다. 그보다 구 유고슬라비아 국제형사재판소의 업적이 급진적인 것은 강간을 국제법상 여성에 대한 침해로서 체계적으로 고찰하게 만들었기 때문이라고 본다. 그런데 이 '여성에 대한 침해'가 분명하게 정의될 수 없다는 게 문제였다. 그래서 여성에 대한 침해, 여성의 이해 혹은 권리를 둘러싸고 논쟁이 벌어졌다. 당시 페미니스트들에게는 여성이 종족/민족의 상징 또는 표식으로서 피해를 받을 때 그것을 공동체의 피해라고 간주하는 것이 여성에 대한 침해인가 아니면 민족에 대한 침해인가 라는 것이 중요한 문제였다. 또한

---

13   Karen Engle, "Feminism and its (Dis)Contents: Criminalizing Wartime Rape in Bosnia and Herzegovina," *American Journal of International Law*, Vol. 99, No. 4, 2005, pp. 778~816.

페미니스트들은 전쟁 중 보스니아의 무슬림 여성이나 크로아티아 여성에 대한 강간을 세르비아 여성에 대한 강간과 다르게 취급해야 하는지, 그리고 전쟁에서 일어나는 강간과 '일상적으로' 일어나는 강간을 다르게 취급해야 하는지 여부 등을 둘러싸고 논쟁을 벌였다.

가장 큰 쟁점은 전시 강간을 '집단학살 강간(genocidal rape)'으로 봐야 하는가 하는 문제였다. 강간을 집단학살의 도구로 이해해야 한다고 주장하는 페미니스트들은 강간이 보스니아 무슬림의 조직적 전멸을 위한 도구였다고 주장하면서 '일상적 강간(everyday rape)'과 '일상적 전시 강간(everyday wartime rape)'을 구별했다.[14] 다른 페미니스트들은 안타깝지만 전쟁 중 여성에 대한 강간은 그 수가 아무리 많더라도 새로운 일이 아니며, 강간을 집단학살과 관련해 접근해서는 안 된다고 주장했다. 그러나 페미니스트들은 의견 차이에도 불구하고 구 유고슬라비아 국제형사재판소의 설립과 운영에 관한 규칙을 만드는 데 함께 노력했다. 그래서 국제연합의 구 유고슬라비아 국제형사재판소 설립은 강간을 집단학살로 간주해야 한다고 주장하는 사람들과 국제형사제도는 자행된 모든 강간에 대해 동등하게 대응해야 한다고 주장하는 사람들 사이의 긴장을 중재하는 다양한 행동을 취했다.

14   Ibid., p. 779, n. 8.

엥글은 페미니스트적 쟁점이라는 차원에서 가장 문제적인 것은 두 페미니스트 진영이 근거하고 있는 가정에 있다고 지적한다. 가장 큰 문제는 세르비아계, 크로아티아계, 보스니아계 무슬림 사이에 본질적인 종족/민족적 차이가 있고, 각 여성은 자신의 종족/민족에 속하며 종족/민족의 무력한 피해자라는 전제다. 이러한 전제의 가장 큰 난점은 강간을 국제법적 차원에서 중대한 위반, 전쟁범죄, 반인도적 범죄로 규정해야 한다는 페미니스트들의 원칙적인 인식과 의지에도 불구하고, 여성들이 속한 기존의 사회관계에 도전하지 않는다는 데 있다. 페미니스트 대변인들은 무의식적으로 (혹은 이론적으로 동의하지 않더라도) 여성의 취약한 입장을 옹호하기 위해 여성의 성적·정치적 주체성을 상당 부분 부정하는 방식으로 문제에 접근한다는 것이다. 여기에는 여성이 자신의 의지에 따라 종족/민족의 경계를 넘는다거나 전쟁에 참여한다는 선택이 배제된다. 이러한 문제적인 가정은 성폭력에 대해 구 유고슬라비아 국제형사재판소가 취한 접근법에 그대로 반영되었다.

집단 성폭력에 대한 페미니스트들의 딜레마

여기서는 국제형사재판소가 분쟁 과정에서 발생한 집

던 성폭력 문제를 종족/민족의 경계를 중심으로 판단하는 것에 대한 페미니즘적 딜레마를 도리스 버스(Doris Buss)의 논의를 통해 살펴본다.[15] 국제형법은 유고슬라비아 전쟁에서 발생한 인종청소와 집단 성폭력의 문제를 어떻게 다뤘는가, 그리고 페미니스트들은 이에 어떻게 개입했는가를 살펴보는 것은 비교 연구라는 차원에서 중요한 작업이다.

1980년대 말부터 페미니스트 학자와 활동가 들은 여성 인권을 주장하면서 여성을 국제 정책의 행위자로 가시화하는 것을 핵심적인 전략적 목표로 삼았다. 당시 여성들 간의 차이를 강조하고 여성을 범주로 설명하는 다양한 방식의 주장이 등장하는 한편으로, 일군의 페미니스트들은 여성들에게 자행되고 있는 폭력을 인권 및 사회 정책의 문제로 인식시키기 위해 국제적인 캠페인을 벌였다. 오늘날 여성의 전시 경험에 대한 국제법적 대응은 1980년대부터 페미니스트들이 노력한 결과다. 그럼으로써 페미니스트들은 유고슬라비아 전쟁과 르완다 내전에서 발생한 강간 및 여성 학대를 반인도적 범죄와 집단학살, 전쟁법 위반 등으로 기소하는 데 성공할 수 있었다.

페미니스트들에게 분쟁시 여성에 대한 대규모 강간은

15　　Doris E. Buss, "The Curious Visibility of Wartime Rape: Gender and Ethnicity in International Criminal Law," *Windsor Yearbook of Access to Justice*, Vol. 25, No. 1, 2007, pp. 3~22.

큰 도전이었다. 여성들에게 가해지는 끔찍한 폭력을 강조하고 가시화하는 것은 그 자체로 시급하고 중요한 정치적 행위다. 여기서 버스는 성폭력의 가시성을 높이는 작업이 여성에 대한 폭력의 구조적 본질을 사회적·정치적으로 인식시키는 결과로 이어지지는 않는다고 지적한다.[16] 더 나아가 신시아 인로(Cynthia Enloe)는 강간을 정치적 관심사로 가시화하는 것이 "위험할 정도로 쉬운 일"일 수 있다고 짚는다.[17] 버스와 인로를 비롯한 페미니스트들은 집단 성폭력의 끔찍함에 대한 비극적 서사가 사람들로 하여금 문제에 쉽게 관심을 갖게 만들지만, 문제가 발생되는 상황을 상상하는 능력을 물화시키며 집단 성폭력에 개입된 복잡성을 이해하거나 해결 방안을 모색하는 과정에 참여하는 것과는 연결되지 않는다는 점을 지적한다. 전시 성폭력에 대한 서사에는 여성 강간에 대한 수많은 담론과 이해관계가 얽혀있다. 강간은 종종 민족주의라는 프리즘을 통해 굴절될 뿐만 아니라 군사주의를 강화하기 위한 정당화 담론에 동원되기도 한다.[18]

페미니스트들은 여성에게 가해지는 성폭력을 국제법

---

16   Ibid.

17   Cynthia Enloe, *Maneuvers: The International Politics of Militarizing Women's Lives*, University of California Press, 2000, p. 109.

18   유고슬라비아 전쟁에서의 집단 강간은 민족 간 적대 상태에서 발생했다고 설명되곤 한다. 그리고 전쟁이 나면 여성 모두 강간 희생자가 될 수 있다는 언설은 한국에서도 군사화의 정치 담론에서 빈번하게 활용된다.

으로 다루기를 원했다. 이 상황에서 버스는 보스니아 헤르체고비나에서 발생한 사건을 평상시 여성에 대한 구조적 불평등과 무관한 일회성 범죄로 단순하게 해석하는 것은 문제가 있다고 본다. 그래서 분쟁시는 물론 평화시에 일어나는 여성에 대한 폭력의 관계성에 집중하는 것이 페미니스트들에게 중요하다고 말한다. 국제법이 일상과 끔찍한 사건을 연결시켜 개입하는 데는 한계가 있지만, 버스는 보스니아 헤르체고비나에서의 판결을 검토했을 때 이러한 연결을 국제형법의 중요한 측면으로 삼지 않으면 성폭력과 젠더 범죄에 대한 사법적 이해가 매우 피상적일 수밖에 없다고 본다.

　　버스는 유고슬라비아와 르완다에서 발생한 집단 성폭력 사건을 분석하면서 사법부가 기본적으로 여성에 대한 폭력의 구조적 복잡성을 탐구하길 꺼린다는 것을 확인한다.[19] 그래서 페미니스트들은 기소를 통해 달성해야 하는 것과 실

19　버스는 유고슬라비아의 크르스티치와 가쿰비츠에서 벌어진 재판에서 여성들에게 가한 성폭력을 어떻게 판결했는지 살펴본다. 또한 강간이 대량학살의 도구가 될 수 있고 실제로 그렇게 활용되었다고 판결한 르완다 아카예수 재판소의 사례(강간은 여러 혐의 중 하나였다)와, 보스니아 헤르체고비나 분쟁 중 여성에 대한 강간·고문·학대를 집중적으로 다룬 쿠나락 재판도 분석한다. 버스에 따르면 이들 판결 모두 젠더 범죄를 바라보는 데 있어 종족/민족이라는 범주가 지배적으로 작용하고 있음을 드러낸다. 그 결과 성 불평등과 성폭력은 재판을 통해 가시화되기는 하지만, 이는 부분적일 뿐이다. 궁극적으로 여성은 집단 정체성의 불확실한 경계를 강화하는 역할을 맡는다.

제로 달성할 수 있는 것에 대해 더 진지하게 고민해야 한다고 주장한다. 버스는 우선 성폭력의 기소 여부에 따른 형식적 결과만을 보는 데서 벗어나, 성폭력이 판결 과정에서 어떻게 이해되고 표현되는지를 탐색해야 한다고 지적한다. 그다음으로 국제법이 무력 분쟁에서 발생한 성폭력을 단일한 현상으로 보고 있음을 인식해야 한다고 이야기한다. 여성에 대한 성폭력은 다양한 형태로 나타나며, 피해의 젠더적 특성과 민족 · 인종 · 계급 등 다른 억압의 축이 교차함에 따라 다양한 사회적 · 경제적 · 정치적 맥락을 가지고 있다. 그러나 국제형사재판소는 성폭력을 구성하는 복잡한 범위의 요인을 탐구하지 않은 채, 강간과 젠더화된 피해에 대해 엄격하게 짜인 분쟁의 지배적 서사, 민족주의의 연장이자 민족적 피해의 양태로서의 강간만을 고려한다. 그래서 버스는 비록 어렵더라도 페미니스트 법률 활동가들의 과제는 성폭력의 복잡성을 국제형사제도에 통합하는 것이라고 강조한다.

버스는 여성에 대한 폭력을 국제형사법의 문제로 가시화할 때 무엇이 다뤄지고 무엇이 다뤄지지 못하는지 질문을 던진다. 페미니스트들의 노력으로 여성에게 가해지는 성폭력에 대한 범죄화가 채택되었지만, 피해자에는 동일한 종족/민족의 여성만이 있지 않고 학살된 자들 모두 특정 인종의 남성인 경우도 있다. 인종적 정체성을 가진 남성들이 학살되면 이들의 재생산 능력 또한 파괴된다. 이런 경우 여성에

게만 적용되는 집단 성폭력을 다른 사례와 완전히 구분할 수 있는가? 이로 인해 명확해 보였던 민족차별로서의 성폭력은 애매한 위치에 놓인다. 여기서 버스는 성별과 민족의 교차점에 초점을 맞춘 성폭력 판결이 메타서사(meta-narrative)로서의 민족을 지나치게 부상시키는 게 아닌지 의문을 제기한다. 그녀는 메타서사로서의 민족 담론이 여성에 대한 폭력의 복잡한 차원을 드러내기보다 은폐하는 수단이 된다고 본다. 여성에 대한 대규모 폭력을 민족 경계에 기반해 기소하는 것은 1990년대 중반의 페미니스트 정치에 있어 최선의 방법이었다. 그러나 이러한 방법은 여성에 대한 대규모 폭력을 가시화하는 데 있어 페미니스트들이 겪는 어려움과 전략적 딜레마를 드러냈다.

　　요약하면 버스는 국제형사법에서 여성에 대한 폭력을 다룰 때 민족이 가장 지배적인 인식 틀이라는 데 문제를 제기한다. 민족은 국제법과 국제관계에서 중요한 역할을 차지하고, 재판소의 업무 역시 민족 간 갈등과 관련된 것이 주가 된다. 다시 말해 민족 간 갈등에 대한 인식이 재판소의 의사결정 구조를 미리 형성한다는 것이다. 그래서 버스는 유고슬라비아 전쟁과 르완다 내전의 성격과 역사에 대한 법적 설명에서 이를 '민족 분쟁'이라고 보는 지배적인 견해에 의문을 던진다.[20]

　　단적으로 보스니아의 대규모 여성 강간에 대한 초기

보도는 보스니아 무슬림 여성과 크로아티아 여성 들이 세르비아 군인들에게 강간당한 상황을 부각했다. 강간은 대체로 한 집단이 여성의 몸을 통해 다른 집단을 공격하는 폭력의 한 형태로 이해되고 묘사되었다. 당시 유고슬라비아 여성들에 대한 대규모 성폭력은 젠더와 민족주의가 한데 어우러진 현상이었다. 그러나 폭력적인 민족주의의 젠더화된 측면을 인식하면서 여성에 대한 대규모 성폭력에 대한 국제법적 대응을 강화하려는 페미니스트들에게는 두 가지 딜레마가 있었다.[21] 첫째, 젠더화된 민족주의 이데올로기를 성폭력의 동기로 강조하면 여성에게 가해진 폭력이 여성 개인에 대한 범죄가 아닌 공동체에 대한 범죄로만 규정될 위험이 있었다. 페미니스트들은 강간을 공동체의 피해로 이해하면 이제까지의 전쟁과 마찬가지로 전후 보상 등 특정 사안이 부상하면서 성

---

20   라다 이베코비치는 유고슬라비아 전쟁을 언급하면서 민족 간 갈등이 내전을 일으킨 것이 아니라 내전의 정치적 동학이 민족을 소구하고 민족주의를 도구화했다고 말한다. 라다 이베코비치(Rada Iveković)·백영경, "[라다 이베코비치–백영경 대담] 젠더화된 폭력과 전쟁으로 얼룩진 우리 시대의 여성 연대", 일본군 '위안부' 문제 연구소 웹진《결》, 2022년 8월 11일.

21   페미니스트들은 유고슬라비아에서 자행된 잔혹 행위로 인해 발생한 특정 문제에 대해서는 결코 서로 동의하지 않았다. 1990년대에 전개된 페미니스트들의 논쟁과 의견 불일치는 Doris Buss, "Sexual Violence, Ethnicity, and the Limits of Intersectionality in International Criminal Law," in Emily Grabham et al. eds., *Intersectionality and Beyond: Law, Power and the Politics of Location*, Routledge, 2008, pp. 105~123 참조.

폭력이 국제사회의 의제에서 사라질 위험성이 높다고 우려했다. 둘째, 이와 관련해 주로 민족/국가에 대한 범죄로 이해되는 강간은 폭력적이고 민족주의적인 갈등의 일탈적인 부산물이 된다. 그래서 분쟁 이전의 불평등 패턴 및 관행과 무관한 문제가 되어버린다는 것이다.

국제형사재판소의 판결은 강간이 대량학살의 도구가 될 수 있고 실제로 그렇게 활용되었다는 판결을 내리는 등 초기에는 희망적으로 진전되었다. 그럼으로써 분쟁 상황에서 발생한 여성에 대한 폭력이 역사적으로 지워지는 것에 반대하는 흐름을 만드는 것으로 보였다. 그러나 민족이 문제로 부상함에 따라 집단 성폭력이 갖는 복잡성이나 성 불평등의 사회적 맥락이 보이지 않거나 관심의 대상이 되지 못한다는 어려움도 동반했음을 볼 수 있다.

나가며

'위안부' 문제는 식민지기의 '위안부' 제도를 규명하고 '위안부' 여성들의 인권과 회복을 다루는 것 이상의 이슈다. 가시적인 증거로서의 '위안부' 피해자들이 사라져버린 후에는 어떻게 '위안부'가 남긴 문제를 정치적이고 여성 인권적인 문제로 지속시킬 것인가? 위안부의 증언을 들은 사람들은 여성을 전장에 동원한 '위안부' 제도에 대한 비판을 어떻게 이어갈 것인가? 나는 '위안부' 제도를 인도에 반하는 범죄로 규정함으로써 '위안부'에 대한 담론을 문명의 축을 변화시키는 전환적 지식으로 만들어야 한다고 생각한다. 그러나 우리는 그 모든 모색과 해결이 한국의 경험을 통해서만 진행되어야 한다는 생각에서 벗어날 필요가 있다. 이러한 차원에서 나는 도쿄전범재판에서 '위안부'의 존재와 그들이 겪은 성폭력을 무시한 연합군을 새로운 행위자로 고발할 필요가 있다고 생각했다.[22] 또한 페미니스트들이 1990년대 초 유고슬라비아 전쟁과 르완다 내전에서 제기했던 문제를 간단히 소개하면서 한국의 '위안부' 논의를 확장할 필요 또한 느꼈다.

탈식민 페미니즘 관점에서 한국의 '위안부' 논쟁을 더 진전시키기 위해서는 여성의 성이 폭력의 대상이 되는 지역·국가·분쟁의 다양한 사례를 페미니스트들이 어떻게 다뤘는가에 대한 비교 연구가 필요하다. 30년 동안 피해자의 개인적인 경험을 주장하며 피해의 진정성을 드러내는 데 몰두했던 한국 '위안부' 논의의 출구를 찾기 위해서는, 또한 '위안

22   이 글은 시론 차원에서 쓰인 것이다. 구체적인 연합군 자료를 검토해 차후에 본격적인 연구와 논의가 전개되기를 희망한다. 다양한 분야의 전문가들이 수집해 이미 우리 사회에 공개된 연합군 자료가 있으니, 이들 자료를 검토해 연합군이 '위안부'의 강제 동원과 위안소가 분노할 만한 군대 내 시설임을 알고 있었음에도 왜 전범재판의 의제에서 다루지 않았는가를 밝히는 공동 작업이 필요하다.

부'의 경험을 한국 페미니스트 평화학의 사례로 만들기 위해서는 분쟁에서의 집단 성폭력을 다루는 문제가 페미니스트들에게 어떤 어려움을 주는지, 특정한 역사적 시점에서 페미니스트들을 괴롭혔고 또 해결을 시도했던 문제에 대해 우리가 다른 사회부터 어떤 도움을 받을 수 있는지를 검토해보는 것도 필요하다. 이는 전쟁범죄로서의 '위안부' 문제를 보는 탈식민 페미니즘의 관점을 모색하고 더욱 예리하게 만드는 데도 중요한 작업이라고 생각한다.

1부

일본군 '위안부' 운동에 대한 성찰

1. 야마시타와 영애 사이에서

틈새의 시점에서 본 일본군 '위안부' 운동

야마시타 영애 (분쿄대학 문학부 교수)

번역 이유미 (영화연구자)

들어가며

이 글에서는 내가 지금까지 생각하고 제기해왔던 '위안부' 문제와 관련한 논의를 되짚어보고자 한다. 나는 1988년에 한국으로 유학을 와 이화여자대학교에서 여성학을 배웠다. 일본군 '위안부' 운동과의 관계를 간단히 소개하자면, 나는 1990년 5월의 기자회견과 성명문 발표에 관여했고[1], 같은 해 7월 윤정옥이 결성한 정신대연구반(훗날의 정신대연구소, 이하 '연구소')의 멤버가 되었다. 1990년 11월 한국정신대문제대책협의회(이하 '정대협')가 결성된 뒤에는 '일본 담당'으로서 주로 일본 단체들과 연락하고 통역을 맡아 1998년 2월 한국을 떠날 때까지 두 단체의 일원으로 활동했다.

한국을 떠나서는 그곳에서 겪은 체험을 바탕으로 고민했던 몇 가지 문제를 논문으로 썼고, 이를 정리해 책으로 냈다. 나는 그 책을 통해 내셔널 아이덴티티(national identities)를

---

[1] 당시 이화여자대학교 여성학과 이영자 교수의 수업 뒤풀이 자리에서 이 교수가 대학원생들에게 제안한 것이 그 계기였다. 이 교수는 식민지 시대에 여성들이 겪은 피해 문제가 계속 간과되어왔다며 노태우 대통령이 일본을 방문하기 전에 '정신대' 문제를 의제에 올리도록 힘써보자고 제안했다. 이에 대학원생들이 찬동해 그 자리에서 역할을 분담하고 여성단체들에 연락을 취했다. 그때까지만 하더라도 한국교회여성연합회 등의 독자적 노력이 존재했을 뿐, 한국여성단체연합을 비롯해 민주화 운동 진영의 여성계가 이 문제에 나선 것은 처음이었다.

고민하는 자이니치(在日, 재일)의 입장에서, 몸소 겪은 '위안부' 운동의 문제와 과제를 고찰하고자 했다.[2] 그 후로는 '위안부' 운동에 거리를 두며 몇 편의 관련 논문을 썼을 뿐이다.

2020년 5월 이용수의 기자회견은 이제까지 내가 관여해왔던 운동에 대해 다시금 성찰하는 계기가 되었다. 바위처럼 굳건하던 한국의 관련 운동과 담론이 변화하기 시작한 데에도 자극을 받았다. 그래서 근래에 썼던 글들과 더불어, 2020년 5월 이후 '위안부' 문제를 둘러싸고 한국에서 벌어진 운동과 담론 상황을 정리한 논문을 추가해 2022년 위 책의 개정판인 《신판 내셔널리즘의 틈새에서: '위안부' 문제와 페미니즘의 과제》를 출간했다.[3] 신판의 부제를 '위안부' 문제와 페미니즘의 과제(〈慰安婦〉問題とフェミニズムの課題)'라 한 까닭은 페미니즘 없이 '위안부' 운동을 이야기할 수 없으며, 향후 운동을 견고하게 만들어 나가기 위해서도 빠뜨릴 수 없는 시점이라고 봤기 때문이다.

같은 해 8월 이화여자대학교 한국여성연구원과 서울시가 주최한 '2022년 일본군 '위안부' 피해자 기림의날 국제

---

2   山下英愛, 《ナショナリズムの狭間から: 〈慰安婦〉問題へのもう一つの視座》, 明石書店, 2008. (이하 '구판') 야마시타 영애, 《내셔널리즘의 틈새에서: 위안부 문제를 보는 또 하나의 시각》, 박은미 옮김, 한울아카데미, 2012로 번역 출간되었다.

3   山下英愛, 《新版 ナショナリズムの狭間から: 〈慰安婦〉問題とフェミニズムの課題》, 岩波書店, 2022. (이하 '신판')

포럼: 분쟁과 여성인권 — 이행기 정의와 책임의 정치' 제2부 '증언 이후, 새로운 응답'에서 발표 기회가 주어졌다. 한국의 공적인 자리에서 나의 문제의식을 발표한 것은 거의 처음 있는 일이었다.

이 글은 이날의 발표 원고를 대폭 가필한 것이다. 내게 사고(思考)의 기점이 된 내셔널 아이덴티티의 '틈새'라는 것이 무엇이고, 내가 1990년대 운동에 참가하면서 고민하고 생각했던 문제가 무엇이었는지를 풀어보고자 한다.

'틈새'의 시점

'자이니치'라는 아이덴티티

내가 한국으로 유학 온 표면적인 이유는 한국의 여성사를 배우기 위함이었다. 그러나 사실은 나의 내셔널 아이덴티티에 대한 고민을 해결하고 싶다는 마음이 근저에 놓여있었다.

자이니치라는 아이덴티티와 그에 따른 고민은 사람마다 너무나 다르다. 나에 대해 이야기하자면, 나는 한반도 출신으로 두세 살 무렵 가족의 손에 이끌려 일본으로 건너온 아버지와 일본인 어머니 사이에서 태어났다. 아버지는 해방 후 가족과 함께 고향(경상남도 사천)으로 돌아갔으나 두어 달 뒤 일본으로 밀항했고 1947년에는 대학에 들어갔다. 그로부터 얼마 후 그는 공원에서 우연히 만난 일본인 여성(나의 어머니)과 가까워져 같이 살기 시작했다. 7남매 중 장남이었던 아버지는 언젠가 한국으로 돌아갈 작정이었을 터, 어머니에게 자신이 조선인이며 결혼이 불가능하다는 사실을 알렸다고 한다. 그런데 곧 한국전쟁이 터져 남북 분단이 고착화되자 고국으로 돌아가지 못했다. 사회주의에 경도됐던 아버지는 북한 체제를 지지했다. 그는 1953년 오사카에서 재일본조선인연맹 활동가가 되었고, 1958년부터는 도쿄에 있는 재일본조선인총연합회(이하 총련) 신문사에서 일했다.

아버지와 어머니는 첫 만남 이래 같이 살았고 오빠와 내가 태어난 시기는 1950년대였지만, 혼인신고를 한 것은 1960년대 중반에 이르러서였다. 이 때문에 오빠와 나는 혼외자로서 어머니의 호적에 들어가 어머니의 성을 따르고 일본 국적을 가졌다. 물론 이런 사정은 나중에야 알았다. 아버지는 혼인신고와 더불어 우리 남매에 대한 인지신청서도 제출했지만 자식들의 국적은 그대로 됐다. 지금은 부모님 모두 돌아가신 터라 이유를 물어볼 수 없지만, 자식들은 일본 국적인 채로 두는 편이 좋으리라 생각했을지도 모른다.[4]

한편 어머니는 일본인이면서도 조선인인 남편 쪽에 몸담고자 했다. '아내는 남편을 따라야 한다'는 가부장적 사고가 내면화된 데다, 일본 사회의 마이너리티 편에 서야 한다는 생각이 있었다고 한다. 어쨌든 어머니는 총련 활동가의 아내로서 자진해서 조선어를 배우고 조선 이름을 썼다. 그리고 재일본조선민주여성동맹 지부의 임원으로 열심히 활동하며 직접 지은 치마저고리를 입고 총련 행사에 자주 참가했다.[5]

　나는 이러한 분위기 속에서 자라나 어릴 때부터 조선인으로서의 아이덴티티를 키워 나갔다. 어머니의 일기에는 내가 세 살 무렵 엄마가 "너는 어디 사람이야?"라고 물었더니 내가 "조선 사람이지."라고 대답했다는 내용이 적혀있다. 나는 딸이기도 하고 경제적 이유로 유치원을 다니지 못했던 탓에[6], 조선학교에서 처음으로 사회를 접했다. '최영애'라는 이름을 쓰고 조선어를 배우며 조선인으로서 아이덴티티를 형성했다. 나 자신도 가족도 조선인이라는 것을 의심한 적이 없었다. 내가 조선학교를 다녔던 1960년대 후반부터 1970년대 초는 북한에서 김일성 개인숭배를 강화하던 시기로 김일성 일족의 신격화와 주체사상, 혁명 활동이 교육의 중심이었다. 한

4　언젠가 내가 아버지에게 "이름이 두 개라[한국식 이름 '영애(英愛)'와 일본식 이름 '에이아이(英愛)'] 혼란스러웠다."고 이야기하자, 아버지는 전혀 예상치도 못했다는 듯 "어느 쪽 이름도 괜찮은데 두 개면 편리하지 않느냐."고 한 적이 있다. 이로 미뤄보건대 일본에서 살아가려면 일본 국적이 편리하리라 생각했다고 한들 이상하지 않다.

5　1960년대 중반 어머니는 '피가 다르다'는 이유로 여성동맹 임원 자리에서 물러나야 했다. 어머니는 이 일로 큰 충격을 받았다고 말하곤 했다.

6　나보다 다섯 살 위인 오빠는 유치원을 다녔다.

편 1959년 12월 시작된 귀국사업(재일 조선인 북송사업)으로 친가 쪽 아이들 또한 귀국선에 올랐다. 아장아장 걷던 나 역시 부모님과 함께 니가타항에 환송을 나갔다. 그때의 사진을 보면서 나도 '언젠가 귀국선을 타고 돌아가리라.' 하고 생각했다.

아버지가 총련 활동가였던 까닭에 나는 초급학교 6년간 매년 부반장에 임명되었다(반장은 언제나 남자였다). 4학년이 되어 소년단에 입단하고 나서는 모범분단으로는 모자라 이중(二重)모범분단 표창을 받으려고 노력했다. 고지식한 성격이던 나는 학교에서 가르쳐준 김일성의 혁명 활동사와 북한 관련 내용을 스폰지처럼 흡수했고 그 모든 것을 믿어 의심치 않았다. 북한은 핑크 빛으로 반짝이는 지상낙원이며 남한은 아이들이 깡통을 차고 구걸을 하는 잿빛의 세계라는 프로파간다를 완전히 믿었다. 이다음에 크면 조선인민군이나 김일성종합대학에 들어가리라는 꿈을 꿀 정도였다.

그런데 6학년 말 즈음 어머니가 일본인이고 나와 오빠 역시 일본 국적으로 '야마시타'라는 성을 갖고 있다는 사실을 알았다. 아버지가 '김병식 사건' 때문에 신문사를 그만두고 총련으로부터 거리를 둔 일이 계기였다.[7] 부모님은 자세한

---

[7]   1970년대 초 당시 총련 부위원장이었던 김병식이 한덕수 의장과 대립해 권력 다툼을 벌였다. 김병식은 부하들을 동원해 사조직을 만들어 자신에게 비판적인 간부들을 납치하고 협박하는 등 폭력을 휘둘렀다. 이로 인해 많은 간부가 총련을 떠났다.

설명도 없이 그저 "중학교부터는 일본 학교를 다니거라."고 했다. 그 말은 '언젠가 조국으로 돌아가리라.'고 생각해왔던 내게 커다란 충격이었다. 그때까지 조선학교에서 일본과 미국은 적이라 배워왔는데 갑자기 일본 학교를 가라니 도저히 납득할 수 없었다. 나는 혼자서라도 귀국선을 타고 돌아가겠다고 고집을 부리면서 울며 저항했다. 물론 부모님은 받아들이지 않았고 나 또한 차츰 부모님을 따랐다. 이제껏 간직해왔던 세계관과 가치관이 그때 와르르 무너졌다.

이후 '나는 어디 사람인가' 하는 내셔널 아이덴티티를 새로이 고민했다. '너는 조선인인가, 일본인인가'라며 양자택일을 강요하는 사회적 풍토 속에서, 두 개의 이름('최영애'와 '야마시타 에이아이')과 두 개의 민족 사이에서 '나는 어느 쪽인가'를 고민하지 않을 수 없었다. 당시 일본 사회든 자이니치 사회든 가부장적 성격이 농후했다. 아이의 국적이나 성은 부계를 따르는 것이 당연했다. 국제결혼을 하더라도 마찬가지로 아이는 부계의 국적과 성을 따랐다. 내 경우는 '혼외자'였던 까닭에 일본 국적과 어머니의 성을 따랐을 뿐이다.

페미니즘과 만나다

나는 고등학교 3학년 봄, 신문에서 "여자는 만들어진다"는 연재 기사를 읽고[8] 크게 자극을 받아 여성 문제에 눈을 떴다. 조선학교를 다니던 무렵부터 학교나 집에서 느꼈던

여러 불만이 남녀 차별과 성별 역할 분담에서 비롯한다는 것을 깨달으면서 친구들과 여성문제연구회를 만들어 공부했다. 대학생이 되고부터는 '아시아 여성들의 모임(アジアの女たちの会)'에 나가 마츠이 야요리(松井やより)나 도미야마 다에코(富山妙子) 같은 선배 페미니스트들의 활동을 가까이 지켜보며 시간을 보냈다. 일본에서도 여성학이 도입되어 관련 강좌를 들으러 다니곤 했다.

페미니즘과의 조우는 두 개의 이름과 '민족' 사이에서 흔들리던 내게 구원과도 같았다. 한번은 아시아 여성들의 모임 회합에서 내가 두 개의 이름(최영애와 야마시타 에이아이) 사이에서 고민한다는 이야기를 꺼내자, 어느 회원이 '야마시타 영애'라고 하면 어떻겠냐고 조언해줬다.[9] 눈이 번쩍 뜨이는 아이디어였다.

그때부터는 자이니치 커뮤니티에서도 '최영애'가 아니라 '야마시타 영애'라는 이름을 썼다. 그러자 나를 두고 "걔는 자이니치가 아니야."라고 하는 사람도 있었다. '의식 있는' 자이니치들은 '본명 선언'(통칭인 일본 이름 쓰는 것을 그만두고 조선 이름을 쓰겠다고 선언하는 것)을 하고 민족명(특히

---

8   "女の子はつくられる" ①-⑨, 《朝日新聞》, 1977年 5月 16日~26日字. 그해 6월 18일에는 연재에 대한 독자의 소리가 게재되었다.

9   여권상의 로마자 표기는 1998년이 되어서야 'Yamashita Yeong-ae'로 바꿀 수 있었다.

성)을 쓰는 것이 바람직하다고 여겼기 때문이다. 1984년 일본의 국적법이 개정되어 외국인 아버지와 일본인 어머니 사이에서 태어난 아이가 어머니의 국적을 선택할 수 있게 됐을 때도 자이니치 활동가들은 '민족의 성을 빼앗으려는 처사'라며 비판했다. 이 같은 분위기 속에서 내가 굳이 호적상의 어머니 성을 따른 것은 '성은 부친을 따른다'는, 일본과 한국에서 당연시되어온 가부장적 문화에 대한 소소한 저항이었다.

진로를 변경하고 대학원에 진학했을 무렵, 자이니치 여성 네 사람이 1984년 '조선여성사독서회'를 발족시켜 이화여자대학교 출판부에서 발행한 《한국여성사》(1972) 같은 책을 읽곤 했다.[10] 애초 이 모임의 회원은 조선학교 출신들뿐이었으나[11], 조선여성사독서회는 점차 외연을 넓혀 이후 '우리여성네트워크'로 발전하며 '위안부' 문제에 매진하기 시작했다.

나는 대학원(석사 과정)에서 조선의 여성 교육에 관한 논문을 썼으나 전혀 만족스럽지 않아 한국 유학을 결심했다. 다행히 1987년 민주화 선언이 이뤄져 조선학교를 다녔던 일이나 아버지가 과거에 총련 활동가였다는 것이 문제되지는

---

10   조선여성사독서회는 독회 활동을 바탕으로 1985년부터 회보 《조선여성사독서회통신》을 발행했다.

11   한국어로 된 책을 읽을 수 있는 자이니치는 대체로 조선학교 출신이었기 때문이다.

않으리라 생각했다.[12] 더욱이 나는 일본 국적자였기 때문에 한국 정부 초청 장학생에 응모할 수 있었다. 일본 국적이었던 덕에 조선/한국 국적의 자이니치에게 없는 '특권'을 가졌다고 할 수 있으리라.

그리하여 1988년 9월 한국 이화여자대학교 대학원으로 유학을 왔다. 당시 이대 여성학과의 존재를 어떻게 알았는지는 자세히 기억나지 않는다. 하지만 그전에 두세 번 한국을 방문하면서 이대 출판부에서 펴낸 《여성학》과 《한국여성사》, 창작과비평사의 《여성해방의 이론과 현실》 등을 읽었기 때문에 자연스레 안 것 같다. 한편 나는 1980년대 중반에 민주화운동 관련으로 대학에서 해직되어 일본에 머무르던 이효재를 만난 적이 있었다. 그녀는 사회학과 소속이었지만 이대에 여성학을 도입한 선각자이며 여성학과에서 한국여성사 수업도 담당했다. 이에 나는 망설임 없이 이효재에게 지도를 부탁하며 사회학과 연구생을 거쳐 이듬해 3월 여성학과에 입학했다.

여성학과에서의 배움은 매우 즐거웠고 자극으로 가득했다. 여성학과의 특성상 다양한 여성운동가와 단체 관련자가 존재해 그들의 이야기를 바로 들을 수 있는 것도 고마운 일이었다. 이효재의 수업을 들었던 인연으로 1989년 10월 가족

12   그렇지만 1990년대 중반까지도 일본에서 오는 편지가 개봉되고 감시당하는 듯한 기분을 느낄 수밖에 없었다.

법 개정운동 집회에 참가한 나는 당시 영문과 교수였던 윤정옥을 알게 되었다. 윤정옥은 유학생이던 나를 종종 교직원 식당으로 데려가 점심을 사주며 '위안부' 문제에 대한 생각을 열심히 이야기해주곤 했다. 이 문제에 관심을 가지는 사람을 어떻게든지 늘리고자 했던 것이다. 그렇게 나 또한 이 문제의 중요성을 인식해, 앞서 이야기한 것처럼 정신대연구반의 멤버가 되어 곧이어 본격화한 '위안부' 문제 해결 운동에 뛰어들었다. 운동에 매진하면서, 유학 전에 나를 괴롭혔던 아이덴티티에 대한 고민은 깨끗이 사라져버린 듯했다.

일본군 '위안부' 인식: 다름에 직면하다

조선인 '위안부'와 일본인 '위안부'

'위안부' 문제 해결 운동에 참여하기 시작하고 얼마 지나지 않아 한국 사회와 운동 단체의 '위안부' 인식을 둘러싸고 나는 '다름'에 직면했고, 이를 계기로 내셔널 아이덴티티에 대한 고민이 부활했다. 먼저 1993년 8월 일본 정부가 발표한 고노 담화[13]를 놓고 정대협에서 발표한 성명에 위화감

13 정식 명칭은 '위안부 관계 조사 결과 발표에 관한 고노 내각관방장관 담화(慰安婦関係調査結果発表に関する河野内閣官房長官談話)'다. 이 담화는 불충분하기는 하지만, 위안부의 모집·이송·관리 등이 군의 관여하에서 "대

을 느꼈다. 정대협은 고노 담화가 발표되자 곧바로 항의 성명을 발표했다. 나는 잠시 일본 집에 돌아와 있던 터라 성명 작성 과정에 대해서는 잘 알지 못했으나, 성명문을 팩스로 받아 일본어로 번역해 관련 단체에 송신하기로 되어 있었다. 그런데 다음의 내용을 읽고 충격에 빠졌다.

"위안부는 당시 공창제도 하의 일본 매춘 여성과 달리 국가 공권력에 의해 강제로 군대에서 성적 위안을 강요당한 성 노예"였고, 일본인 위안부는 "돈을 받았고, 계약을 체결했고, 계약이 끝나면 위안부 생활을 그만둘 수 있었다."는 내용이 포함되어 있었다.[14] 이 성명은 조선인 '위안부'들이 겪은 강제성을 강조한 나머지, 공창(매춘부) 출신이 많았던 일본인 '위안부'들과 비교해 그들의 '성격'이 크게 다르다고 주장한다. 하지만 성명에서 드러난 사실 인식은 잘못된 것일뿐더러, 위 표현은 일본인 '위안부'가 매춘부 출신이므로 '위안부' 제도하의 성 노예라고 할 수 없다는 의미를 함축한다.

당시 한일 정부 사이에서 '위안부'가 '강제(연행)되었는지 아닌지'가 커다란 문제로 부상했다. 운동하는 쪽에서는 조선 여성들이 입은 피해의 강제성을 강조하려고, 성 경험이

체로 본인들의 의사에 반해" 이뤄졌으며 "위안소에서의 생활은 강제적인 상황하의 참혹한 것이었다."고 인정했다.

14 정대협, 〈일본정부의 강제종군'위안부'문제 제2차 조사발표에 대한 우리의 입장〉, 1993년 8월 4일.

없는 어리고 무구한 여성들이 동원되었으니 강제 연행이라고 주장했다. 그러나 이 주장은 다양한 사례가 있었을 터인 동원 과정을 단순화시켰고, 여성의 전력, 성 경험의 유무, 처녀인가 매춘부인가 등 가부장적 사회의 남성 중심적 관점에 따라 피해자를 분류하는 것으로 이어졌다. 또한 일본인 '위안부'는 매춘부 출신이므로 성 노예가 아니라는 인식은 '위안소' 자체가 여성을 억압하는 장치이며 일본인 '위안부' 역시 그 피해자라는 '위안소' 제도의 본질을 파악하기 어렵게 했다. 더구나 식민지하 조선의 공창제 아래에서 성을 착취당하다 전장의 위안소로 팔려 나갔을 최하층 여성들의 존재를 제외하는 것으로 이어질 수도 있었다.

나는 이 성명에 납득할 수 없었다. 이러한 부분이 포함되면 일본 지원 단체들과의 협력 관계에도 문제가 생기지나 않을까 염려했다.[15] 그래서 정대협에 연락해 문제의 부분을 성명에서 삭제할 것을 제안했으나, 돌아온 대답은 '노'였다. 단, 일본어판에서 삭제하는 것에 대해서는 통화를 했던 실행위원으로부터 양해를 얻었다. 그리하여 위의 인용 부분을 삭제한 정대협 성명서를 일본의 운동 단체들에 보냈다.

---

15   일본에서는 창기나 매춘 여성과 관련한 문헌이 상당수 존재했고, 전전과 전후 많은 매춘 여성의 실태가 매우 열악했다는 사실도 알려져 있는 편이었다. 특히 한국의 운동과 연대하는 일본 여성 단체 대부분은 이를 잘 알고 있었다.

당시 한국에서는 일본의 공창제나 식민지 시대 조선에 도입된 공창제와 관련한 연구가 거의 없었다. 정대협의 '위안부' 인식도 그러한 시대적 제약을 받았다고 할 수 있을 것이다. 정대협을 구성했던 주요 단체 중 하나인 한국교회여성연합회에서 진행한 기생 관광 반대 운동처럼 성매매 문제와 씨름한 일은 있었지만, 1980년대까지는 '윤락 여성'이나 '정조 훼손' 같은 시각에서 자유롭지 못했다.[16]

내가 1992년 여성학과에 제출한 석사 논문의 테마로 공창제 연구를 택한 까닭은 1989년 즈음 이뤄진 '윤락행위등방지법' 개정을 위한 논의 속에 공창제에 대한 역사적 이해가 결여되었다는 느낌을 받았기 때문인데, 이는 '위안부' 문제 인식에서도 마찬가지였던 것이다.

나는 고노 담화가 발표되기 전, 1993년 6월에 열린 한국여성학회의 학술 대회에서 여성학과의 강선미와 함께 '위안부' 문제를 여성학적 시점으로 어떻게 접근해야 하는지에 관해 발표했다. 고노 담화가 발표된 시기는 이 발표를 논문으로 발전시키던 무렵이었다.[17]

16　민경자, 〈한국 매춘여성운동사〉, 한국여성의전화연합 기획, 정희진 엮음, 《한국 여성인권운동사》, 한울아카데미, 1999, 259쪽.

17　논문은 같은 해 11월 간행된 《한국여성학》에 게재된 바, 여기에 정대협의 8월 성명에 대한 문제의식도 반영했다. 논문의 전체적인 틀을 포함해 군 '위안부' 문제를 여성학적으로 분석한 부분은 강선미가 맡았고, 나는 일본의 공창제와 관련된 부분을 맡았다. 강선미·야마시타 영애, 〈천황

조선인 '위안부'뿐만 아니라 일본인 '위안부'도 성 노예였다는 나의 문제 제기에 곧바로 귀를 기울여준 이는 윤정옥이었다. 1994년 즈음, 윤정옥은 이 문제를 논의하려고 몸소 내가 사는 곳까지 찾아와줬다. 윤정옥은 나의 주장을 가만히 들은 뒤 자신의 생각을 이야기했다. 위안부가 된 창기 출신의 일본인 여성 또한 성 노예와 다르지 않다는 나의 주장에 대해, 조선인 여성들은 기만을 당해 억지로 위안부가 된 반면 창기 출신인 일본인 여성들은 행선지가 위안소라는 것을 알고 있었으므로 노예로 볼 수 없지 않느냐는 내용이었다. 네 시간 정도 논의가 이어졌으나 서로의 주장은 평행선을 달릴 뿐이었다. 결국 '서로의 사고방식이 다름을 인정하자'는 것이 결론이었다. 다음으로 2000년대 초, 연구소에서 같은 문제를 가지고 발표할 기회를 얻었다. 당시 나는 일본에서 살고 있었는데, 윤정옥은 공항까지 마중을 나와 자택에 데려가줬다. 연구소에는 평소보다 많은 사람이 모여 내 이야기에 귀기울여줬다. 참고로 이날 민족주의적 입장에서 발언할 예정이던 연구자가 나타나지 않아 토론은 불발에 그쳤다.

제 국가와 성폭력: 군위안부 문제에 관한 여성학적 시론〉,《한국여성학》 제9집, 한국여성학회, 1993, 52~89쪽.

'국민기금' 반대 운동

운동 중 직면한 또 하나의 문제는 이른바 '국민기금 (여성을 위한 아시아 평화국민기금)'과의 투쟁 속에서 벌어졌다. 국민기금 정책은 일본 정부와 국민이 '위안부' 문제에 대한 도의적 책임을 다하자는 취지에서 진행되었으나[18], 정대협은 처음부터 여기에 반대했다. 국민기금에서 피해자들에게 지불하는 것은 '위로금'에 지나지 않는 바, 이는 일본 정부의 법적 책임을 회피하기 위함이라고 생각했기 때문이다. 나는 운동 단체들이 국민기금에 반대하는 것은 타당할 수 있으나, 국민기금을 수령할지 말지는 피해자 스스로가 정할 일이라고 생각했다. 그러나 운동은 그러한 방향으로 나아가지 못했다. 내가 제시한 것과 같은 의견이 받아들여질 여지는 전혀 없었다.

정대협은 국민기금에 대항하려고 사회 각 분야의 유명 인사들을 모아 1996년 10월 '일본군 위안부 문제의 해결을 위한 시민연대'(이하 '시민연대')를 결성, 생존자들이 일본의 돈을 받지 않아도 되게끔 한국 내 모금 활동을 개시했다. 시민연대의 〈겨레 선언〉[19]에서 (국민기금은) "피해자들의 명

---

18   국민기금 자체의 문제와 관련해서는 여기서 다루지 않겠다. 국민기금에 대해서는 더 많은 연구가 필요할 것이다.

19   '정신대 할머니 돕기 온겨레 모금 공연'에서 참가자가 발표한 성명서, 1997년 3월 1일.

예와 인권, 나아가서는 우리 민족의 자존심을 우롱하는 것"
으로, "우리는 과거 우리 민족이 일제 식민 치하에서 고난받
을 때의 아픔을 되새기면서 그 할머니들을 우리 민족의 품으
로 보듬어 불행했던 과거 역사의 상처를 온 겨레가 함께 치유
해 나가고자 한다."고 밝힌다. 다시 말해 이 운동은 피해자들
의 투쟁이라기보다 민족 전체의 투쟁으로서, 피해자들을 "지
켜"내는 것이 "민족의 자존심"을 지키는 것이라고 호소했다.
국민기금은 "더러운 돈"이라는 인식이 강했던 것이다. 윤정
옥도 당시 할머니들로 하여금 국민기금을 수령하지 않도록
하는 것이 그들을 '악의 손길'에서 "지켜"내는 것이라 간주
했다.

　　나의 고민은 한국에서 모금한 성금의 처리와 관련해
서 한층 심각해졌다. 시민연대도 정대협도 국민기금을 수령
한 피해자에게는 성금을 분배할 수 없다는 분위기였기 때문
이다. 국민기금 수령을 저지하기 위한 모금이었으므로, 국민
기금을 수령한 할머니에게는 분배하지 않는 게 당연하다는
논리였다. 하지만 나는 이미 몇몇 할머니가 국민기금을 수령
한 상황에서 이 같은 방침을 취하는 것이 생존자들을 혼란스
럽게 하고 그들 사이에 분열을 초래하지나 않을지 우려스러
웠다. 〈겨레 선언〉의 정신에 입각해 생존자들을 "민족의 품으
로 보듬"는다면, 피해를 입었던 모든 생존자가 대상이 되어
야 하지 않는가. 그러나 정대협의 그 누구도 나의 의견에 동조

하지 않았다.[20]

1998년 1월, 정대협은 생존자를 모아 성금 분배 방식을 설명하는 자리를 마련했다. 이에 수십 명의 생존자들이 전국에서 모여들었다. 그리고 성금을 수령하기 위해서는 국민기금을 받지 않겠다는 증거로 정대협에 '위안부 증명서'를 제출하도록 안내받았다. 이 자리에서 강한 반대 의견은 나오지 않았다. 하지만 예상했던 바, 생존자들 사이에서 정대협에 대한 불만이 커져갔다. 그날 밤 지방에 거주하는 어떤 생존자가 내게 전화를 걸어 정대협의 방침에 참을 수 없이 화가 난다는 이야기를 전했다.

그로부터 닷새 후 열린 실행위원회에서 나는 미리 작성한 문서를 배포한 뒤 읽어 나가며 방침의 전환을 촉구했다.

여기서 내가 전하고 싶었던 내용은 우선 모금 지불 방식의 문제, 특히 '위안부 증명서'를 정대협에 제출한 사람들에게 나눠주겠다고 한 방침에 문제가 있다는 것과 일본의 국민기금을 받은 분들도 포함해 모든 분에게 배포해야 한다는 것, 또 국민기금을 수령하는 것이 "몸값을 받는 것과 마찬가지"라는 인식에 문제가 있다는 것이었다. 나는 다음 달에 한국을 떠나야 했기 때문에 그때가 실행위원회에 참석할 마지막 기회였다. 그래서 말로 전달하는 것보다 문서를 작성해서

20   연구소 멤버 중에는 동의하는 이가 있었다고 기억한다.

확실하게 의견을 전달하려고 한 것이다.

윤정옥, 이효재를 비롯해 존경해 마지않는 실행위원들이 모인 자리에서 내가 문서를 돌리고 이야기를 한 것은 이례적인 일이었다. 모든 분이 진지하게 들어주었으나 이후 나의 제안이 정대협 내에서 논의되었는지는 알지 못한다.

성적 피해와 민족적 피해

한국을 떠난 뒤로 한동안은 내가 정대협 운동에 참가하면서 직면했던 문제를 되짚어보는 것이 새로운 과제였다. 페미니즘 관점에서 '위안부' 문제가 중요하다는 것을 깨닫고 운동에 뛰어든 나로서는 애초 여성운동의 기세를 확실히 담보하고 있던 이 운동이 '위안부'를 둘러싼 인식이나 국민기금과의 투쟁을 거치며 페미니즘이 파고들 여지가 보이지 않을 정도로 민족 담론에 매몰되어버린 사실이 안타깝기 그지없었다. 내가 존경하는 사람들이 왜 그런 식으로 생각하는지 그 이유를 알고 싶었다. 이를 고민하며 두 편의 논문을 썼다. 하나는 성적 피해라는 것이 무엇인지에 관한 글이었고, 다른 하나는 여성운동의 역사적 흐름 속에 정대협을 위치 지음으로써 그 특징을 고찰하는 글이었다.[21] 여기에 전자의 내용을

---

21   야마시타 영애, 〈한국 '위안부' 문제 해결 운동의 과제〉, 강덕상·정진성 외, 《근·현대 한일관계와 재일동포》, 서울대학교출판부, 1999; 山下英愛, 〈韓国における〈慰安婦〉問題解決運動の位相: 80～90年代の性暴力運動との関連

부분적으로 적어두고자 한다.

1) 성적 피해

1990년대 정대협의 운동은 일본 정부의 사죄와 배상 요구를 중점 과제로 삼았다. 사죄와 배상을 이끌어내는 것은 피해자의 존엄을 회복하기 위해 중요하다. 또한 생존자의 생활을 지원하고 상처받은 심신을 치유하며 정신을 위로하는 데에도 중요한 의미가 있다. 그러나 이 시기의 운동은 민족적 피해를 내세움으로써 '위안부' 피해자들이 성폭력으로 입은 상처에 주목하는 일을 어렵게 만들었다. 심적 상처는 육체적 상처에 비해 눈에 보이지 않는다는 점에서 인식하기 힘든 면이 있다. 하지만 심적 상처도 육체적 상처와 마찬가지로 피해 실태를 구성하며 치료가 필요하다.

대중의 여론과 운동이 민족 문제라는 관점을 강하게 내세울수록 이러한 측면은 파악하기 어려워진다. '위안부' 문제를 민족 문제로 다루면 피해자들도 같은 민족의 일원이라는 점만을 강조해, 그녀들이 입은 피해를 '민족적 피해'로 일반화하기 때문이다. 앞서 언급했듯 성폭력 피해자로서 그녀들이 입은 상처는 심적이든 육체적이든 기본적으로 개인

で), 日本の戦争責任資料センター編, 《戦争責任研究》第34・35号, 2001・2002. 두 논문은 각각 《내셔널리즘의 틈새에서》(구판과 신판)에 수록했다.

적 상처다. 민족적 피해는 개별적 피해를 구성하는 환경적 요소이지만 중심은 아니다. '위안부'가 된 여성이 가장 직접적으로 겪는 것은 성폭력을 몸소 경험한 데 따른 심신의 아픔이다. 이는 피해 당시의 상처로 끝나는 것이 아니라 그 후에도 계속해서 정신적·육체적으로 영향을 주며 여성을 괴롭힌다. 전후의 한국 사회는 성적 피해를 피해가 아닌 오점으로 낙인찍어왔기에 한층 더 그렇다(일본 사회도 마찬가지다). 따라서 그녀들이 입은 피해는 민족적 피해로 환원될 수 없다.

피해자들을 위한 운동이라면, 그들이 지금까지도 이러한 상처로 고통받고 있다는 인식을 가지고 피해자들에게 접근해야 하며 치유를 돕기 위한 전문적 노력이 수반되어야 한다. 그렇지 않는 한 피해자들의 심적 상처는 계속될 것이다. 아픔을 이해하지도 못하고 상상하려고도 하지 않는 이들과 피해자 사이에 신뢰 관계가 구축될 리도 없다. 국민기금을 둘러싸고 생존자들과 지식인·활동가들 사이에서 갈등이 발생한 원인 중 하나도 이러한 측면에 대한 활동가들(나도 포함)의 무관심 때문이 아니었을까.

한국에서는 1991년 성폭력상담소가 설립되었다. 이해, 훨씬 전에 강간을 당한 여성이 가해자를 살해한 사건이 있었다. 인권 단체와 여성 관련 단체 들은 이를 단순 살인 사건이 아닌 강간 피해 후유증으로 인한 사건이라 간주하고 재판 지원 활동에 나섰다. 성폭력 피해로 인한 후유증이 얼마나 심각한 문제인지 이미 씨름해온 것이다. 그럼에도 불구하고 이 사건의 피해자와 마찬가지로 수십 년 전 성적 피해를 입은 '위안부' 생존자들에 대해서는 성적 피해의 측면에서 접근하는 데 적극적이지 못했다.

　　나는 1996년 일본에서 번역·출판된 주디스 허먼(Judith L. Herman)의 《심적 외상과 회복》을 읽고 큰 힘을 얻었다.[22] 강간이나 구타 같은 것을 경험한 여성 피해자, 전투 참가자, 강제수용소 생존자 등의 트라우마를 다룬 허먼의 연구는 '위안부' 피해자의 심적 상처를 이해하는 데 도움을 준다. 허먼은 성폭력, 가정폭력 등을 경험한 피해자의 트라우마에 대해 상세하게 논하면서, 피해자가 감금 등 가해자의 감시로부터 벗어나지 못하는 경우 오랜 기간에 걸쳐 반복 외상을 입는다고 지적하고 이러한 증상을 가리켜 '복합성 외상 후 스트레스 장애(Complex Post-Traumatic Stress Disorder, CPTSD)'라 명명한다. 단순히 일회적 강간이 아니다. 의지에 반해 동원되었고 장기간 위안소에 감금된 채 반복적 성폭력을 경험한 '위안부' 생존자들이 바로 여기에 해당할 것이다.

22　　내가 읽은 판본은 ジュディス·L·ハーマン, 《心的外傷と回復》, 中井久夫 訳, みすず書房, 1996이다. Judith L. Herman, *Trauma and Recovery: The aftermath of violence-from domestic abuse to political terror*, Basic Books, 1992. (주디스 루이스 허먼, 《트라우마: 가정 폭력에서 정치적 테러까지》, 최현정 옮김, 사람의집, 2022)

이와 같은 외상을 경험한 이들은 생리학적으로 과도한 각성 상태가 이어져 잠이 들어도 깨어있어도 사건을 반복적으로 경험하는 듯한 환각에 사로잡히며, 감각이 마비되는 등의 증상으로 계속 고통받는다. 그뿐만 아니라 기본적인 인간관계마저 의심하게 되어 자신을 비롯한 모든 사람에 대해 신뢰를 잃어버린다. 증언 청취 등을 통해 피해자와 관계를 맺는 사람들에게 피해자의 증상이 전이되기도 한다. 이러한 문제를 해결하지 않는 한 피해자와 주변 사람들 사이에는 갈등이 생길 수밖에 없다. 허먼의 다음 구절은 '위안부' 생존자와 접촉하거나 그들을 지원하는 활동가들에게 필요한 자세를 시사한다.

생존자가 느끼는 치욕과 죄책감은 타자들의 냉혹한 판단에 의해 깊어지는 바, 그저 당신의 책임이 아니라고 말해준들 면책되지 않는다. 그런 단순한 선언은 설령 호의적이라 할지라도, 극한의 상황에서 얽히고설켜버린 윤리적 실타래를 피해자와 함께 풀어가는 것은 거절하겠다는 함의를 담기 때문이다. 피해자가 증언에 귀 기울여주는 이에게 기대하는 것은 면죄가 아니라 공평함과 공감이며, 극한의 상황에서 무슨 일이 벌어졌는지, 죄책감을 수반하는 그 앎을 감히 함께하겠노라고 나서는 자세다.[23]

---

23   Ibid., 104面.

2) 피해의 중층성

생존자의 심적 상처를 포함해 피해 전모를 인식하고 이해하는 일은 매우 어렵다. 허먼의 연구를 통해 얻은 것은, 생존자가 경험한 피해의 복잡성과 1990년대 우리의 운동이 그러한 관점으로 접근하지 못했다는 반성이다.

생존자들은 '위안부'로서 직접적인 피해를 당했을 뿐만 아니라 이후의 사회가 그것을 무시함으로써, 즉 가해자인 일본 정부(와 한국의 가부장적 사회)가 그것을 부정함으로써 피해를 입었고, 이는 그들의 심적 상처를 더 깊고 복잡하게 만들었다. "조직적이고 정치적인 폭력의 여파가 지속되는 시기에는 공동체 전체가 PTSD 증상을 보일 수 있다."는 허먼의 지적에 따르면[24], 일본 식민 지배의 결과로 한국인 전체가 사회적으로나 개인적으로 심적 상처(혹은 집단적 기억에 바탕을 둔 피해자 의식)를 경험했다고 할 수도 있다. 이 상처는 한일 간의 역사 문제로 여전히 청산되지 못한 채 현재까지도 이어진다. 생존자들 역시 이러한 피해를 경험하며 실로 중층적인 피해를 안고 살아왔다는 것은 두말할 나위가 없다.

지식인 활동가들도 실제 체험 유무와 관계없이, 식민을 경험한 피지배 민족으로서 심적 상처를 받았다. 더구나 같

---

[24] ジュディス·L.·ハーマン,《心的外傷と回復》〈増補版〉, 中井久夫 訳, 小西聖子 解説, みすず書房, 1999, 387面.

은. 민족의 여성들이 '위안부'가 되어야 했다는 사실에서 오는 충격으로 말미암은 피해 또한 입었다. 생존자들과 마찬가지로, 일본 정부가 '위안부' 문제에 대한 책임을 부정함으로써 입은 피해도 있다. 요컨대 1990년대 한국 '위안부' 문제 해결 운동의 주체 모두가 간접적이지만 식민 지배와 '위안부' 제도가 야기한 중층적 피해 상황에 처해 있었던 것은 아닐까.

활동가들(식민지 시대를 살았던 사람들은 특히)은 식민 지배로 얻은 심적 상처 탓에 '위안부' 문제를 일차적으로 민족적 피해라 인식할 수밖에 없었을 것이다. 그들은 '활동가'가 있고 '피해자'가 있다는 인식을 가지고 운동을 펼쳤지만, 실제로는 그들 자신도 식민 지배의 피해자로서 스스로를 치유하려고 운동해온 측면이 있지 않았을까. 하지만 그들은 이를 의식하지 못한 채, 어디까지나 '위안부' 피해자들을 위해 운동하고 있다고 생각했다. 일본의 국민기금에 대항하며 전개된 모금 운동에서 드러나듯, 지식인들에게 이 문제는 단순히 피해자들만의 것이 아니라 자신들의 피해에 대한 자신들의 투쟁이었던 것이 아닐까.

이처럼 '위안부' 생존자들뿐만 아니라 활동가들도 식민 지배로 인해 민족적 피해를 겪었던 트라우마를 안고 있기 때문에, 짐작건대 국민기금과의 투쟁은 민족적 피해에 대한 분노로 표출될 수밖에 없었을 것이다. 일본 정부에 이 모든 책임을 지라고 요구하는 것은 간단한 일이나, 일본 정부가 책임을 인정하든 하지 않든(고노 담화에서 한 번 인정했다) 피해자로서 받은 고통을 스스로 완화시켜가는 노력이 향후 전개될 운동을 위해서도 필요하다. 그렇다면 생존자와 활동가 들 간에 한층 돈독한 관계를 구축하고 서로 또 다른 상처를 내는 일 없이 문제 해결과 피해 치유를 향해 나아갈 수 있는 운동을 모색해야 하지 않을까. 이상이 내가 생각한 바였다.

덧붙여 한국에서 '위안부' 문제 해결 운동을 직접 체험하고 성 담론과 민족 담론을 아울러 접하면서 나의 내셔널 아이덴티티에 대한 고민은 일단 종지부를 찍었다. 결론은 다음과 같다. 내가 지금까지 속했던 네 개의 사회(북한, 일본, 자이니치, 한국) 모두가 정도의 차는 있을지언정 남성 중심적 사회라는 것, 이들 민족 내지 국민 중 어느 하나에 귀속하려는 양자택일 식의 생각 자체가 가부장적 사고방식이라는 것, 오히려 타자를 부당하게 차별하고 배제하려 드는 모든 것에 맞서는 입장에 서서 실천하는 것이 중요하다는 자각이 들었다. 이를 위한 실마리가 페미니즘에 있음을 자각한 것이다.

페미니즘의 과제

일본인 '위안부'의 침묵

'위안부' 운동에서는 애초부터 일본인 '위안부' 문제

를 적극적으로 다루지 않았다. 물론 이에 대해 문제 제기가 없었던 것은 아니다. 우에노 지즈코(上野千鶴子)는 이 문제야말로 "일본의 페미니즘이 무력하다는 증거"라고 지적했고[25], 2000년 12월 도쿄에서 열린 일본군 성노예 전범 여성국제법정(이하 여성국제법정)에서는 일본인 '위안부' 관련 전문가 증인으로 출석했던 후지메 유키(藤目ゆき)가 일본의 폐창운동과 여성운동이 역사적으로 공창 멸시와 연루된다고 비판했다.[26] 창기 출신이 많았다고 간주된 일본인 '위안부'와 그렇지 않은 다른 지역 출신 '위안부'를 경계 지으려는 시도가 얼마나 문제적인지에 관해서도 몇몇 논자가 지적한 바 있었다.

　　나 역시 이러한 문제의식을 공유하면서 일본인 '위안부'를 염두에 둬왔다. 그러나 다른 지역 출신 '위안부'에 비해 고령인 일본인 생존자를 찾아내기란 무리일지 모른다는 생각이 앞서 이 문제를 똑바로 마주하지는 못했다.[27]

25　　上野千鶴子, 《ナショナリズムとジェンダー》, 青土社, 1998, 128面.

26　　藤目ゆき, 〈女性史研究と性暴力パラダイム〉, 大越愛子·志水紀代子·持田季未子·井桁碧·藤目ゆき, 《フェミニズム的転回: ジェンダー·クリティークの可能性》, 白澤社, 2001.

27　　이후 기노시타 나오코가 다음 저술을 발표한 바 있다. 木下直子, 《〈慰安婦〉問題の言説空間: 日本人〈慰安婦〉の不可視化と現前》, 勉誠出版, 2017; 木下直子, 〈〈強制連行〉言説と日本人〈慰安婦〉の不可視化〉, 上野千鶴子·蘭信三·平井和子 編, 《戦争と性暴力の比較史へ向けて》, 岩波書店, 2018. (기노시타 나오코, 〈'강제연행' 담론과 일본인 '위안부'의 불가시화〉, 우에노 지즈코·아라라기 신조·히라이 가즈코 엮음, 《전쟁과 성폭력의 비교사: 가려진 피해자들의 역사를 말하다》, 서재길 옮김, 어문학사, 2020)

한국에서 '위안부' 문제 해결 운동이 벌어지기 이전인 1980년대에 일본인 생존자 시로타 스즈코(城田すず子, 1921~1993)는 '위안부' 진혼비 건립을 요구하며 사회에 자신의 이름을 알렸다. 나 또한 한국에서 '위안부' 문제에 파고들기 시작하던 시기를 전후해 시로타를 방문, 직접 이야기를 들은 적이 있었다. 일본 정부에 호소하는 그녀의 편지도 입수했다. 그럼에도 불구하고 그 목소리를 제대로 받아내 사회로 발신하지 못했으니 반성하지 않을 수 없었다.

그러다가 2009년에 겨우 일본인 '위안부'에 관한 논문을 썼다.[28] 여기에는 ① 일본인 '위안부'는 대체 어떤 존재였는가. ② 전후 일본 사회에서 일본인 '위안부'는 어떻게 이야기되어 왔는가. 또한 일본인 생존자로서 이름을 밝히고 나선 시로타 스즈코는 무엇을 호소했는가. ③ 1990년대 이후 '위안부' 문제 해결 운동 내에서 일본인 '위안부'는 왜 가시화되지 못했는가. 나아가 이를 논하는 것이 왜 중요한가에 대해 내 나름대로 견해를 밝혔다.

나는 글을 맺으면서 일본인 생존자를 지원하는 운동이 이뤄지지 못한 사정과 관련해, 후지메 유키의 말을 인용하

---

28   山下英愛, 〈日本人〈慰安婦〉をめぐる記憶と言説: 沈黙が意味するもの〉, 加藤千香子・細谷実 編, 《暴力と戦争》(ジェンダー史叢書 第5巻), 明石書店, 2009. 이 글은 《내셔널리즘과 젠더》 한국어판에 〈추가장. 일본인 위안부를 둘러싼 기억과 담론: 침묵이 의미하는 것〉으로 번역 수록했다.

며 다음과 같이 적었다.

후지메 유키는 "성 노예화된 여성의 역사적 체험을 둘러싸고, 우리 일본인 여성들은 '같은 여자'로서 아시아 고령 여성들의 깊은 상처는 직감하는 반면, '같은 여자'이자 '같은 일본인'인 일본의 공창 및 일본인 '위안부'들에 공감하는 회로가 토막 나 있다."(藤目, 2001, 210~211)고 지적한다. "공감하는 회로가 토막" 난 것은 바로 일본 사회의 가부장적 내셔널리즘 탓이 아닐까. 일본인 '위안부'는 가해국의 국민으로 나라를 위해 봉공하는 의식이 있었다든가 공창제하의 창기였으니까 하는 이유로, 그들의 성적 피해는 쉽게 경시되고 무화돼왔다. '위안소'의 토대가 된 공창제는 원래 국가가 사람들의 성을 통제하는 형태의 하나였는데 빈곤층 여성의 인신매매와 남성에 의한 성적 도구화, 이들 여성에 대한 멸시 등을 허용했다. 이것이 아시아·태평양 전쟁 시기에 '위안부' 제도로 확대되면서 식민지와 점령지의 여성들마저 이용했던 것이다.

'위안부' 문제는 외국인 여성들에 대한 성적 폭력 행위와 전시 잔학성만의 문제가 아니다. 여성 인권 침해로까지 이어지는 국가의 성 지배·통제라는 의미에서도 일본인 '위안부'를 피해자에서 배제해서는 안 된다. 바꿔 말해 일본인 '위안부'를 피해자로 인식하기 위해서는 타국을 향해서 발동하는 내셔널리즘뿐만 아니라, 자국에서 작동하는 내면화된 내셔널리즘을 스스로 해체할 필요가 있다. 이

를 통해서야 비로소 내셔널리즘을 극복할 수 있지 않을까.[29]

증언집 활동의 역사

'새로운 역사 교과서를 만드는 모임' 발족에서 엿볼 수 있듯, 일본에서는 1990년대 후반부터 역사수정주의자들의 움직임이 활발해졌다. 이들 세력은 2006년 아베 정권 출범과 더불어 확대되었으며 '위안부' 문제에 대해서도 부정파의 공세가 강력해졌다. 제2차 아베 정권이 발족한 뒤로 2014년에는 정부가 직접 고노 담화 검증과 아사히신문사 공격에 착수했다.

우파 저널리즘은 '위안부'들의 증언을 공격 대상으로 삼았고, 주간지들은 한국의 증언집이 "엉터리였다."고 보도했다. 그 근거로 이용당한 것이 정신대연구소의 피해자 증언 청취 작업과 증언집 편찬 활동 초기에 지도적 역할을 했던 안병직의 인터뷰였다. 안병직이 내게 이야기한 바에 따르면, 그는 우파 저널리스트의 취재 요청에 '비보도'를 조건으로 응했으나 저널리스트가 약속을 어기고 인터뷰 기사를《주간문춘》에 "현지 직격 5시간, 위안부 '조사 담당' 한국인 교수가 전면 자백!: 당시의 조사 방법은 완전히 엉망입니다"라는 제목으로 게재했으며,[30] 내용 또한 안병직의 발언 취지와 달리

---

29   山下英愛, Op. Cit., 2022, 245~246面.

자신들의 입맛에 맞게 해석한 것이었다고 한다.[31]

　　'위안부' 증언집을 둘러싼 일본 내 부정적 담론이 증폭되는 가운데, 증언집 초기 활동에 참가했던 나는 그 활동 경위와 내용을 기록으로 남겨둘 필요성을 절감했다. 이 무렵 한국에서 정대협의 《한국정신대문제대책협의회 20년사》[32]가 출판되었으나, 증언집 활동과 관련한 기술이 거의 없던 탓에 증언집을 향한 부정적 담론에 맞서는 데는 아무런 힘도 되지 못했다.

　　마침 나는 2016년 일본오럴히스토리학회의 학술 대회에서 한국 증언 청취 작업의 역사에 관한 발표를 하게 되었다.

30　大高未貴, "現地直撃5時間 慰安婦《調査担当》韓国人教授が全面自供!: 当時の調査方法は全然ダメです", 《週刊文春》通巻 2768号, 2014年 4月 10日.

31　안병직은 기사 내용의 오류와 비보도 약속 위반에 항의하는 차원에서 2014년 9월 30일 저널리스트와 주간지 편집자 등을 서울중앙지방검찰청에 고소했다. 나 역시 이 사건에 연관되어 해당 저널리스트를 상대로 민사소송을 제기했다. 상세한 경위는 《주간 금요일(週刊金曜日)》에 게재된 다음의 기사를 참조하기 바란다. 渡部睦美, "《文春》, 大高未貴氏による"でっちあげ"報道を韓国人教授が告発", 《週刊金曜日》通巻 1007号, 2014年 9月 12日; 安秉直, "《週刊文春》への反論", 《週刊金曜日》通巻 1007号, 2014年 9月 12日; 安秉直, "歴史への無知を貫く者へ: 《週刊文春》と大高氏による〈河野談話〉つぶしに反論", 《週刊金曜日》通巻 1012号, 2014年 10月 17日; 渡部睦美, "〈慰安婦〉問題めぐり名誉棄損: 《文春》事件で提訴へ", 《週刊金曜日》通巻 1032号, 2015年 3月 20日; 渡部睦美, "〈チャンネル桜〉が該当動画削除: 〈慰安婦〉問題で名誉棄損", 《週刊金曜日》通巻1138号, 2018年 5月 11日.

32　한국정신대문제대책협의회 20년사 편집위원회 엮음, 《한국정신대문제대책협의회 20년사》, 한울아카데미, 2014.

나는 이를 위해 증언집 제1권(1993)부터 제6권(2004)까지를 중심으로 한국 일본군 '위안부' 증언 청취 작업의 궤적에 초점을 맞춰, 이것이 어떻게 이뤄졌으며 작업을 진행한 이들의 생각과 과제는 무엇이었는지 등을 정리하기로 했다.[33]

또한 청취 작업 각각의 과정을 청취 수법의 변화, 참가자들의 의식 변화, 이들 작업으로 얻은 '위안부' 인식의 변화 등과 관련해 고찰하면서 증언집 활동을 '위안부' 운동 내에 위치시키려 시도했다. 이를 통해, 당초 실태 해명을 위해 조사적 성격에서 출발한 작업이 점차 페미니즘이나 구술사 연구의 관점으로부터 비판과 조언 등을 받으며 진화했다는 것이 분명해졌다. 특히 2000년 여성국제법정을 기해 만들어진 제4권 이후로는 당사자들의 이야기를 '묻기'에서 '듣기'로 명확히 전환한 결과, 그때까지의 틀에 박힌 '위안부' 상(像)을 넘어서는 모습이 엿보였다.

하지만 이 같은 '위안부' 인식의 심화는 작업에 매진했던 일부 연구자 사이의 논의에 머무른 채[34] 활동가나 일반인 들의 '위안부' 인식에는 거의 영향을 주지 못했다. 생각건

33   발표에서 다루지 않은 것까지 포함하면 증언집은 전 11권으로 약 120명의 증언을 수록했다.
34   김수진, 〈트라우마의 재현과 구술사: 군위안부 증언의 아포리아〉, 《여성학논집》 제30집 제1호, 이화여자대학교 한국여성연구원, 2013, 35~72쪽.

대, 그 이유 중 하나는 연구와 운동 간의 거리 때문이 아니었을까. 1990년대부터 현안이었던 정대협과 정신대연구소의 합체가 이뤄지지 못한 것도 영향을 끼쳤으리라.[35] 결국 한국 연구자들의 청취 작업은 2000년대 중반을 끝으로 더는 이어지지 못했고 정신대연구소의 활동도 점차 둔화되었다.[36] '위안부' 피해를 마주하는 가장 중요한 활동이라고 할 수 있는 청취 작업이 계속되지 못하는 동안, 1990년대부터 활동을 지속한 수요집회가 운동의 명맥을 이어갔다.[37] 더욱이 한일 간 정치적 긴장이 높아지는 가운데 수요집회와 소녀상 건립 활동 등이 부상하면서, 운동은 결과적으로 틀에 박힌 '위안부' 담론을 재생산하는 방향으로 흘러갔다.

정의기억연대(정대협)의 성찰

2020년 5월 이용수의 기자회견을 계기로 벌어진 이른바 '정의기억연대(이하 '정의연') 사태'와, 같은 해 7월 당시

---

35   윤정옥은 처음부터 '위안부' 운동은 연구와 함께 이뤄져야 한다고 주장했고, 이후로도 정대협과 연구소의 합병을 바랐다.

36   연구원 다수가 비정규직이나 대학원생 등으로 불안정한 입장이었다. 게다가 2004년에는 국무총리 직속으로 '일제강점하 강제동원피해 진상규명위원회'가 설립되어 연구원 몇몇이 이곳에 들어간 까닭에 연구소 활동이 사실상 불가능해졌다.

37   2010년대 초 즈음 내가 연구소 멤버 몇몇과 윤정옥을 방문했을 때, 그녀는 정대협의 최근 활동이 수요집회와 모금을 중심으로 하는 데 불만을 내비쳤다.

서울시장의 성추행과 관련한 피해자의 고소 사실이 사전에 시장에게 누출된 '정보 유출 사건'은 한국의 '위안부' 운동이 어떤 지점을 성찰해야 할지 드러냈다. 두 사건은 직접적 연관은 없을지언정 ① 정의연도 한국여성단체연합(이하 '여연')도 '진보적' 여성운동을 대표하는 단체라는 점, ② 사건의 원인(遠因)에 여성 리더와 정계 진출 문제가 놓여있다는 점, ③ 두 사건 모두 성폭력 피해자에게 응답하는 태도와 관련된다는 점에서 공통되기 때문이다.

두 사건은 한국의 페미니즘 역사에서 중요할 뿐만 아니라 '위안부' 문제 해결 운동(특히 정대협/정의연)의 성격을 가늠하는 데 참고가 된다. 따라서 나는 각 사건의 전말과 각각의 단체가 이를 어떻게 성찰했는지를 정리해서 신판에 썼다. 또한 이용수의 기자회견을 계기로 눈에 띄기 시작한, 여성학 내지 페미니즘 관점에서 운동을 성찰한 목소리를 소개하는 한편, 일본에 요구되는 성찰은 무엇인지에 대해서도 논했다. 이 중에서 내가 정의연이 정리한 혁신안을 읽고 느낀 점을 기록한 부분만을 소개하고자 한다.

1) 정의연의 성찰

여연의 혁신안(2021년 7월 29일)과 정의연의 혁신안(2021년 2월 3일)을 단순 비교할 수는 없지만, 다음의 사항은 지적할 수 있을 것이다. 먼저 정의연의 '성찰과 비전위원회'

가 발표한 활동 보고서에는 5월 사건에 대한 성찰이 포함되어 있지 않다. 2020년 "커다란 시련과 고통"으로 "회계 부정 등의 의혹 제기가 쏟아져 정대협·정의연의 '위안부' 운동의 정당성을 의심받게 했다."고 적혀있을 뿐이다. 이용수의 문제 제기와 윤미향의 국회 진출에 대해서는 어떠한 논의와 반성이 이루어졌던 것일까.[38]

이 보고서는 "30년 운동의 정신과 역사를 계승"하고[39] "운동과 연구를 통해 국내외에 구축되어 있는 위안부 관련 자료들을 …… 집대성"하겠다고 밝히면서도 '30년 운동의 반성과 성찰'은 다루지 않는다.[40] 신혜수 전 정대협 대표는 이후

---

[38] 2020년 당시 정의연 이사장이었던 윤미향이 비례대표로 국회의원 선거에 나서며 이용수와 사전에 상의하지 않은 까닭은 무엇인가. 이용수는 2012년 국회의원 선거에서 "국회에 나가 당당히 위안부 문제를 해결하겠다."며 민주통합당(현 더불어민주당) 비례대표 줄마을 표냉한 직이 있다. 당시 윤미향은 "근데 그건 할머니(국회의원) 안 해도 할 수 있는 거"라며 만류했다. 오원석 기자, ""의원 안해도…" 8년전 할머니 말린 윤미향 50초 녹취록[전문]",《중앙일보》, 2020년 5월 27일자. 이 '간극'이야말로 2010년대 이후 '위안부' 운동가와 생존자들의 관계를 시사한다고 할 수 있다.

[39] 정대협의 운동에 가담했던 사람들은 대략 윤정옥과 이효재 등 제1세대와(이효재는 1990년대 후반, 윤정옥은 2000년대 초반 운동에서 은퇴했다) 해방 후 태어난 제2·3세대가 포함되어 있다. 2020년 5월 20일 발표된 〈초기 정대협 선배들의 입장문〉은 제2·3세대가 내놓은 것이다.

[40] 정대협 사무국장으로 활동했던 양미강은 "지난 30년의 운동을 상세하게 복기하면서 혹시 우리 안에 그동안 해왔던 관성은 없었는지 살펴"보자고 제안했다. 양미강, "모두가 하나됐던 '2000년 법정'처럼 2020년 시대적 요구에 머리 맞대자", 위안부 운동을 말하다 전문가 릴레이 기고

의 정대협/정의연이 윤미향에 의해 "사실상 1인 체제로 운영된 면이 있다."며 "그 체제가 오래가는 것은 위험하다."고 인터뷰한 바 있는데[41] '그 체제'가 되어버린 이유에도 주목할 필요가 있지 않을까.

나아가 이용수가 발화한, 피해자와 운동가/활동가 사이의 관계성 및 운동 방식에 관한 메시지도 성찰할 필요가 있을 것이다. 수요집회는 '위안부' 문제 해결 운동을 여론화할 필요가 있던 1990년대에는 효과적이었을지 몰라도, 일본 정부를 규탄하고 비슷비슷한 성명문을 낭독하는 것만으로 일본 정부를 변화시키는 것은 불가능하다. 여기에 분산되는 에너지를 더욱 내실 있는 활동에 쏟을 수도 있을 것이다.

그 밖에도 1990년대 벌였던 국제 활동과 국민기금을 둘러싼 대응, 2000년대 들어 증언 청취 활동이 길게 지속되지 못한 연유 등 성찰할 문제는 산처럼 쌓여있다. 국민기금을 반대하는 과정에서 생존자들과 충분히 소통하지 못했던 까닭은 무엇인지, 이들 운동 과정에서 잘못된 판단은 없었는지 되

---

⑨ 양미강 (전 한국정신대문제대책협의회 사무총장), 《한겨레》, 2020년 6월 9일자; 양미강 전 한국정신대문제 대책협의회 사무총장, "①'여성국제법정' 20주년, 새로운 시대의 요청에 맞는 운동 방향 고민할 때", '위안부' 운동 다시 쓰기, 《경향신문》, 2020년 6월 22일자.

41 이진영 논설위원, ""30년 위안부 운동의 성과, 윤미향 개인의 성과로 귀착 유감" [논설위원 파워 인터뷰]", 《동아일보》, 2020년 6월 10일자. 신혜수는 윤미향이 상임대표를 역임하기 직전까지 정대협 대표였다.

돌아보는 것도 필요하다. 정대협이 일본인 우스키 케이코와 자이니치 박수남에 대해 국민기금 수령을 피해자들에게 종용하고 다닌다는 이유로 입국 금지라는 강경한 수단을 정부에 요청한 일 또한 성찰해야 할 것이다.[42]

'일본군성노예제 문제해결 30주년' 기념행사에서 정의연으로부터 공로패를 수여받으며 윤정옥이 발언한 메시지는 "직시하라고, 괜히 좋은 소리 하지 말고."였다. 이 말을 정의연은 어떻게 받아들였던 것일까.

2) 일본의 운동 성찰

2020년 정의연 사태를 계기로 오랫동안 바위처럼 군건했던 일본군 '위안부' 운동에 변화의 조짐이 엿보인 한국과 비교해, '위안부' 문제를 둘러싼 일본의 환경은 변함없이 혹독하다. 1990년대 초 한국 측에서 운동을 제기했을 때는 일본 각지에서도 증언 집회 같은 것이 열려 이 문제에 매진하는

---

42 이 문제는 '국민기금과의 투쟁'이라는 틀 속에서 이뤄졌으나 특정 개인에 대한 지나친 대응이었다고 말할 수밖에 없을 것이다. 더구나 박수남의 경우는 그가 국민기금을 종용했다는 인식 자체가 틀렸으니 말이다 (이는 박수남 감독의 다큐멘터리 〈침묵〉(2016/2017)에서 다루고 있다. 2016년 편집본과 2017년 최종 편집본 사이의 차이를 고려해 제작 연도를 병기한다). 정부가 입국 금지 조치를 내린 배경에 운동 단체가 어떤 식으로 관여했는지도 밝혀야 할 것이다. "日(일), 정신대할머니에 또 '검은 손길'",《경향신문》, 1997년 7월 30일자 참고.

시민 단체나 개인이 늘어났다. 그러나 국민기금과 관련해 의견이 대립, 운동이 분열하면서 커다란 상흔을 남겼다. 2000년 여성국제법정은 그전부터 국제연합 등에서 벌였던 활동과 더불어 '위안부' 문제가 여성 인권 문제라는 것을 국제적으로 인지시켰는데, 당시 일본 측 주축이던 마츠이 야요리의 유지를 받들어 2005년 7월 도쿄에 액티브 뮤지엄 '여성들의 전쟁과 평화 자료관(WAM)'이 개관했고 견실한 활동을 이어가고 있다.

하지만 국민기금을 계기로 '위안부' 운동이 분열한 이래, 이런저런 지역에서 풀뿌리 활동은 존재할지언정 전과 같은 기세는 사그라져 구심력을 가지고 운동을 펼치기는 곤란해졌다. 그사이 일본의 국수주의자들은 일본회의(구 '일본을 지키는 모임')나 아베 정권 아래에서 결집해 '역사 전쟁'을 내세우며 반(反)'위안부' 캠페인을 전개했다. 이들은 선택적 부부별성(夫婦別姓) 도입 반대와 여성차별철폐협약 선택의정서 비준 반대, 혐한 헤이트스피치 및 외국인 차별과도 연동된다. 교과서에서 '위안부' 문제에 관한 기술을 차례차례 삭제해온 결과, '위안부' 문제를 알지 못하는 젊은이가 계속 늘고 있다.

곤란한 상황을 어떻게 극복할지 고민하기도 바쁜 처지에, 이번에는 박유하의 저서를 둘러싸고 '위안부' 문제에 관심을 가진 지식인들 사이에 새로이 분열이 일어났다. 이 사태는 전작《화해를 위하여》가 일본어로 번역된 이후부터 시작되었으나[43], 특히《제국의 위안부》를 놓고 벌어진 논란은 한국에서 나눔의 집 생존자들이 저자를 고소·고발하는 사태로 발전된 까닭에 한층 더 격렬해졌다. '위안부' 문제에 관심 있는 일본의 지식인이라면 '반드시' 이 책을 읽고 입장을 표명해야 한다는 강압적이고 이상스런 분위기마저 감돌았다. 2016년 3월 도쿄대학에서 개최된 공개회의 역시 주최자의 의도야 어찌됐든 좌석까지 둘로 나뉘어 시종일관 불편했다.

내가 보기에《제국의 위안부》가 일본에서 그토록 엄청난 찬반양론과 대립을 불러일으킨 데는 책 내용 자체보다 저자의 흔치 않은 배경[44], 한일의 정치 상황, '위안부' 문제 부정론자들의 대두, 일본 리버럴 진영에 대한 일부 자이니치 지식인의 불신 등 일본과 한국의 '위안부' 운동과 시민운동 각각의 상이한 맥락이 이 책의 주장과 좋게든 나쁘게든 합치된 사정이 있다.[45] 나는 박유하의 정대협 비판에는 맞는 점도 있지

---

43   2007년 4월 WINC(Workshop In Critical Theory)라는 학술 그룹이 이 책에 대한 토론회를 열기로 하고 저자인 박유하와 이에 비판적인 학자를 초대했다. 그러나 그 학자가 거절해서 그 자리에는 내가 나가게 됐다. 나는 〈여성주의 시점에서 본《화해를 위하여》〉라는 제목으로 발표하고 이를 글로 적어 구판에 수록했다.

44   박유하는 한국어와 일본어를 완벽에 가깝게 구사하는 바이링구얼(bilingual) 한국인 여성으로, 일본에서 넓은 인맥(특히 리버럴 진영의 저명 지식인층)을 가진 대학 교수다. 일부 자이니치(그중에서도 2세나 3세)의 눈에는 이러한 그녀의 위치 자체가 '특권적'으로 비칠 수 있다.

45   정희진은 이를 가리켜 "콘텍스트가 텍스트를 완벽히 장악한 사례"라 표현한다. 정희진, 〈군 위안부 운동의 '희비극':《제국의 위안부》, 박유하〉,

만 맞지 않는 점도 있으며, 그녀의 국민기금 평가 역시 한계가 있다고 생각한다. 이는 어쩌면 당연한 일이다.

정의연(정대협) 운동을 방어하려고만 하지 말고 생각이 다른 상대와 논의를 펼쳐 나가는 것이 더 중요하지 않을까. 그것이 결국은 '위안부' 운동을 위해서도 도움이 될 것이다. 위에서 언급한 도쿄대학에서의 공개 회의는 이러한 의도로 개최되었으나, 안타깝게도 특히 비판자들의 태도에서는 논의해보자는 분위기를 느낄 수 없었다. 여하튼 운동을 발전시키려면 활발한 논의야말로 새로운 스테이지를 여는 가장 효과적인 수단이라는 점을 다시금 강조하고 싶다.[46] 이에 공론장 확대가 중요한 바[47], 페미니즘의 시점으로 '위안부' 문제에 파고드는 노력과 논의가 한국에서 더욱 활발해져 일본의 '위안부' 운동과 논의에 자극을 주기 바란다.

《편협하게 읽고 치열하게 쓴다》, 교양인, 2021, 165쪽.

[46]　나는 다음의 말에 동의한다. "논의가 제한되면 어김없이 약자가 고통받으며 사람들이 민주주의에 참가하는 것도 어려워진다. 잘못된 생각을 불식시키는 방법은 잘못을 분명히 하고 논의를 통해 설득하는 것이지, 침묵을 강요하거나 그것이 사라져버리기를 기대하며 방치하는 것이 아니다." アステイオン編集委員会, "正義と開かれた議論のための公開書簡",《アステイオン》93号, サントリー文化財団, 2020年 7月 17日.

[47]　2012년 시미즈 기요코는 학술기금으로 심포지엄을 개최했다. 심포지엄 내용에 대해서는 다음 책을 참조하기 바란다. 志水紀代子·山下英愛 編,《シンポジウム記録〈慰安婦〉問題の解決に向けて：開かれた議論のために》, 白澤社, 2012.

나가며

한국에 체류하던 무렵 '위안부' 문제와 관련한 신문 기사를 스크랩했다. 2020년 5월 이용수의 기자회견 이후, 그녀의 예전 활동을 되짚어보다가 오랜만에 스크랩북을 꺼냈다. 바로 눈에 띈 것이 생존자들의 모임인 '현생존 강제 군대위안부 피해자대책협의회'(이하 '대책협의회') 일행이 배상을 요구하며 일본을 방문한다는 기사였다(《한겨레신문》 1994년 5월 21일자, 1면). 거기에는 당시 65세였던 이용수의 모습을 담은 사진이 크게 나와 있었다. 하얀 치마저고리를 입은 15명의 생존자가 일본행 비행기를 타려고 공항 통로를 걸어가는 모습이나(《한겨레신문》 1994년 5월 25일자, 17면) 일본 참의원 의원회관에서 기자회견을 하는 모습을 보도한 기사도 있었다 (《동아일보》 1994년 5월 25일자, 2면).

"종군위안부의 '자결 각오'"라는 제목의 작은 기사도 있었다. 이용수가 단도를 끈으로 매어 목에 걸고 있는 사진과 더불어 "회견 중 일본 정부가 종군위안부 문제를 만족스럽게 해결하지 않을 경우 자살할 생각이라며 단도를 보여주고 있다."고 보도했다(《한겨레신문》 1994년 5월 26일자, 19면). 당시 이 기사를 오려 노트에 붙이며 나는 무슨 생각을 했을까. 지금으로서는 기억나지 않는다. 한국 여성들에게 '수절의 상징'이었던 은장도가 연상되어 조금 위화감을 느꼈을지도 모른다.

그러나 이후 그녀들의 행동에 대해 적극적으로 알려 들지 않았던 것은 문제다. 대책협의회는 정대협과 별개로 생존자들만의 독자적인 운동을 펼쳐 나갔지만, 나의 관심은 단지 스크랩에 머물러 있었다. 그 무렵 정대협은 책임자 처벌을 요구하는 활동을 전개하고 있었는데(나 역시 강덕경을 비롯한 몇몇 생존자 및 정대협 멤버들과 그 일이 있기 불과 3개월 전에 일본을 방문했다), 이용수 등이 일본에서 어떤 행동을 취했는지는 주목하지 못했다.

　　생존자들에 대한 당시 나의 이해가 얼마나 얄팍하고 일면적이었는지, 박수남 감독의 다큐멘터리 〈침묵〉(2016/2017)을 보고서야 비로소 깨달았다. 일본을 방문한 대책협의회의 활동이 영화 초반에 담겨있던 덕에, 자결을 각오했다는 이용수의 '다음 행동'이 무엇이었는지를 처음으로 알았다. 이용수는 의연한 태도로 마이크 앞에 서서 다음과 같이 외쳤다. "죽지 않겠어요. 200년이고 100년이고 300년이고 살아서 …… 선의로 마음을 먹고 왔었는데, 안 죽겠어요. 왜 죽어요! 우리는 절대로 안 죽겠어요!" 그러고는 같은 곳에 있던 생존자들의 단도를 모아 "제발 죄를 알고 잘못을 안다면 하타 수상과 덴노 헤이카는 이 칼을 가지고 죽어주세요. …… 우리가 왜 죽어요, 왜!"라고 소리치며 무대 밑으로 힘껏 던져버렸다.

　　오랫동안 그녀들에게 덧씌워진 스티그마(stigma)를 스스로 벗어던지고 자신들이 입은 성적 피해에 대해 당당하게 가해자의 죄를 물으며 투쟁을 이어가겠노라는 결의를 표명한 것이었다. 그저 압도될 수밖에 없었다. 5월의 기자회견에서 이용수가 보였던 분노의 무게가 무겁게 파고들었다.

　　이용수를 비롯한 생존자들은 이처럼 1990년대부터 투쟁을 계속해왔다. 그러나 '위안부' 운동의 '중심'이었던 정대협은, 의도하지는 않았다 하더라도 생존자들을 '피해자'라는 틀에 가두고 객체화해온 것이 아닐까. 여기에 쌓이고 쌓였던 분노가 기자회견 당시 이용수의 마음속에서 터져 나왔던 것이 아닐까. 나 역시 운동에 가담했던 한 사람으로서 가슴이 에인다.

　　운동의 성찰은 정의연/정대협만의 문제가 아니다. 일본과 한국 그리고 또 다른 지역에서 '위안부' 문제에 관계한 모든 사람이 언제나 직면하고 있는 과제다. 성찰적이고 건설적인 논의가 중요하다. 지금까지의 운동 역사를 깊이 되짚어보면서 생존자들의 목소리에 귀를 기울인다는 것이 어떤 의미인지 끊임없이 고민하고 이를 위해 페미니즘의 시점에서 더 많은 연구를 계속해 나가는 것, 그것이 중요하지 않겠는가.

2. '용납할 수 없는 것'을 이미지화한다는 것의 의미

영화 〈귀향〉의 성/폭력 재현을 중심으로

권은선(중부대 연극영화학전공 교수)

• 이 글은 권은선, 〈'용납할 수 없는 것'을 이미지화 한다는 것의 의미: 영화 〈귀향〉의 성/폭력 재현을 중심으로〉, 《여성학논집》 제34집 제1호, 이화여자대학교 한국여성연구원, 2017, 3~28쪽을 수정한 것이다.

들어가며

2015년 12월 28일 한국과 일본 양국 정부는 '불가역적 합의'라는 낯선 용어를 동반한 '한일 위안부 합의'를 발표했다. 무엇보다 그 합의라는 것이 일본군 '위안부' 피해자들의 합의가 아닌 정부에 의해 일방적으로 진행된 외교적 협상의 결과라는 점, 그리고 합의 내용 중에 평화의 소녀상 철거/이전이라는 조건이 붙어있다는 점 등이 사회적 공분을 자아냈다. 시민 단체들, 그리고 시민 단체와 자발적으로 참여한 대학생들을 중심으로 평화의 소녀상 지키기 운동이 시작되었고, 박유하의 《제국의 위안부》가 다시 논쟁의 중심으로 자리잡기도 했다.

영화 〈귀향〉(2016)은 이러한 일본군 '위안부' 이슈를 둘러싼 첨예한 외교적·담론적 논란과 대중의 공분의 정동 한가운데에서 개봉했다.[1] 영화는 '위안부' 문제를 소재로 채택해서 제작비를 마련하는 데 곤란을 겪었으며 7만 5,000여 명의 크라우드펀딩 방식으로 마침내 제작될 수 있었다는 사전 언론 보도 등으로 인해 개봉 전부터 많은 주목을 받았다. 그 결과 〈귀향〉은 이전까지 그 어떤 일본군 '위안부' 소재 극영화나 다큐멘터리도 도달하지 못했던 350만 관객을 동원했다.

---

[1] '일본군 위안부 합의' 발표 두 달여 만인 2016년 2월 24일 개봉했다.

요컨대 이 영화는 시간상 대중의 역사적 염원이 모인 일종의 시민 이벤트로서 독특한 위상을 차지했으며, 이후 크라우드 펀딩을 중심으로 활발히 전개된 '위안부 굿즈' 판매 등 일본군 '위안부' 운동의 대중화 및 소비 현상의 중심을 구성했다고 할 수 있다. 이 영화의 대중적 성공의 자장 속에서 〈아이 캔 스피크〉(2017)나 〈허스토리〉(2017) 같은 대중적 서사 문법의 극영화가 연이어 개봉했다.

일본군 '위안부' 이슈는 여전히 가역적이고 현재진행형의 사안이다. 등록된 피해 생존자의 숫자가 한 자리 단위로 접어든 지금, 일본군 '위안부'에 대한 포스트메모리(post-memory) 구성의 중요성은 점점 더 커져간다. 그러한 측면에서 대중의 정동을 모아낸 시민운동 이벤트로서 〈귀향〉의 관람 경험이 만들어낸 사회적·문화적 의미를 밝혀내는 작업은 여전히 유효하다. 일본군 '위안부'라는 역사적 이슈를 다룬 문화적 구성물인 이 대중적 이미지-서사는 관객의 마음 속 깊숙한 자리까지 접목되는 집단적 경험으로서, '위안부' 이슈에 대한 공통 감각을 만들어내는 동시에 그 자체로 집단 기억의 구성에 참여하기 때문이다. 분명 이미지라는 것은 현실감 그리고 특정한 공통 감각을 창조하는 장치에 속한다. 여기서 공통 감각이란 '감각적 소여의 공동체', 즉 공유할 수 있다고 가정되는 가시성을 지닌 사물에 대한 지각 방식과, 공유할 수 있는 의미의 공동체를 아울러 일컫는다. 그것은 공동체의 토대 위에서 개인이나 집단을 연결하는 것이며 '함께 있음'의 형태다.[2] 그렇다면 향후 제도적 해결을 모색하는 과정에서 우리가 어떤 공통 감각과 집단 기억을 공유하고 있는가가 중요하다.

이 글은 〈귀향〉이 일본군 '위안부'라는 역사적 이슈와 관련해 구성해내고 있는 공통 감각이 무엇인지, 또한 어떤 집단 기억을 만들어내고 있는지 밝히는 데 목적이 있다. 그것은 결국 '역사는 무엇을 할 수 있으며 이미지의 힘을 어떻게 사용할 것인가, 다시 말해 영화 이미지의 힘으로 무엇을 할 것인가'라는 질문에 다름 아니다. 또는 '증언, 트라우마, 잔혹과 침묵, 용납할 수 없는 것을 가지고 무엇을 할 것인가'라는 질문이다.

많은 부분에서 〈귀향〉의 관람 경험과 비평 담론에 난제를 던져준 것은 위안소에서의 잔혹한 경험, 다시 말해 성폭력 재현에 대한 것이었다. "참화 혹은 참상의 재현을 피할 수 있었다."는 논의부터 "'위안부' 할머니들의 증언에 입각한 이야기 그림책의 장면을 그대로 옮겨온 듯한, 증언을 사실적으로 영상화한 것"이라는 논의까지 다양한 해석이 제기되었다.[3] 그러나 중요하게 살펴봐야 할 것은 영화 이미지가 폭

2   자크 랑시에르, 《해방된 관객》, 양창렬 옮김, 현실문화, 2016, 145쪽.
3   장수희, 〈비명이 도착할 때―〈귀향〉을 둘러싼 각축전과 말 없는 비명〉, 《여/성이론》34호, 도서출판 여이연, 2016, 235쪽.

력의 희생자들이 겪은 참화를 보여줘야 하느냐 피해야 하느냐, 혹은 끔찍하고 도저히 용납할 수 없는 극악무도한 사건을 재현하는 것이 가능하냐 불가능하냐에 있지 않다. 미학자 자크 랑시에르(Jacques Rencière)는 끔찍한 일을 이미지로 만든다는 게 중요한 것이 아니라 비인간성, 즉 인간성이 부정되는 과정을 드러내는 것이 중요하다고 말한다. 이와 관련해 그는 아우슈비츠 이후 예술이 불가능하다는 아도르노의 선언을 교정하면서, 아우슈비츠 이후 오직 예술만이 아우슈비츠를 드러낼 수 있다고 말한다. 예술은 항상 부재의 현전이기 때문에, 예술 작업은 말과 이미지로 조정된, 결합하거나 분리하는 잠재력에 의해 비가시적인 것을 보여주기 때문에, 그리고 예술만이 비인간적인 것을 느끼게 할 수 있기 때문에 그러하다는 것이다.[4]

그리고 "그대로 옮겨온 듯한" 자연적 이미지란 없다는 점 역시 지적해야 할 부분이다. 이미지는 한 표현을 다른 표현으로 대체함으로써 '본래의' 말이 할 수 있는 것보다 사건의 감각적 직조를 더욱 강렬하게 체험하게 만드는 형상이다. 따라서 형상화된 것은 사건의 '있는 그대로의 현존'일 수 없다. 그러므로 '용납할 수 없는 것'의 재현에 대한 질문을 바꿔야 한다. 가장 중요하게 다뤄야 할 점은 '가시적인 것을 분

4   자크 랑시에르, 《역사의 형상들》, 박영옥 옮김, 글항아리, 2016, 59~60쪽.

배하는 방식 내에 희생자를 어떻게 위치시킬 것인가' 하는 것이다. 이미지는 절대 홀로 작동하지 않으며, 가시성의 장치(apparatus of visuality)에 속한다. 이미지로 재현된 신체의 지위와 그 신체가 받아야 하는 주의(注意) 유형은 그것을 규제하는 가시성의 장치 속에서 만들어진다.[5] 우리는 이런저런 장치가 유발하는 시선 유형을 이해해야 한다.

따라서 나는 〈귀향〉에서 재현되는 피해자의 신체의 의미와 위치, 그리고 그것의 역사적·젠더정치적 함의를 밝혀내기 위해 이 영화에서 작동하고 있는 시각 장치를 면밀하게 검토해보고자 한다. 이를 통해 우리는 〈귀향〉 속 시각화의 정치성을 살펴볼 수 있을 것이다. 또한 이 작업은 제라르 주네트(Gerard Genette)의 서사 이론이 제안하는 서사화의 세 차원을 폭넓게 고려하면서 이뤄질 것이다. 주네트가 이야기하는 서사화의 세 차원이란 시제(tense), 무드(mood, 서술법), 그리고 목소리(voice)를 가리킨다.[6] 시제는 영화 텍스트의 시간성 안에서의 관계, 영화가 상술하는 사건의 시간성, 그리고 영화적 증거의 시간성을 살펴보는 데 유용하다. 무드는 재현되는 사건과 이미지의 영화적 시점과 관련된 사항이며, 목소리는

5   자크 랑시에르, 《해방된 관객》, 135~145쪽.

6   Joshua Hirsch, "Post-traumatic Cinema and the Holocaust Documentary," in E. Ann Kaplan and Ban Wang eds., *Trauma and Cinema: Cross-Cultural Explorations*, Hong Kong University Press, 2004, p.102.

서술 행위의 영화적 자의식과 관련된 사항을 점검할 수 있게 해준다.

영매(靈媒) 혹은 영매(映媒)

〈귀향〉의 시작을 알리는 것은 이미지가 아닌 사운드다. 목소리가 이미지에 선행한다. 그 목소리는 한국 최초의 증언자인 김학순의 것이다. 그 목소리의 힘으로 오랜 세월 동안 '암흑의 구멍' 속에 묻혀있던 일본군 '위안부' 문제에 진실의 빛을 비췄듯이, 암전의 화면 위로 김학순의 목소리가 보이스오버(voice-over)되며 영화적 시간을 올곧이 점유한다. 영화는 또한 디제시스(diegesis)가 시작되기 전, 그러니까 김학순의 목소리에 앞서 "이 영화는 일본군 '위안부' 피해자들께서 남기신 증언에 따른 실화를 바탕으로 만들어졌습니다."라는 자막을 삽입하고 있다. 이런 방식으로 〈귀향〉의 시작 장면은 이 영화가 일본군 '위안부' 문제를 다루고 있다는 것과 그것을 다루는 방식을, 즉 어디까지나 증언을 토대로 해서 만들어졌음을 명시적이고도 자의식적으로 드러낸다.

〈귀향〉은 김학순이 일본 제국주의 국가에 의한 피식민지 여성의 전시 성폭력을 폭로한 바로 그 시간, 1991년을 영화적 현재로 삼고 있다. 그리고 영화적 현재는 그 트라우마적 경험이 응고되어 있는 과거의 시간, 지린성(吉林省) 위안소의 1943년과 연결된다. 영화는 끊임없이 현재와 과거를 오가며 '위안부' 할머니 영옥의 현재와 정민이 중심이 되는 '위안부' 소녀들의 과거를 교차시킨다. 그처럼 과거와 현재의 끊임없는 교차 왕복을 가능하게 하는 것이 바로 영매 은경이다.

　은경이 성폭행을 당한 소녀라는 설정[7]은 물론 제국주의/피식민, 젠더 폭력, 계급이 가로지르며 구성하는 일본군 '위안부' 담론 스펙트럼 속에서 가부장제적 젠더 폭력을 부각하고 그것의 현재적 보편성을 강조하기 위함이다. 은경은 젠더 폭력이라는 공통의 트라우마적 경험을 통해 시공간을 넘어 '위안부' 소녀들과 접속하게 되는 것이다. 여기서 은경 아버지의 죽음 묘사는 다소 과잉으로 보이는데, 딸을 지키지 못한 아버지를 과거 '위안부' 소녀를 지키지 못한 조선의 아버지에 비유하고 있음이 자명해 보인다. 즉, 이 장면은 즉각적으로 은경-아버지-괴한과 '위안부' 소녀-조선의 아버지-일본군의 유비(analogy)를 설정한다. 이처럼 영화는 은연중에 일본군 '위안부'를 바라보는 남성 중심의 가부장적 민족주의 역사관을 드러낸다.

　무속이라는 모티브는 〈귀향〉을 관통하는 가장 핵심적

7　은경은 아버지가 보는 앞에서 괴한에게 성폭행을 당하고 그를 저지하려던 아버지가 칼에 찔려 숨을 거두는 것을 목격한 뒤, 외상 후 스트레스 장애에 시달리다 영옥의 지인인 만신(滿身)에게 맡겨진 소녀다.

인 서사 장치다. 따라서 서사를 진행시키는 데 있어서 들림, 빙의, 공수 등이 주요하게 사용된다. 그동안 한국 영화에서 무속은 주술성이 발현되는 주된 통로로서, 대체로 세 가지 방식으로 재현되었다. 우선 가장 빈번하게 접속해왔던 방식은 공포와의 결합이다. 원귀(寃鬼)로 대표되는 주술성의 모티브가 복수 플롯과 결합해 공포감을 자아내기 위한 소재로 사용되었다. 두 번째 경향은 '에로'와의 결합으로, 무속과 주술이 내포하는 엑스터시와 원초성의 에너지가 에로티시즘의 재료로 차용되는 경우다. 마지막으로 해원(解寃)의 모티브로서 사회의 소외 계층과 억압된 사회구조의 부조리를 드러내고, 기층민 혹은 피해자 들의 의식을 대리해 풀어주는 서사적 기능을 맡는다.[8]

여기서 〈귀향〉은 세 번째 경향과 접속한다. 무속의 주된 서사적 기능이 '피해자들의 의식을 대리해 해소해주는 것'이라 할 때, 역사적 사건이자 여전히 해결되고 있지 않기에 현재진행형이기도 한 일본군 성 노예 문제의 피해자인 '위안부' 들의 원한이 이러한 서사 장치를 긴급하게 호출한다. 영화는 일본군 '위안부' 들의, 산 자와 죽은 자의, 그리고 그들 사이의 해원을 시도한다.

8   김지미, 〈'영상-굿', 한국 영화의 주술성과 역사적 해원〉,《대중서사연구》제22권 4호, 대중서사학회, 2016, 14쪽.

〈귀향〉이 무당 혹은 무속의 모티브를 차용한 최초의 '위안부 서사'는 아니다. 한국계 미국인 여성 작가 노라 옥자 켈러(Nora Okja Keller)의 소설《종군 위안부(Comfort Woman)》역시 무속을 주요 모티브로 삼아 조선인 일본군 '위안부' 였던 재미교포 '아키코 김순효 브래들리'의 이야기를 풀어간 다.[9] 〈귀향〉은 많은 부분에서《종군 위안부》와 주제적·구조 적 유사성을 가지고 있다. 주인공 중 한 명이 무당이라는 설정 (《종군 위안부》에서는 아키코가 무당이다), 죽은 혼을 불러오는 '위안부' 여성들 간의 자매애라는 주제적 유사성, 아키코와 그녀의 딸 베카의 일인칭 서사가 각각 한 장(chapter)씩 펼쳐 지는 구조, 각 장의 서술이 과거와 현재 시제의 교차라는 점 등에서 그러하다.

실제로 무속의 모티브는 '위안부' 여성의 자기 재현 (self-representation)과 관련해 유용한 서사적 가능성을 내장 하고 있다. 말하기 주체(speaking subject)로서의 일본군 '위안 부'의 출현을 가능케 하는《종군 위안부》의 일인칭 서사에는

9   Nora Okja Keller, *Comfort Woman*, Penguin Books, 1998.《종군 위안부》 의 주인공 아키코의 이름이 상기시키는 의미의 연쇄에 주목할 필요가 있다. 위안소에서 '아키코'로 불렸던 그녀는 전후 미국인 목사와 결혼해 '아키코 브래들리'란 이름으로 산다. 소설의 마지막 부분에 이르러서는 그녀의 비밀 상자 속에 든 편지를 통해서 그녀의 한국 이름이 '김순효' 였음이 드러난다. 요컨대 '아키코 순효 브래들리'는 그녀의 삶의 경로를 그대로 담지하고 있다.

"일본군 위안부 생활을 경험한 한 개인 여성의 일관된 서사가 아니라, 매우 복잡하고 중층적이며 다중적인 한국 여성들의 목소리들이 혼재되어 나타나고 있다."[10] 그러한 목소리의 다성성을 가능하게 하는 주요한 장치가 바로 '공수'다. 아키코의 공수 속에 '위안부' 경험을 주체적으로 표현하는 말하기가 담김으로써, 공수는 그 자체로 역사적 증언을 수행하는 행위가 된다. 아키코의 말하기 주체성에서 죽은 혼령 인덕의 공수가 큰 역할을 맡으며[11], 그것은 식민적 가부장제에 저항하는 대항 기억(counter-memory)을 만들어낸다.

무속을 끌어오는 데 있어 〈귀향〉은 '공수와 목소리의 다성성'보다는 '정신과 육체의 분리', 환각(hallucination)이라는 자질을 더 주요한 모티브로 불러온다. 은경의 무당 설정은 서사적 작용 내에서 결정적인데, 무엇보다 과거와 현재의 서사적 틈을 꼼꼼히 메워주는 역할을 한다. 악어새가 악어 이빨 사이의 불순물을 제거하고 말끔하게 청소하듯이, 과거와 현재 사이의 서사적 간극을 말끔하게 정리하고 이어낸다. 이를 위해 은경은 깨어있는 상태에서 두 번 환시(vision)를 보고

10   이소희, 《《종군위안부(Comfort Woman)》에 나타난 여성적 말하기와 글쓰기》, 《여성과 평화》 제4호, 한국여성평화연구원, 2005, 223~224쪽.

11   인덕은 주인공에게 아키코라는 이름을 물려주고 그녀를 무당의 길로 인도하는 인물이다. 인덕은 위안소에서 죽기로 결심하고 그를 실천하기 위해 밤마다 목소리 높여 조선말을 외친다. 소설은 저항의 과정을 생생하게 묘사한다.

또 두 번 졸도하고 깨어나기를 반복한다. 혼이 빠져나간 빈 육체는 관객의 시선을 담는 그릇이 된다. '위안부'들의 증언을 토대로 만들었다고 알려졌기 때문에 관객은 사실주의적 시각화를 예견하지만, 사실 〈귀향〉은 무속 특유의 초현실성과 주술성이 앞서 언급한 한국 영화 속 무속의 첫 번째 경향과 접속함으로써, 판타지와 공포 영화 관습 등을 포함해 다수의 환상성 장치를 사용한다. 그러한 측면에서 영혼을 매개하는 영매(靈媒) 은경은 서사적 기능으로 보자면 영화적 서술의 매개체, 즉 영매(映媒)다.

환각과 환시 같은 시각적인 자질에 비해 상대적으로 은경의 입은 침묵한다. 영화는 김학순의 힘 있는 증언으로 시작하지만, 영옥은 말하는 주체라기보다 침묵의 주체에 가깝다. 침묵은 '위안부' 할머니들의 '증언의 기억 구조'의 특징이다. 증언록 작성 작업에 참여했던 이들은 일본군 '위안부' 할머니들의 증언에 일정한 패턴이 있음을 지적한다. 바로 '증언의 기억 구조'라 칭한 것으로, 증언 과정의 자기 재현에 공통적으로 내재하는 구조적인 틀을 가리킨다. 증언 중 언급을 회피하거나 기억이 심하게 훼손되어 있거나 기억하기 싫은 경우 기억하기 자체를 거부하는 현상으로, 따라서 '선택적 기억과 침묵'이 발생한다. 이로 인해 증언자들의 이야기는 복합적이고 다면적이며 모순적이다. 이야기는 기억하기 쉬운 것, 기억하고 싶은 것, 가장 강렬한 기억을 중심으로 뻗어 나간다.

그리고 긴 침묵, 끊어짐, 불연속성, 시간의 혼종과 연상 등이 발생한다.[12] 이들의 기억 방식은 남성적 글쓰기의 전형적 특성인 선형성(linearity)과 대비된다.[13]

영옥이 일본군 '위안부' 등록을 위해 찾아간 동사무소에서 "어떤 미친 사람이 그런 걸 신고하겠어?"라고 말하는 동사무소 직원을 향해 "내가 바로 그 미친년이다!"라고 응수할 때, 영화는 46년간 가부장제에 의해 유지되어온 '침묵과 억압의 지대'를 일별하게 한다. 동사무소 장면은 영화에서 거의 유일하게 영옥이 일본군 '위안부'로서의 경험을 말하는 주체로 등록되는 순간이다. 하지만 매우 단발적이라 침묵을 강요하는 가부장제적 상징 질서를 교란할 만한 그 어떤 유의미한 효과를 생산하는 데에는 이르지 못한다. 〈귀향〉은 '위안부' 경험 이후 영옥이 그녀의 삶에 어떤 경험을 덧붙였는지 말하지 않는다. 영옥은 지배적으로 침묵의 소리에 잠겨있고, 그 침묵은 과거 재현 장면에서 지배적인 소리인 비명과 대비된다.

〈귀향〉은 '위안부' 경험과 관련해 이렇게 현재의 침묵

---

12   이러한 선택적 기억과 침묵은 홀로코스트 등 극단적인 트라우마적 사건을 경험한 생존자들의 증언에서 일반적인 현상이다.

13   한국정신대문제대책협의회 2000년 일본군 성노예 전범 여성국제법정 한국위원회 증언팀,《강제로 끌려간 조선인 군위안부들 4: 기억으로 다시 쓰는 역사》, 풀빛, 2001.

과 과거의 비명이라는 두 개의 목소리의 계열체로 구성되어 있다. 물론 이 구조적인 유의미한 경험 언어의 부재를 떠맡는 것은 영화의 운명인 시각화다. 은경은 '영혼과 육체의 분리', 환각과 환시라는 무속의 능력을 통해 비명과 침묵, 트라우마와 그 후, 과거와 현재의 표면을 이음매 없이 매끈하게 선형적으로 봉합하고 혼령들의 귀향과 해원을 가능하게 한다. 그리고 그것을 가능하게 하는 것은 영화라는 환상성의 기계장치다.

"여기가 지옥이다야"

시각성의 장치와 관련해 〈귀향〉에서 특히 문제적인 장면은 위안소 내에서 자행된 잔혹함을 재현한 부분이다. 이 영화에서 상당수의 플래시백은 성폭행을 포함해 그녀들의 몸과 정신에 가해진 폭력을 재현한다. 따라서 〈귀향〉의 플래시백은 '위안부' 소녀들의 트라우마적인 기억의 재현이다. 앞에서 언급한 것처럼 과거의 스토리를 이끌고 가는 주인공은 정민이다. 정민이 고향인 경남 거창에서 위안소가 자리한 중국 지린성으로 강제 동원되기까지의 단락을 묘사하고 있는, 첫 번째와 두 번째 과거 시퀀스(sequence)는 정민의 행동과 반응을 중심으로 이야기가 전개된다.[14] 무엇보다 영화는 시퀀스 안에 정민의 주관적 시점 쇼트[15]를 배치함으로써 정민의 이야기임을 확실히 한다.[16] 서사 구조상 과거의 이야기가 정민의 것이기 때문에, 정민은 은경의 영적 매개를 통해 절정부에서 영옥(영희)과 만나고 궁극적으로는 고향에 돌아감으로써 그녀의 원한을 해소할 수 있는 것이다.

〈귀향〉은 그간 일본군 '위안부' 소재 서사가 가졌던 상투적 재현에서 일부 벗어나 있기도 하다. 무엇보다 일본군 '위안부'와 군인 간의 로맨스라는 하위 플롯이 부재하다. '야유회' 장면에서는 잠깐이나마 소녀들이 떠들고 웃고 노래를 부르는 일상의 모습을 재현한다. 특히 그 장면에서 노래 부르

---

14 전체 스토리에서는 2번과 4번 시퀀스에 해당한다. 영화에서 시퀀스란 신(scene)의 묶음으로서, 특정 상황의 시작부터 끝까지를 묘사하는 단락을 구분하는 단위다. 책의 장(chapter)에 비유할 수 있다. 이 글에서 언급하는 시퀀스는 과거와 현재를 오가는 〈귀향〉의 서사 구조적 특성에 따라, 서술되는 시간대에 입각해 내가 임의적으로 정한 구분에 따른 것임을 밝혀둔다.

15 '주관적 시점 쇼트(Point of View Shot)'는 카메라가 특정한 등장인물의 시점을 제시하는 쇼트로서, 카메라의 시선을 등장인물의 시선과 일치시키는 기법을 말한다. 이처럼 주관적 시점 쇼트는 영화 내에 주체를 각인시키는 장치이며, 관객을 내러티브에 연루시켜 등장인물의 시점에 동일시하도록 만든다.

16 첫 번째로는 일본군에게 강제로 끌려가는 자신을 힘없이 바라보고 있는 아버지를 응시하는 정민의 시점 쇼트가, 두 번째로는 지린성에 도착한 정민이 위협적인 일본군 한 명을 응시하는 시점 쇼트가 등장한다. 이 시점 쇼트들은 일종의 대구로서 아버지(고향, 조국)에게서 강제로 분리되어 제국의 폭력적 시선 하에 놓이게 된 정민을 의미화한다.

는 '위안부'를 평양 권번 출신으로 설정함으로써, 강제로 동원된 '순수한 소녀 위안부'라는 담론 틀로부터 살짝 비켜서기도 한다. 그러나 〈귀향〉의 과거 재현은 정민의 트라우마적 기억을 구성하는 위안소에서의 폭력, 즉 성적 폭력을 포함해 홀로코스트의 절멸을 연상시키는 집단 총살과 화형에 대부분 할애되고 있다. 정민은 폭력에 노출되는 동시에 폭력을 목격하며, 비명을 지르는 동시에 비명을 듣는다.

그중에서 정민이 위안소에 배치되고 강간을 당하는 장면이 묘사되는 6번 시퀀스와 위안소를 일종의 '지옥도'로 그리고자 한 10번 시퀀스가 재현과 젠더 정치 그리고 역사 기술이라는 측면에서 문제적이다. 우선 6번 시퀀스를 보자. 정민이 위안소에 배치되기 전에 '건강 검사'를 받는 장면은 그녀의 다리 위로 가위를 든 손이 위협적으로 들어와 치마를 자르는 모습을 담은 쇼트에서 두려움에 질린 듯이 꼭 쥔 정민의 손을 잡는 클로즈업 쇼트로 이어진다. 그런데 이는 과거 한국 영화 속 강간 장면이 관습적으로 보여주던 클리셰. 이어서 벌거벗은 채로 나무 욕통 안에 앉아있는 정민의 상반신 뒷모습이 비치고 이내 카메라는 비치는 대상 앞으로 나간다. 카메라의 움직임이 대상에 대한 성적 호기심을 불러일으키며 정민은 거의 자동적으로 성적 대상화된다. 쇼트가 다시 정민의 몸을 좀 더 타이트하게 재프레임하는 쇼트로 커트됨으로써, 이 장면은 성적 대상화를 마무리한다. 게다가 기괴한 분위기의 배경음악이 덧붙으면서 '아슬아슬한' 분위기가 고조된다. 그 이후 정민이 성폭행을 당하는 장면이 묘사된다. 정민이 배속된 방 안으로 군인이 들어와 행위를 하는 모습을 묘사한 쇼트는 모두 흔들리는 핸드헬드(hand-held)로 촬영되어 위기감과 긴장감을 고조시킨다. 그 후 정민은 폭행당해 기절하고 그 상태에서 성폭행을 당한다.

문제는 기절한 상태에서 정민이 성폭행을 당하는 바로 그 장면을 묘사하는 일련의 쇼트의 배열이다. 쇼트의 배열은 다음과 같다. ① 정민의 상의 단추를 푸는 일본군의 손과 정민의 상체를 같이 보여주는 근접 쇼트. ② 정민의 발에 구두를 신기는 부감의 클로즈업. ③ 희열에 빠진 일본군의 얼굴 클로즈업. ④ 탈의하는 일본군. ⑤ 벌거벗은 정민의 상체 쇼트. 1번 쇼트에서 정민은 즉각 성적으로 대상화된다. 이어지는 2번과 5번 쇼트는 일본군의 주관적 시점 쇼트이며 물신주의자(fetishist)의 시선이다. 다시 이야기하자면 정민에 대한 성폭행은 일본군의 시점에서 재현되는 것이다. 관객은 이 시각화 장치 내의 시선 구조를 따라 일본군의 위치에서, 즉 가해자의 입장에서 정민의 성폭행을 경험하도록 안내된다. 즉, 이 장면은 서사 구조상 정민의 트라우마적 기억의 재구성인 것 같지만, 재현된 기억은 일본군에게로 전도된 기억을 복구해 완성된다.

이 장면은 진혼곡이 흐르는 가운데 일본군이 정민을

업고 위안소 복도를 걸어가는 쇼트로 커트된다. 그리고 곧 위안소의 각 호실에 감금된 채 물리적·성적 폭행을 당하는 '위안부'들의 파노라마로 이어진다. 고통의 스펙터클을 가득 채우는 진혼곡과 비명 위로 한 소녀의 목소리가 보이스오버된다. "여기가 지옥이다야."

　　이 이미지는 상처를 입힌다. 기절한 피해자의 몸을 물신주의적 시선으로 분절하고 벌거벗겨진 피해자를 향해 다가가는 카메라의 운동은 작지만 과도하다. 영화감독 장 뤼크 고다르(Jean-Luc Godard)는 "트래킹(tracking)은 모럴"이라고 이야기한 바 있다. 우리가 자리를 잡아서는 안 되고 타자 대신에 결코 말해서도 안 되는 것이 존재한다는 것이다. 이때 역사 과정 속에서 멈춰야 할 지점을 인정하는 정직함이 필요하다. 두려움과 떨림의 태도 속에서 접근해야만 할 대상이 있으며[17], 성폭력이라는 주제 또한 분명 그러하다.

　　중요한 것은 필름에 담는 세계, 그리고 대상과의 관계에서 취하는 태도일 것이다. 〈귀향〉은 일종의 국민 이벤트로서 일본군 '위안부'의 재현에 대한 시민들의 욕망이 응집된 영화다. 일본군 '위안부'를 잊지 말고 기억하자는 7만 5,000여 명의 소망이 투사된 영화라는 뜻이다. 그러므로 〈귀향〉은 무

17　세르쥬 다네, 《영화가 보낸 그림엽서》, 정락길 옮김, 이모션북스, 2013, 54쪽.

엇보다 국내 관객에게 보이기 위해 제작된 영화다. 그렇다면 이 지점에서 일련의 질문이 발생한다. 도대체 이러한 의미를 가진 영화에서, 가해자의 시선으로 일본군 '위안부'에 대한 성/폭력을 재현한다는 것은 무슨 의미인가. 관객에게 가해자의 시점으로, 가해자의 입장에서 영화적 디제시스에 참여하도록 추동한다는 것은 어떤 함의를 갖고 있는가. '위안부' 할머니의 증언을 토대로 한 이야기에서 왜 남성 가해자의 시선을 경유해야 하는가. 강간 피해 경험에 대한 증언은 왜 가해자의 시선으로 전도되었을까.

결국 그 시선은 포스트메모리를 구성하는 후대 남성 (예술가)이 느끼는 수치심과 죄책감의 시선인 것이다. 포스트메모리는 문화적인 또는 공동체적인 트라우마적 사건과 경험에 대한 후세대의 기억을 기술하는 데 유용하다. 그것은 자신들의 출생 이전에 발생한, 이해하기도 재구성하기도 쉽지 않은 트라우마적인 과거의 사건에 압도당한 채로 성장한 사람들의 경험과 연관된다. 후세대는 '위안부'들의 식민 역사와 경험을 문화적 혹은 공동체적 트라우마로 받아들이며, 그 문화적 공동체(국민)의 일원으로서 연관되어 있음을 마음속 깊이 느낀다. 위안부 증언록은 트라우마를 직접 경험한 세대와 그 트라우마를 전달받은 다음 세대의 기억, 즉 메모리와 포스트메모리를 연결하는 매개체가 된다. '위안부'들의 증언과 기록은 후세대의 포스트메모리적 상상력을 자극하며, 그

사이에 틈을 발견하고 메우기 위해 노력한다. 후세대는 죄책감과 의무감, 그리고 무엇인가 해야 한다는 감정을 가지게 되고, 그와 같은 감정을 시민운동과 같은 사회적 실천/행동으로 표출하거나 재현 예술의 창작으로 승화시키고자 한다. 따라서 포스트메모리는 기억의 강력하고 매우 특별한 형태로서, 대상 또는 출처와의 연관성이 회상을 통해서가 아니라 상상적인 몰두와 창조를 통해 중재되는 것이라고 할 수 있다.[18]

〈귀향〉을 만든 감독에게 있어 어린 소녀들에게 행해진 성폭력은 참을 수 없는 것, 격분케 하는 것이다.[19] 감독은 격분의 감정 에너지를 이미지-서사에 실어내고자 한다. 어린 소녀들에게 가해진 강간이 얼마나 나쁜지를, 일본 군인들이 얼마나 나쁜 존재인지를 직접 그─일본군─가 되는 방식,

---

18   이유혁, 〈이동하는 또는 고통스러운 기억들: 한국인 종군위안부들의 트라우마의 초국가적 이동, 그것의 문학적 재현, 그리고 식민의 망각에 관하여〉, 《인문연구》 제64호, 영남대학교 인문과학연구소, 2012, 279~284쪽.

19   조정래 감독은 14년간 오랜 준비 끝에 이 영화를 완성했다. 그는 '나눔의 집' 자원봉사자로 활동했으며, 그것이 이 영화를 만든 직접적인 계기였다. 특히 감독은 일본군 '위안부' 강일출이 그린 〈태워지는 처녀들〉에서 모티브를 얻었다고 한다. 〈귀향〉의 한 장면은 위안소에서 용도 폐기된 '위안부'들이 흙구덩이에 던져진 채 소각되는 것을 묘사하고 있다. 이 장면은 강일출의 그림에 대한 직접적인 인용이자 재현이다. 영화가 끝난 뒤 시작되는 크레디트에는 7만 5,270명의 후원자 명단과 더불어 강석경 등 일본군 '위안부' 할머니들의 그림이 함께 제시되는데, 이때 대미를 장식하는 그림이 바로 〈태워지는 처녀들〉이다.

즉 그의 시선으로 보여주는 것이다. 그리하여 감독은 우리의 '위안부' 소녀들이 얼마나 잔혹하게 희생되었는지를 느끼라고 요구한다. 이 장면이 무의식적으로 견지하고 있는 것은 바로 이러한 죄책감이며, 그 이미지는 관객에게 같이 죄책감을 느낄 것을 촉구한다. 감독은 한 인터뷰에서 죄책감과 속죄의 심정을 밝힌 바 있다. 그에 따르면 감독은 속죄의 의미로 본인이 직접 은경의 강간범을 연기하려 했으나 스태프의 반대로 무산되었다고 한다.[20] 그러나 이러한 압도적인 죄책감과 속죄의식은 역사적 인식을 마비시킨다. 이 이미지 앞에서 역사에 대한 성찰적 인식은 그 힘을 잃는다.

이러한 죄책감의 투사를 매개로 한 시선의 전이를 가능케 하는 것은 '위안부' 성 노예화 문제가 가지고 있는 젠더화된 범죄라는 특성에서 비롯한다. 다시 말해 범죄 집단과 '같은 성(性)'인 남성으로서 느끼는 죄책감인 것이며, 그렇기

20   "성 충동을 억누르지 못하는 남성의 심리가 과거 일본군이 위안소를 설치한 하나의 동기로 존재했을 수 있다는 생각이었다. 그리고 그 장면에서는 내가 직접 전과자를 연기할 생각이었다. 남성으로서의 죄의식이 있었는데 그게 단편적인 속죄라도 되지 않을까 싶었다. 다들 반대해서 그만뒀지만. …… 내가 〈귀향〉 취재를 시작할 당시 모 할머니께 '그래도 좋아하게 된 분이 없었어요?'라고 물은 적이 있다. 그 말을 들은 할머니의 당혹스러운 얼굴이 지금도 잊혀지지 않는다. 얼마나 폭력적이고 야만적인 말이었는지……. 지금 생각하면 정말 부끄럽고 후회된다. 그런 기억에서 오는 죄의식도 컸다." 윤혜지 기자, "'그저 이 땅에 영령을 모셔 오고 싶었던 게 다다'", 조정래 감독 인터뷰, 《씨네21》, 2016년 3월 1일.

에 섹슈얼리티와 죄책감을 매개로 가해자 남성에게로 쉽게 시선의 전이가 가능해지는 것이다. 이러한 분노·수치심·죄책감·자학·고통에 기반한 역사 기술은 일본군 '위안부' 문제를 남성 중심적, 민족적 관점에서 바라보는 것과 멀지 않다. 민족의 '어린 소녀'를 지키지 못하고 제국주의 일본(인)에게서 '유린당하는' 것을 막지 못한 데서 오는 죄책감의 이미지-서사로의 전이는 결과적으로 집단 수용소에서의 포르노그래피적 영상을 만들고 만다.

포스트메모리의 구성으로서 후세대의 압도적인 죄책감의 전이가 발생할 때, 정작 이미지-서사에서 사라지는 것은 피해자의 시점, 피해자의 언어, 그리고 말하기 주체로서의 가능성이다. 극단적인 잔혹함을 겪은 피해자의 트라우마적 기어과 경험은 이미지로 재현될 수 없는 것인가? 문화적 혹은 공동체적 트라우마를 재현함에 있어 피해자의 시선은 구조화될 수 없는 것인가? 일본군 '위안부'들의 증언에서 자주 등장하는 것처럼 "차마 말로 표현할 수 없는", 재현 너머에 있는, 재현 불가능한 것인가?

영화 〈사울의 아들〉(2015)은 "차마 말로 표현할 수 없는" 것을 어떻게 재현할 수 있는가에 대한 좋은 예시다. 이 영화는 1944년 아우슈비츠 비르케나우(Auschwitz-Birkenau) 수용소[21]의 존더코만도(Sonderkommando)[22] 대원 사울이 나치의 처형 기계 내 가스실에서 우연히 발견한 소년을 유대교 율법에 따라 매장하기 위해 안간힘을 쓰는 과정을 다루고 있다. 이 영화는 특수한 역사적 사실을 다루는 허구지만, 그곳의 5호 소각장의 존더코만도 대원들이 수용소 광경을 카메라로 찍어 증거를 남겼던 실제 사건을 서사의 내부로 가져온다. 생명을 아무것도 아닌 것으로 간주하는 살인 기계장치 속에서, 이미 죽은 아이의 시신을 율법에 따라 잘 매장하겠다는 사울의 처절한 불가능한 시도는 인간성이 말살되는 곳에서 인간이라는 존엄의 가치를 찾으려는 추구다.

〈사울의 아들〉의 감독 네메시 라즐로(Nemes László)는 철저하게 자료와 증거에 근거해서 촬영했다. 그는 특히 "관객의 감정을 건드리기" 위해 선명한 디지털을 포기하고 필름의 사진적 속성으로 돌아왔으며, 40밀리미터 렌즈 한 종류만 사용해 시네마스코프의 광활한 화면비가 아닌 협소한 화면비를 선택했다. 이 협소하고 희박한 화면이, 그가 판단컨대 "이미지 내의 불안정성을 보존하고 이를 통해 유기적인 방식으

21 독일 제3제국이 폴란드 아우슈비츠에 세운 세 곳의 집단 수용소 중 두 번째 수용소. 유대인 대량 학살을 위한 가스실과 소각로 시설이 설치되고 운영된 곳으로 알려져 있다.

22 '특수 팀'이라는 뜻의 독일어. 절멸 수용소에서 나치가 차출해 시신을 처리하는 일에 동원한 유대인을 가리킨다. 〈사울의 아들〉에서 '비밀을 가진 자들(Geheimnisträger)'이라고 칭해진 존더코만도 대원은 나치의 처형 기계에서 노역하다 몇 달 후 다른 유대인처럼 처형되었다. 이처럼 유대인 학살 과정을 동족인 또 다른 유대인에게 맡긴 존더코만도 운영은 나치의 행태 중에서도 가장 잔인한 축에 속한다.

로 수용소의 세계를 찍기 위한 유일한 방법"이었기 때문이다. 또한 〈사울의 아들〉에서 화면 심도의 조정은 결정적인 역할을 한다. 카메라는 언제나 인물들의 높이에서, 바로 그들 곁에서 인물을 포착하는데, 그들은 좁은 화면 안에서 심도가 매우 낮은, 즉 공간적 깊이감을 상실한 배경과 함께 잡힌다. 그들의 주관적 시점 쇼트 역시 초점 거리가 극단적으로 짧아 그들의 시지각적 취약함을 효과적으로 시각화한다. 이에 대해 조르주 디디 위베르만(Georges Didi-Huberman)은 미적 선택에 앞서 하나의 현상학적 질문이 등장한다고 본다. "그 누가 숏 안에 모든 것이 낱낱이 또렷이 담긴 처형소를 인간의 높이, 인간의 거리에서 응시할 수 있겠는가?" 하는 질문이다. 이러한 화면 심도의 조정은 "공포가 전적으로 포위한 공간에서 유일하게 가능한 시선은 단거리의, 짧게 지속되는 시선이라는" 명백함의 표현이다.[23]

다시 〈귀향〉으로 돌아오면 죄책감으로 전도된 가해자의 선명한 시선의 지배하에서 피해자의 시선은 말살되며, 최소한의 존엄을 추구하는 행위도 비명 이외의 언어도 모두 배제된다. 그럼으로써 지옥에서 최소한의 존엄을 재현할 가능성도 선명한 화면 밖으로 사라진다.

23   조르주 디디 위베르만,《어둠에서 벗어나기》, 이나라 옮김, 만일, 2016, 45~46쪽.

'지옥도'라는 스펙터클이 가리키는 것

소녀가 말한 '지옥'은 10번 시퀀스에서 카메라에 의해 더욱더 자의식적으로 재현된다. 시퀀스의 도입부에서 묘사되는 위안소의 정경은 그야말로 하나의 '지옥도(地獄圖)'다. 흥미로운 것은 문제적인 장면이 배열되어 있는 6번과 10번 시퀀스는 모두 은경의 혼절을 서사적 매개로 삼아 시작된다는 점이다. 5번 시퀀스 말미에서 은경은 영옥이 만든 귀볼노리개를 들고 본 순간, 정민이 끌려가는 환영을 보고는 노리개를 떨어트리며 혼절한다. 교차편집을 통해 은경의 손에서 떨어진 노리개가 위안소 내로 떨어지는 노리개로 전환되면서 6번 시퀀스가 시작된다. 마찬가지로 9번 시퀀스의 마지막 장면에서 친구 애리의 약을 구하기 위해 헛간에 들어간 은경은 폐소공포증적 분위기 속에서 한 '위안부'(분석의 환시)와 조우하고는 위안소 내로 던져진 후 매를 맞고 졸도한다. 이렇게 10번 시퀀스가 본격적으로 시작된다. 판타지 공포 영화의 컨벤션을 활용한 이 헛간 장면은 다음 시퀀스에서 벌어질 일을 관객이 공포와 두려움 속에서 화면을 바라보도록 예비하는 서사적 기능을 갖는다.

요컨대 은경은 육체와 영혼이 분리되어 혼절 상태로 위안부의 트라우마적 기억과 접속한다. 혹은 트라우마적 기억의 접속이 그녀를 혼절 상태로 빠트린다. 관객은 은경을 따라 현재에서 과거의 트라우마적 기억 속으로 던져진다. 관객은 기절한 은경이 접속한 과거와 마주하는 것이다. 그런 의미에서 영화는 서사 자체를 한 판의 굿처럼 구조화했다고 할 수 있을 것이다.

이 장면은 부감의 카메라 앵글로 시작되고 곧 카메라가 트래블링(traveling)하면 상대적으로 낮아진 부감 위치에서 위안소 복도에서 길게 줄을 대고 순서를 기다리는 군인들을 보여준다. 그러고는 다시 극단적인 부감으로 카메라의 위치가 옮겨가면 마치 지붕 위에서 지붕을 허물고 내려다보는 시선으로 여기저기서 폭력과 고문, 학대가 벌어지는 모습을 조망한다. 카메라는 거듭 하늘로, 더 높은 곳으로, 더 잘, 더 많이 내려다볼 수 있는 곳으로 향하고, 트래블링과 이중노출을 통해 마침내 '최후의 지옥도'를 완성한다.

이 장면에서 폭력과 희생은 즉각적으로 스펙터클이 된다. 여기에서 진정으로 문제적인 카메라의 운동은 대상과 일정한 거리를 둔 채, 훑듯이 바라보는 시선으로 움직이는 트래블링이다. 문자 그대로 트래블링은 여행자의 시선이다. 대상을 여행객의 무심한 바라보기 속에 던져놓는 움직임인 것이다. 그런데 묘사되고 있는 이미지의 내용은 참상 혹은 참화다. 카메라의 움직임은 관객의 시선을 성당 벽과 천장에 그려진 지옥도를 일별하고는 다음 관광지를 향해 재빠르게 돌아서야 하는 여행객의 시선으로 구조화한다. 관객은 은경의 시

공간 이동과 더불어 그녀와 동시에 위안소 안으로 던져지고
는 은경이 곧 혼절함으로써, 시선을 매개했던 몸을 잃고 그것
을 시각화하는 카메라의 움직임을 따라 떠돌듯이 위안소의
지옥 같은 풍경을 보는 것이다. 이 10번 시퀀스가 트래블링
쇼트로 물 흐르듯 '자연스럽게' 펼쳐지는 이유가 그것이다.
관객의 경험은 육체에서 이탈한 혼이 되어 유영하듯이 지옥
도를 응시하는 것이다.

　　여기서 문제 삼는 것은 '지옥 같은' 역사적 사건을 지
옥으로 재현했다는 데에 있지 않다. 중요한 것은 지옥을 형상
화하는 방법이다. "이미 존재했던 지옥을 재현하는 일은 상상
의 지옥을 재현하는 일보다 훨씬 더 어렵기 때문"이다.[24] 지
적해야 할 것은 〈귀향〉이 위안소 경험에 내장되어 있는 지옥
같은 특성을 그 자체로 스펙터클인 '지옥도'로 추상화해 재
현하고 있다는 점이다.

　　지옥도는 정밀한 묘사로 채워져 있는 세부(details)의
묶음이다. 각각의 세부는 외설적인 것으로 넘쳐난다. 관(람)
객은 전체로서의 지옥도와 세부 묘사를 동시에 본다. 그들이
전체로부터 눈을 돌려 세부를 응시할 때 외설성과의 충격적
인 접촉을 피할 도리가 없다. 외설성의 충격으로부터, 그리고
그 외설성과 공모하게 된다는 불편한 감각을 피하기 위해서

24　　같은 책, 41쪽.

는 황급히 세부로부터 응시를 거둬들이는 것 외에 방법이 없다. 그리고 마주하는 전체 그림 앞에서 눈의 초점을 흐리게 하기 위해 노력한다. 영화관에 발이 묶여있는 관객은 어서 빨리 다음 쇼트가 나오길 기다린다.

그것은 또한 조망의 시선이다. 카메라의 시선이 인간의 눈의 위치가 아닌 디제시스 공간 내의 가상의 벽(천장)을 뚫는 자리에 놓이면서 절대적인 가상의 위치를 점한다. 다시 말해 그것은 개인의 경험을, 체험을, 그리고 증언을 넘어서는 절대적인 조망의 시선, 관조의 시선이다. 대상을 관조하게 하는 것은 스펙터클의 본래적 속성이다. 이 스펙터클은 그려내고 있는 세계를 요약하고 집약하며 통제하고자 한다. 마치 위안소의 전모, 그것의 총체적 의미, 실재를 포착할 수 있다는 듯이 말이다. 그러한 시선은 절멸 수용소에서 "무엇도 인간적으로 바라볼 필요가 없는, 시각적 화면 심도와 높이를 열망하는 자는 오직 전망대에 근무하는 나치 친위대원뿐"인 것처럼[25], 파노라마적 시야에 들어오는 수용소를 관조하는 시선은 지배자·감시자·가해자의 것이다. 이 화면은 아이러니하게도 지배자·감시자·가해자의 시선을 통해 '위안부' 소녀들이 일본(군)에 의해 얼마나 철저히 대규모로, 또 조직적으로 수난당했는지를 고발하고, 이것이 '위안소라는 지옥'의

25   같은 책, 47쪽.

실재가 아니고 무엇이겠느냐고 말하는 듯하다. 그리고 그 아수라의 세계를 보고 고통을 느끼라고 호소한다. 그러나 실재는 결코 그와 같은 가시적인 것 안에서는 완전히 용해될 수 없다.

〈귀향〉의 지옥도는 극단적인 부감 쇼트를 통해 조망적·관조적 속성을 한층 더 강화할 뿐만 아니라 압도적인 외양의 지배를 선언함으로써 그려지는 대상을 추상화한다. 일본군 '위안부'의 삶은 '수난'의 외양 속에서 소실된다. 기 드보르(Guy Debord)는 스펙터클 일반이 삶의 고착된 전도로서 살아있지 않은 것의 자율적 운동이며, 삶에 대한 시각적 부정이자 부정의 가시화라고 이야기한 바 있다. 그에 따르면 스펙터클은 이미지의 집합이나 시각 세계의 남용, 그리고 이미지 대량 유포 기술의 산물이라고 단순하게 이해해서는 안 된다. 그것은 매개된 사람들 간의 사회적 관계이며, 현실적이면서 물질적으로 번역된 세계관, 즉 대상화된 세계관으로 이해해야 한다.[26] 〈귀향〉의 지옥도가 그려내고 있는, 그리고 그것을 포함해 이 영화에서 다수의 스펙터클이 그려내고 있는 것은 '유린당한 민족적 수난'이라는 역사관이다.

또한 지옥도는 종교적 환상의 물질적 재구성이다. 그

---

26   기 드보르, 《스펙타클의 사회》, 이경숙 옮김, 현실문화연구, 1996,
      10~13쪽.

리고 지옥도를 그려내는 것은 종교적 제의의 행위인 동시에 이를 범속하게 만드는 작업이다. 상상의 형상화인 지옥도는 고통의 전이를 통해 보는 사람들을 겁주고 협박하며 훈계하는 이미지다. 이러한 희생 제의적 스펙터클 속에서 일본군 '위안부'는 삶의 구체성과 역사적 구체성을 모두 잃고 추상화되며 신성화된다.[27] 그렇다면 몸에서 이탈해 여행자(또는 영혼)의 훑어보는 시선으로 이끌린 뒤, 외설적 고통의 세부로 가득 채워져 펼쳐지는 그림을 조망하듯이 보면서 고통을 전이받는, 이 관람 경험이란 도대체 무엇인가. 고통의 전이를 강요하는, 전쟁 중 발생한 특수하게 젠더화된 성적 폭력을 의미화하기 위해서 외설적 폭력으로 맞서는 재현의 실천으로는 그 정치적 효력을 획득할 수 없다. 이 이미지가 고통과 분노를 불러일으키는 것은 폭력에 내재해 있는 외설성에 덧붙여 그 재현 과정이 외설적이기 때문이다.

---

27   아이러니하게도 "그 소재로 인하여 장시간 투자자 찾기에 곤란함을 겪었던" 〈귀향〉에서 지옥도 장면은 스펙터클을 구현하기 위해 가장 많은 인원과 비용과 노력을 들인 것으로 보인다. 이는 영화에서 두 번 등장하는 일본군과 광복군 간의 격전이 드러낸 앙상하기 짝이 없는 스펙터클과 비교했을 때 확연히 드러난다.

영화 속 해원이 표백하는 것은 무엇인가

영화가 재현하는 위안소에서의 잔혹한 경험은 '벌거벗은 생명'으로서 용도 폐기된 '위안부'들의 집단 총살을 목격하는 것, 그리고 패전 후 퇴각하는 일본군이 비밀 유지를 위해 '위안부'를 최종 절멸하는 장면으로 이어진다. 위안소에서의 '그날'은 현재 시점에서 굿을 통해서야 전모를 드러낸다. 영옥은 굿을 주관하는 은경을 매개로 정민의 혼과 마주하고 마침내 원한을 해소한다. 영옥이 "내가 네를 거다 놔두고 …… 그때부터 지금까지 거기 있었다. 몸은 돌아와도 마음은 못 돌아왔다."고 말하고, 정민이 "언니야, 이제 그만, 나와도 된다."고 답함으로써 '귀환'은 영옥과 정민 모두에게 해당하는 것임을 알 수 있다. 이 해원의 과정을 통해 위안소에 강제 연행되는 순간부터 시작된 두 사람의 우정의 서사는 일견 마무리될 것처럼 보인다.

그런데 영화는 여기서 서사를 마무리하는 대신, 굿의 흐름을 다른 국면으로 상승시킨다. 이는 은경의 상태에서 미세한 변화를 감지한 만신의 "귀향 굿이다!"라는 외침과 더불어 본격적으로 진행된다. 만신과 은경이 위안소 주변 흙구덩이에서 총살되고 불태워진 혼들을 모두 여기로 모셔온다. 여기서 〈귀향〉이 해원을 통해 궁극적으로 닿으려는 목적지가 생과 사를 달리하며 트라우마를 함께 겪은 두 '위안부' 여성의 자매애와는 다른 곳임이 드러난다. 감독이 스스로 밝혔듯이 "그저 이 땅에 영령을 모셔오는" 것, 더 구체적으로는 고향으로 모셔오는 것이다. 마지막 굿 시퀀스의 전 장면에서 고향을 방문한 생존자 영옥은 귀향 굿이 본격적으로 시작되기 직전 화면의 프레임에서 사라짐으로써, 귀신(鬼神)들의 귀향(歸鄕), 즉 이 영화의 제목이기도 한 '귀향(鬼鄕)'에 온전히 영화적 공간을 내어준다. 모티브가 되었다는 강일출의 그림 〈태워지는 처녀들〉이 영상으로 재현되고, 그녀들의 귀향은 이제 영화 테크놀로지의 힘을 빈 '디지털 나비'의 시각화로 표현된다. 굿이라는 환각 장치가 영화라는 환상 장치와 만나 영혼의 가상적 귀향을 완성하는 것이다.

그만큼 이 영화에서 고향의 의미는 절대적이다. 흥미로운 건 여성 주인공의 실향 이야기에서는 일반적으로 고향과 어머니가 기호적으로 결합하는 데 반해, 〈귀향〉에서는 고향이 아버지로 대변된다는 점이다. 위안소에서 정민의 고향에 대한 회상, 그러니까 플래시백 속의 플래시백을 지배하는 향수-이미지는 그녀가 아버지 어깨에 무동 타고 시골길을 걷는 이미지다. 이 영화가 고국-고향-아버지라는 의미 연쇄 속에서 진행된다는 것을 알 수 있는 지점이다.

〈귀향〉에서 고향-집이 매우 중요한 의미를 차지하고 있음에도 불구하고 그것의 시각화는 무척이나 앙상하다. 고향 마을은 주변에 학교나 상점 하나 없는 첩첩산중의 산천으로 대변되고, 고향-집은 지자체의 향토 관련 테마파크에서나 봄직한 초가집이다. 이들 중 어디에서도 근대성의 흔적을 읽을 수 없다. 이미 식민지 조선은 근대의 시간에 포섭되었음에도 말이다. 고향-집은 말끔하게 표백되어 있다. 정민이 이처럼 "초시간적 혹은 무시간적 가짜 고향 이미지"로 '귀향'하는 과정[28]은 순수한 의미의 향수[29], 즉 끊임없이 고향으로 돌아가고 싶은 동경과 갈망을 구현하고 있다.

이러한 근대성의 기표에 대한 거부는 영화 전체를 관통하고 있는 특성이다. 소녀들은 늘 정갈한 한복을 입고 있고, 괴불노리개 등 토속적이고 전근대적인 놀이에 익숙하며, 정민이 일본어를 구사하는 것으로 보아 근대적 교육의 세례를 받은 것으로 짐작할 수 있음에도 불구하고 학교(생활)에 대한

---

28   송효정은 이 초시간적 혹은 무시간적 가짜 고향 이미지가 향토적 문예 영화의 무시간적 추상성과 상통한다고 밝히면서, 영화에서 귀향이란 집으로 돌아옴이 아니라 순수성에 대한 숭배가 만들어낸 퇴행이라고 날카롭게 지적한다. 송효정, 〈현재적 의미가 봉쇄당한 고통의 무기력함〉, 《문학동네》87호, 문학동네, 2016, 546쪽.

29   향수 또는 노스탤지어(nostalgia)는 '집으로 돌아가다'라는 의미의 nostos와 '고통스러운 상태'를 가리키는 algia에서 유래한다. 노스탤지어라는 말은 17세기 의학자 요하네스 호퍼(Johannes Hofer)가 장기 원정에 시달리는 스위스 용병의 상태를 기술하려고 조합한 용어라는 게 정설이다. 호퍼가 사용했을 당시 노스탤지어는 끊임없이 고향으로 돌아가고 싶은 동경과 갈망으로 인해 실제로 심신이 허약해지는 병을 가리켰다. 이처럼 향수/노스탤지어는 본디 시간이 아니라 공간을 통해 (특히 고향으로) 돌아가고 싶은 마음을 의미한다. 사이먼 레이놀즈, 《레트로마니아: 과거에 중독된 대중문화》, 최성민 옮김, 작업실유령, 2014, 27~28쪽.

언급은 전혀 없다. 송효정은 〈귀향〉에서 보이는 근대성의 거부를 '순수에의 강박'으로 읽는데, 이를 보여주는 징후는 흙구덩이에서 불에 태워졌던 소녀들이 다시 등장할 때 자국 하나 없이 말끔한 한복을 입고 있는 장면이다. 그래서 송효정은 〈귀향〉을 두고 "전근대 조선 여성의 표상이 소녀들의 순결성에 대한 입증인양, 위안부의 표상을 전근대적이며 향토적인 조선 여인의 이미지에 고착시킨다."고 논한다.[30]

이처럼 〈귀향〉에서는 소녀들이 입은 한복의 얼룩을 지워내듯이 근대성의 기표가 표백되고 있다. 이와 정반대로 어떤 얼룩은 과잉적으로 현존하는데, 바로 위안소 내 소녀들의 몸에 예외 없이 나 있는 멍 자국과 흉터가 그렇다. 기호학적 측면에서 명백히 지표(index)인 멍 자국과 흉터는 그녀들의 몸 위에 말 그대로 잔혹한 폭력이 무수히 가해졌음을, 즉 그녀들의 수난을 가리킨다. 요컨대 〈귀향〉은 시각화 과정에서 특정한 이미지 기호의 선택과 배제, 표백과 과잉 현존을 통해 '민족적 수난'과 '순결한 소녀'라는 의미망의 연결을 만들어낸다.

중요한 것은 근대성의 얼룩을 탈색시킴과 동시에 정작 일본군 '위안부' 이슈의 맥락을 구성하는 식민 지배라는 역사적 배경과 구체성이 함께 표백됨으로써, 제국과 식민지

---

30   송효정, 앞의 글, 546쪽.

의 적대, 가부장제적 억압과 젠더, 섹슈얼리티, 계급의 문제가 상호 교차적으로 만들어내는 '위안부' 이슈의 복잡한 동학에 관객이 접근하는 것을 봉쇄하고 있다는 점이다. 대신에 민족적 상처를 입은 '순결한 소녀'를 시공간적 구체성이 상실된 고향−집−아버지에게로 보내겠다는, 도저한 귀향에의 향수가 집단적 염원이 된다.

이것은 향수라는 개념의 의미가 변화한 과정과 궤를 같이한다. 원래 공간적 이동에 따른 고향 상실의 고통과 고향으로 돌아가고 싶은 마음을 함께 의미했던 향수는 시간이 지나면서 점차 지리적 의미에서 시간적 이동으로, 그리고 개인적 질병에서 집단적 감정으로 변화하고 확장된다. 즉, 향수는 떠나온 모국을 절박하게 그리는 마음이 아니라 사람의 일생에서 잃어버린, 평온했던 시절을 애타게 동경하는 마음, 그리고 행복하고 단순하며 순진했던 시절을 향한 집단적 염원이 된 것이다. 향수가 과거를 향한 집단적 감정이나 염원이 된 과정은 그것이 낭만주의와 민족주의의 수사적 표현으로서 정치화된 것과 관련 있다.[31] 향수라는 개념에 개인적 감정과 집단적 염원이 공존한다는 내재적 속성을 통해서, 그리고 민족주의가 전유한 역사를 통해서 알 수 있듯이, 귀향에 대한 정

---

31   김준, 〈다시 못 올 것에 대하여: 노동자 구술증언 속의 '향수' 또는 '과거
      의 낭만화'〉,《사회와 역사》제85집, 한국사회사학회, 2010, 87~88쪽.

민의 열망은 언제든 집단적·민족적 염원으로 바뀔 가능성을 내장하고 있다. 이러한 집단적 염원은 〈귀향〉이 만들어내고 있는 공통 감각의 중요 요소다.

나가며

문화적인 혹은 공동체적인 트라우마적 사건에 압도된 채로 포스트메모리를 구성하는 남성 예술가의 수치심과 죄책감은 범죄 집단과 같은 성이라는 남성으로서 갖게 되는 것이며, 따라서 섹슈얼리티와 죄책감을 매개로 가해자 남성에게 쉽게 시선을 전이함으로써, 결과적으로 의도와는 다르게 일본군 '위안부'에 대한 포르노그래피적 영상을 만들고 말았다. 후세대가 포스트메모리를 구성하는 데 있어 압도적인 죄책감의 전이가 발생할 때, 정작 이미지-서사에서 사라지는 것은 피해자의 시점, 언어, 그리고 말하기 주체로서의 가능성이다.

이러한 과도하고 분명 남성 중심적인 죄책감은 고통의 스펙터클에서 해원이라는 집단적 염원으로 직진한다. 영화는 관객이 비명과 잔혹함으로 채워진 고통의 경험을 '함께' 체험하도록 유도하고 고통의 에너지를 곧장 '이제는 훼손된', '순수한 소녀'를 단순하고 순수했던 시절로, 고향-집-아버지에게로 돌려보내는 해원을 향한 염원으로 전환시킨다. 관객은 이를 통해 한 판 굿에 참여해 원한을 대리 해소하고 역사적 죄책감을 사하며 치유된 감정을 얻은 듯한 관객—경험을 하게 된다.

극장은 굿판이 된다. 물론 이를 가능하게 한 것은 극장 밖에 있는, 일본군 '위안부' 문제 해결에 무능력한 현실 정치에 대한 대중적 불만이다. 그러나 20세기에 벌어진 가장 잔혹한 역사적 사건을 근대성 전체를 사유하지 않고, 근대성이 제거된 탈역사적 시간대와 공간으로 돌려놓음으로써 해원한다는 것만으로는 역사의 현재적 의미를 가질 수도 없으며, 따라서 무능력한 정치 현실에 맞서는 유효한 집단 기억을 구성할 수도 없다.

이렇게 죄책감에 기반한 공통 감각은 '평화의 소녀상'과 마찬가지로, 〈귀향〉이 신자유주의 시대 '국민 프로듀서'의 작품이라는 성격으로 인해 더욱 강화되었다. 이 작품을 둘러싼 참여 의식과 트라우마적 공동체의 감각이 "〈귀향〉 앞에서 무능한 '우리'를 잊지 말고 그 무능한 위치를 받아들이라."는 태도를 만들어냈다. 그러한 태도는 일본군 '위안부'를 신성화·추상화하는 영화의 태도와 일맥상통한다.

역사의 현재화에 대한 무능과 관련해, 이 영화가 김학순이 공개적으로 목소리와 현존을 드러냈던 바로 그 순간, 1991년에 시작해서 바로 그 지점에서 끝난다는 사실은 징후적이다. 우리가 포스트메모리를 진정한 포스트트라우마적 기억(post-traumatic memory)으로 만들기 위해서는 일본군 '위안부'의 형상을 추상으로부터, 신성성으로부터 건져내야 한다. 우리는 트라우마를 문화적이고 역사적인 현상으로 이해해야 하며, 공동체적인 트라우마적 기억에, 정신성 속에 역사를 재삽입해야 한다.

3. '우리 할머니들'의 이야기는 어떻게 물화되는가

일본군 '위안부' 표상과 시민다움의 정치학*

허윤(부경대 국어국문학과 부교수)

* 이 글은 허윤, 〈'우리 할머니'들의 이야기와 기억의 물화: 일본군 '위안부' 표상과 시민다움의 정치학〉, 《구보학보》 제27호, 구보학회, 2021, 375~408쪽을 수정한 것이다.

할머니에서 소녀로

2019년 개봉한 다큐멘터리 영화 〈김복동〉의 메인 포스터와 스페셜 포스터는 김복동과 소녀상을 겹쳐놓는다. '만 열네 살의 어린 여자아이'는 노년의 김복동과 나란히 앉아있다. 영화의 첫 장면은 흑백 상태에서 음성과 자막으로 질문과 대답을 이어간다. "무슨 일인 줄 알고 갔나?", "반항한 사람은 없었나?" 등의 물음은 스물세 살에 돌아왔다는 말로 끝난다. 이제 카메라가 켜지고 노인이 된 김복동의 얼굴이 등장한다. 수요집회에 선 여성 인권 운동가 김복동은 스물세 살에서 노인으로 이동한다. 이러한 전개에서 관객은 조선에 돌아온 이후 김복동이 어떻게 살았는지는 들을 수 없다. 그저 '소녀'에서 할머니가 된 김복동을 마주할 뿐이다.

소녀에서 할머니로의 전환은 일본군 '위안부'를 재현할 때 하는 가장 전형적인 방식이다. 소설이나 영화, 연극 등 다수의 문화 콘텐츠에서 일본군 '위안부'는 '위안부'로 동원된 소녀나 여성 인권 운동가로 활동하는 노년으로 등장한다. 일본군 '위안부'에 대한 대중의 문화적 기억 역시 이 두 이미지에 고정되어 있다.[1] 이러한 구도는 〈김복동〉의 첫 장면을

---

1   일본군 '위안부'의 대중적 재현 계보에서 소녀 이미지가 등장하는 것은 실제 일본군 '위안부'가 공개 증언을 한 1990년대 이후의 분위기가 반영되었다고 봐야 한다. 특히 군 '위안부'를 성애의 대상으로 기록할 수 없

통해서도 확인할 수 있다. 특히 2011년 12월 14일 주한 일본 대사관 건너편에 첫 번째 '평화의 소녀상'(이하 '소녀상')이 세워진 이래 소녀상 건립은 한국을 넘어 전 세계로 확산되고 있다. 정의기억연대(이하 '정의연')에 따르면, 2024년 1월 현재 한국 내에만 146개, 해외에는 19개의 평화비가 설치되었다. 정부에 등록된 신고 피해자 239명을 상징하는 작은 소녀상이 전국 239개 학교에 만들어지기도 했다.[2] 지역이나 주체에 따라 대사관 앞 소녀상과 다른 형태의 기념비가 되기도 하지만, 가장 대중적으로 잘 알려진 형상은 치마저고리를 입고 단발머리를 한 소녀가 주먹을 쥐고 의자에 앉아있는 모습이다. 정의연은 '전 세계에 소녀상을 세워주세요'라며 캠페인을 벌이고 있다.

2015년 '한일 '위안부' 합의'에서 일본 정부가 소녀상의 철거를 요구한 이래, 소녀상은 더욱 강력한 정치적 힘을 획득했다. 소녀상의 설치와 철거, 이전 등을 놓고 한국 정부

게 된 상황 이후, 일본군 '위안부'는 소녀와 할머니로 양분될 뿐, 젊은 여성이나 중장년 여성으로는 거의 등장하지 않는다. 이와 관련해서는 허윤, 〈일본군 '위안부' 재현과 진정성의 곤경: 소녀와 할머니 표상을 중심으로〉, 《여성과 역사》 29호, 한국여성사학회, 2018, 131~163쪽 참조.

2 해외에 설치된 일본군 '위안부' 관련 기념비는 총 36개로, 소녀상('평화비') 형태를 한 것은 19개이고, 이 중 필리핀 라구나주와 독일 카셀대학교의 소녀상은 일본 정부의 압박으로 철거되었다. 정의연 홈페이지의 '평화비 건립 지원' 항목 중 '작은소녀상 건립운동 현황' 참조. https://womenandwar.net/remembrance (2024년 7월 22일 접속)

와 일본 정부가 대립하고 외교 문제로 번진다. 2019년 아이치 트리엔날레 '표현의 부자유전' 주최 측이 우익의 위협을 이유로 소녀상을 철거하자, 전 세계의 아티스트가 입을 모아 트리엔날레를 비판하며 소녀상 옆의 빈 의자에 앉아 사진을 찍고 #평화의 소녀상, #미투 등의 해시태그를 달아 SNS에 업로드했다.[3] 소녀상은 전시 성폭력과 여성 인권 문제를 나타내는 세계적인 표상이 되었다. 일본군 '위안부'는 한국과 일본 사이의 문제가 아니라 트랜스내셔널한 기억이 되었다고 설명하는 캐럴 글럭(Carol Gluck)은 소녀상 설치에 대한 일본 측의 항의가 오히려 일본군 '위안부' 문제를 알리는 효과를 낳았다고 지적한다.[4] 이는 소녀상이 트랜스내셔널한 맥락에서 자신의 자리를 만들어가고 있다는 점을 잘 보여준다. 소녀상은 시민들이 공유한 도덕성에 기반해 민족-국가와 연동된 트라우마적 기억이 민족과 국가의 경계를 초월해서 타 국가로 확산되어 시민적 공감을 끌어낸 사례가 되었다. 세계로 확장되고 있는 소녀상 기념비는 민족적 맥락과 글로벌 여성 인권, 정의라는 보편적 맥락이 결합해 시민들의 도덕감정을 불러

---

3   배덕훈 기자, "'내가 소녀상이다' …日 검열 항의 해외 예술가들", 《노컷뉴스》, 2019년 8월 7일자.

4   캐롤 글럭·김은실, "[캐롤 글럭-김은실 대담] 민족주의를 넘어서: 현재진행형 일본군 '위안부' 역사와 젠더 정치", 일본군 '위안부' 문제 연구소 웹진 《결》, 2022년 8월 11일.

일으키는 데 가장 효과적인 표상이 되었다.[5] 이처럼 소녀상은 분명히 우리 시대에 가장 강력한 힘을 가진 여성 표상으로 거듭났다.[6]

이 글에서는 일본군 '위안부'를 소녀로 재현하는 문제를 중심으로 '소녀상 되기'를 실천하는 시민들의 행위성을 분석하고, 이를 바탕으로 강화되는 일본군 '위안부' 표상의 물화(reification)에 대해 살펴볼 것이다. 이를 통해 소녀상 이미지가 가진 정치적 힘과 그 한계를 논하려고 한다.

소녀상의 수행성과 일상적 국민주의

끔찍한 폭력을 기억하고 기념하는 것은 전쟁과 독재 등을 겪은 여러 나라에서 중요한 문제다. 홀로코스트나 난징 대학살과 같은 전쟁범죄, 제주 4·3과 같은 국가 폭력 등 현대사를 관통하는 기억을 어떻게 재현할 것인지를 두고 고민하는 것이다. 역사적 트라우마를 직접 체험하지 못한 이후

---

5 문경희, 〈호주 한인들의 '소녀상' 건립과 일본군 '위안부' 운동: '코스모 폴리탄' 기억형성과 한인의 초국적 민족주의 발현〉, 《페미니즘 연구》제 18권 제1호, 한국여성연구소, 2018, 47~92쪽.
6 장수희, 〈일본군 '위안부', 촛불소녀 그리고 민주주의〉, 조혜영 엮음, 《소녀들: K-pop 스크린 광장》, 도서출판 여이연, 2017, 154~179쪽.

세대에게는 기념비, 의례, 문학이나 문화 같은 재현물이 더욱 중요해진다. 홀로코스트 연구자인 메리앤 허쉬(Marianne Hirsch)는 "앞선 세대가 기억하는 경험과 개인적·집단적·문화적 트라우마를 자신들의 어린 시절의 이야기, 이미지 그리고 행위를 통해 견지하는 '이후 세대(generations after)'와의 관계"를 지적하면서, 세대적·역사적 거리로 인해 트라우마적 기억과 구분되는 이차적인 기억을 강조한다.[7] 공공장소에 설치되는 기념비는 문화적 기억을 형성하는 주요한 매개체가 되기 때문에 폭력을 재현하는 방식에 대해 여러 가지 고민이 더해진다. 이때 문제는 폭력을 어떻게 재현할 것인가다. 이스라엘 야드바셈의 어린이 기념관은 홀로코스트에서 희생당한 유대인 어린이들을 기념하기 위해 빛이 전혀 들지 않는 공간에서 방문객이 손잡이에 의지해 걸어가면서 희생된 어린이들의 이름과 나이를 듣게 함으로써 애도를 유발한다. 주인을 잃어버린 장난감을 통해 '홀로코스트의 어린이들–하늘을 잃어버린 별들'을 표현하는 경우도 있다. 희생양이 된 어린이들을 기리되 직접 형상으로 재현하는 것이 아니라 매개체를 통해 관람객이 느낄 수 있는 방식으로 재현하는 것이다. 이러한 사례는 또 있다. 헝가리의 '다뉴브 강둑 위의 신발들'

---

7   Marianne Hirsch, *The Generation of Postmemory: Writing and Visual Culture After the Holocaust*, Columbia University Press, 2012. p.5.

은 나치의 민간인 학살을 기억하려고 신발 예순 켤레를 쇠로 만든 전시물이다.[8] 제노사이드를 강독 위의 신발 오브제를 통해 방문객이 정서적으로 조응할 수 있도록 만든 사례다.

동상과 같은 공공 기념물은 국민국가의 정체성을 형성하는 데 중요한 역할을 한다. 국가주의의 발흥과 함께 국가 정체성을 위해 기념물이 형성되었으며, 이 가운데 동상은 시민들의 생활 공간과 공공 공간에서 일상적으로 마주칠 수 있도록 배치된다.[9] 일본군 '위안부'를 대표하는 이미지가 된 소녀상 역시 공공 기념물의 일종으로, 시민들의 일상에 배치되었다. 일본군 '위안부' 문제에 대해서 가장 쉽게 접할 수 있는 표상이 된 것이다. 소녀상은 구상적 성격의 리얼리즘적 조각이지만, 특정한 장소에 놓임으로써 공동체 기반 리얼리즘을 겨냥했다. 이런 점에서 소녀상이 미술적으로 성공한 사례라고 상찬하기도 한다.[10] 그런데 소녀상을 리얼리즘

---

8   최호근, 《기념의 미래: 기억의 정치 끝에서 기념문화를 이야기하다》, 고려대학교 출판문화원, 2019, 309~330쪽.

9   에릭 홉스봄 외, 《만들어진 전통》, 박지향·장문석 옮김, 휴머니스트, 2004, 510쪽.

10   대표적인 예로 2016년 서울문화재단의 대담 "'평화의 소녀상'을 둘러싼 정치·사회·예술적 의미: 소녀상의 예술학"을 들 수 있다. 여기서 이태호, 김준기 등의 미술 비평가들은 소녀상이 장소 특정적 기념비라는 역할을 성공적으로 수행하고 있으며, 사회 예술을 통해 '소녀상 현상'을 이끌어냈다고 해석한다. 전민정 정리, "'평화의 소녀상'을 둘러싼 정치·사회·예술적 의미: 소녀상의 예술학", 《진실 혹은 대담》 2016년 4월호, 서울문화재단 홈페이지, 2016년 4월.

에 기반한 성공적인 재현으로만 볼 수 있을까? 일본군 '위안부'와 같은 성폭력 피해사를 하나의 이미지로 재현할 수 있을까 하는 질문이 생겨나는 것이다. 소녀상의 공식적인 명칭은 '평화의 소녀상', '평화비'지만, 공론장에서는 '평화비'보다 '소녀상'이라고 불린다. 이는 평화보다 '소녀'에 방점이 찍혀있음을 의미한다. 소녀가 일본군 '위안부'를 대표해서 재현하는 것이다. 나이·고향·민족 등이 저마다 다른 일본군 '위안부'들이 단발머리의 조선 소녀로 재현되려면 나이나 인종 등 다른 요소가 삭제되어야 한다. 소녀상의 작가 김운성은 평화비가 비석에서 소녀상으로 바뀐 과정을 이야기하면서 조선인 '위안부'의 상당수가 끌려갈 당시에 미성년자였고, 성폭력 장면을 재현하면 역효과가 날 것 같아서 소녀의 형상으로 만들었다고 한 인터뷰에서 밝혔다.[11] 여기서 작가는 일본군 '위안부'를 재현하는 데 있어서 폭력의 재현 문제가 깊이 연결되어 있음을 언급하고 있다. 관람객에게 "끔찍한 기억"을 남기지 않고 "친구처럼" 편하게 접근할 수 있는 표

11   김운성 "수요시위를 보고 뭐 도와줄 것 없냐고 정대협(한국정신대문제대책협의회)을 찾아갔어요. 비석 디자인을 부탁받았다가, 제가 아예 조각으로 해보자고 했어요. 할머니상을 먼저 디자인했는데, 김서경 작가가 요만한 소녀상을 가지고 와서 어떻겠느냐고 물었어요. 보니까 소녀를 할 수밖에 없었어요. 할머니가 당하신 게 아니라 소녀가 당한 거잖아요." 남종영 기자, "소녀상 친구, 베트남 피에타", 《한겨레》, 2016년 1월 15일자.

상이 되기를 바란 결과 "시민들도 친구처럼 아끼게" 되었다는 것이다.[12]

　　의자에 앉아있는 소녀상은 일본군 '위안부'로 끌려가 희생당한 조선의 소녀를 연상시킨다. 일본군 '위안부'를 떠올리면 소녀에게 가해진 성폭력을 먼저 연상하게 되고, 일본군의 잔인함과 소녀의 무력함이 대조적으로 등장한다. 소녀상을 본 한국인들은 끌려간 우리의 소녀들을 떠올리며 지켜주지 못했다는 안타까움을 호소한다. 역사학자 임지현은 이와 같이 시민들의 '마음을 움직이는 기억(affective memory)'으로서 '희생자의식 민족주의(victimhood nationalism)'가 기억 문화에 헤게모니적 효과를 가져온다고 설명한다. 기억의 서사적 모델로서 희생자의식 민족주의의 헤게모니적 효과는 한 사회의 집단적 기억에서 지배와 공모, 강제와 동의, 복종과 저항 사이의 경계를 흐린다는 것이다.[13] 소녀상 역시 '어린

12　"내가 직접 들은 할머니들의 증언은 대부분 '13~15세에 끌려갔다'는 것이었고, '이를 토대로 소녀상을 만드는 게 맞다'고 생각했다. 20, 30대 위안부 피해자가 있었음을 부정하는 것은 아니다. 그리고 성 노동에 시달리는 위안부들의 형상은 보는 이에게 역효과를 낼 것이라고 생각한다. 위안부 피해의 폭력성을 잔인하게 묘사한 다른 예술가들도 있지만, 이는 관람객에게 오히려 끔찍한 기억만 남긴다. 소녀상이 '침착한 저항'을 표현했기에 시민들도 친구처럼 아끼게 된 것 아닐까." 김지현 객원기자, ""위안부 소녀상은 평화의 상징" 조각가 김운성",《주간동아》, 2017년 1월 6일자.

13　임지현,《희생자의식 민족주의: 고통을 경쟁하는 지구적 기억 전쟁》, 휴머니스트, 2021, 23~36쪽.

나이의 소녀' 이미지를 강조함으로써 '(성적으로) 순결한', 무고한 피해자상을 구축한다. 이러한 모델 스토리는 자발성, 수익 여부 등 '위안부' 사이를 차별화하고 계층화하는 문제를 낳았다. 완전무결한 피해자로 인정받을 수 있는 소녀나 '할머니'가 아닌 '위안부'를 상상할 수 없게 된 것이다. 앉아있는 소녀상의 자세 역시 문제적이다. 이미 전 세계적 차원의 여성 인권 운동의 상징이 된 일본군 '위안부' 피해 생존자들을 "다소곳이" 앉아있는 형상으로 재현해 피해자로서 수동성을 강조한다. 의자에 앉아있는 소녀상은 전통적으로 여성을 앉은 형상으로 조각하던 미술의 남성 중심적 관습을 보여주는 것이기도 하다.[14]

소녀상을 본 사람들은 일본군에게 끌려가는 어린 여자아이를 상상한다. 소녀상의 작가들은 여러 건의 인터뷰에서 소녀상이 피해자를 '순결한 희생자' 이미지에 가둔다는 점에 대해 반박해왔다. '작가의 의도'는 일본군 '위안부'를 '순결한 희생자'에 가두는 것이 아니었다고 말이다.[15] 그러나 텍스트 해석에 있어 작가의 의도는 텍스트를 해석하는 데 부

14　이러한 전형성에서 벗어나려고 다른 형식을 취한 소녀상도 있다. 이화여대 앞의 소녀상은 수동적으로 앉아있는 것이 아니라 날개를 달고 곧 날아갈 듯한 모습을 함으로써 적극성을 강조하는 방식으로 조형되었다. 세계 곳곳의 소녀상 역시 배치된 지역과 맥락에 따라 다양한 모습을 보이고 있다. 하지만 가장 대표적인 서울의 주한 일본 대사관 앞에 있는 소녀상은 '희생당한 소녀' 그 자체를 즉물적으로 재현하고 있다.

차적이다. 작가의 본래 의도와 작품에서 성취된 의미 사이에는 차이가 있고, 작품을 본 수용자들이 어떻게 생각하는지는 작가의 의도와 무관하다. 텍스트를 비평하고 방어하는 과정에서 '의도의 진정성'을 주장하는 것은 비평적 고민의 부재를 역설적으로 드러낸다. 소녀상이 다양한 인종과 지역에서 여성 인권의 상징이 되고, 다양한 계층과 국적의 시민들이 소녀상 만들기에 참여하는 과정이 작가의 의도를 초과하는 부분인 것처럼, 소녀상에 대한 해석 역시 작가의 의도와 직결될 수 없고, 직결되어서도 안 된다. 미술가 정은영은 "많은 소녀상들이 '동상'과 '소녀', '평화'의 결합이라는 초기 소녀상의 상징체계를 벗어나지 못하고 있다."며 "의미적 변주는 이뤄도 의미적 확장으로까지 나아가지는 못하는 상황"이라고 진단했다.[16] 소녀상이 일본군의 전쟁범죄를 고발하는 효과적인 표상인 것은 분명하지만, 그 이상의 담론을 생성하지 못하고 있다는 지적이다.

---

15   '위안부' 문제를 오랫동안 연구해온 김부자는 소녀상에 관한 논문에서 작가의 의도가 텍스트를 해석하는 데 가장 기본이 되어야 한다면서, 정대협과 작가가 만든 소녀상은 종래의 '정조관'에서 벗어나고자 했다고 평가한다. 김부자, 〈한국의 〈평화의 소녀상〉과 탈진실(post-truth)의 정치학: 일본의 식민주의/남성중심적인 내셔널리즘과 젠더를 검토한다〉, 《한국여성학》 제33권 제3호, 한국여성학회, 2017, 279~322쪽.
16   심윤지 기자, "버스에 탄 위안부 소녀상을 어떻게 봐야할까", 《경향신문》, 2017년 11월 30일자.

소녀 두 명을 포스터 전면에 내세운 영화 〈귀향〉(2016)
은 일본군 '위안부'를 다룬 영화 중 대중적으로 가장 크게 성
공을 거둔 작품이다. 영화가 성공한 배경에는 2015년 한일 불
가역적 합의와 박유하의 《제국의 위안부》 소송 사태라는 사회
적 공론장의 형성이 있다. 군홧발에 짓밟히는 순수한 소녀, 악
마와도 같은 일본 군인, 그리고 무기력한 조선의 아버지와 오
빠라는 〈귀향〉의 서사 구조는 '일본의 잔인함에 희생당한 조
선 민족'이라는 키워드로 요약된다. 이는 식민 지배와 공모, 동
원과 징발 등의 다양한 방식을 소녀 대 일본군의 구도로 환
원한다. 소녀들이 조선에 돌아온 후 한국 사회에서 생존하려
면 어떻게 해야 하는가와 같은 질문은 보이지 않는다. 소녀상
의 작가들은 소녀상에 우리 국민이 해야 할 반성도 담았다고
주장했다. '고국'에 돌아온 일본군 '위안부'에 대한 낙인과 차
별을 소녀상 뒤에 있는 '할머니 그림자'를 통해서 보여주고자
했다는 것이다.[17] 그런데 2016년 발간된 작가들의 단행본에
는 이와 같은 내용이 없다. "이 그림자를 통해 가해자의 사죄
와 배상을 받지 못하고 지내온 시절, 할머니들의 원망과 한이
서린 시간을 표현하고 싶었습니다."라고 정리되어 있을 뿐[18],

17　　양아라 기자, "[인터뷰] 김운성 작가, "소녀상에 담은 것은 '평화'와 '인
　　　권'이다"", 《민중의소리》, 2019년 8월 18일.
18　　김서경·김운성, 《빈 의자에 새긴 약속: 평화의 소녀상 작가 노트》, 도서
　　　출판 말, 2016, 84쪽.

한국 사회 내에서의 차별이나 고통 등 내부적 균열에 대한 문제는 언급하지 않았다. 소녀상이 일본군 '위안부' 문제의 모든 측면을 설명할 필요가 없음에도 불구하고, 소녀상의 의미가 계속 추가되는 현상은 소녀상이 작가의 의도를 덧붙이는 방식을 통해 일본군 '위안부' 전체를 지칭하는 방식으로 의미를 확장하고 있음을 보여준다.

　　한편 소녀상 작가들의 인터뷰를 통해 소녀상이 어떤 이미지를 피하고자 했는가를 확인할 수 있다. 소녀상에는 "밉지 않은" "소박한 조선의 소녀"라는 이미지가 깔려있다. 이는 일본군 '위안부'의 문화적 기억을 지배하는 정서이기도 하다. '애도해야 할 소녀'라는 전형성은 시민들의 일상에 아무런 불편함을 일으키지 않고 안착한다. 이미 전 세계적인 여성 인권 운동가이자 '영웅'으로 거듭났음에도 불구하고 우리가 도와줘야 할 '소박한 조선의 소녀'로 상상되는 것이다.[19] 소녀상의 작가들은 "소녀상이 많은 사람들과 함께 소통할 수 있도록" 보통의 조각에 비해 크지 않게 만들었다고 말한다.[20]

19　　"하하. 그런가? 토속적으로 만들었는데. 소녀상 얼굴은 소박한 조선의 소녀여야 하고, 또 얼굴이 밉지 않아야 한다는 생각으로 만들었다." 원희복 기자, "평화의 소녀상 조각가 김서경·김운성 부부", 《경향신문》, 2016년 8월 20일자.

20　　"가장 중요하게 생각한 것은 사람들과 생각을 소통할 수 있도록 하는 것이었다. 그래서 작고 낮은 등신대상으로 만들었다(一番大切にしたこと。それは人々と意思疎通できるものにすることでした。だから、小さく低い等身大の像を

즉, 소녀상은 영웅의 면모를 드러내기 위해 올려다봐야 할 존재는 아닌 것이다.

소녀상이 적극적 기념과 기억의 대상이 될 수 있는 것은 친근해서 시민들의 적극적인 참여를 촉발하기 때문이다. 국가 주도의 동상 건립 운동은 실질적인 효과를 발휘하지 못했는데, 박정희 시대의 동상 건립 운동은 운동의 의의 및 담론 전달의 매개체와 구조가 체계적으로 구축·작동하지 않았으며, 동상의 인물들에게 부여된 핵심적인 메시지의 강조와 전달이 효과적이지 않았기 때문이다. 무관심과 비수용적 태도가 운동의 효과를 축소시키거나 무화시켰다는 것이다.[21] 반면 소녀상은 시민들의 관심과 수용적 태도를 극대화시켰다는 점에서 이례적인 사례라고 할 수 있다. 소녀상 조형물에서 죽은 일본군 '위안부'를 상징하는 빈 의자는 연대와 소통의 의미로 시민들에게 제공된다. 정의연의 공식 홈페이지에서는 소녀상 옆의 빈 의자를 "과거와 현재 그리고 미래의 연대"로 설명한다. 소녀상은 시민들의 수행을 바탕으로 의미를 생성할 수 있도록 고안되었다. 지나던 시민들은 그 의자에 앉

つくった。)." 岡本有佳, "《少女像》はどのようにつくられたのか? ～作家キム・ソギョン, キム・ウンソンの思い", Fight for Justice, 2016年 1月 10日.

21   정호기, 〈박정희시대의 '동상건립운동'과 애국주의: '애국선열조상건립위원회'의 활동을 중심으로〉, 《정신문화연구》 제30권 제1호, 한국학중앙연구원, 2007, 335~363쪽.

아 '소녀상 되기'를 체험할 수 있다.

평화로를 찾는 사람들이 소녀 옆의 빈 의자에 함께 앉아 일본대사관을 응시하면서 소녀로 투영되는 피해자들의 삶을 기억하고, 일본군성노예제 문제의 해결을 위해 28년째 이어오고 있는 피해자들의 외침에 함께하는 연대의 장으로, 그리고 언제 어디서든 수요시위를 계속 이어가는 공간이자, 잠시 쉬어가며 피해자들이 바라는 전쟁 없는 평화로운 세상을 꿈꾸고 생각하는 공간을 의미합니다.[22]

이러한 소녀상의 수행성(performativity)은 소녀상이 만들어낸 기억 방식을 효과적으로 활용한다. 개인이 일상생활에서 공동체의 과거와 대면하는 방식을 살펴볼 수 있도록 해주는 것이다. 그런 점에서 "친구처럼" 편안한 소녀상은 일상으로 자연스레 파고들 수 있다는 강점을 갖는다. "딸처럼, 언니처럼 여기며 소녀상을 쓰다듬어주었으면 하는 마음"[23]은 국가적 차원의 기념 방식이 개인적 차원으로 변화했음을 알려준다. 시민들의 참여를 통해 발생하는 소녀상의 수행성은 시민을 국민으로, 정의롭고 선한 사람으로 거듭나게 만드는 효과를 지향한다.

---

22   정의연 홈페이지의 '기억·기림' 항목 중 '평화비의 의미' 참조. https://womenandwar.net/remembrance (2024년 7월 22일 접속)

23   김서경·김운성, 앞의 책, 124쪽.

소녀상이 설치된 직후부터 시민들은 활발하게 참여했다. 시민들은 날씨에 맞춰 모자와 목도리, 양말 등을 준비해서 동상에 씌워줬다. 사시사철 꽃다발이 놓이고 계절에 따라 우산과 핫팩이 등장한다.[24] 마치 살아있는 소녀처럼, 시민들은 소녀상을 보호한다. 소녀상의 제작자는 한 초등학생이 '소녀상 앞'으로 편지를 보내고 이를 우체부가 배달한 사건을 언급하면서, 소녀상이 사회적 소통의 공간이 되고 있음을 지적한다.[25] 시민들은 소녀상을 일상적으로 접하면서 공동체에 대한 소속감과 효용감을 즉각적으로 확인할 수 있다. 소녀상을 '돌보는 행위'는 시민들이 소녀상을 더 가치 있게 만드는데 일조하고 있다는 믿음을 갖게 한다. 시민들의 일상에 소녀상이 자리 잡은 것이다. 사회심리학자 마이클 빌리그(Michael Billig)는 이처럼 일상적인 습관·재현·실천·신념 등을 통해 일반 시민들이 국민과 국가로 재생산된다고 지적하면서, 확

---

[24] 작가들이 크리스마스 직전이라 산타클로스 모자와 목도리를 씌워주려고 준비했는데, 그전에 이미 시민들이 자발적으로 모자와 목도리, 양말 등을 가져온 경우도 있다. 최선희 객원기자, "[나라사랑 人] '평화의 소녀상' 조각가 김운성·김서경 부부", 《topclass》 2023년 1월.

[25] "다만 작품을 만들면서 완성하고 나면 저희가 먼저 동참을 유도하려고는 했어요. 소녀상이 건립되고 난 열흘 후가 크리스마스여서 따뜻함을 전할 수 있는 무언가를 해보자 하고요. 그런데 저희가 시작도 하기 전에 시민들이 자발적으로 나서 주셨어요. 정말 기대도 하지 않았는데……. 그 모습을 보고 눈물이 날 정도로 감동받았습니다." 강미혜 기자, "'할머니로 태어날 뻔했던 '소녀상' 수십번 고치고 또 고쳤었다'", 《THE PR》, 2019년 8월 13일.

립된 국가를 국가로 재생산하는 이데올로기적 습관이 국민주의(nationalism)를 만들어낸다고 지적한다. 일상적 국민주의를 실천하는 사이, 공동체는 '상상의 공동체'를 넘어 부재 자체를 상상할 수 없는 것이 된다. 이러한 국민성의 지속적인 게양(flagging)[26]은 소녀상과 만나서 시너지 효과를 일으켰다.[27] 곳곳에 놓인 소녀상은 국민성을 드러내는 표상으로서 의미를 갖는다. 그러나 동시에 소녀상이 물신화되는 현상이 발생한다. 전쟁과여성인권박물관에서는 책상이나 식탁 위 어디에나 놓을 수 있는 '작은 소녀상'을 판매한다. 친근감 있고 모두가 쉽게 접근할 수 있는 이미지의 변형으로서 소녀상은 접근하기 쉽고 깊이 사고할 필요가 없는 '저화질 이미지'에 머무르고 만다.[28] 작은 소녀상을 자신의 개인적인 공간 어디에나 놓을 수 있는 것은 '위안부'로부터 섹슈얼리티나 분노, 고통 등 모든 불편한 요소를 삭제했기 때문이다.

26 　이때 게양은 집회나 시위 현장에서 열정적으로 깃발을 흔드는 행위가 아니라, 공공건물에 일상적으로 국기를 거는 습관을 의미한다. 마이클 빌리그, 《일상적 국민주의》, 유충현 옮김, 그린비, 2020, 23쪽.

27 　"혹시 알아요? 국경일에 태극기가 게양되듯, 소녀상이 문 앞에 놓여있게 될 날이 올지도 모를 일이지요." 소녀상의 작가 역시 소녀상이 태극기 게양과 마찬가지로 일상적인 요소가 되기를 바란다는 말을 한 바 있다. 강미혜 기자, 앞의 글, 2019.

28 　저화질 이미지는 질(quality)을 접근성으로 바꾸고, 깊은 사고를 소일거리로 변환시킨다. 현시원, 〈'위안부' 소녀상과 '국민 프로듀스'의 조우: 이상한 이상화〉, 《소녀들: K-pop 스크린 광장》, 도서출판 여이연, 2017, 180~205쪽.

상품이 된 기억과 '선량한 시민들'의 소비

　　시민들이 적극적으로 나서서 상품을 소비하고 이를 SNS나 온라인 커뮤니티를 통해 인증하는 방식은 2010년대 일본군 '위안부' 운동의 독특한 특징이다. 영화 〈귀향〉은 7만 5,000여 명의 크라우드펀딩을 통해 완성되었다. 크라우드펀딩에 참여한 시민들의 이름은 〈귀향〉의 엔딩크레디트에 빼곡하게 기록되어 있다. 이들은 일본군의 만행을 고발하고 역사를 잊지 않기 위해서 이 영화가 제작되어야 한다는 입장을 취했으며, 이는 극장에 발길을 옮긴 관객 역시 마찬가지였다. 즉, 〈귀향〉을 보는 행위 자체를 일본군 '위안부' 문제에 대한 지지와 응원으로 여긴 것이다.[29] 일본군 '위안부' 관련 재현물은 한국인이라면 마땅히 지지해야 하는 텍스트로 거듭났다. 이를 추동하는 것은 시민들이 공유한 도덕성이다. 그런데 이 도덕성은 주로 국가와 민족의 경계 안에서 작동한다. 즉, 소녀상과 일본군 '위안부' '할머니'들에 대한 공감과 분노,

---

29　영화평론가 윤성은은 이러한 현상에 대해서 비평의 나태함을 지적했다. 〈귀향〉의 미학적 투박함이나 낮은 완성도에도 불구하고 비평가들의 언급은 아주 드물거나 그나마도 칭찬에 머무르며 대중적으로는 약 1만 건의 블로그 기사 중 약 6,100건이 '꼭 봐야 할'이라는 문구를 포함하고 있다는 것이다. 윤성은, 〈〈귀향〉의 현상과 담론: 소재주의, 민족주의, 마케팅에 연루된 비평〉, 《영화평론》 제29호, 한국영화평론가협회, 2017, 1~8쪽.

지지가 '선량한 시민'이자 '국민'으로서 정체화하는 데 필요한 요소인 것이다. 이러한 경향은 일본군 '위안부' 관련 상품의 소비와 유통에서도 유사하게 나타난다. 국내의 대표적인 크라우드펀딩 사이트 텀블벅에서는 자주 일본군 '위안부'와 관련된 뱃지나 수첩 등이 판매된다. 메시지에 동의하는 사람들이 '기부' 혹은 '참여'하는 형식이기는 하지만, 일본군 '위안부'를 형상화한 상품을 리워드로 제공한다는 점에서 상품화 또는 물화 현상이라고 볼 수 있다.

　　"일본군 '위안부' 피해 할머니를 재조명하고, 아름답게 기억하기 위한 콘텐츠"를 표방한 라이프스타일 브랜드 '마리몬드'는 '일본군 '위안부' 할머니'를 꽃으로 브랜딩한 '꽃할머니 프로젝트'를 통해 휴대전화 케이스부터 옷, 여행용 캐리어에 이르기까지 다양한 상품을 판매했다. 마리몬드는 일상적으로 사용하는 소품에 일본군 '위안부' 상징을 포함시켜 운동을 일상화하는 데 성공했다. 들국화(강덕경), 무궁화(김학순), 패랭이꽃(송신도), 목련(김복동) 등 일본군 '위안부' 피해자 한 명 한 명을 꽃으로 호명하고 관련 이미지로 상품을 제작해 2030 여성층을 중심으로 인기를 끌었다. 마리몬드는 자신들의 상품을 구매하는 것이 인권을 위한 행동이라는 점을 강조했다. 마리몬드의 쇼핑몰 관리자는 "인권을 위해 함께 행동해주셔서 고맙습니다", "인권 운동가로서 일본군 '위안부' 생존자의 삶이 존경받고, 나아가 모든 인권이 존중받는 세상, 바로 당신으로부터 시작됩니다. 우리가 함께 바꿔나갈 세상을 기대하며, I marymond you", "당신으로부터 인권 운동가로서 할머니의 삶이 존경받고, 나아가 모든 인권이 존중받는 세상이 만들어질 거예요. 이 멋진 일에 함께하게 된 당신을 환영하며, I marymond you" 등의 댓글을 달았다. 마리몬드의 제품을 소비하는 것은 단순히 필요한 상품을 구매하는 것이 아니라, 상품이 표상하는 의미를 구매한다는 뜻으로 통용되었다. 이는 "돈을 벌기 위해 마리몬드가 존재하는 게 아니라 할머니의 이야기를 전달해야 하기 때문에 비즈니스 모델을 찾은 것"이라는 마리몬드 대표의 설명과도 공명한다.[30] 인기 아이돌이 '마리몬드' 휴대전화 케이스를 착용한 사진은 인터넷에서 화제가 되며 '개념 연예인'으로 등극하기도 했다. 영업이익의 50퍼센트 이상을 기부한다는 마리몬드는 2012년부터 2019년까지 위안부 관련 단체에 대한 누적 기부금이 23억 원을 넘어섰다.[31]

　　사회적 기업의 성공 사례로 불렸던 마리몬드는 2020년 정의연에 보낸 기부금이 국세청 공시 자료에 누락되는 사태로 논란이 되었으며, 이후 2021년 11월 30일자로 운영을 중

30　　최유리 기자, "'위안부' 할머니의 삶, '꽃'으로 만들다", 《뉴스앤조이》, 2016년 11월 19일자.
31　　이승엽 기자, "[단독] '소녀상 배지' 마리몬드 기부 6억 받은 정대협, 공시 1억만 했다", 《한국일보》, 2020년 5월 19일자.

단했다. 마리몬드는 입장문에서 "생존자들께서 계속 별세하시고 일본군 '위안부' 문제 해결 운동의 동력은 떨어지는 가운데 어떻게든 이 문제가 역사 속으로 사라지지 않기 위해 노력해봤으나 많은 분들의 기대와 신뢰에 미치지 못했습니다. 아직도 문제 해결을 염원하시는 13분의 생존자들과 하늘에 계신 분들께도 죄송한 마음뿐입니다."라며 '새로운 시작을 위한 쉼표'를 표방했다. 마리몬드와 마찬가지로 이솔화장품은 화장품 구매 고객의 대부분이 여성이기 때문에 여성 인권을 위해 수익금을 환원하겠다는 입장을 밝힌 바 있다.[32] 이솔은 일본군 '위안부' 운동 단체에 기부를 한다거나 교육 특강을 진행하는 등 '착한 기업'으로 불리며 여성 소비자들의 적극적인 지지를 받았다. 마리몬드나 이솔화장품을 비롯해 '일본군 '위안부' 피해 생존자들을 위해 애쓰는 기업'은 목록으로 정리되어 SNS를 타고 유통됐다.[33] 하지만 이솔화장품 역시 현재는 '위안부' 관련 활동을 멈춘 상태다.

　　윤리적 소비를 바탕으로 한 일본군 '위안부' 기념 상품화 과정에서 일본군 '위안부'의 이미지는 꽃이나 소녀 등

32　　남승현 기자, "위안부 할머니 돕는 황성진 이솔 화장품 대표 "사회문제 참여하는 건 브랜드 성장에도 도움되죠"", 《전북일보》, 2018년 4월 25일자.

33　　이다운 기자, "절대 사과없는 일본정부에 맞선 위안부 할머니 버팀목 돼준 착한 기업 4곳", 《인사이트》, 2019년 2월 13일.

으로 전형화된다. 일본군 '위안부' 피해 생존자들의 그림을 일러스트로 바꿔서 노트나 엽서 등을 만든 '누미아띠'는 "많은 사람들이 쉽게 일본군 '위안부' 할머니들을 접할 수 있도록" 하는 것을 제품의 목표로 삼아 텀블벅 펀딩을 진행하고 상품을 판매했다.[34] 그런데 이런 식의 상품화는 우리가 알고 있는 전형적인 일본군 '위안부' 형상을 강화하는 방식으로 진행된다. 김화선의 〈결혼〉은 자신이 결혼을 한다면 어떤 모습일지를 상상한 작품이다. 원본 그림에서는 흰색 웨딩드레스를 입은 김화선과 붉은색 정장을 입은 사람 두 명이 손을 잡고 서 있다. 이때 붉은색 정장을 입은 사람은 젠더와 인종 모두 불분명하다. 얼굴이 웨딩드레스를 입은 사람보다 검고, 빨간색 정장을 입고 있다는 점을 제외하고는 크게 다르지 않기 때문이다. 두 사람 다 짧은 머리에 두꺼운 입술을 하고 있으며, 의상만으로 성별을 구분하는 것도 쉽지 않다.

　　　이러한 퀴어함 때문일까? 누미아띠가 만든 노트의 일러스트에는 흰옷을 입은 소녀가 등장한다. 원작의 짧은 머리와 붉은 입술, 화려한 귀걸이 대신 단정한 흰 원피스를 입고 긴 머리를 땋은 채다. 즉, 성별이나 나이 등을 확인할 수 없는

34　'위안부' 할머니의 그림이 담긴 〈MEMORY 디자인문구〉, 텀블벅 누미아띠 페이지, https://tumblbug.com/numiatti814 (2024년 7월 22일 접속) 누미아띠 역시 코로나 사태로 인해 2020년 7월 30일자로 운영을 중단한다고 밝힌 뒤 폐업했다.

퀴어한 이미지에서 소녀로 탈바꿈한 것이다. 원작을 언급하지 않았다면 김화선의 작품이라고 연상할 수 없는 이미지다. 박옥선의 〈꽃피는 봄날〉을 스티커로 만든 작품 역시 원작이 커다란 꽃나무를 중심에 놓은 반면, 상품은 중앙에 꽃을 바라보는 소녀의 옆모습을 배치한다. 원작에는 사람이 전혀 등장하지 않기 때문에 일본군 '위안부'를 직접적으로 떠올리게 하려고 삽입한 것이다. 또한 김복동의 〈옛날〉의 경우, 제대로 채색되어 있지 않던 등장인물의 옷이 흰 저고리에 검은 치마로 바뀐다. 이 역시 단순한 고향 풍경처럼 보이는 그림을 일본군 '위안부'와 직접적으로 연결시키려고 바꾼 것이다. 이처럼 상품화 과정을 거친 일본군 '위안부' 표상은 다수의 소비자가 생각하는 일본군 '위안부'의 이미지를 강조하려고 소녀상 이미지를 중심으로 구성되며, 그에 맞지 않는 부분은 삭제·변형된다.

　　일본군 '위안부' 운동과 관련된 캠페인은 팔찌나 핀버튼부터 에코백까지 다양한 상품을 제공하며, 여기서 일본군 '위안부'는 흰 저고리에 검은 치마를 입은 댕기 머리 혹은 단발머리 소녀로 재현된다. 대중이 받아들이기 편한 혹은 대중이 상상하는 방식으로 물화되는 것이다. 이로 인해 생겨난 해프닝이 2017년의 소녀상 기림 주화 제조다. 소녀상 작가의 주도로 이뤄진 기념주화 제조 시도는 한국 정부와 일본 정부 사이의 외교 부담을 우려해 제3국 명의로 발행할 것을 표방했고, 국민

공모 형식으로 접수받았다. 공식 명칭은 '작은 소녀 기념주화(The Little Girl Commemorative Coin)'로, 주화 가격은 8만 7,000원에 공모되었다.[35] 수익금은 기부된다는 이 사업에서 구체적인 기부 단체는 확정되지 않았고, 정대협은 "우리가 벌이는 사업이 아니다."라고 당시 인터뷰에서 밝힌 바 있다.[36] 이러한 해프닝은 무엇을 기억할지를 치열하게 논의하지 않은 채 '기억한다'는 행위만을 강조한 탓에 발생한다.

윤리적 소비는 일본군 '위안부' 문제에 대한 고민과 성찰 혹은 일본군 '위안부' 운동이 늘 말하는 '기억하기'로 이어질 수 있을까? 윤리적 소비를 통해 가장 긍정적인 효과를 얻은 곳은 대구의 희움 일본군 '위안부' 역사관이다. 희움은 'blooming their hopes with you'라는 표어를 중심으로 자체 제작한 팔찌, 에코백 등의 제품을 판매해 재정을 확보하고 기념관 사업과 일본군 '위안부' 지원 활동을 이어가고 있다. 희움의 제품에는 일본군 '위안부' 피해자 심달연, 김순악 두 분의 압화 그림이 들어간다. 미술 치료의 일환으로 시작된 압화 작업을 상품화로 연결시킨 것이다. 또한 김순악을 주인공

---

35   현재 해당 홈페이지(www.girl.or.kr)가 삭제되어서 구체적인 내용은 당시 발행된 신문기사를 통해서만 확인할 수 있다. 황금비 기자, "위안부 상징 '평화의 소녀상' 기립 주화, 국민 공모로 시작", 《한겨레》, 2017년 7월 20일자.

36   김준영 기자, "피해자 추모 주화·팔찌…'소녀상 마케팅' 상업화 논란", 《중앙일보》, 2017년 8월 21일자.

으로 한 박문칠 감독의 다큐멘터리 〈보드랍게〉(2020)를 제작하기도 했다. 희움의 쇼핑몰 게시판에는 의미 있는 소비를 할 수 있게 해줘서 감사하다는 후기가 올라오고, 쇼핑몰 관리자는 후기마다 일상에서 일본군 '위안부' 문제 해결에 함께해 주셔서 감사드린다는 댓글을 단다. 행동하지 못해 부끄럽지만 집에서 물건을 사는 것만으로 '위안부' 할머니들께 도움이 될 수 있어 기쁘다는 게시물에서 확인할 수 있듯, 일본군 '위안부'를 돕고자 하는 선한 마음을 가지고 있지만 수요집회에 직접 참여하거나 행동하기는 어려운 시민들은 일본군 '위안부' 관련 상품을 구매함으로써 운동에 참여하고 있다는 효용감을 느낀다.

이와 같은 과정은 일본군 '위안부' 상품이 가진 한계를 잘 보여준다. 소비와 인정의 구조를 통해 형성된 일본군 '위안부'에 대한 이해는 군 '위안부'의 전형성과 피해자성은 강조할 수 있지만, 다른 결의 이야기를 살펴보는 데는 한계가 있기 때문이다. 시민들은 꽃이나 소녀를 표상한 일본군 '위안부' 재현물을 소비함으로써 자신의 윤리적 행위를 가시적으로 확인할 수 있으며, 만족감을 느낀다. 하지만 동시에 일본군 '위안부'를 둘러싼 기억과 담론을 물화시키는 효과 역시 생산한다.

일본군 '위안부' 문제에 관심을 가진 선량한 소비자들은 소녀상을 만들고 일본군 '위안부' 관련 상품을 구매함으로써 운동에 참여하고 목소리를 낸다는 자기 효용감을 느낀다. 하지만 이 과정에서 '조선의 소녀'가 아닌 일본군 '위안부', 중년의 일본군 '위안부'에 대해서는 묻지 않는다. '한국인이라면' 모두가 일본군 '위안부' 제도나 피해자에 대해 잘 알고 있다고 생각하지만, 그 구체적인 형상에 대해서는 관심을 두지 않는 것이다. '무엇을' 기억할지 목적어가 소거되어도 충분히 의미가 통용될 수 있다는 것은, 무엇을 기억할 것인가를 묻지 않음으로써 단일한 '우리'라는 판타지가 생산되고 있음을 의미한다.

일본군 '위안부' 운동 단체에 후원금을 보내거나 후원 물품을 구매하는 데에는 '돕는다'는 술어가 사용된다. 사회적 약자인 일본군 '위안부' 피해 생존자들에게 금전적·정서적 지원을 한다는 의미다. 이처럼 '선한 의도'는 소녀상을 방문하거나 일본군 '위안부' 관련 굿즈를 구매하는 시민들에게서도 발견된다. 자신의 작은 일상적 행동이 '우리 할머니'들을 도울 수 있다는 것이 '나'의 시민됨과 주체성을 확인하는 데 따른 효용감을 주는 것이다. 그렇기 때문에 일본군 '위안부' 단체가 생활 지원 외에 다른 사업을 하고 있다든가 1993년 일본군 '위안부' 특별법이 제정되어 정부 차원의 생활 지원이 제공되고 있다는 것보다, '우리 할머니'들이 '잘 살았으면 좋겠다'는 마음이 우선한다. 오랫동안 한국 사회에서 일본군 '위안부' 운동 담론이 '불쌍한 우리 할머니들'에 대한 사회부조와 생활 지원, 가해자 일본에 대한 고발과 분노라는 두 축을 중심으로 작동하고 있었음이 여기서 분명해진다.

이는 전형적인 서사나 이미지 외의 '다른 이미지'가 여전히 제대로 자리 잡지 못했음을 보여준다. 근대문학 연구자 나이토 지즈코(內藤千珠子)는 '애국' 담론이 보지 않으려 하는 타자의 문제를 '애국적 무관심'이라고 지칭한다. 일본 내 자이니치, 한국, 북한, 중국 등 임의의 기호에 대한 공격의 근저에는 사실상 타자에 대한 무관심, 특히 자신이 놓인 사회적·역사적·정치적 구조에 대한 무관심이 있다는 것이다.[37] 이러한 애국적 무관심은 민족국가를 상상하는 과정에서 의도적으로 비가시화하는 주체들을 상기시킨다. 공동체 내부의 소속감과 효용감을 위해서 일본군 '위안부'는 무고한 희생자로 남아 피해를 입은 민족을 대표 표상한다. 김화선의 그림에서 삭제된 빨간 정장을 입은 사람처럼, '다른 이미지'는 국민이 생각하기에 자연스러운 형상으로 바뀌기 위해서 변형되거나 삭제된다. 한국군 '위안부'나 베트남전 당시 민간인에게 저지른 성폭력은 일본군 '위안부'와 같은 맥락에서 논의되지 않는다. 가난한 국가의 가부장제가 딸들을 기생 학교로, 술집으로 내보낼 수밖에 없었던 현실 역시 누락된다.

---

37   內藤千珠子,《愛国的無関心: 〈見えない他者〉と物語の暴力》, 新曜社, 2015.

페미니즘 없는 일본군 '위안부' 운동과
불협화음의 존재론

1945년 일본이 패전을 선언하고 식민지는 해방되었지만, '위안부' 여성들이 한국의 공론장에 자신들의 모습을 드러낸 것은 1991년 김학순의 증언을 통해서다. 해방기에 태평양전쟁에서 돌아온 학병들이 일본군의 만행을 증언하며 '민족의 아들'로 귀환하고 '학병 서사'라 불리는 문학적 전환점을 이뤘던 데 반해, 일본군 '위안부' 여성들의 귀환은 문학사에서 자신의 자리를 만들지 못했다. 몇 편의 소설에서 단편적으로 '정신대'와 귀환하는 여성들의 이야기가 등장했지만, 일본군 '위안부' 문제를 직접적으로 거론하지는 않았다. 정대협의 초대 대표 윤정옥은 일제 말 소문을 통해 '처녀 공출'에 대해 알고 있었고, 이를 피하려고 한 학생이었다. 그녀는 한국전쟁 후 사회가 안정되면 사람들이 "끌려간 여성의 문제"를 연구할 줄 알았지만, 자신이 미국 유학을 마치고 돌아왔을 때까지도 "사라진 여자들"에 대해서 아무도 말하지 않기에 직접 그들을 찾아 나섰다고 했다.[38] 윤정옥의 증언에서

---

38   윤정옥·김수진, 〈애들, 어떻게 됐나? 내 나이 스물, 딱 고 나이라고: 정신대문제대책협의회 전(前) 공동대표 윤정옥〉,《여성과 사회》제13호, 2001, 104~137쪽. 영화 〈아리랑의 노래: 오키나와에서의 증언〉(1991), 〈침묵〉(2016/2017) 등 일본군 '위안부'를 다룬 다큐멘터리를 제작한 박

처럼 한국 사회는 끌려간 여성들의 문제를 기묘하게도 공론화하지 않았다.

하지만 일본군 '위안부' 제도는 군사화된 한국 사회에 정착했다. 해방 이후 미군과 UN군 기지를 중심으로 기지촌이 생겼고, '위안부'는 미군 기지 근처에서 군인을 상대하는 여성을 지칭하는 표현으로 사용됐다. 1948년 미군정은 공창제를 폐지했고 1961년에는 윤락행위방지법이 생겼지만, 미군 '위안부'는 '특수위안'이라는 이름으로 존속했다. '위안부' 표상은 '자발적' 성매매 여성으로 간주되는 미군 '위안부'로 옮겨갔으며, '정신대'의 존재는 간헐적으로만 드러났다. 한국군 역시 한국전쟁 때 위안소를 운영한 것으로 알려져 있다.[39] 탈식민 남한은 미국의 동아시아 체제 아래에서 여성의 몸을 거래했다. 미국과 형제가 되려고 남한 여성의 섹슈얼리티를 판매했고 이들을 '타락한 여성'이라고 낙인찍었다. 이런 사회적 분위기 속에서 일본군 '위안부'는 말하지 못했다. 이후 일본군 '위안부' 운동을 시작한 사람들은 기생 관광 반대 운동이나 성매매 반대 등을 외쳐온 여성운동 진영이었

수남 감독도 윤정옥과 마찬가지로 "나에게도 있을 수 있는 일"이라는 생각에 '위안부' 문제를 추적해왔다고 말한다.

39   김귀옥, 〈한국전쟁과 한국군 위안부 문제를 돌아본다〉, 《구술사연구》 제2권 제1호, 한국구술사학회, 2011, 117~140쪽; 박정미, 〈한국전쟁기 성매매정책에 관한 연구: '위안소'와 '위안부'를 중심으로〉, 《한국여성학》 제27권 제2호, 한국여성학회, 2011, 35~72쪽 등 참조.

다. 그들은 가부장제 자본주의와 제국주의의 결합이 일본군 '위안부' 제도를 만들어냈으며, 근본적으로 성차별과 성폭력의 문제라는 점을 강조했다.

소녀상이 어리고 순결한 피해자상을 재생산한다는 비판에 대해서 작가들은 '의도적 오염이자 오역'이라고 맞선다. 김운성은 "작가의 의도는 전혀 고려하지 않고" "그 근간을 보면 내용들 자체에서 '일본의 논리를 아주 충실하게 따라주는 사람들'"이라고 항변한다.[40] 김서경 역시 "그러면 소녀상을 매춘부 이미지로 만들라는 것인가."라며 "피해자 마음에서 소녀상을 바라보는 마음이 전혀 없는 것 같다."고 응수한다.[41] 이러한 논리는 소녀상의 재현 방식을 비판하는 사람들을 "일본군 '위안부'는 자발적인 계약에 의해 동원된 성 판매 여성"이라는 일본 우익의 주장을 그대로 인정하는 사람으로 단순화한다. '소녀상 대 일본'이라는 양자택일의 대립 구도를 만들어서 '위안부' 피해 생존자들마저 '순결한 희생자 대 성 판매 여성'으로 이분화하는 것이다. 이러한 구도는 다양한 입장과 위치에 있던 일본군 '위안부'의 존재를 전형화하며, 무고하고 순결한 희생자 외의 피해자를 인정하지

40   헤르메스 아이, "[딴지이너뷰] 평화의 소녀상 조각가를 만나다: 소녀상을 세우기까지", 《딴지일보》, 2018년 4월 16일. http://www.ddanzi.com/ddanziNews/508853010 (2024년 7월 22일 접속)

41   원희복 기자, 앞의 글, 2016.

않는 사고로 이어진다. 소녀상이 '순결한 희생자' 이미지를 만드는 것이 아니라는 본인들의 항변을 스스로 부정하는 셈이다.

이러한 이분법적 태도는 그동안 일본군 '위안부' 운동을 지탱해온 페미니즘의 역사를 소거한다. 소녀상의 작가들은 일본군 '위안부' 운동을 일본 제국주의로 인해 발생한 식민지 문제로 해석한다. 박정희 정부가 한일협정에서 일본군 '위안부' 문제를 무시했고, 촛불혁명이 일본군 '위안부' 운동에 대한 시민사회적 관심을 불러일으켰다는 해석 역시 이러한 입장과 연결된다. 제국주의 국가 일본, 그리고 일본과 협상한 박정희-박근혜 정권을 비판하는 목소리는 식민지 조선의 성차별주의와 가부장제 문제를 소거하고, 일본군 '위안부' 문제를 민족운동으로만 환원한다.[42] 일본군 '위안부' 운동을 소녀상으로 대표 재현하거나 '소녀상 대 일본'으로 담론을 축소시키는 것은 일본군 '위안부' 문제를 전 세계적인 여성 인권의 문제가 아니라 한국과 일본 사이의 식민 지배 문제로만 역사화하려는 경향으로 이어진다. 일본군 '위안부' 운동이 전시 성폭력에 대한 문제 제기이자 여성운동에서 발원했다는 점을 제대로 고찰하지 않는 것이다.

지난 2020년 11월 30일 정대협·정의연 30주년 기념

---

42   남종영 기자, 앞의 글, 2016.

심포지엄은 코로나19로 인해 유튜브를 통해 생중계되었다. 유튜브 댓글창에는 정의연과 일본군 '위안부' 운동을 지지하는 여러 시민이 참여했다. 해외의 소녀상 건립 운동에 참여하는 것으로 보이는 사람도 다수였다. 문제는 토론 시간에 발생했다. 한국여성의전화 대표가 일본군 '위안부' 운동에 페미니즘적 문제의식이 필요하다는 발언을 이어가자, 댓글창에는 불쾌함을 표시하는 사람들이 등장했다. "정의연은 믿음이 가지만 여성의전화는 별로"라거나 "여성운동으로 포장해서 정치질하지 마라"는 등 댓글창에 적극적으로 글을 쓴 사람들은 여성운동과 '위안부' 운동 사이에 선을 그었다.[43] 한국 사회의 가부장제와 성폭력 문제에 대한 비판은 일본군 '위안부' 문제와 관계가 없는 이슈라는 것이다. 이는 지난 30년간 일본군 '위안부' 운동이 가부장제와 성폭력의 문제조차 제대로 설득하지 못했음을 드러낸 소극이다.

앞서 이야기했듯이 캐럴 글럭은 '순결한 피해자'라는 소녀상의 의미가 트랜스내셔널한 공간에 가면 다르게 해석된다는 점을 지적한다. '순결'에 대한 개념이 한국과 다른 독일이나 미국 사회에서는 방문객이 소녀상을 '순결한 피해자'와 연결시키지 않는다는 것이다. 그는 소녀상은 세계 각지에서 보편적인 성폭력의 문제를 재현하는 표상으로 자리매김

---

43   이러한 댓글은 토론이 끝난 뒤 관리자에 의해 삭제되었다.

하고 있다고 지적한다.[44] 이처럼 소녀상을 둘러싼 해석의 다양성은 한국 사회에 제대로 도착하지 못하고 있다. 소녀상이 트랜스내셔널한 맥락에서 전시 성폭력의 보편적인 상징으로 거듭나는 동안, 한국 사회가 소녀상 만들기로 대표되는 '우리의 딸, 우리의 할머니'라는 표어에서 벗어나 들을 준비가 되어 있느냐는 질문에는 선뜻 답하지 못한다. 한국 사회의 일본군 '위안부' 재현에서 강조되는 소녀와 '우리 할머니'라는 구도는 역으로 일본군 '위안부' 담론이 무엇을 이야기하지 않는가를 보여준다. 일본, 중국, 조선, 미국, 남한, 북한이 뒤섞인 지정학적 상황이라든가 한국에 돌아오지 못하고 중국이나 일본 등지에 남아야 했던 일본군 '위안부'들, 할머니나 소녀가 아닌 일본군 '위안부'의 삶은 재현되지 않는다.

여기서 주목해야 할 인물이 바로 송신도다. 1990년대 일본에서 국가를 상대로 재판을 한 일본군 '위안부' 송신도는 원치 않는 결혼을 피해 도망치다 '위안부'가 되었다. 부모가 정해준 사람과 결혼한 첫날밤 도망쳐 집으로 돌아왔지만, 가족은 그를 받아주지 않았다. 먹고살 길이 막연해진 열여섯

---

44   "동상이 여러 곳에 설치되는 경우 환원되거나 의미를 띠는 방식은 다를 수 있어요. 베를린 미테의 경우 소녀상은 한국의 순진한 소녀라기보다는 전 세계 어디에서나 일어날 수 있는 여성 성 노예, 전시 강간, 성폭력의 상징으로 인식돼요." 이에 대해 김은실 역시 같은 문제의식을 공유한다. 캐롤 글럭·김은실, 앞의 글, 2022.

살 소녀는 속아서 간 중국에서 7년 동안 '위안부' 생활을 했고, 폭력과 임신, 출산으로 망가진 몸에 '가네코'라는 문신이 새겨진 채 일본으로 귀환한다. 송신도의 몸에는 여러 흉터가 있다. 위안소 시절 언어맞아 생긴 흉터도 있지만 목에 있는 작은 흉터는 그의 부모가 새긴 것이다. 아들로 태어나지 않은 딸의 목에 상처를 내 죽이려고 시도했던 조선의 가부장제 역시 여성을 폭력적으로 동원해 성 노예로 삼는 데 일조한 동시에 이를 문제시하는 것을 두려워했다. 돌아갈 곳이 없었던 송신도는 해방 후 일본인 군인과 만나 부부가 되어 일본에 도착했다. 그러나 그는 본토에 도착하자 미군 기지 근처에서 "몸이나 팔라"며 송신도를 버렸다. 자살을 시도했던 송신도는 죽지 못하고 날품팔이로 살아가다 주변의 소개로 만난 한국인 남자와 함께 살았다. 성관계도, 자식도 없었지만, 유일한 가족이었다. 일본도 한국도 자신을 도와주지 않는다는 것을 경험한 그는 "사람의 마음은 한 치도 알 수 없기 때문에 나는 사람을 믿지 않"는다고 했다. 자이니치 '위안부' 송신도의 삶은 안해룡 감독의 영화 〈나의 마음은 지지 않았다〉(2007)에 잘 기록되어 있다.

영화는 "바늘 한 끝 들어갈 틈이 없는" 송신도가 '재일 '위안부' 재판을 지원하는 모임'의 사람들과 연대하는 과정을 그린다. 저마다 민족·국적·언어·나이·성별이 다른 사람들은 서로 싸우며 같이 울면서 10년을 보냈다. 영화가 보여주는 송신도는 여러모로 관객의 예상을 깨는 인물이다. 그는 억척스럽고 무뚝뚝하며 불친절하다. 자신을 도와주는 지원단체 사람들에게도 매섭게 굴었다고 한다. 도움을 필요로 하는 '선린'은 그 어디에도 없었다. 그러던 것이 10년간 패소와 항소를 거듭하면서 서로를 믿고 이해할 수 있게 되었다. 연대는 그 싸움의 과정에 있었다. 2011년 동일본 대지진 당시 송신도가 살던 미야기에 쓰나미가 덮치자 그를 적극적으로 찾아나서고 쉼터를 제공한 것도 지원 단체 사람들이었다. 그런 점에서 송신도와 그들은 연대의 가능성을 가장 잘 보여주는 모델이기도 하다.

하지만 영화에서 가장 인상적인 장면은 이들의 연대가 그리 아름답지만은 않다는 것을 폭로하는 순간에 있다. 영화는 정대협 대표였던 윤정옥과 송신도가 한국에서 만나 나누는 짧은 대화를 포착한다. 1950년대에 미국 유학을 다녀온 이대 영문과 교수 윤정옥(1925년생)과 미야기현의 생활 보조금으로 살아가는 송신도(1922년생)는 식민지 조선에서 태어난 비슷한 또래의 여성이라는 것을 제외하고는 계급이나 말투, 몸짓 등 모든 부분에서 다르다. "하느님을 믿느냐"는 윤정옥의 우아하고 교양 있는 말씨에 송신도는 버럭 화를 내며 사람도 믿지 않는다고 호통으로 응수한다. 이 짧은 순간은 연대가 서로 이해하는 데서 출발하는 것만은 아니라는 점을 보여준다.

아웃사이더들의 연대를 생각한다

역사수정주의자들이 일본군 '위안부'를 부정하고 나서면서 '위안부'를 둘러싸고 터져 나오기 시작한 여러 목소리는 다시금 민족주의 담론을 중심으로 공회전한다. 소녀상이 전 세계 곳곳에 세워지고 일본의 압박에 '굴복한' 지자체가 철거를 요청하면 한인 단체를 비롯해 일본군 '위안부'에 연대하는 시민 단체의 항의가 이어진다. 인권 운동가인 '위안부' 피해 생존자가 의자에 앉아있는 수동적인 피해자로 전형화되지 않으려면 소녀상 표상을 재검토해야 한다는 페미니스트들의 목소리는 소녀상을 둘러싼 외교적 갈등으로 인해 공론장에서 제대로 논의되지 못했다. 그러나 소녀상은 설치되는 지역에 따라 아시아 이민자, 제노사이드의 폭력을 경험한 사람 등과 만나 새로운 맥락에 놓인다. 해외의 소녀상은 한국과 일본 두 정부 사이의 외교 갈등에서 중심에 놓인다. 이러한 소식은 한국 사회가 국민적 장소를 상상하는 방식으로 게양된다. 해외의 소녀상 설치나 '위안부' 기림 캠페인을 분석한 윤지환은 '위안부' 운동에 참여하는 한국계 미국인 활동가들이 민족적 소속감과 정치 참여를 위한 자기 효능감 제고라는 측면에서 '위안부'의 트라우마 기억이 수용되었다고 분석한다.[45] 독일의 소녀상 건립 역시 한국계 이주 여성들이 주도적으로 참여했다. 베를린의 재독한국여성모임은 정의연과 협력하고 독일 내 여러 여성 인권 단체와 연대한다. 초기 독일의 소녀상은 개인의 사유 공원이나 한인 교회 등 민족 내부의 통합에 초점이 맞춰졌다.[46]

하지만 그 안을 들여다보면 각각의 소녀상에는 저마다 다른 지정학적 정황이 펼쳐진다. 해외에서 최초로 설치된 글렌데일의 소녀상은 제노사이드를 경험한 아르메니아계 미국인들의 힘으로 만들어질 수 있었다. 이 과정에서 일본군 '위안부'는 트랜스내셔널한 기억으로 자리매김한다.[47] 김학순이 한국-중국-필리핀 여성이 손을 맞잡고 있는 광경을 지켜보고 있는 방식으로 조형된 샌프란시스코의 '여성 강인함의 기둥'은 '난징 대학살 보상요구연맹'이 난징 대학살 60주년을 기억하려고 추도비를 세우는 과정에서 그 의미가 확장된 결과물이다. 샌프란시스코에는 홀로코스트 기념관을 비롯한 각종 기념비가 건립되어 있기 때문에, 모두가 기억하고 추모할 수 있도록 추도비가 보편적인 상징으로 거듭나야 했고, 이에 전시 성폭력 문제가 부상했다는 것이다. 여기에

---

45   윤지환, 〈기억의 초국적 이동과 이민자 집단의 정치: 미국 위안부 소녀상을 사례로〉, 《한국경제지리학회지》 제21권 제4호, 한국경제지리학회, 2018, 393~408쪽.

46   정용숙, 〈'기억의 연대'는 가능한가? 베를린 '소녀상' 소고〉, 《여성과 평화》 제7호, 한국여성평화연구원, 2022, 127~150쪽.

47   임지현, 〈아르메니아 제노사이드와 일본군 '위안부'〉, 《기억 전쟁: 가해자는 어떻게 희생자가 되었는가》, 휴머니스트, 2019, 159~169쪽.

는 일본군 '위안부' 피해자가 중국·한국·필리핀·인도네시아 등 아시아 국가와 호주나 뉴질랜드 같은 태평양 국가에 이르기까지 광범위하게 존재한다는 점이 주효했다.[48] 일어서서 주먹을 쥐고 맞서는 형상으로 잘 알려진 대만의 소녀상은 타이난의 국민당 부지에 설치되었다. 대만 역시 일본의 식민지로서 '위안부' 동원이 일어났기 때문에 한국과 대만의 차이는 거의 없는 것처럼 소개된다. 하지만 소녀상을 설치한 국민당이 대만 내에서 국가 폭력과 선주민 탄압, 민간인 학살의 오명을 갖고 있다는 점은 소거된다. 독재정권이었던 국민당이 민진당에 맞서려고 식민지 시기 대일 투쟁을 내세웠고, 이를 강조하려고 소녀상을 세웠다는 사실은 비가시화되는 것이다. 즉, 소녀상이 생긴 이유와 소녀상 형상의 차이 등 트랜스내셔널한 맥락은 한국의 공론장에 전달되지 않는다.

베를린의 소녀상 철거를 막아내려고 나선 시민 모임 '액션그룹 위안부'에는 한국과 일본, 독일, 베트남 등 다양한 지역의 사람들이 속해 있다.

지금 제가 이 운동에 참여하는 이유는 '평화의 소녀상' 그 자체를 위한 것이라기보다 베를린을 위한 거예요. 지금 여기서 이 캠페인

---

48 이지영, 〈샌프란시스코 일본군 '위안부' 기림비 건립 운동과 자이니치 코리안의 정체성 정치〉,《기억과 전망》통권 42호, 민주화운동기념사업회, 2020, 271~274쪽.

을 잘 치러내는 게 제가 사는 도시를 더 나은 곳으로 바꾸리라고 생각하니까요. …… 베를린에는 다양성과 평등을 구현하려는 풀뿌리 민주주의의 잠재력이 있는데, 평화상이 여기에 보탬이 돼요. 다른 이주민 베를리너들과 얘기해봐도 그래요. '내가 사는 베를린을 어떤 공간으로 만들어갈 것인가'에 대한 고민 끝에 정치 행동을 하더라고요.[49]

이들은 소녀상의 의미를 현재적인 것으로 재해석한다. 소녀상이 페미니즘과 평등, 다양성의 상징이 되었기 때문에, 소녀상을 지키는 것을 통해서 이러한 의미를 살려내고 싶다는 것이다. 이는 소녀상이 작가의 의도를 넘어선 지점에서 작동하고 있다는 점을 보여준다. 각 지역의 소녀상이 저마다의 의미를 갖는 것은 소녀상이 세계화되는 과정에서 자연스러운 현상이다. 이는 일본군 '위안부'의 역사가 트랜스내셔널한 방식으로 거듭나는 것이기도 하다. 일본군 '위안부' 운동이 그동안 베트남전쟁 피해자, 아프리카의 전쟁범죄 피해자 등과 연대해왔던 것은 운동이 민족국가를 넘어서는 곳을 지향했기 때문이다.

배봉기와 같은 '불법 체류자', 송신도와 같이 일본에 살고 '일본어를 쓰는 조선인', '색시 장사'를 했던 김순악 등

---

49   하리타, "우리는 베를린을 위해서 '위안부' 운동을 합니다", 《일다》, 2021년 3월 3일. https://ildaro.com/8981 (2024년 7월 22일 접속)

일본군 '위안부'는 우리가 알고 있는 것보다 훨씬 중층적이다. 그런 점에서 역사수정주의에 대항하는 흐름은 일본군 '위안부' 운동의 좌표를 점검하고 담론 장을 다각화하는 출발점이 되어야 한다. 일본군 '위안부' 운동의 역사가 반전 평화와 성 평등의 목소리로 이어질 수 있도록, 다양한 주체가 결합해 저마다 목소리를 내야 하는 것이다. 이를 위해서 반드시 필요한 것은 소녀상으로 환원되지 않는 젠더·인종·민족 등 다양한 아웃사이더의 교차적 접근이다.

4. 어째서 공창과 '위안부'를 비교하는가

정쟁이 된 역사, 지속되는 폭력

박정애(동북아역사재단 연구위원)

누가 공창과 '위안부'를 비교하려 하는가

'위안부' 문제의 최대 쟁점 중 하나는 공창제와 '위안부' 제도의 관계다. 사람들은 공창제 또는 일본군 '위안부' 제도가 정확하게 무엇인지는 알지 못해도, 두 제도의 비교를 둘러싼 논란은 알고 있으며 이미 어떤 입장에 서 있기도 하다. 오로지 흑백으로 분리된 세계에서는 '위안부'가 공창이기 때문에 피해자가 아니라는 공세와, '공창'이 아니라서 피해자가 맞다는 대응만이 존재하는 것 같다.

'위안부는 공창과 달리 피해자'라는 명제는 역사부정론을 비판하고 '위안부 할머니'를 옹호하며 역사 정의를 바라는 '선량한 시민들'[1]에게 '답정너'로 인식되어 있다. 그리고 이를 설명하려고 '위안부' 피해의 '강제성', 곧 '자유의 박탈'이 강조된다. '대중 교양서'를 지향하며 최근 발간된 한 책은 그러한 감각을 고스란히 드러낸다.

일본 우익들은 위안소를 공창제가 군에 동원되어 편성된 것에 지나지 않으며, '위안부'는 성노예가 아니었다고 주장한다. …… 일본군이 공창제도를 활용한 것은 사실이다. 하지만 '위안부'는 공창

---

[1]   '선량한 시민들'이라는 표현은 앞 장에 수록된 허윤, 〈'우리 할머니들'의 이야기는 어떻게 물화되는가: 일본군 '위안부' 표상과 시민다움의 정치학〉 참조.

제도가 인정한 폐업의 자유, 손님 선택(=거부)의 자유, 외출·휴가의
자유마저 박탈당했다.[2]

　　"역사적 사실을 아는 것은 피해자의 명예를 회복시키
는 첫걸음"이라고 집필 의도를 밝힌 위 책의 인용 부분은 역
사적 사실과 다르다. 뒤에서 살펴보겠지만 공창제하의 창기
(娼妓)[3]들은 폐업의 자유도, 손님 선택의 자유도, 외출·휴가
의 자유도 '인정'받지 못했다. 이 책의 지은이는 역사적으로
존재했던 공창제가 어떤 내용과 성격을 지니고 있는지 전혀
질문하지 않은 채 존재하지 않았던 사실을 작성함으로써 아
이러니하게도 '피해자의 명예회복'을 지연시키는 데 관여하
고 있다.

2　　조윤수,《일본군 '위안부': 역사의 아픔을 함께 나누고 기억하다》, 동북
　　아역사재단, 2019, 100쪽.

3　　창기는 일본 근대 공창제가 규정한 면허 성매매 여성을 가리킨다. 업주
　　는 경찰의 면허를 얻어 가시자시키(貸座敷)에서 창기의 성을 남성 객(客)
　　에게 합법적으로 팔 수 있다. 그런 의미에서 가시자시키와 창기는 법적
　　호칭이다. 그런데 일본 제국의 법역(法域) 안에서 공창제 관련 규정은 시
　　기와 지역, 그 지역의 정치적 성격에 따라 내용을 달리했다. 일본은 식민
　　지와 위임 통치 지역, 조차지 등 일본 '내지'에서 먼 세력권일수록 공인
　　된 성매매 여성들에게 창기라는 명칭보다 '작부'나 '여급', '나카이' 등
　　의 호칭을 붙여 성매매를 관리했다. '공창'이라는 명칭이 들어가는 법
　　조항은 없다. 따라서 공창제는 반드시 경찰 등록 여성까지 포함한 면허
　　성매매 제도를 의미하는 것이 아니고, 비면허 경찰 등록 여성에 대한 실
　　질적인 성매매 관리 제도를 총칭한다고 봐야 한다.

1880년대 이후 일본의 조선 침략과 함께 시작된 한반도의 공창제에 관한 연구는 수적으로 많지 않고 이를 둘러싼 학술 토론도 거의 없다. 그렇다 하더라도 1990년대 이후 '위안부' 문제가 공론화하기 시작했을 때, 서로 견줘 함께 검토해볼 수 있는 공창제 연구가 전혀 없었던 것은 아니다. 손정목, 야마시타 영애, 송연옥의 연구는 주제에 대한 접근 방식과 내용에 조금씩 차이는 있어도, 모두 군대를 앞세운 일본의 대륙 침략 과정에서 점령을 거쳐 식민지로 이행된 한반도 안에 일본식 공창제가 도입되었다고 지적했다.[4] 특히 야마시타 영애와 송연옥의 논문은 일제시대의 정치·경제·사회·문화적 환경 속에서 공창과 사창을 막론하고 성매매 시장에 유입되거나 인권 억압에 내몰리는 여성의 문제를 다뤘다. 곧, 공창제 아래에서 '공창의 자유'가 가능했다고 상상하는 것 자체가 반인권의 관점을 드러낸다고 밝힌 것이다.

1993년 강선미와 야마시타 영애는 여성학적 관점에서 '군 위안부 문제'를 사유하기 위한 시도로서 '국익'을 위한다는 명분으로 성을 도구화하는 근대 제국주의 일본의 국가 성

---

4   손정목, 〈일제하 매춘업: 공창과 사창〉,《도시행정연구》제3호, 1988; 야마시타 영애, 〈한국근대 공창제도 실시에 관한 연구〉, 이화여자대학교 여성학과 석사 학위논문, 1992; 宋連玉, 〈日本の植民地支配と国家的管理売春: 朝鮮の公娼を中心して〉,《朝鮮史研究会論文集》제32호, 1994. 송연옥의 논문은 일본어로 쓰였지만, 야마시타 영애의 글과 함께 한국의 공창제 관련 연구에서 반드시 언급하는 연구 성과로 읽히고 있다.

격을 고찰했다.[5] 이들은 일본 천황제 국가의 절대주의 권력체제가 자국 민중과 식민지민의 피폐화를 낳았으며, 이 과정에서 가부장적 문화 규정을 배경으로 성폭력을 법적으로 공인하는 제도, 곧 공창제가 성립했다고 지적했다.

군위안부 문제는 천황제 국가의 파시즘 체제의 구축과정에서 파생된 것으로, 사회체계의 폭력성이 극한에 이르게 되고 여성들의 인권을 보호할 수 있는 사회세력들이 거의 제거된 상황에서 신권적 절대성을 지닌 천황제 국가에서의 여성 억압의 강도를 여실히 보여주고 있다. …… 군위안부 정책은 …… 공창제 정책을 기반으로 한 성폭력 구조를 일본군이 자체 내에 흡수·변형한 것이라고 말할 수 있다. 위안소 형태, 위안부들에 대한 통제방식, 위안소의 필요성에 대한 인식 중의 많은 부분은 공창제 하의 매매음 관례 속에서 이미 마련된 것이었다.[6]

이 글이 발표된 1993년은 일본군의 위안소 개설을 입증하는 공문서가 나오고, 다양한 삶의 맥락에서 비롯된 생존자들의 '증언'이 폭발적으로 나온 시기였다. 또한 이해 8월, 일본 정부는 책임 인정 담화(=고노 담화)를 발표했고, 한국 정

---

5   강선미·야마시타 영애, 〈천황제 국가와 성폭력: 군위안부 문제에 관한
     여성학적 시론〉, 《한국여성학》 제9집, 한국여성학회, 1993, 52~89쪽.
6   강선미·야마시타 영애, 같은 글, 72, 75쪽.

부는 생활 지원을 목적으로 한국인 생존자의 정부 등록을 시작했다. 동시에 생존자와 활동가들은 일본 법원에 일본군 '위안부'의 피해 책임을 따지는 소송을 제기했다.[7] 이때 생존자의 말을 통해 드러난 '피해'의 내용 안에는 일본의 공창제가 시행되던 조선과 대만, 일본, 다롄(大連), 사이판 등 지역의 성 관리 시설에서 병사를 상대해야 했던 경험이 포함되어 있었다.

이러한 상황 속에서 강선미와 야마시타 영애는 '공창' 과 '위안부'를 단순하게 비교하는 데 머무르지 않고, 일본이 아시아·태평양 전쟁 시기 파시즘 체제 아래에서 출현시킨 일본군 '위안부' 제도의 배경으로서 공창제를 점검했다. 이 문제에 대한 이들의 접근 방식은 국가주의와 전쟁, 제국주의와 식민지 차별, 이러한 정치체제 아래의 계급 차별과 여성 차별을 아우른 것이었다. 정진성은 강선미와 야마시타 영애의 논문이 "여성 문제 파악"에 치우쳐 있다고 비판하면서도, 공창제와 '위안부' 제도를 연속선 위에서 이해해야 한다는 점에

---

7   아시아·태평양 전쟁 한국인 희생자 보상 청구 소송(김학순 등 9인, 1991년 12월 제소), 부산 '종군위안부'·여자근로정신대 공식 사죄 등 청구 소송(일명 '시모노세키재판', 하순녀 등 3명, 1992년 12월 제소), 필리핀 '종군위안부' 국가보상 청구 소송(마리아 로사 루나 헨슨 등 46명, 1993년 4월 제소), 재일한국인 전 '종군위안부' 사죄·보상 청구 소송(송신도, 1993년 4월 제소). 이를 포함해 이후 제기된 9건의 소송에 대해서는 다음 참조. アクティブ·ミュージアム〈女たちの戦争と平和資料館〉(wam) 編著,《日本軍〈慰安婦〉問題すべての疑問に答えます》, 合同出版, 2013, 38~39面.

대해서는 인식을 같이했다. "군국주의화 과정에서 (어머니와 노동자 역할에서 제외된) 창기들에게 군인들의 '위안' 역할이 부과"되었으며, "(군위안부 정책은) 공창제도의 한 변형"이었다는 것이다.[8]

이처럼 1990년대 이후 공론장 안에 일본군 '위안부' 문제가 들어오고 정치·사회적 문제 해결이 적극적으로 모색되는 시기에, 학술장에서는 공창과 '위안부'의 관계를 밝히려는 연구가 진행되었다. 이때의 연구는 비교 자체보다 역사적 인과관계와 그 연속성을 드러내는 데 초점이 맞춰졌다. 그리고 연구자들은 일본군 '위안부' 피해의 본질을 이해하려면 당대의 정치·경제·사회·문화적 맥락을 반드시 고려해야 한다고 지적했다. 전쟁과 식민 지배를 통해 제국의 확장을 도모하는 국가주의와 군국주의, 식민주의, 피지배 민족과 계급의 착취를 합리화하는 민족 및 계급 차별, 이에(家) 제도와 같이 호주에게 모든 권한을 몰아주고 여성 차별을 통해 사회를 유지하는 가부장제, 그리고 전시 총동원 체제와 인신매매 메커니즘의 사회적 형성 과정 등을 알지 않고서는 일본군 '위안부' 피해는 물론 공창 피해에 대해서도 제대로 인식할 수 없다는 문제의식이었다.

8   정진성, 〈일본군 '위안부' 정책의 본질〉, 《사회와역사》 제42권, 한국사회사연구회, 1994, 192~193쪽.

그러나 1990년대 초중반의 이러한 문제의식은 학술적으로나 실천적으로나 생산적인 토론으로 이어지지 않았다. 일본 정부에 대해 '위안부' 문제에 대한 진상 규명과 책임 요구가 떠오를 때마다, 일본 우익 세력은 "위안부는 공창이다. 따라서 피해자가 아니다."라며 피해자들의 입을 막으려 했다. 일본 정부가 1993년 고노 담화와 1995년 무라야마 담화를 통해 책임을 일부 인정하고, 이에 따른 후속 조치로 일본 중학교 역사 교과서에 '위안부' 관련 내용을 포함시키자 우익들의 결집으로 백래시가 거세졌다. 이들의 공격 무기는 '위안부는 자발적인 매춘부라서 강제 연행 피해자가 아니다'라는 주장이었다.[9] 1999년 하타 이쿠히코(秦郁彦)의 《위안부와 전장의 성》[10]이 출간되면서, '위안부=공창=피해자 아님'은 일본 내 '위안부' 피해 부정론의 핵심 주장이 되었다.

일본에서 발신된 이러한 발언이 '망언'이라는 이름으로 한국 언론에 보도되자 '할머니들은 매춘부가 아니다'라며

---

[9]　1994년 5월 나가토 시게토 법무상은 "위안부는 당시 공창이었다."고 발언했고 1996년 6월 이타가키 다다시 자민당 참의원도 "위안부는 공창제도이고 국가의 강제 연행 사실이 없다."고 말했으며, 같은 시기 오쿠노 세이스케 전 법무상은 "당시는 공창제도가 있었고 상행위로 이뤄졌다."고 발언했다. 1997년 2월에는 "공창제도로 일반 여성들이 덕을 본 면이 있다."는 나카오 에이이치 건설상의 발언도 나왔다. 김주희, 〈"무엇을 더 숨길 게 있나": '위안부' 망언의 본질주의를 넘어〉, 《여성과 역사》 제34호, 한국여성사학회, 2021, 61쪽.

[10]　秦郁彦, 《慰安婦と戦場の性》, 新潮社, 1999.

즉각적인 반발이 일어났다. 그러면서 '위안부' 여성들은 '강제로 끌려간 것이며, 전쟁범죄의 피해자'라는 사회적 기억이 광범위하게 형성되었다. 그간 모색되어온 학술장의 논의는 전혀 수렴되지 못했다. '위안부' 문제는 여성의 경험을 중심으로 역사를 재구성하려는 여성사의 실천 과정에서 정치적으로나 사회적으로 문제화될 수 있었지만, 여성사 차원에서 '위안부' 피해를 말하는 시도는 주변으로 밀려났다. 이 문제가 한국과 일본에서 중심 이슈로 떠오르자 젠더 관점이 누락된 역사학자나 법학자, 국제정치학자, 활동가들의 목소리가 '위안부' 문제에 대한 대중 인식을 지배했다.

가부장제 사회는 '성녀와 창녀'라는 이중 규범을 통해 여성을 통제하고 경쟁시키며 가부장제를 재생산한다. 다시 말해 가부장제 문화 구조 속에서 여성에 대한 성적 침해를 등급화하면서 존립한다.[11] 따라서 '우리 할머니'로 인식된 '위안부' 피해 여성이 기존의 인식 범위 안에서 '창녀'로 손가락질 당하는 것은 반발의 정동을 일으키는 일이었다. 그 밑바탕에는 '위안부' 피해자가 공창과 일치되는 순간, '위안부'의 피해자성이 휘발된다는 불안감이 있다. 20세기 전반기 일제 치하의 아시아·태평양 지역에 존재했던 공창제의 양상과 성

11   민가영, 〈성매매, 누구와 누구 혹은 무엇과 무엇 사이의 문제인가?〉, (사)한국성폭력상담소 기획·변혜정 엮음, 《섹슈얼리티 강의, 두 번째: 쾌락, 폭력, 재현의 정치학》, 동녘, 2006, 204~206쪽.

격에 대한 의문보다, 현재 보고 듣고 겪는 성매매 여성을 둘러싼 각자의 인식과 태도가 앞서기 때문이다.

'위안부'를 공창과 일치시키면서 국가의 책임을 회피하려는 전략은 이에 대한 반발을 흡수하면서 확장되었다. '위안부=공창'론의 궁극적인 목표는 피해 당사자인 '위안부'들의 피해 책임을 당사자에게 돌리는 데 있다. 현재까지 이어지고 있는 사회진화론의 사회, 곧 힘의 논리에 의한 사회에서 어떤 여성을 '성을 파는 여자'라고 지목하는 순간 피해를 의심하는 시선이 그 여성을 향해 쏠린다는 것을 너무나 잘 알고 있기 때문이다.

"위안부는 공창이다":
성매매 여성 혐오에 기댄 부정론

'위안부' 피해 부정론자들은 역사적으로 공창제가 무엇인지, 특히 근대 이후 일본 제국 내의 공창제가 어떠한 내용과 성격을 지녔는지 정확하게 설명하지 않는다. 이 때문에 이들이 "위안부와 공창이 같다면서 위안부가 피해자라는 사실을 부정한다."고 지적하는 것 말고는 이들의 주장을 구석구석 반박할 수 있는 여지가 거의 없다. "위안부는 자발적으로 공창에 나선 것이니 부도덕한데다 돈도 많이 벌었다."는 주장을 진지하게 하는 모습을 보면 어디서부터 어떻게 문제 삼아야 할지 난감하다.

'위안부=공창'론은 일본의 근현대 정치학과 경제학, 군사사(軍事史)를 전공한 하타 이쿠히코의 글에서 본격화되었다.[12] 그는 '위안부'가 전쟁 시기의 공창이었고, 그중 40퍼센트가 일본인이었으며, 현지인은 30퍼센트, 조선인은 20퍼센트, 기타 10퍼센트로 구성됐다고 주장했다. 조선인 다수설은 틀렸다는 것이다. 그리고 전시체제기 이후 공창제가 변모하면서 '위안부' 등 공창의 처우가 좋아졌다고 강변했다. 전쟁 이전에는 업주의 착취, 경찰의 비협조로 여성의 처지가 열악했지만, 중일전쟁 이후 군대용 '위안부' 시스템이 도입되면서 일본 정부와 군이 업자 선정과 인신매매 단속에 문제가 없도록 관리했다는 것이다. 반면 전쟁 이전 일본의 공창제 아래에서는 창기가 법의 보호를 제대로 받지 못했다고 지적했다.

전차금(前借金)이 남아있어도 폐업(廢業)하는 자유는 인정되었지만, 업주 측의 방해와 경찰의 비협조로 실제로 폐업하기도 어려웠고 새로운 생업[稼業]을 갖는 것도 쉽지 않았다.[13]

---

12 일본의 전쟁 책임과 식민지 지배 책임 문제로서 '위안부' 문제가 가시화된 이후인 1990년대부터 여러 채널을 통해 '위안부=공창'론을 주장해왔던 하타 이쿠히코는 이를 바탕으로 《위안부와 전장의 성》을 발간했다.

13 秦郁彦, Op. Cit., 53~57, 410面. 인용문은 28面.

하타 이쿠히코는 전시기의 '공창'이 처우가 좋았고, 그렇기 때문에 '위안부'를 피해자로 볼 수 없다고 주장했다. 반면 평시기의 '공창'에 대해서는 업주나 경찰의 횡포에 의해 법적 권리를 제대로 갖지 못하는 존재였다고 주장했다. 이러한 주장은 2021년 상반기 글로벌 학계와 시민사회를 떠들썩하게 했던 '램지어 사태'를 거치면서 확실히 진화했다. 하버드대학교 로스쿨 교수인 존 마크 램지어(John Mark Ramseyer)는 하타의 논리를 바탕으로 삼되, 공창제에 대한 그의 주장과 거리를 두고 '위안부' 피해 부정론을 구성했다. 일본의 공창제가 '창기의 자유의지'를 반영하는 방식으로 설계되었으며 이것이 전장의 '위안부'에게도 이어졌다는 것이다. 그리고 이는 전쟁터의 '한국인 위안부 계약'에서도 마찬가지였다며 '한국인 위안부'의 피해를 부정하는 데 주력한다. 하타가 주목했던 공창제 하의 창기 억압이나 일본군 '위안부' 제도 관리자로서의 일본 정부와 일본군의 역할도 무시한다. 그럼에도 불구하고 하타는 램지어의 주장을 지지한다고 밝힐 뿐, 그와 역사적 설명을 달리하는 주장에 대해 어떠한 학술적 논쟁도 하지 않는다.

한·미·일 역사 부정 네트워크에서 형성된 램지어의 논문은 일본군 '위안부' 피해 부정론이 학술장 안에 진입한 사건으로 평가받는다. "위안부가 당시 정부 규제 아래에서 인정된 국내 매춘부의 연장선 위에 놓인 존재임을 이론적·실증적으로 드러낸 학술 논문”의 출현이며, “미국의 고명한 회사법 학자인 동시에 일본 연구의 대가인 램지어 교수가 다른 전문 연구자의 동료 평가를 거친 학술 논문으로 ‘위안부=성 노예’ 설에 이의를 제기하는 논의를 전개한 의의가 크다.”는 것이다.[14] 그러나 자신의 연구 성과와 거리가 있는 램지어의 주장에 찬동만 하는 하타의 태도는 역사부정론자들이 공유하는 ‘위안부=공창’론이 사실상 학술장의 토론을 전제하지 않은 정치적 주장임을 드러낸다.

램지어는 근대 일본 제국에 존재했던 공창제에 대해 말하지만, 그의 글은 역사적 맥락을 완전히 거세한다. 그가 만들어낸 과거 공간에서 인간은 계급이나 민족, 젠더 등 어떠한 범주에서도 자유롭다. 전쟁이나 식민지라는 정치 상황에도 영향을 받지 않는다. 공권력의 개입이 거세된 자유 시장 안에서 ‘경제적 인간(homo economicus)’은 각자의 합리적 계산에 따라 게임에 참여하고 각각 최선의 이익을 얻어냈다고 상정된다. 따라서 일본의 창기도, 조선의 작부도, 전쟁터의 ‘위안부’도 모두 자발적 ‘선택’에 따른 각자의 이득을 취했다는 것이다.

램지어는 업주와 여성 사이의 ‘신뢰할 수 있는 약속’

14　福井義高, “世界に広まる〈慰安婦＝性奴隷〉説を否定: 米ハーバード大 J・マーク・ラムザイヤー教授が学術論文発表”, 《産経新聞》, 2021年 1月 28日字.

에 따라 이뤄진 '위안부 계약'으로 인해 '위안부'들이 고소득과 계약 기간 단축을 보장받았다고 주장했다.[15] 그러나 주장의 핵심 근거가 되어야 할 태평양전쟁 시기 '위안부' 계약서나 관련 법률을 제시하지는 못했다. 많은 역사학자가 이를 지적했으며[16], 램지어는 비판에 대한 답변서에서 "계약서는 없다. 계약서는 정부가 아니라 업소에서 보관했으며 여성들은 사본을 가졌다. 그러나 지진이나 태평양전쟁 그리고 한국전쟁으로 계약서는 남아있지 못했다."[17]고 밝혔다.

램지어는 일관되게 전쟁 전 일본의 창기 계약이나 조선의 작부 계약에 근거해 '위안부 계약'의 합리성을 주장했다. 역사적으로 보면 국가의 성매매 관리 제도하에서 이들의 계약서는 경찰에게 제출하도록 되어 있었다. 일본 경시청 경부(警部)를 거쳐 1930년대에 조선 경무국 사무관을 지낸 마쓰다 미치요시(增田道義)는 다음과 같이 말했다.

예창기 생업의 허가를 신청할 때는 포주와의 예창기 계약의 계약서를 경찰서에 제출하는 것으로 되어 있다(예기작부예기오키야

15   J. Mark Ramseyer, "Contracting for sex in the Pacific War," *International Review of Law and Economics*, Vol. 65, 2021, p. 6.

16   Andrew Gordon and Carter Eckert, "Statement," *The Asia-Pacific Journal: Japan Focus*, Vol. 19, Iss. 5, No. 14, 2021.

17   J. Mark Ramseyer, "Contracting for sex in the Pacific War: A Response to My Critics," Harvard Law School Discussion Paper No. 1075, 2022, p. 12.

(藝妓酌婦藝妓置屋) 단속규칙 1조, 가시자시키창기 단속규칙 16조).[18]

따라서 창기나 작부 계약서와 달리 '위안부' 계약서가 없는 이유는 업주나 여성 들이 계약서를 분실했기 때문이 아니라 '위안부'라는 명칭과 그 일에 대해 기재한 계약서가 없기 때문이다. '위안부'는 법률이나 사회 용어가 아니라 전쟁 시기 군인의 '위안'을 위해 개설된 성적 시설에 보내진 여성에 대한 통칭이었다. 공문서에서 이들을 가리키려고 더 자주 쓰인 표현은 '작부'나 '예기' 등이었다. 그리고 일본 제국의 법역 안에서 '작부'나 '예기'는 성매매를 목적으로 계약할 수 없었다. 법적으로 성 계약은 '창기'만이 할 수 있었다. 그러나 전장으로 가기 전, 식민지 조선에서는 '위안부가 된다는 것'에 대한 사회적 공유 지식이 없었다. 그러니까 여성들이 병사의 성적 대상이 된다는 사실을 분명히 인식하고 업자와 밀고 당기는 협상을 통해 자신의 이익을 최대한 보장받는다는 것은 애초부터 가능하지 않았다.

램지어가 주장하듯이 업주와 여성의 '신뢰할 수 있는 약속'이 가능하기 위해서는 다른 '위안부'들의 전쟁터 경험에 대한 지식이 공유되어야 한다. 그러나 이러한 지식은 공유된

---

18   增田道義, 〈公娼制度竝に藝娼妓自由廢業に關する若干の考察資料(7)〉, 《警務彙報》 第335号, 1934, 40面.

적이 없다. '위안부는 피해자가 아니다'라는 '역사 만들기' 게임에 참여하는 사람은 오히려 램지어 본인이다.[19] 그는 "위안부 부정론이라는 공유 지식을 통해 상호 지지를 기대하고 예측하면서 '상상된 공동체'의 멤버십을 획득"하는 것이다.[20]

역사부정론자들은 현재의 정치적 이익을 위해 존재하지 않는 과거를 만들어냈다. 현재도 그렇지만, 과거 어느 시기, 어느 장소에도 완전히 합리적인 인간과 완벽한 경쟁 시장은 존재하지 않는다. 그러나 램지어는 '자유 시장경제'라는 추상적 구성물을 기준 삼아 '역사 만들기'를 시도하고 역사적 사건 이면에 있는 권력관계나 구체적인 맥락을 삭제해버렸다.[21] 그리고 자신의 연구는 경제적 분석일 뿐이지 도덕적이거나 규범적인 분석이 아니라고 변명하며 학문적 진실성 문제를 회피하려 한다. 2022년 1월 〈태평양전쟁의 성 계약: 비판에 대한 답변(Contracting for sex in the Pacific War: A Response to My Critics)〉이라는 글을 공개한 램지어는 자신의 글이 전적으로 기술적(descriptive)이며, 도덕적 또는 규범적 평가와 무관하다고 열 차례나 반복해서 강조했다.[22]

19   김주희, 앞의 글, 48~49쪽.
20   같은 글, 53~54쪽.
21   김승우, 〈미국 신자유주의의 역사 만들기: 시카고학파와 '램지어 사태'의 과거와 현재〉, 《역사비평》137호, 역사문제연구소, 2021, 238, 244쪽.
22   Ramseyer, Op. Cit., 2022, p. 3, 4, 12, 16, 23, 24, 32, 33, 35, 44.

램지어는 신자유주의자들의 지지를 받으며 미국과 일본의 법경제학 분야에서 강력한 영향력을 행사해왔다. 일본의 경제와 사회, 역사를 시장경제의 '정상적인' 발전 과정으로 재구성하는 그의 실천은 미국 신자유주의의 '제국주의적 팽창'의 연장선 위에 있다.[23] 이로써 인종과 식민지, 젠더, 계급에 대한 구조적 차별이 사라지고 일본의 전쟁 책임은 면책된다. 개인이 겪는 고통은 자발적인 '선택'의 결과이고, 한국인 '위안부'가 피해를 입었다면 그것은 한국인 업자와 '위안부'의 책임이라는 것이다.[24] 이러한 '위안부' 피해 부정의 논리는 이후 한·미·일 부정론자들 사이에 수용·유통·공유되면서 부정론자들의 게임을 지속시키고 있다.

"위안부는 공창이 아니다": 조선인 '위안부'의 피해자성을 지키려는 내셔널리즘 담론

역사부정론자들의 '위안부=공창'론은 사회적으로 이슈가 되고 거친 공박을 반복하면서 차츰 대중의 인식 속으로

---

23   김승우, 앞의 글, 240쪽.

24   米山リサ·板垣竜太 対談, 〈共振する日米の歴史修正主義: ラムザイアー論文という
      事件(上)－〈被害者有責論〉の生産·流通構造〉, 《世界》第952号, 岩波書店, 2022,
      245~246面.

스며들었다. 언론에 자주 오르내리고 찬성과 반대가 격화될수록 주장은 자연화되면서 확산되기 때문이다. 냉전이 해체되고 민주화가 진행되었던 1990년대에 '위안부' 피해는 문서로 입증되었고, 일본 정부 또한 과거 '위안부'가 '본인의 의사에 반한 피해'를 입었다며 국가책임을 인정했다. 글로벌 공론장은 일본군 '위안부' 문제를 역사적 국가 폭력으로 인식하고 이를 기억·기록하는 작업을 시작했다. 그런데 부정론자들이 '위안부' 피해 인정 이전으로 논의를 되돌리려 하자, '위안부' 운동에 참여한 사람들은 '위안부≠공창'론으로 대응하며 부정론자들의 프레임 안으로 뛰어들어 갔다. 서로 대치하는 듯이 보이는 이들이 지지하는 세계는 사실 하나다. 성의 이중규범으로 여성들을 경쟁시키며 유지되는 가부장제를 흔들지 않기 때문이다. '식민지 피해를 겪은 민족'이라는 인식을 중심으로 형성된 내셔널리즘 안에서 '위안부' 문제를 이해하는 사람들은 '위안부'가 공창과 연결되면 피해자성을 의심받는다고 생각하고 경계한다.

　　한국에서 일본의 과거사 책임 회피와 역사 왜곡을 비판할 때 내셔널리즘 담론은 그 외의 다양한 문제 제기를 삼켜버리곤 했다. 한국의 '위안부' 문제는 초기부터 언론의 보도 속에서 '우리 민족의 문제'로 사회 안에 안착했다.[25] '위안부' 문제를 현재까지 지속되는 성매매나 성폭력 문제와 본질적으로 이어지는 문제로서 이해하고 해결을 모색하는 흐름도 꾸준했다. 그럼에도 대중적인 '위안부' 피해 인식은 '일본 군에 강제로 끌려간 조선인 소녀' 상을 넘어서지 못했다. 더불어 '위안부는 공창제 하의 매춘부'라는 부정론자의 공격에 맞서 '위안부는 매춘부가 아니라 피해자'라고 반발하는데 그쳤다. 피해를 만들어낸 당대의 정치·경제·사회·문화적 구조를 살펴보기보다 '위안부'와 공창을 단순 비교해 피해의 자격을 판단하고자 했던 것이다. 서로의 공방 속에서 여성에 대한 성적 폭력이라는 핵심 문제는 덮어지고 성폭력 피해를 말할 수 있는 여성의 자격이 강화되었다.[26] 그리고 서로 공방을 펼치는 패턴이 반복되면서 '위안부'가 공창이냐 아니냐의 문제는 '위안부' 피해의 '순결성'을 가늠하는 지표라는 정치적 프레임이 형성되어버렸다.

1990년대 초 '위안부' 문제 해결 운동이 학술 연구와 거리를 두고 진행되는 가운데, 한국의 운동 단체에서도 "조선인 위안부는 공창이 아니다."라는 주장이 강하게 나왔다. 특히 이들 중에는 조선인 피해자가 겪은 민족 차별의 특수성을 강조하는 것이 중요하다고 생각하는 사람들이 있었다. 이는 '위안부'가 조선인인지 일본인인지를 따지는 방식으로 드러나기도 했다. 1993년 8월 일본 정부의 고노 담화에 대응하

---

25   김수아, 〈일본군 '위안부' 문제의 담론 구성에 관한 연구〉, 서울대학교 언론정보학과 석사 학위논문, 2000, 85~93쪽.

26   김주희, 앞의 글, 63~64쪽.

는 과정에서 "위안부는 당시 공창 제도 아래에 있던 일본인 매춘 여성과는 달리 국가 공권력에 의해 강제적으로 군대에서 성적 위안을 강요당했던 성노예였다."는 등의 표현이 대표적이다.[27]

공창제와 일본군 '위안부' 제도 모두 일제의 정치적 영향력이 미치는 지역에서 부국강병이라는 근대국가의 임무를 수행하는 남성의 성을 '위안'한다는 명목으로 출현한 근대 일본의 성 관리 시스템이다. 1870년대 초 일본에서 등장한 이래 아시아·태평양의 일본 세력권에서 실시되었으며, 시기별·지역별·정치 상황별로 명칭이나 성격을 달리했다. 피해 여성들이 공창제나 '위안부' 제도에 유입되는 과정에서도 계급별·성별·민족별로 다양한 양상의 차별이 작동했다. '국익'을 위한다는 명분으로 여성을 '양처현모(良妻賢母)'나 '성을 파는 여성'으로 배치한 일제 권력은 가족과 교육, 실업, 공창(=성 관리) 정책 및 그 시행 과정에 직간접적으로 개입하면서 차별 구조를 만들어냈다. 차별의 내용과 성격 또한 일본 본토나 식민지, 조차지 등 지역의 정치적 성격에 따라 달랐다. 그러나 식민지 시기 민족에 대한 억압이나 저항이 발생한 공적 공간을 대상으로 과거 경험을 인식하는 내셔널리즘 역사관

27   야마시타 영애,《내셔널리즘의 틈새에서: 위안부 문제를 보는 또 하나의 시각》, 박은미 옮김, 한울아카데미, 2012, 125~126쪽.

속에서는 서로 교차하며 여성들을 분할하고 이용하는 권력의 작동이 가시화되지 못했다. '위안부'의 경험은 오로지 민족 억압의 차원에서 독해될 수밖에 없었던 것이다. 이는 가부장제 사회 속에서 역사적 성폭력을 읽어내려 할 때 여성 문제로 관점을 확장하는 것이 그만큼 어려웠음을 의미한다.[28]

한편 한국의 '위안부' 운동 단체는 피해자, 학자, 정치 세력, 시민 들의 다각적 자극을 받으며 끊임없이 재구성되어 왔다.[29] 일본군 '위안부' 제도의 역사적 배경으로서 근대 공창제 연구가 진전되고 둘 사이의 반인권적 본질을 지적하는 연구가 축적되면서, 한국의 운동 단체 안에서 적어도 대놓고 "위안부는 공창이 아니다."라고 말하는 목소리는 사그라들었다. 그럼에도 '위안부'와 공창의 관계는 한국 사회에서 여전히 자유롭지 못한 주제다. 학술 연구 성과는 한국과 일본에서 꽤 축적되어 있지만, 사람들은 학술적 논의에 기대지 않고, 또 모르는 것을 알고자 하지도 않은 채 각자의 젠더 감각에 따라 '자유롭게' 말하고 있기 때문이다.

2019년 이영훈이 주장한 '위안부＝공창'론을 비판했던 어느 인권법 학자는 "위안부는 공창제와 다르기 때문에 일본 정부의 책임이 있다."고 말했다. 그에 따르면 "근대사회 공

---

28   야마시타 영애, 앞의 책, 222쪽.
29   이나영, 〈일본군 '위안부' 운동: 포스트/식민국가의 역사적 현재성〉, 《아세아연구》 제53권 제6호, 2010, 45쪽.

창제는 성매매업을 허용하면서 이에 종사하는 사람들의 권리 보호와 국민 보건을 위해 국가가 관리·운영에 간섭하는 것"이며 "어느 나라든 인신매매를 인정하면서까지 성매매업을 공식적으로 허용하지는 않는다." 이어서 그는 "일본군은 전장에서 군인들의 성욕 해소를 위해 위안소 운영이 필요하다고 인정하고 이를 국가권력을 이용해 시행"했으며 "그 운영 방법은 폭력적이었고 위안부 개인의 인권은 (대부분) 철저히 무시됐다."고 덧붙였다.[30]

이는 명백히 틀린 주장이며, 발화자(와 이 주장을 옹호한 기자)의 성매매 여성 혐오를 내보인 발언에 불과하다. 법조문만을 놓고 따졌을 때 모든 근대법은 국가 구성원의 권리 보호와 국민 보건을 지향한다. 인류의 역사를 돌아볼 때 법률이 조문 그대로 누구에게나 공정하고 평등하게 보호되거나 규제된 적이 없었다는 사실을 기억할 필요가 있다.

문제는 문자 너머의 차별과 억압이며, 근대법의 성격은 법 체제 안의 충돌 지점과 적용 과정에서 발생하는 차별적이고 반인권적 측면을 따지면서 규정해야 한다. 사실은 "인신매매를 인정하면서까지 성매매업을 공식적으로 허용"한 것이 바로 근대 일본의 공창제다. 일본 제국은 부국강병이라는

---

30   박상현 기자, "학계서 '반일 종족주의' 비판 서평 잇따라", 《연합뉴스》, 2019년 8월 25일.

근대적 가치를 실현할 병사와 남성 노동자 들의 성욕 해소를 위해 공창제가 필요하다고 믿고 국가를 위한다는 명분으로 이를 시행한 것이다. 운영은 폭력적이었고 창기의 인권은 억압당했다. 그러나 '위안부' 문제를 공격하는 쪽이나 역공하는 쪽이나 공창제가 시행된 목적과 과정은 따져보지 않는다. 모두 공창은 자발적 존재임을 상정하고 이와 '위안부'를 일치시킨다면 일본군 '위안부' 문제에 대해 일본 정부에 책임을 물을 수 없다는 인식을 공유할 뿐이다.

이러한 공방은 한국에서든 일본에서든 손쉽게 주목을 끌고 대중을 정쟁에 끌어들임으로써 사회의 반지성주의를 강화한다. 반지성주의자들은 사태를 아주 단순하게 설명함으로써 자신들의 정치적 목적을 달성하려 한다. 역사적 사건은 대체로 여러 가지 원인의 복합적 효과로 일어나지만 애매모호한 설명을 어려워하는 대중은 딱 잘라서 한마디로 설명해주기를 바란다.[31] 그런 의미에서 지적 태도란 자신이 가진 앎의 한계를 아는 것이다.[32] 집단이 지적 태도를 포기한 분야에서는 반지성주의를 이용한 권력 강화가 일어난다.

---

31   우치다 다쓰루, 〈반지성주의자들의 초상〉, 우치다 다쓰루 엮음, 《반지성주의를 말한다: 우리는 왜 퇴행하고 있는가》, 김경원 옮김, 이마, 2016, 25쪽.
32   시라이 사토시, 〈반지성주의, 그 세계적 문맥과 일본적 특징〉, 위의 책, 60쪽.

히틀러가 유대인 학살을 명령한 문서가 없기 때문에 홀로코스트가 없었다고 말하는 사람은 없지만, '위안부' 문제에서는 군의 강제 연행을 보여주는 문서가 없다는 주장이 쟁점이 된다. 제대로 알려는 의지도 없고 그것이 그 사람의 사회적 명예에 그다지 영향을 주지 않는 분야에서는 '팩트'라는 포장이 반지성주의자들에게 강력한 무기가 된다. '실증주의 서사'는 역사부정론자들이 가장 애용하는 공격 도구이지만[33], 그 실체는 자의적인 사료 인용과 편집, 사료의 맥락을 배반하는 해석 등 비학문적인 요소로 점철되어 있다. 램지어를 비판하는 초국적 학자들이 지적했듯, '학문적 진실성'을 훼손한 글은 어떠한 학술적 논의에도, 사회 실천의 공론장에도 개입할 수 없어야 한다.

그러나 램지어의 주장은 대중적인 '앎의 공유'라는 측면에서 젠더와 탈식민주의 관점을 통해 공창제와 '위안부' 제도의 연속성을 비판하는 학자들의 논의를 압도해버렸다. 이 때문에 이 문제를 꾸준히 연구하고 고민해온 연구자들은 동료 학자들과 대중을 이해시키려고 치열하고도 고독한 투쟁을 전개하고 있다. '위안부' 문제를 둘러싼 정쟁이 치열한 데 비해 학술 논의는 아직도 본격화되지 않고 있다.

---

33   임지현, 《기억전쟁: 가해자는 어떻게 희생자가 되었는가》, 휴머니스트, 2019, 65쪽.

공창과 '위안부'의 관계에서
정말로 질문을 받아야 할 쪽은 누구인가

공창제와 '위안부' 제도의 연속성을 밝히는 실천 연구
들은 제도화를 통해 국가권력이 허가한 틀 안에서 두 제도 모
두 여성에 대한 인권 억압과 남성에 대한 성 통제를 수행했다
고 지적한다.[34] 이를 이해하기 위해서는 서구에서 비롯된 규
제주의(Regulationism) 개념과는 거리를 두고, 일본 제국의 법
역 내 차이와 차별이라는 특성과 연계해 공창제의 개념을 이
해할 필요가 있다.

공창제란 무엇인가. 흔히 '합법적 성매매 제도' 정도
로 이해하고 있지만 역사적으로 존재했던 근대 일본의 공창
제는 좀 더 복잡하고 모호하며 모순적인 것이었다. 공창제라
는 말 자체도 일본어, 곧 코쇼세(Kousyousei)의 한자음을 한글
로 표기한 것이다. 1945년까지 공창제가 시행된 지역은 일본
제국의 정치적 세력권, 곧 일본과 그 식민지, 위임 통치 지역,
조계지, 점령지 등이었다. 일본의 공창제는 20세기 전반기 아
시아 · 태평양의 대부분 지역에서 시기와 위치에 따라 차별적

---

34   藤目ゆき, 〈女性史からみた〈慰安婦〉問題〉, 《戦争責任研究》第18号, 日本の戦争責
任資料センター, 1997; 宋連玉, 〈公娼制度から慰安婦制度への歴史展開〉, 金富子 ·
宋連玉 編, 《〈慰安婦〉· 戦時性暴力の実態《1》日本 · 台湾 · 朝鮮編 - 日本軍性奴隷制
を裁く: 2000年女性国際戦犯法廷の記録》第3巻, 緑風出版, 2000.

으로 규정되고 시행되었다. 곧, 공창제라고 불려도 모든 지역에서 똑같은 내용과 성격을 지니지 않았다.

　공창제가 시행되었다고 해서 '공창'이라는 용어를 법적으로 규정하거나 이에 대한 규제를 정한 것도 아니었다. 일본 본국의 창기 단속규칙과 예기 영업단속규칙 등이나 식민지 조선의 가시자시키창기 단속규칙, 예기작부예기오키야 영업단속규칙, 조차지 관동주의 창기 단속규칙, 예기작부 및 고용여성 단속규칙 등을 아울러 공창제라고 불렀다. 창기나 작부, 예기, 여급을 단속하는 법도 시기나 지역마다 호칭과 내용을 달리했다. 군사 통치가 강한 지역일수록 공권력의 통제 권한이 컸고 접객 여성을 둘러싼 법적 환경도 열악했다.

　또한 공창제와 관련된 법률이 창기에 대한 성매매 허가나 예기, 작부, 여급 등 이른바 사창(私娼)에 대한 성매매 금지를 뚜렷이 구분하는 것도 아니었다. 공창제를 시행했던 일본 정부의 관심은 부국강병을 수행하는 병사와 남성 노동자의 성병 예방에 있었으며, 공창제를 통해 이러한 조건을 최대한 충족시키고자 했다. 따라서 원칙적으로 사창에 해당된 예기나 작부, 여급이라 해도 일반 사회와 격리되어 있거나 성병 검진이 충분하다고 판단하면 이들을 이용한 포주의 성매매 영업도 묵인했다. 1910년대 초반 일본군 주둔 지역인 함경북도의 예기는 사실상 창기로 취급되어 거주지가 제한되었고 정기적으로 성병 검진을 받아야 했다.[35] 국제연맹의 인신매매 금지 방침과 폐창운동의 압박으로 공창 폐지가 시대 흐름이라고 여겨졌던 1930년대에는 공공연하게 "사창 제도가 성행하리라."는 말도 나왔다.[36]

따라서 공창제의 본질은 국가에 의해 '법적으로 허가받는 성매매'보다 '창기, 작부, 여급을 막론하고 관리하는 성매매 제도'에 있다고 봐야 한다. 공창제는 고유한 하나의 법을 지칭하는 것이 아니라, 남성 중심 사회의 풍기 단속과 성병 예방을 목적으로 국가가 운영하는 성매매 관리 시스템이다. 따라서 공창제는 지역과 시기 그리고 정치 상황에 따라 다른 법적 실체와 양상을 가지고 나타난다는 사실을 새겨둬야한다.[37] 일본 제국의 공권력은 공창제를 시행하려고 예창기 소개업도 합법화했다. 일본 본국에 견줘 조선에는 소개업의 법률 구조도 달랐고, 무허가 업자에 의한 인신매매도 공공연했으며, 경찰 단속도 제대로 이뤄지지 않았다.[38] 이러한 상황

35   박정애, 〈일제의 공창제 시행과 사창 관리 연구〉, 숙명여자대학교 사학과 박사 학위논문, 2009, 60쪽.

36   "화류계에도 시대 반영, 공창 몰락, 사창 전성",《동아일보》, 1932년 5월 21일자; "공창제도를 폐지하라",《동아일보》, 1932년 5월 26일자. '사창제도' 외에도 공창 폐지 대신 '사창 인정', '사창 묵인'이라는 말이 공공연했다.

37   송연옥, 〈상하이에서 본 요리점·유곽·위안소의 연관성〉,《사회와역사》제115호, 한국사회사학회, 2017, 38쪽.

38   外村大, 〈娼妓等周旋業と慰安婦の要員確保: 日本内地と朝鮮との比較〉,《龍谷大学経営学論集》第61輯 第2号, 龍谷大学経営学会, 2022, 36〜40面.

을 이용한 식민지 조선의 소개업자들은 합법과 무법, 불법을 넘나들면서 여성들을 사고팔았다.

인신매매 메커니즘은 소개업자 네트워크와 갖아야 하는 전차금(前借金, 선불금)을 전제로 하는 성매매 계약을 합법화하는 공창제 구조 아래에서 형성되었다. 1930년부터 아시아 지역의 여성·아동 매매 실지 조사를 수행하고 1932년 말에 결과 보고서를 작성한 국제연맹 여성·아동 매매 조사위원회는 일본의 여성 매매 실태에 대해 다음과 같이 언급했다.

일본 법률과 규제에 따라 성매매 계약을 위한 특수 고용 기관이 허용되며, 이는 일본 제국 내의 성매매 업소뿐만 아니라 해외 업소를 위한 성매매 고용을 의미한다. 성매매를 시작하는 여성들은 반드시 소개업자에 의존하게 된다. 대출을 허가하는 제도를 이용하고 싶어 하기 때문이다. 소개소가 중국에 있는 업소의 문의를 장부에 올려놓았다면, 그녀는 빈자리를 채울 수 있는 기회가 생긴다. 소개업자는 불법적이거나 비밀스러운 방법을 사용할 필요가 없다.[39]

이에 대해 일본 정부는 업자의 불법행위를 처벌하는 형법이 있으며, 공창제는 '자유 폐업' 규정이 있기 때문에 인

---

39   "Commission of Enquiry Into Traffic in Women and Children in the East," *Report to the Council*, League of Nations, 1933, p. 75.

신매매 제도가 아니라고 강변했다. 일본 정부는 이 문제를 국제사회에 강력하게 항의하는 일이 '제국의 체면'과 관계된다고 생각했기 때문이다. 그나마 일본 공창제의 인신매매 요소가 국제연맹에서 거론되는 것도 일본 본국의 공창제만 시야에 둔 채였다. 서구 국가의 식민지 사례에 관심을 기울인 것과 달리, 국제연맹은 아시아의 유일한 제국주의 국가인 일본에 대해서는 본국만 주목했다. 일본 내지보다 더욱 차별받고 열악한 조건에 처해 있던 식민지 사례는 '아시아의 여성 매매'를 논의했던 시기에도 비가시화된 상태로 남았다.[40]

한편 공창제만큼이나 군 위안소, '위안부'라는 말도 다양한 의미로 사용되었다. 특히 군 위안소는 성적 '위안' 시설뿐만 아니라 군인의 휴게·오락 시설을 지칭하기도 했다. 1938년 타이완 핑둥(屏東)시에 건설된 군인 위안소, 1938년 6월 일본 오이타(大分)현 벳푸(別府)시 온천에 마련된 육군 위안소 등이 그러했다.

1938년 이후 일본군 점령하 상하이에서는 개설 허가를 받지 않은 술집(酒排)이 '위안소'라는 이름으로 영업하기도 했다. 병사들은 군 위안소 외에도 성적 '위안' 시설이라는 의미로 육군 오락소, 장교 클럽, 삐야(ピ一屋), 유곽, 기루(妓樓),

<hr>

40   박정애, 〈국제연맹의 동양 여성매매 조사와 식민지 조선: 일본 정부의
      대응과 식민지 비가시화〉,《역사문화연구》제87호, 한국외국어대학교
      역사문화연구소, 2023 참조.

매춘숙(賣春宿) 등의 호칭을 사용했다. 병사들에게 '위안부'보다 더욱 익숙했던 말도 창기, 작부, 삐(ピー), 예기, 창부, 여자부대(娘子軍, 낭자군) 등이었다. 1990년대 이전에 발간된 군인들의 회고록을 보면, 당시 위안소를 이용했던 군인들은 이를 본국의 공창 시설을 전쟁터로 옮겨온 것으로 생각했다고 한다. 그들은 위안소를 이용 규정에서 정한 대로 요금을 지불해야 한다거나 제한 시간과 위생 수칙을 지켜야 하는 등 일본에서 합법적으로 접할 수 있는 공창 시설로 인식했기 때문에 위안소 이용이 범죄행위라거나 다른 문제가 있다고 여기지 못했다는 것이다.

'공창과 '위안부'의 관계를 생각했을 때 우리가 질문을 던져야 할 쪽은 '성적 위안 시설'에 배치된 여성들이 아니라 '국익'을 위한다는 명분으로 성 관리 체제를 유지했던 국가권력이다. 국가가 어떠한 인식과 목적에서 여성의 성을 남성에게 파는 것을 제도화하고, '위안 시설'이라는 명명으로 전쟁터의 병사에게 여성의 성을 제공하는 시스템을 어떻게 만들었으며, 이러한 제도에 대한 국내외 비판에 어떠한 논리로 대응해갔는지 등에 대해서 말이다.

'자유 폐업'이라는 규정만으로 공창과
'위안부'를 엄격하게 나눌 수 있는가

공창과 '위안부'의 경계는 모호했지만, 분명한 것은 둘 다 국가적 성 관리 정책의 대상이었다는 사실이다. 역사부정론에 대항하는 이들은 이 둘의 경계를 애써 가르면서 정치적 상황을 돌파하려 했다. 일본군 '위안부' 문제는 진상 규명에 따른 역사적 실태의 공유에 앞서, '위안부' 피해자에 대한 상이 운동의 시작 단계에서 확정되었다는 한계가 있다. 오늘날 사회적으로 인식되는 일본군 '위안부'의 역사상은 역사적 사실과 거리를 두고 구성된 측면이 있는 것이다.

공창제와 '위안부' 제도의 연속성을 검토하면서 문제 해결을 모색하는 학자들도 공창제의 '자유 폐업' 규정을 기준으로 이 둘이 본질적으로 다르다고 주장했다.[41] 그러나 이러한 주장을 하면서 자유 폐업 규정이 실제로 어떤 방식으로

---

41   오노자와 아카네는 "공창제도에 제시된 자유 폐업의 권리를 과대평가해서는 안 되겠지만 공창과 '위안부' 제도를 동일시하는 것은 일본군의 전시 성폭력으로 벌어진 '위안부' 문제의 특징을 오인한 것이다."라고 덧붙인다. 오노자와 아카네, 〈일본군 '위안부' 문제와 공창제도〉에 대한 본문의 주 6, 전쟁과 여성 대상 폭력에 반대하는 연구행동센터 엮음·한국정신대문제대책협의회 번역기획, 《그들은 왜 일본군 '위안부'를 공격하는가: 강제연행, 고노 담화, 국민기금을 둘러싼 논쟁의 핵심을 말한다》, 김경원 외 옮김, 휴머니스트, 2014, 271~272쪽.

운용되었으며, 또 일본 제국의 법역 안에서 시기와 지역에 따라 그 규정이 어떠한 차이를 가졌는지를 검토하지는 않았다.

자유 폐업은 계약 기간이나 전차금이 남아있어도 창기가 폐업할 수 있는 것을 말한다. 일본 정부가 1880년대부터 전개된 폐창운동의 영향을 받아 1900년에 본국에서 성매매 관리 제도를 확립할 때 이 내용을 포함시켰다. 말이나 우편으로 전하는 것만으로도 경찰에게 폐업계를 낼 수 있으며, 업주는 폐업계를 수리하는 즉시 창기 명부에서 해당자를 삭제해야 한다는 내용이 명문화되었다. 그러나 폐업은 해도 전차금은 끝까지 갚아야 해서, 창기 출신 여성이 어떻게 빚을 해결해야 하느냐는 문제가 남았다. 따라서 자유 폐업 규정은 창기의 권리 보장보다 일본의 공창제를 비판하는 사람들에 대한 면피용으로 마련한 측면이 크다. 공창제 규정에서 창기와 업주 사이의 일대일 계약이라는 형식, 자유 폐업이라는 요소 등이 19세기 후반부터 공창은 '자발적으로 성을 팔아 돈을 버는 존재'라는 이미지를 창출했다.

더욱이 식민주의가 개입하면서 자유 폐업의 성격도 달라졌다. 식민지 조선에서 1916년에 공창제가 확립되었을 때, 식민 권력이 인용한 것은 본국에서 1900년에 수립된 공창제가 아니라 자유 폐업 규정이 강화되기 이전인 1896년의 공창제였다. 조선의 가시자시키창기단속규칙에서 창기 폐업은 "허가증을 첨부하여 경찰서장에게 제출할 것"이라고 기재되어 있는 것이 고작이었다. 이를 보면 자유 폐업 규정을 근거로 '창기의 자발성'을 말한다는 것도 결국 본국의 경우에 한정된다는 사실을 알 수 있다. 물론 애초부터 자유 폐업은 '창기의 자발성'과 거의 관련이 없었다.

식민지 조선의 경찰에게 "조선의 법규는 재량 범위가 현저하게 넓게 만들어져 있었다."[42]고 한다. 이 때문에 일본 본국의 창기에게 해당되는 법률이 조선에서는 적용되지 않았다.

조선에서 창기의 자유 폐업은 어려운 일이다. …… 지금까지 유곽에서 도망쳐 나온 여자를 기루 주인(⬚柱)이나 경찰관이 빼앗듯 데리고 돌아간 일, 또는 경찰서에서 폐업 수속을 마친 뒤 안심하고 돌아오자마자 다른 경찰관이 들이닥쳐 데리고 돌아가는 신기한 사건도 있었다고 한다. 경찰 측의 주장은 내지와 조선은 법률이 다르기 때문에 내지처럼 쉽게 폐업이 허가되지 않는다는 것이다.[43]

하타 이쿠히코가 지적한 바와 같이 창기의 자유 폐업은 일본에서도 쉽지 않았지만, 식민지 조선에서는 더욱 쉽지 않았다. 조선의 경찰 관료 마쓰다 미치요시 또한 "창기의 외

---

42   北村輝雄, 〈風俗警察に関する一考察〉, 《警務彙報》 第375号, 1937, 12面. 기타무라 데루오(北村輝雄)는 조선총독부 경무국의 사무관이었다.

43   尾崎宗一, 〈朝鮮に於ける自由廃業について〉, 《廓清》 第20輯 第3号, 1930, 30面.

출 제한이나 자유 폐업은 내지와 조선 모두 상당히 센세이션을 일으키고 있지만, 다른 점은 내지에서는 …… 점점 자유가 주어지려는 경향이 있는 것과 반대로 조선에서는 이들 불행한 여성들이 방화, 형무소, 칼모틴(Calmotin) 자살 기도, 유치장 등으로 더욱 비참한 길을 더듬어 가고 있다."[44]고 지적한 바 있다.

이를 통해 볼 때 자유 폐업 규정을 근거로 공창제와 '위안부' 제도가 달랐다는 학자들의 주장에는 '제국 일본'의 정치적 성격에 따라 공권력의 성 관리 정책이 달랐던 당대의 역사성이 빠져있다고 할 수 있다. 일본군 '위안부' 제도와 같은 점령지의 성 관리 시스템은 일본 본국보다 식민지의 공창제에 더 가까워 보인다.

한편 공창제와 '위안부' 제도의 차이에 대한 연구는 이 둘을 단순 비교하는 것이 아니라, 공창제와 '위안부' 제도가 각각 동일한 시기와 지역에서 서로 얼마나 같았고 또 달랐는지를 검토해야 의미가 있다. 그러나 이에 대한 연구 또한 미흡하다. 조선총독부는 일본 제국이 전시 총동원 체제에 접어들면서 시국에 따른 '위안 장소'로 접객점(接客店)만 남기고 나머지는 전업(轉業) 또는 폐업시키는 방침을 취했다.[45] 또한

---

44   增田道義, 〈公娼制度竝に藝娼妓自由廢業に關する若干の考察資料(1)〉,《警務彙報》第327号, 1934, 35面.

최초의 해군 위안소로 알려진 상하이의 다이이치살롱(大一サ
ロン)이 얼마 안 있어 해군 위안소 지정을 해제하고 원래의 공
인 비합법 성매매 시설(=공창 시설, 상하이에서는 가시세키[貸席]
로 표기)로 돌아간 상태에서 일본군이 이곳을 특별한 규제 없
이 계속 이용했다는 사실은 이 문제를 해명하는 데 실마리가
될 수 있을 것이다.[46]

'위안부' 문제를 둘러싼
인식론의 확장을 위하여

창기 또는 '위안부'의 '자발성'을 따지기에 앞서 20세
기 전반기 아시아·태평양 지역의 여성에게 '본인의 의사에
반하지 않는 삶'을 사는 것이 가능했는지 질문할 필요가 있
다. 정희진은 여성에 대한 폭력에 너무나 무지한 한국의 지식
사회에서 성폭력, 성 산업 피해 여성에 관해 이야기할 만한
공론장이 과연 존재하는지 의문을 던졌다. 그에 따르면 여성
의 몸이 상품이나 군수품과 같이 취급된 시대의 여성의 삶을

45   박정애, 〈총동원체제기 조선총독부의 '유흥업' 억제정책과 조선의 접객
        점 변동〉, 《한일민족문제연구》 제17권 제17호, 한일민족문제학회, 2009,
        191~224쪽.
46   송연옥, 앞의 글, 2017, 26~37쪽.

놓하면서 강제가 아닌 자발을 강조하는 것은 군 '위안부'에 대해 다양한 이론을 제시하는 것이 아니라 가부장적 사고에 기초해 여성에 대한 무지를 고백하는 것에 불과하다.[47]

역사부정론자들은 한반도 출신 여성의 '자발성'을 내세우면서 피해를 없는 것으로 만들고 가해 책임에서도 벗어나려 하고 있다. 공론장에 나온 피해자의 태도와 진술을 꼬투리 잡아 성적 피해의 순결성을 흠집 내면서 자신의 성폭력 가해를 희석시키는 것은 오늘날의 성폭력 가해자에게서도 흔히 보이는 태도다. 이러한 태도는 피해자에게 스스로 피해를 입증하라고 몰아대도 공론장이 묵인하는 데서 비롯한다. 현재 일본 정권은 '본인의 의사에 반한 피해'를 언급한 고노 담화를 계승한다고 하면서도, "관헌에 의한 강제 연행을 입증하는 문서를 찾지 못했다."는 정치적 수사로 피해자는 있지만 가해자는 없다는 대응 논리를 완성했다. 그리고 이러한 모순적 언설이 사회적 저항과 정치권력의 위기로 이어지지 않으면서 기존의 젠더 권력은 더욱 공고해졌다.

우리는 식민지 조선의 여성들이 사적·공적 공동체의 자율적인 존재로서 경쟁력을 갖고 더 나은 삶을 위해 주변과 대등하게 협상할 수 있는 주체였는지를 질문할 필요가 있다.

---

47   정희진, 〈포스트 식민주의와 여성에 대한 폭력〉, 《문학동네》 제23권 제1호, 문학동네, 2016, 2~3, 9쪽.

이에(家) 제도, 현모양처주의 교육정책, 공창제 등 식민지 시기 공권력의 여성 정책은 식민 권력의 부국 강병을 강화하려고 마련되었을 뿐이며, '민도(民度)가 낮다'는 식의 레토릭으로 실질적인 민족 차별을 젠더 차별에 더한 것이었다. 여기에 식민지 자본주의 체제의 계급 차별까지 덧붙었다.

일본이 지배하던 시기, 조선의 여성들은 매우 억압적인 조건 속에 놓여있었다. 이에 제도하에서 여성의 공적 역할은 극히 제한되었고, 대부분 제도 교육에서도 소외되었다. 취업의 선택지는 열악했으며, 그럼에도 돈을 벌지 않으면 살아갈 수 없는 빈곤 상황에 놓였다. 성리학적 질서가 우세했던 조선 시대의 '부덕(婦德)'과 근대 식민지 조선의 양처현모주의 이데올로기가 뒤섞인 시대에 어머니처럼 사는 것도 싫었고 중산층의 성 역할 규범인 양처현모로도 살 수 없었던 여성들은 새로운 삶을 모색하고자 했다. 그러나 이에 제도 아래에서 이들은 법적 주체가 될 수 없었다. 또한 저임금과 성적 공격이 함께하는 일자리에서 본인이 바라는 삶을 위한 선택지는 매우 제한되어 있었다. 식민지 여성이 자율적 개인으로서 살아가기란 매우 힘든 상황이었던 것이다.[48]

이러한 상황에 더해 1938년부터 전시체제가 본격화

48   정진성, 〈일본군 '위안부' 문제의 역사적 실태와 식민지성〉, 동북아역사
      재단 일본군 '위안부' 연구센터 편, 《일본군 '위안부' 문제와 일본의 역사
      수정정책》, 동북아역사재단, 2018, 23~27쪽.

되면서 취업 사기나 '정신대'[49]를 빌미로 한 군 '위안부' 동원이 일어났다. 군부의 권력이 행정 권력을 압도하는 전쟁 시기, 일본 군대와 정부는 '위안부'의 모집과 이동, 배치, 관리를 위해 서로 협력했다. 이미 공창제 아래에서 형성되었던 인신매매 메커니즘에 총동원 체제라는 특수한 정치적 상황이 더해져 '머리채를 끌고 가지' 않고도 여성을 대거 동원할 수 있는 사회 환경을 만들 수 있었다.

이에 제도에서 여성의 법적 권한은 호주에게 있었기 때문에, 소개업자들은 부모에게 승낙서를 받거나 호적을 위조하고 피해자를 자신의 호적에 넣어 직접 호주가 되기도 했다. "공부도 하고 돈벌이가 좋은 곳으로 간다."고 부모를 속여

---

49   전시기 노동 동원 대상자였던 '여자근로정신대'는 성 동원 피해자인 '위안부'와 다른 존재다. '여자근로정신대'에 대한 국가 동원은 1943년부터 시행되었다(법령 공포는 1944년). 그러나 1938년 전시 총동원 체제가 시작되고 '정신대'라는 명목으로 국가 동원이 다양해진 이후부터 조선 여성들이 '정신대로 끌려가 위안부가 되었다'는 사회적 기억이 형성되었다. 일본에서 '정신대(挺身隊, 데이신타이)'는 러일전쟁 때부터 일본군을 가리키는 미사여구였으며, 1920년대 이후 민간에서도 '애국하는 조직', '국가를 위해 자발적으로 헌신하는 개인'을 의미하는 보통명사로 사용되었다. 이 말이 식민지 조선 사회에 알려진 것이 전시 동원 체제가 시작되는 1938년 이후였던 것이다. 1945년 해방 이후 전쟁터에서 돌아온 사람들에 의해 '위안부'의 존재가 알려지기 시작했고, '정신대로 끌려가 위안부가 된' 조선 여성들에 대한 기억이 계속해서 확산되었다. 박정애, 〈총동원체제기 식민지 조선에서 정신대와 위안부 개념의 착종 연구: 정신대의 역사적 개념 변천을 중심으로〉, 《아시아여성연구》 제59권 제2호, 동북아역사재단, 2020 참조.

백지 위임장을 받아내기도 했다. '위안부'를 모집하는 과정에서 나온 여러 가지 감언이설은 식민지 조선에 만연한 차별을 돌파하고자 했던 여성들에게 새로운 길을 열어주는 것처럼 들렸다. 공장 또는 군대에 고용된 노동자가 되거나 '종군간호부'가 된다는 것은 두려움을 동반하는 일이기는 했으나, 더 나은 미래를 약속하는 것으로도 인식되었기 때문이다.

그러나 목적지에 대한 정보도 제대로 듣지 못하고[50] 도착한 위안소에서 겪은 일상은 그녀들이 상상한 것과 완전히 달랐다. 그럼에도 불구하고 '계약' 또는 통제에 얽매여 그곳을 벗어날 수 없었다. 만주처럼 위안소 주변에 조선인이나 중국인이 살고 있어 탈출 시도가 잦았던 지역에서는 탈출에 실패한 '위안부'를 본보기로 처벌해 남은 사람들의 탈출 의

---

50   1938년 상하이 양가택 위안소에 동원된 게이코(慶子)는 함께 온 여성들과 대화를 나누고 다음과 같은 사실을 알았다. "조선 동료들은 전부다 가호나 시메의 탄광촌에서 직접 온 것이라고 말했다. 군인들을 몸으로 위로하는 일을 하게 된다는 것은 전혀 듣지 못한 것 같았다." 센다 가코오, 《종군위안부》, 이송희 옮김, 백서방, 1991, 95쪽. 한편 1942년 7월 700여 명의 여성들과 함께 군인 식당에서 일한다는 말을 듣고 버마로 동원된 문옥주도 8월 랑군에 도착해 트럭을 타고 어디론가 갔을 때 군인에게 다음과 같은 말을 들었다. "너희들 속아서 왔구나, 불쌍하게도 너희들이 잘못 안 거야. 여기는 삐야야." 이 말을 듣고 여자애들이 천지가 뒤집힐 정도로 놀랐고 그중에는 삐야가 뭐 하는 곳인지 모르는 여자애들도 많았다고 한다. 문옥주 구술, 모리카와 마치코 정리, 《버마전선 일본군 '위안부' 문옥주》, 김정성 옮김, 도서출판 아름다운 사람들, 2005, 75쪽.

지를 꺾으려 했다. 치안이 불안하고 공습이 심했던 지역에서는 "어차피 도망쳐도 적에게 잡혀 비참하게 죽는다."[51]는 말에 갇히기도 했다. '계약'이 종료되고 빚이 없어도 군의 명령에 따라 '위안부' 생활을 해야 했던 사례도 있다.[52] "외출 일에는 비교적 자유로웠다."고 구술한 피해자 김옥주(하이난), 권태임(인도네시아), 최화선(북만주의 어느 섬), 하점연(타이완 평후[澎湖]섬)의 경우 '자유로운 외출'이 가능했더라도 대부분 고립된 지역에 있었기 때문에 군의 통제를 벗어나기 어려운 환경이었다.

우리는 짧게 잡아도 20세기 전반에 걸쳐 일어난 여성의 삶의 조건, 성적 피해, '국익'을 명분으로 국가가 주도한 합법/비합법을 넘나드는 법적 틀에서의 여성 폭력에 대해 너무나 무지하다. 또한 여성사가 여전히 주류 역사학을 위한 '보충사'로 배치되거나 소수 연구자만의 '게토'로 남은 상태에서, 피해자 중심 관점으로 공창제와 '위안부' 제도의 역사를 재구성하는 학술적 실천도 아직 갈 길이 멀다. 공론장 역시 '위안부' 문제가 제기되고 30년이 넘은 현재까지도 과거 여성이 겪은 '본인의 의사에 반한 피해'를 충분히, 또 성실하게 논의하고 있는지 의문이다.

51   가와다 후미코,《빨간 기와집: 일본군 위안부가 된 한국 여성 이야기》, 오근영 옮김, 꿈교출판사, 2014, 171쪽.
52   안병직 번역·해제,《일본군 위안소 관리인의 일기》, 이숲, 2013, 42쪽.

2007년 미국 하원의 '위안부' 결의안 통과를 앞두고 아베 내각이 '자발성'이라는 정치적 수사를 앞세워 이를 저지하려 했을 때, 전(前) 국가안전보장회의 아시아 담당 선임 국장이었던 마이클 그린(Michael J. Green)은 다음과 같이 지적했다.

"강제인지 여부는 관계없다. 일본 말고는 누구도 그 점에 관심이 없다. 문제는 '위안부'들이 비참한 일을 당했다는 것인데 나가타초(永田町)의 정치가들은 이 기본적인 사실을 잊고 있다."[53]

'위안부' 문제 해결에 있어 재발 방지라는 목표에 닿기 위한 노력에는 정답이 없다. 따라서 우리에게 중요한 것은 질문이다. 공문서가 삭제하고 왜곡한 '위안부' 피해의 이야기에 피해 당사자의 관점에서 접근함으로써 미래 지향적으로 채워 나갈 의지가 우리에게 있는지, 이를 위해 문서뿐 아니라 목격자와 전승자, 사진과 영상, 당시의 현장 등에 배어 있는 단서를 길어 올릴 감각이 있는지, 우리가 과거에 벌어진 피해 또는 가해에 어떻게 연루되어 있는지, 우리는 재발 방지를 위해 스스로와 가족, 이웃, 국가 그리고 이 세계와 어떻게 관계를 맺어야 하는지 등에 대한 질문 말이다.

53   〈米の知日派が憂慮　慰安婦めぐる安倍首相発言〉,《朝日新聞》, 2007年 3月 10日字.
《아카하타(赤旗)신문》편집국,《우리는 가해자입니다: 일본이 찾아낸 침략과 식민지배의 기록》, 홍상현 옮김, 정한책방, 2017, 87쪽에서 재인용.

오키나와에서 '위안부' 피해를 목격한 사람들을 연구한 홍윤신은 현 시점에서 필요한 것은 타자화된 시선으로 바라보는 '위안부'가 아니라 우리 앞에 놓인 단서를 입체적으로 종합해 '위안부를 보는 시선'에 이의를 제기할 수 있는 인식론의 확장이라고 말했다.[54] 우리는 인식론의 확장이라는 관점에서 역사적 사실을 탐구할 때에야 지금도 지속되고 있는 폭력의 시간을 끊어낼 수 있을 것이다.

54　홍윤신, 〈오키나와 전장의 여성의 삶과 강간 공포: '위안부'를 본 사람들〉, 박정애 엮음, 《일본군 '위안부' 문제와 과제 Ⅲ: 관점과 실태》, 동북아역사재단, 2020, 132쪽 참조.

5. 배봉기의 잊힌 삶 그리고 주검을 둘러싼 경합

포스트식민 냉전 체제 속의 '위안부' 문제[*]

김신현경(서울여대 교양대학 교수)

[*] 이 글은 김현경, 〈냉전과 일본군 '위안부': 배봉기의 잊혀진 삶 그리고 주검을 둘러싼 경합〉,《한국여성학》제37권 제2호, 한국여성학회, 2021, 203~236쪽을 수정한 것이다.

들어가며

이 글의 목적은 배봉기의 사례를 통해 일본군 '위안부'의 삶과 죽음을 주조한 주요한 힘(dynamics)으로서의 '포스트식민 냉전 체제(Postcolonial Cold War Regime)'와 '위안부' 비가시화의 메커니즘을 규명하는 데 있다. '포스트식민 냉전 체제'라는 조어(造語)는 1945년 8월 일본 제국의 공식적인 종언 이후에도 동아시아를 중심으로 지속된 식민주의와 이즈음 확립된 냉전 질서가 착종되어 형성된 제도적·담론적 구성체를 일컫는다.

여기서 배봉기의 삶을 간단히 살펴보기로 한다. 배봉기는 1914년 식민지 조선의 충청남도 신례원에서 농가 머슴이었던 아버지와, 여러 집을 전전하며 이 일 저 일로 생계를 꾸려야 했던 어머니의 둘째 딸로 태어났다. 그녀 또한 민며느리로 들어가 보모로 일하며 생계를 이어가던 중, 1943년 흥남에서 좋은 일자리를 주선해주겠다는 사람을 만나 경성과 부산, 시모노세키, 모지, 가고시마를 거쳐 1944년 가을에 오키나와의 도카시키섬에 도착했다. 그 좋은 일자리가 바로 '위안부'였다. 오키나와는 제2차 세계대전 당시 일본에서 유일하게 지상전이 벌어졌고, 패전 후부터 1972년까지 미국의 통치를 받았던 곳이다. 겨우 살아남은 배봉기는 오키나와에 끌려온 조선인을 무국적자로 범주화한 당시 법령하에서 삶을 이어가다, 1972년 일본으로 반환된 오키나와에서 바뀐 법령에 의해 불법체류자가 된다. 1975년 배봉기는 재류 특별 허가를 신청하려고 '위안부'로 오키나와에 왔음을 밝히는데, 이는 현재까지 알려진 최초의 '위안부' 증언이다.[1] 최초로 알려진 1991년 김학순의 증언보다 16년이나 앞선 셈이다.

그렇지만 남한에서 배봉기의 삶과 증언은 오랫동안 관심 밖의 대상이었다. 이는 일본에서 증언 직후부터 언론 보도, 다큐멘터리 제작과 단행본 출판 등이 잇따랐던 것과 대조적이다. 배봉기에 대한 일본 언론의 보도와 다큐멘터리 제작에 대해 단신 보도는 있었지만 후속 보도나 심층 보도는 없었다.[2] 배봉기가 '최초의 위안부 증언자'로서 대중적으로 알려지기 시작한 것은 2010년대 이후부터다.[3] 그 이유는 무엇

---

1   배봉기의 삶에 대해서는 한국정신대연구소·이안후자료관, 《이안후 자료총서 ① 배봉기의 역사 이야기》, 2007; 가와다 후미코, 《빨간 기와집: 일본군 위안부가 된 한국 여성 이야기》, 오근영 옮김, 꿈교출판사, 2014; 야마타니 데츠오 감독의 다큐멘터리 〈오키나와의 할머니〉(1979)를 참조해 요약하고 재구성했다.

2   "영화를 만든 山谷哲夫(산곡철부)씨 자료燒失(소실)…眞實(진실)남기고 싶었다", 《동아일보》, 1979년 9월 21일자; "日社會(일사회)에 〈挺身隊(정신대)〉 충격", 《동아일보》, 1979년 9월 21일자; "日(일)서 話題(화제)뿌린 記錄映畵(기록영화) 〈오끼나와의 할머니〉 報酬(보답)없는 "慰安(위안)"을 告發(고발)한다", 《경향신문》, 1979년 9월 28일자; "아끼꼬로 變身(변신)한 주인공 "나는 大東亞(대동아)전쟁희생자" "보아서는 안될영화" 在日僑胞(재일 교포) 얼굴붉히며 떠나", 《경향신문》, 1979년 9월 28일자 등 참조.

3   1987년 일본에서 출판된 《빨간 기와집(赤瓦の家)》은 2014년이 되어서야

일까? 오키나와의 자이니치를 연구해온 임경화는 배봉기의 1975년 증언을 두고 "어떻게 이렇게 이른 시기에 식민지 지배와 침략 전쟁의 가해국 일본에서 조선인 '위안부' 피해자의 공개 증언이 가능했을까?"[4] 라고 질문한 바 있다. 문제는 증언 그 자체가 서발턴(subaltern)의 발화를 완료하지 않는다는 것이다. 서발턴의 발화는 "공감적 청중"[5] 의 듣기가 있어야 비로소 의미를 갖고 유통될 수 있다. 그렇지 못하면 증언은 세상에 나왔으되 사회적 의미망에 진입할 기회를 갖지 못하고 침묵한다. 여기서 나는 1975년 증언 이후에도 남한을 중심으로 동아시아에서 배봉기의 목소리가 침묵하게 된 메커니즘을 구체적으로 밝히고자 한다.

한국의 여성학계는 한국정신대문제대책협의회(현 정

한국에서 번역 출판되었다.《한겨레》는 그로부터 1년 뒤에 최초의 증언자로서 배봉기를 부각시킨 기사를 썼다. 길윤형 기자, "우리가 잊어버린 최초의 위안부 증언자…그 이름, 배봉기",《한겨레》, 2015년 8월 7일자. 〈오키나와의 할머니〉가 2016년 DMZ국제다큐영화제에서 상영되었고, 배봉기의 유골을 둘러싼 분쟁을 그린 다큐멘터리 〈침묵〉의 편집본 역시 같은 해 DMZ국제다큐영화제와 서울국제여성영화제에서 상영되었다. 2018년 5월 전쟁과여성인권박물관은 개관 6주년 기념 전시 〈최초의 증언자들〉에서 김학순 이전에 자신들의 경험을 증언한 바 있는 배봉기, 노수복, 이남님, 배옥수에 대한 별도의 소개 섹션을 구성했다.

4   임경화,〈마이너리티의 역사기록운동과 오키나와의 일본군 '위안부'〉,《대동문화연구》제112집, 성균관대학교 대동문화연구원, 2020, 493쪽.

5   김수진,〈트라우마의 재현과 구술사: 군위안부 증언의 아포리아〉,《여성학논집》제30집 제1호, 이화여자대학교 한국여성연구원, 2013, 66쪽.

의기억연대)의 결성과 고(故) 김학순의 증언 직후인 1990년대 초부터 일본군 '위안부'를 여성학적 의제로 제기해왔다. 초기의 연구는 '위안부' 문제가 어디에서 비롯하는지를 질문하며 민족과 계급, 젠더/섹슈얼리티의 복합적 구성을 인정하면서도 그중 무엇이 더 강한 규정력을 가지는가에 대해 논쟁을 벌였다.[6] 이후 이 문제가 반세기 가까운 세월 동안 침묵에 잠겼던 이유로 질문을 확장하면서, 식민주의의 공식적인 종료 이후 남한을 지배해온 민족 담론의 성별성[7], '위안부'들의 몸과 정신에 아로새겨진 상흔의 지속성[8], 동아시아 식민주의와 민족주의, 가부장제에 문제를 제기해온 일본군 '위안부' 운동의 포스트식민성[9], 공감적 청중의 출현과 '위안부' 증언의

6   강선미·야마시타 영애, 〈천황제 국가와 성폭력: 군 위안부 문제에 관한 여성학적 시론〉,《한국여성학》제9집, 한국여성학회, 1993, 52~89쪽; 정진성, 〈군위안부 강제연행에 관한 연구〉,《정신문화연구》제21권 제4호, 한국학중앙연구원, 1998, 195~219쪽; 정진성, 〈민족 및 민족주의에 관한 한국여성학의 논의〉,《한국여성학》제15권 제2호, 한국여성학회, 1999, 29~53쪽.

7   김은실, 〈민족 담론과 여성: 문화, 권력, 주체에 관한 비판적 읽기를 위하여〉,《한국여성학》제10집, 한국여성학회, 1994, 18~52쪽.

8   심영희, 〈침묵에서 증언으로: '군위안부' 피해자들의 귀국 이후의 삶을 중심으로〉,《정신문화연구》제23권 제2호, 한국학중앙연구원, 2000, 115~146쪽; 양현아, 〈증언과 역사쓰기: 한국인 '군 위안부'의 주체성 재현〉,《사회와역사》제60권, 한국사회사학회, 2001, 60~98쪽; 양현아, 〈증언을 통해 본 한국인 '군위안부'들의 포스트식민의 상흔(Trauma)〉,《한국여성학》제22권 제3호, 한국여성학회, 2006, 133~167쪽.

9   이나영, 〈일본군 '위안부' 운동: 포스트/식민국가의 역사적 현재성〉,

상호 구성성[10], 식민지 시기 공창제의 맥락에서 공창과 '위안부'의 관계 다시 쓰기[11] 등에 관한 논의가 이뤄졌다.

2010년대 이후에는 식민주의의 지속적 효과와 더불어 동아시아 냉전 체제를 질문하는 연구가 본격적으로 등장했다. 식민지 시기 '위안부'와 냉전 시기 미군 '위안부'를 매개하는 것으로서의 한국군 '위안부'[12], 패전 후 미군정하 일본에서의 조선인 '위안부' 표상의 특징[13]과 미군정 종료 후의 변화[14], 2014년 고노 담화 재검토와《아사히신문》기사 검증에서 드러난 일본 남성성 구성에서의 구제국과 냉전 체제 하 위계질서의 착종[15]이 논의되었다. 특히 2017년 출판된 편저《식민주

《아세아연구》제53권 제3호, 고려대학교 아세아문제연구원, 2010, 41~78쪽.

10   김수진, 앞의 글, 2013, 35~72쪽.

11   박정애, 〈일본군'위안부' 문제의 강제동원과 성노예: 공창제 정쟁과 역사적 상상력의 빈곤〉,《페미니즘연구》제19권 제2호, 한국여성연구소, 2019, 45~79쪽.

12   박정미, 〈한국전쟁기 성매매정책에 관한 연구: '위안소'와 '위안부'를 중심으로〉,《한국여성학》제27권 2호, 한국여성학회, 2011, 35~72쪽; 김귀옥,《그곳에 한국군 '위안부'가 있었다: 식민주의와 전쟁, 가부장제의 공조》, 도서출판 선인, 2019.

13   최은주, 〈전후 일본의 '조선인 위안부' 표상, 그 변용과 굴절: "춘부전(春婦伝)"의 출판/영화화 과정에서 드러나는 전후 일본의 전쟁기억/표상/젠더〉,《페미니즘연구》제14권 제2호, 한국여성연구소, 2014, 3~28쪽.

14   최은주, 〈〈긴네무집〉, 강소리의 '전후'를 둘러싼 일고찰: 오키나와, 일본, 한국의 '조선인 위안부'〉,《동아시아문화연구》제80집, 한양대학교 동아시아문화연구소, 2020, 225~245쪽.

15   후루하시 아야, 〈포스트식민주의 페미니즘 관점에서 본 일본군 '위안

의, 전쟁, 군 '위안부'》[16]는 '위안부' 문제를 구성하는 하나의 축으로서 미국의 관여를 중요하게 논하고 있다. 이는 2014년 박유하 사태와 2015년 한일 위안부 합의를 기점으로 일본군 '위안부' 문제 처리의 배후에 있었던 미국을 중심으로 한 전후 국제 질서가 보다 선명하게 부상했기 때문으로 보인다.

한편 오키나와 자이니치로서의 배봉기의 삶과 증언을 분석한 연구는 식민주의와 냉전의 착종을 좀 더 분명히 규명했다. 임경화는 오키나와를 둘러싼 냉전의 역학 관계 속에서 미국과 일본뿐 아니라 남한과 북한의 체제 대결이 배봉기를 비롯한 자이니치를 어떻게 가시화하고 또 소거했는지를 밝혔다.[17] 또한 임경화의 최근 연구는 1975년이라는 이른 시기에 배봉기의 증언이 가능했던 맥락으로 총련계 재일 조선인들이 중심이 된 조선인 강제 연행 진상 조사 활동과 이와 연계된 오키나와 전투 체험 기록 운동을 분석했다.[18] 이는 1972년

부' 문제 인식: 2014년 일본 신문 사설 분석을 중심으로〉,《한국여성학》 제33권 제1호, 한국여성학회, 2017, 267~304쪽.

16   송연옥·김귀옥 외,《식민주의, 전쟁, 군 '위안부'》, 도서출판 선인, 2017.

17   임경화,〈오키나와의 아리랑: 미군정기 오키나와의 잔류 조선인들과 남 북한〉,《대동문화연구》제89집, 성균관대학교 대동문화연구원, 2015, 547~584쪽; 임경화,〈오키나와와 재일조선인 연대의 가능성: 1972년 오 키나와 복귀 이후〉,《로컬리티 인문학》제21집, 부산대학교 한국민족문 화연구소, 2019, 83~119쪽.

18   임경화,〈마이너리티의 역사기록운동과 오키나와의 일본군 '위안 부'〉,《대동문화연구》제112집, 성균관대학교 대동문화연구원, 2020, 491~520쪽.

오키나와 반환 이후에야 일본 본토의 총련계 조선적 자이니치들이 비교적 자유롭게 오키나와를 왕래할 수 있게 되면서 가능해졌기에, 이 역시 오키나와를 둘러싼 냉전의 역학 관계와 관련이 있다.

김미혜는 오키나와 시정권 반환 이후 원해서 온 것이 아닌 상황을 스스로 입증해야 선심성의 재류 특별 허가라도 겨우 받을 수 있었던 배봉기의 사례와, 오키나와 전투에서 사망한 조선인 희생자들을 출신에 따라 남북한이 따로 세운 비석에 각각 이름을 새긴 오키나와 '평화의 주춧돌' 사례를 통해 이들이 식민지 지배와 분단의 유산임을 역설한다.[19] 오세종은 일본 본토 중심의 근현대사에서 주변화된 오키나와의 역사에서 다시 한번 비가시화된 조선인 '군부'와 '위안부'들의 삶을 종합적으로 드러낸 가운데 배봉기의 삶을 조명했다.[20] 이처럼 오키나와가 제2차 세계대전 당시 일본 영토 중 유일하게 지상전이 벌어졌던 곳이며 패전 후에는 동아시아 반공 체제의 최전선이었던 만큼, 오키나와의 자이니치를 연

---

19   김미혜, 〈오키나와의 조선인: 배봉기 씨의 '자기증명'의 이중적 의미를 중심으로〉, 성공회대학교 동아시아연구소 기획, 이정은·조경희 엮음, 《'나'를 증명하기: 아시아에서의 국적·여권·등록》, 한울아카데미, 2017, 145~179쪽.

20   오세종, 《오키나와와 조선의 틈새에서: 조선인의 '가시화/불가시화'를 둘러싼 역사와 담론》, 소명출판, 2019.

구한다는 것은 "전후 질서의 중층적 모순을 폭로"[21]하는 것이며, 그중에서도 배봉기는 "국가 폭력, 식민지주의, 남북 분단이 중첩된 상황을 적나라하게 보여주는 상징"[22]이었다.

나는 선행 연구에 기초해 배봉기의 사례를 중심으로 '위안부' 문제에서 식민주의의 지속적 효과와 동아시아 냉전 체제의 착종, 그리고 귀환하지 않거나 못한 '위안부'들이 비가시화되는 메커니즘을 구체적으로 규명하고자 한다. 특히 선행 연구가 배봉기의 삶과 증언에 초점을 맞춘 데 반해, 이 글은 그녀의 죽음과 그를 둘러싼 경합까지 관심을 확대하고자 한다. 분석에 앞서 '위안부' 문제와 냉전 체제의 관계를 좀 더 상세하게 살펴보자.

일본군 '위안부'와 포스트식민 냉전 체제

1997년 재미 페미니스트 학자 일레인 김과 최정무는 한국 민족주의를 젠더 시각에서 분석하고 비판한 편저에서 남한을 "일본 식민주의와 일본 식민주의 지배의 정치·사회 조직 위에 신제국주의, 특히 미국이 주도하는 제국주의 지배

---

21   임경화, 앞의 글, 2015, 551쪽.
22   오세종, 앞의 책, 2019, 274쪽.

체제가 또 한 겹 덧씌워져 다층적 식민 지배의 흔적을 지녀온 사회"[23]라고 지적한 바 있다. 미국이 주도하는 신제국주의적 체제, 즉 글로벌 냉전 체제는 일본 제국주의 지배와 겹쳐 남한 사회의 탈식민화를 불가능하게 했다는 것이다. 이 편저에는 냉전하 남한 관제 민족주의의 신유교적 가부장성[24]과 1990년대 이전까지 일본군 '위안부'에게 강요된 침묵에 관한 글[25]이 실려있다. 이 글들은 식민주의와 새로운 제국의 질서가 겹쳐 작동한 냉전하의 남한 사회에서 일본군 '위안부'가 제대로 기억될 여지가 거의 없었음을 보여준다.

또한 이는 전후 일본의 탈제국주의화가 불가능했던 이유와 일맥상통한다. 캐럴 글럭(Carol Gluck)은 제2차 세계대전 당시의 전쟁범죄를 다루는 데 있어 독일과 일본의 차이는 문화적 차이가 아니라, 전후 두 나라가 놓인 국제 관계가 달라 공공 기억이 서로 다르게 형성된 데서 비롯한다고 분석한다.[26] 전후 동아시아 냉전 체제의 형성에서 공산주의의 방

23   일레인 김·최정무, 〈서론〉, 일레인 김·최정무 엮음,《위험한 여성: 젠더와 한국의 민족주의》, 박은미 옮김, 삼인, 2001, 15쪽.

24   문승숙, 〈민족 공동체 만들기〉, 같은 책, 53~88쪽.

25   양현아, 〈한국인 "군 위안부"를 기억한다는 것〉, 같은 책, 157~176쪽.

26   Carol Gluck, "Operations of Memory: "Comfort Women" and the World," in Sheila Miyoshi Jager and Rana Mitter eds., *Ruptured Histories: War, Memory, and the Post-Cold War in Asia*, Harvard University Press, 2007, pp. 47~77.

파제로 위치 지어졌던 일본은 미국이 주도하는 자유주의 진영에서 일본의 전쟁범죄에 대한 책임을 망각하는 데 적극적으로 공모함으로써 국제 질서의 일원이 될 수 있었다. 이에 반해 소련을 포함한 4개 연합국에 분할 점령된 독일은 전쟁범죄를 철저하게 반성한 뒤에야 국제사회에 복귀할 수 있었다. 이에 전후 일본에서는 전쟁의 가해자가 아닌 피해자로서의 기억이 형성되었고, 독일에서는 국제 관계적 강제에 젊은 세대의 강력한 문제 제기가 결합해 전쟁범죄 책임에 대한 깊이 있는 공공 기억이 형성될 수 있었던 것이다.[27] 1990년대 이후 글로벌 탈냉전의 흐름에서 미국의 헤게모니가 약화되고 아시아의 지정학적 중요성이 강조되자, 비로소 일본은 아시아 국가들을 상대로 한 전쟁범죄에 책임을 져야 한다는 국제적 요구에 지속적으로 소환되기 시작했다. 이는 일본군 '위안부' 문제가 1990년대 이후 국제사회의 의제가 될 수 있었던 중요한 이유 중 하나다.[28]

이처럼 일본군 '위안부' 문제의 비가시화는 전후 미국과 소련이 중심이 된 냉전 질서와 깊게 관련되어 있다. 미국은 공산권에 대항하는 자유주의 진영의 리더 국가로서 "자애로운 지배자"[29] 이미지를 구축함으로써 전전의 유럽이나 일본

27   Ibid., pp. 48~63.
28   Ibid., p. 49.
29   Christina Klien, *Cold War Orientalism: Asia in the Middlebrow Imagina-*

과 차별화하고자 했다. 이 새로운 국제 위계질서에서 일본은 다른 아시아·태평양 국가들의 모델이 될 만한 마이너리티 국가(model minority nation)로서의 역할을 부여받았다.[30] 이로써 제국주의 시대 일본의 가해와 전쟁범죄는 묻혀버렸다.

리사 요네야마(Lisa Yoneyama)는 1990년대 이후 일본군 '위안부'를 중심으로 국경을 넘나들며 벌어진 역사 바로잡기 시도가 제2차 세계대전 직후 제국주의 국가 간 배상과 타협으로 망각을 강요당한 피식민자들의 피해뿐 아니라, 우리가 살고 있는 현재의 세계를 주조한 전후의 냉전 질서 자체를 문제화했다고 지적한다.[31] 즉, '위안부' 문제는 보편적 글로벌 히스토리 혹은 단일한 문명화 과정이나 인간성의 진보를 보여준다기보다, 알려지기는 했지만 여전히 지역화된 방식으로 존재하는 폭력의 구체적 맥락과 계보를 식별할 수 있게 하는 의제로서 의미를 지닌다.[32] 이러한 문제의식에서 요네야마는 전후 미·일을 잇는 '태평양 횡단 냉전 구성체(trans-

---

tion, 1945-1961, University of California Press, 2003. Heonik Kwon, *The Other Cold War*, Columbia University Press, 2010, p. 70에서 재인용.

30 Lisa Yoneyama, *Cold War Ruins: Transpacific Critique of American Justice and Japanese War Crimes*, Duke University Press, 2016, pp. 135~141. (리사 요네야마, 《냉전의 폐허: 미국의 정의와 일본의 전쟁범죄에 대한 태평양횡단 비평》, 김려실 옮김, 부산대학교출판문화원, 2023)

31 Ibid., pp. 1~8.

32 Ibid., p. 17.

pacific Cold War formation)'[33]라는 용어를 제안한다. 이 용어는 전전의 제국 일본과 전후의 새로운 제국인 미국을 이음매 없이 잇는 데 활용된 지식/권력 체계를 가리킨다.

　　이러한 지식/권력 체계에 페미니즘도 예외는 아니었다. 로라 현이 강(Laura Hyun Yi Kang)은 1970년대에 제2물결 페미니즘이 부상했을 때 일본의 페미니스트 저널리스트 마츠이 야요리(松井やより)가 일본 남성들의 아시아 섹스 관광과 일본군 '위안부' 문제에 관한 글을 영어로 발표했음에도 별 반향이 없었음을 상기시킨다. 이는 1975년 여성에 대한 폭력을 다룬 수전 브라운밀러(Susan Brownmiller)의 책《우리의 의지에 반하여(Against Our Will)》와 게일 루빈(Gayle S. Rubin)의 에세이 〈여성 거래: 성의 '정치경제'에 관한 노트(The Traffic in Women: Notes on the "Political Economy" of Sex)〉가 큰 반응을 물러일으키며 페미니즘의 고전이 된 것과 상반된다.[34] 백인 중심의 제2물결 페미니즘에서 아시아 여성은 폭력의 피해자로 간주되지 않았던 것이다.

　　이처럼 미국과 일본을 잇는 지식/권력으로서의 냉전 구성체는 남한과 대만 등 하위 동맹국 시민들에 대한 두 제국

33　　Ibid., p. 77.
34　　Laura Hyun Yi Kang, *Traffic in Asian Women*, Duke University Press, 2020, pp. 24~30.

의 다양한 폭력을 비가시화했을 뿐 아니라[35], 동맹국 내부의 성별화되고 성애화된 폭력 또한 비가시화했다.[36] 이러한 점에서 두 제국의 폭력을 겹쳐서 다루는 한국계 미국인 작가들의 소설은 일본인들에게 구제국 출신으로서 자신들의 아이덴티티와 폭력의 중층성에 대한 시사점을 줄 수 있다.[37]

국제정치학자 세라 버트런드(Sarah Bertrand)의 보다 구체적인 시도는 식민주의와 냉전의 착종에서 일본군 '위안부' 문제가 비가시화되는 메커니즘을 규명하는 데 도움이 된다.[38] 그녀는 안보화 이론(securitization theory)이 서발턴을 침묵시키는 메커니즘을 포스트식민 페미니즘 이론과 페미니스트 발화 행위 이론(feminist speech act theory)의 결합을 통해 해명한다. 흔히 코펜하겐 학파라 불리는 안보화 이론 연구

---

35   Joohee Kim, "Going Transnational? A Feminist View of "Comfort Women" Memorials," *Asian Journal of Women's Studies*, Vol. 26, No. 3, 2020, pp. 397~409.

36   Wookyung Im, "Resurrection of the Japanese Military "Comfort Stations" in East Asia: Focusing on the Taiwanese Military Brothels, Special Assignation Teahouses (teyuechashi)," Natalie Grant trans., *Inter-Asia Cultural Studies*, Vol. 21, No. 1, 2020, pp. 164~181.

37   Rika Nakamura, "Remembering the Atrocities of Their Ancestral Lands: Reading Korean American "Comfort Women" Novels in Japan," *Inter-Asia Cultural Studies*, Vol. 20, No. 4, 2019, pp. 630~638.

38   Sarah Bertrand, "Can the Subaltern Securitize? Postcolonial Perspectives on Securitization Theory and Its Critics," *European Journal of International Security*, Vol. 3, No. 3, 2018, pp. 281~299.

자들은 구성주의 시각에서 안보 담론이 사회적으로 형성되는 과정에 관심을 갖는다. 다시 말해 이들은 냉전기 안보 이론(security theory)의 국가 및 군사 중심성을 비판하고 탈냉전 맥락에서 특정 안보의 담론적 구성을 강조한다.[39] 안보화 이론은 무엇이 안보 이슈인지가 본질적으로 정해지는 것이 아니라 담론적 경합을 통해 구성된다고 보기 때문에, 무엇이 '실질적 위협(existential threat)'인지를 구성하는 행위자들의 발화 행위를 주요한 분석 대상으로 삼는다.[40] 버트런드는 이런 안보화 이론에서조차 서발턴의 목소리가 억압되고 있음을 2015년에서 2016년으로 넘어가는 겨울 독일 쾰른의 새해맞이 축제에서 벌어졌던 집단 성폭행 사건 분석을 통해 보여준다.[41]

이 사건은 2015년 12월 31일 밤 쾰른 중앙역 부근 도심

---

39   Ole Wæver, "Security, the Speech Act: Analysing the Politics of a Word," *Working Paper*, No. 19, Center for Peace and Conflict Research, 1989; Ole Wæver, "Securitization and Desecuritization," in Ronnie D. Lipschutz ed., *On Security*, Columbia University Press, 1995, pp. 46~86; Barry Buzan, Ole Wæver, and Jaap De Wilde, *Security: A New Framework for Analysis*, Lynne Rienner, 1998; 김상배, 〈사이버 안보의 미중관계: 안보화 이론의 시각〉,《한국정치학회보》제49집 제1호, 한국정치학회, 2015, 71~97쪽.

40   Juha A. Vuori, "Illocutionary Logic and Strands of Securitization: Applying the Theory of Securitization to the Study of Non-Democratic Political Orders," *European Journal of International Relations*, Vol. 14, No. 1, 2008, pp. 65~99.

41   Bertrand, Op. Cit., 2018, pp. 292~295.

에서 북아프리카계와 서아시아계 남성 1,000여 명이 새해맞이 축제를 즐기러 나온 여성 80여 명을 집단적으로 성폭행한 사건으로 알려져있다. 버트런드에 따르면, 안보화 이론은 언론 보도와 분노한 시민들의 토론을 주요 발화 행위로 분석해 무슬림 외국인/난민 남성들이 독일계 백인 여성들, 나아가 국민국가 독일의 실질적 위협으로서 효과적으로 안보화되었다고 본다. 문제는 북아프리카계와 서아시아계 남성들이 모두 외국인/난민인지 독일에서 나고 자란 시민권자인지 정확하지 않은 상태에서 동질적인 가해자 집단으로서의 외국인/난민의 이미지가 강화된다는 것이다. 또한 이는 북아프리카계와 서아시아계 남성들의 성폭력 피해 경험과 독일계 백인 남성에 의한 백인 여성들의 성폭력 피해 경험을 지우는 효과를 발휘한다. 결과적으로 안보화 이론은 식민주의의 지속적인 효과로서 인종주의와 성차별주의에 기대어 무슬림 외국인/난민 남성들과 독일계 백인 여성들 그리고 외국인/난민 여성들 모두를 침묵시키며, 독일계 백인 남성의 분노를 국가의 분노로 치환하는 데 기여한다.

그녀에 따르면 안보화 과정에서 발생하는 침묵에는 첫 번째, 서발턴의 발화 행위를 억제하는 강제된 침묵, 두 번째, 서발턴을 위해 타인이 대신 발화하는 데서 생겨나는 침묵이 있다. 첫 번째 침묵은 다시 세 가지로 유형화할 수 있다. 첫째, 서발턴의 발화 자체가 억제되는, 발화 행위에서의 침

〈표 1〉 안보화 이론이 서발턴을 침묵시키는 메커니즘

침묵의 유형	서발턴의 발화 행위를 억제하는 강제된 침묵			타인이 대신 발화하는 데서 생겨나는 침묵
침묵의 메커니즘	발화 행위에서의 침묵	발화 수반 행위의 좌절	발화 수반 행위의 불능	–
문제	말하기	듣기	이해하기	
해결책	더 말할 수 있도록 함	청중을 일깨움	번역	
논리	배제			중첩

자료: S. Bertrand, 284, 290쪽을 재구성

묵. 둘째, 서발턴의 발화 후 이를 들을 수 있는 청중이 없는 발화 수반 행위의 좌절. 셋째, 서발턴의 발화를 들어도 이해하지 못하는 발화 수반 행위의 불능. 중요한 것은 이 중 두 가지 형태의 침묵이 서로 결합해 효과를 증폭시킨다는 것이다. 즉, 서발턴의 침묵이 강제됨에 따라 그것을 대신하는 발화가 나타나며, 이들을 대신하는 발화가 있기 때문에 서발턴은 스스로 발화 행위를 끝맺기 어려워지는 악순환이 반복된다는 것이다.[42] 버트런드는 쾰른 사건의 경우 외국인 남성과 백인 여성 들의 발화를 인종주의와 성차별주의 프레임으로 해석한 '발화 수반 행위의 불능'이 이들을 침묵시킨 주요 메커니즘

---

42   Ibid., p. 290.

이라고 분석한다.[43]

　　그런데 서발턴을 침묵시키는 이러한 메커니즘은 안보화 이론만의 문제는 아니다. 여기서 주목해야 할 것은 대표적인 비판적 이론으로서 냉전적 국제 관계론을 비판하며 탈냉전 맥락을 주요한 자원으로 삼는 안보화 이론조차 식민주의의 지속적인 효과라고 할 수 있는 인종주의와 성차별주의를 넘어서지 못하고 있다는 점이다. 이런 면에서 버트런드가 제시한 서발턴 침묵의 메커니즘은 식민주의와 냉전의 착종이 이들을 침묵시키는 방식을 효과적으로 드러낼 수 있다.

　　이제까지의 논의를 종합해보면 일본군 '위안부' 문제의 구성에 있어 냉전의 영향력을 규명하는 작업은 제2차 세계대전 이후 제국과 식민지의 공식 역사가 끝났음에도 불구하고 탈제국화(deimperialization)와 탈식민화(decolonization)가 가능하지 않았던 동아시아의 정황을 냉전 체제의 중심부 헤게모니 강화와 연결 지어 보다 폭넓게 이해할 수 있도록 한다. 1990년대 글로벌 탈냉전 이후에야 이 지역에서 본격적인 탈식민 논의가 이뤄지기 시작한 것도 바로 이러한 맥락에서 기인한다.[44] 그러나 이는 일본군 '위안부' 문제에 일본 정부의 책임이 없다거나 '위안부'들의 오랜 침묵이 외부적인 요인

43　　Ibid., p. 293.

44　　Kuan-Hsing Chen, *Asia as Method: Toward Deimperialization*, Duke University Press, 2010.

에 의해서만 설명될 수 있음을 의미하지 않는다. 오히려 이러한 넓은 이해는 동아시아 각국이 왜 그리고 어떻게 국가 간 위계 속에서 이 문제를 바라보고 있는지 깊이 이해할 수 있게 해준다. 예컨대 일본 역사수정주의자들의 집요한 책임 부정은 국가 간 위계에 대한 히스테릭한 남성적 부인일 수 있으며[45], 한국 뉴라이트 부정론자들의 '위안부' 문제 부정은 자기 성찰이라는 외피 아래 자본주의 발전 정도에 따른 국가 간 위계를 당연한 것으로 받아들이는 국가주의적 논리를 드러낸다. 이들은 모두 버트런드의 용어로 '발화 수반 행위의 불능', 즉 서발턴의 발화를 자신들의 이데올로기에 맞춰 재단함으로써 제대로 들리지 않게 한다.

나는 이상의 논의에 기초해 '포스트식민 냉전 체제'라는 용어를 제안한다. 이는 일본과 한반도 사이의 포스트식민지적 상황과 냉전하 미국과 일본, 남한 간 위계질서의 착종을 포착하려는 시도다. 또한 버트런드가 제안한 서발턴의 침묵 지속 메커니즘을 참조해, 배봉기의 삶과 죽음이 어떻게 동아시아 포스트식민 냉전 체제에서 비가시화되었는지를 밝히고자 한다.

이를 위해 나는 다음의 자료를 분석했다.

<hr>

45   Yoneyama, Op. Cit., 2016, pp. 111~146.

〈표 2〉 주요 분석 자료

문헌 자료	〈자료집과 단행본〉
	1) 한국정신대연구소·이안후자료관, 《이안후 자료총서 ① 배봉기의 역사 이야기》, 2007.
	2) 김혜원, 《딸들의 아리랑: 이야기로 쓴 '위안부' 운동사》, 허원미디어, 2007.
	3) 가와다 후미코, 《빨간 기와집: 일본군 위안부가 된 한국 여성 이야기》, 오근영 옮김, 꿈교출판사, 2014.
	〈신문과 잡지 기사〉
	1) "영화를 만든 山谷哲夫(산곡철부)씨 자료燒失(소실)… 眞實(진실)남기고 싶었다", 《동아일보》, 1979년 9월 21일자.
	2) "日社會(일사회)에 〈挺身隊(정신대)〉 충격", 《동아일보》, 1979년 9월 21일자.
	3) "日(일)서 話題(화제)뿌린 記錄映畵(기록영화) 〈오끼나와의 할머니〉 報答(보답)없는 "慰安(위안)"을 告發(고발)한다", 《경향신문》, 1979년 9월 28일자.
	4) "아끼꼬로 變身(변신)한 주인공 "나는 大東亞(대동아)전쟁희생자" "보아서는 안될영화" 在日僑胞(재일 교포) 얼굴붉히며 떠나", 《경향신문》, 1979년 9월 28일자.
	5) "끌려간 사람들 〈8〉 韓·日歷史(한·일 역사)의 彼岸(피안)을 캐는 現地調査(현지조사)", 《한국일보》, 1981년 9월 3일자.
	6) "집단투신한 절벽은 '자살의 명소'로─이화여대 윤정옥 교수 '정신대' 원혼 서린 발자취 취재기", 《한겨레신문》, 1990년 1월 4일자.
	7) "이화여대 윤정옥 교수 '정신대' 원혼 서린 발자취 취재기 2─오키나와", 《한겨레신문》, 1990년 1월 12일자.
	8) "이화여대 윤정옥 교수 '정신대' 원혼의 발자취 취재기 3─타이 핫차이", 《한겨레신문》, 1990년 1월 19일자.
	9) "이화여대 윤정옥 교수 '정신대' 원혼의 발자취 취재기 4─파푸아뉴기니", 《한겨레신문》, 1990년 1월 24일자.
	10) "위안부삶 첫 증언 배봉기 할머니 별세", 《한겨레신문》, 1991년 10월 25일자.
	11) 朴金優綺, "インタビュー ─ 金賢玉上に聞く", 《人権と生活》 Vol. 35, 2012.
	12) 길윤형 기자, "우리가 잊어버린 최초의 위안부 증언자… 그 이름 배봉기", 《한겨레》, 2015년 8월 7일자.
영상 자료	〈다큐멘터리〉
	1) 야마타니 데츠오, 〈오키나와의 할머니(沖縄のハルモニ)〉(1979)
	2) KBS 다큐멘터리, 〈광복45주년 특별기획: 태평양전쟁의 원혼들 제2편 침묵의 한〉, 1990년 8월 10일.
	3) 박수남, 〈아리랑의 노래: 오키나와에서의 증언(アリランのうた: オキナワからの証言)〉(1991)
	4) 박수남, 〈침묵(沈黙: 立ち上がる慰安婦)〉(2016/2017)

잊힌 삶, 강제된 침묵

이제부터는 식민지와 전쟁 그리고 전후 질서가 어떤 방식으로 중첩되어 배봉기의 삶을 구성했으며, 이러한 삶의 경험이 어떻게 발화 자체를 억제하는 메커니즘에 의해 침묵에 잠겼는지를 살펴본다.

공적 등장 이전의 삶: 말할 수 없음

패전 후 일본은 포츠담선언을 받아들이고 연합군의 점령 아래 놓였는데, 오키나와만큼은 미군이 단독으로 점령했다. 이는 미국의 전후 세계 질서 전략에 있어 오키나와가 군사적 요충지로서 중요했기 때문이다. 1951년 미국과 일본은 샌프란시스코조약을 통해 오키나와를 "합중국을 유일한 시정권자로 하는 신탁통치 제도하에 두기로"[46] 합의한다.

신탁통치하의 오키나와에서 조선인은 1954년 2월에 공포된 미국 민정부 포령 제125호에 의해 '류큐열도'에 호적을 갖고 있지 않다는 이유로 '비류큐인'이 되었고, 다른 외국 국적을 보유하고 있지도 않았기 때문에 결국 '무국적자' 신분이 된다.[47] 오세종에 따르면 이를 가능하게 한 〈외국인등록

---

46   아라사키 모리테루,《오키나와 현대사》, 정영신·미야우치 아키오 옮김, 논형, 2019, 21~27쪽.
47   김미혜, 앞의 글, 2017, 166~174쪽; 오세종, 앞의 책, 2019, 115~138쪽.

법〉과 〈출입국관리법〉 그리고 〈신국적법〉의 제정은 1949년 중화인민공화국 수립과 1950년 한국전쟁 발발을 배경으로 구식민지 출신인 조선인과 대만인을 관리하고 배제하기 위해 만들어진 냉전의 산물이다.[48]

배봉기는 이처럼 "존재하는 자를 불가시화하는 법적 구조의 포위망"[49] 안에서 전쟁 전과 별반 다를 바 없이 온갖 일을 전전하며 생계를 꾸려야 했다. 그녀의 삶과 고통스러운 경험이 발화될 수 있는 공간 자체가 없었다. 이런 측면에서 1975년 '재류 특별 허가' 신청 이후 인터뷰에서 반복하는 "말을 몰랐다."[50]는 증언에 주목할 필요가 있다. 이 진술은 일본어를 잘 몰랐다는 표면적인 의미와, 좋은 일자리라고 해서 온 오키나와에서 경험한 '위안부' 일과 전쟁 그리고 전후의 고통스러운 일상을 해석하고 발화할 틀 자체가 부재했다는 심층적 의미를 모두 갖는다.

배봉기는 패전 직후 미군 포로수용소에 수용되었다가 이후 민간인 수용소로 옮겨졌고[51], 언제 수용소에서 나왔는

---

48   오세종, 같은 책, 125쪽.

49   오세종, 같은 책, 138쪽.

50   한국정신대연구소·이안후자료관, 앞의 책, 2007

51   그 경위는 아직 밝혀지지 않았다. 경위가 중요한 이유는 포로수용소에 수감된 조선인들은 연합군최고사령부(GHQ)의 계획에 따라 해방된 조선으로 송환되었지만, 민간인 수용소에 수감된 경우 오키나와 주민으로 여겨져 송환되지 않은 사례가 있기 때문이다. 배봉기가 그러한 경우였

지조차 기억하지 못한 채로 여기저기를 떠돌면서 술집과 식료품점 점원, 채소 장사, 떡 장사, 빈병 수집 등의 일을 전전했다. 배봉기와 관련된 조사와 연구는 그녀와 비슷한 처지의 조선인 '위안부'들이 미군이 세운 고아원이나 병원에서 일하거나 미군을 상대로 성매매를 하는 등 미군의 영향력 아래에서 살아갔음을 보여준다.[52]

이와 관련해 생각해볼 사례가 있다. 배봉기는 '위안부' 생활을 함께하고 수용소에서도 같이 지냈던 가즈코라는 조선 여성의 삶에 대해 증언했다. 배봉기는 가와다 후미코(川田文子)와의 인터뷰에서 가즈코가 수용소에서 나온 직후 조선인 남성과의 사이에서 아들을 낳았으며 원래 오키나와 출신 부인이 있던 그와 헤어진 뒤에는 미군을 상대로 성매매를 했고, 그 후유증으로 아들이 고등학교 졸업을 앞두고 있을 무렵 죽었다고 했다. 아들은 무국적자로서 여권을 취득할 수 없어 일본 본토로 건너가 입시를 치를 수가 없었고 대학도 진학할 수 없었다고 한다.[53] 한편 1979년 배봉기에 관한 다큐멘터리를 만든 야마타니 테츠오(山谷哲夫) 감독은 같은 해 다큐멘터리에 기반한 단행본도 출판하는데, 여기에 등장하는 배봉기의 지인은 가즈코가 죽었다는 배봉기의 증언이 가즈코가 결

다. 김미혜, 앞의 글, 2017, 159~174쪽.

52   임경화, 앞의 글, 2015; 김미혜, 같은 글; 오세종, 앞의 책, 2019.

53   가와다 후미코, 앞의 책, 2014, 208~217쪽.

혼해서 가정을 꾸렸기 때문에 과거가 드러나지 않도록 배려한 것이었다고 전한다.[54] 이와 같은 증언은 언뜻 보면 정반대되는 내용을 전하는 것 같지만, 서로 보완적으로 읽을 수 있다. 이 증언들은 전쟁 전 조선인 '위안부'로서의 고통이 스스로를 일본 여성을 해방시킨 자로 제시한 미국의 전후 통치하에서[55] 해소되기는커녕 전후 체제에 중첩되었다는 것과, 이들의 전쟁 전 경험이 전후에 제대로 발화될 수도 이해될 수도 없었음을 구체적으로 드러낸다.

공적 등장에 대한 남한의 무반응: 청중의 부재

이처럼 서발턴은 발화 수반 행위의 좌절과 불능을 피하기 위한 나름의 전략을 구사하지만, 서발턴을 겹겹이 에워싼 지배 논리는 그들의 발화가 이해될 수 있는 공간을 쉽게 허락하지 않는다. 배봉기의 사정이 알려진 후 남한이 보여준 무반응이 이에 해당한다.

앞서 살펴본 대로 오키나와가 미국의 통치하에 놓인 1950년대에 오키나와의 조선인은 외국인도 아닌 무국적자로 범주화되었고, 이러한 상황은 1965년 한일기본조약과 함께 체결된 '재일교포의 법적 지위와 대우에 관한 협정'에도 불

---

54   山谷哲夫,《沖縄のハルモニ: 大日本売春史》, 晩聲社, 1980. 김미혜, 앞의 글, 2017, 148쪽에서 재인용.

55   Yoneyama, Op. Cit., 2016, pp. 81~107.

구하고 별반 달라지지 않았다. 이 협정은 자이니치에게 다른 외국인이라면 가능한 일반적 영주 허가와는 다른 협정영주권을 부여했지만, 신청 기한이 1966년 1월 17일부터 5년간으로 제한되어 오키나와 반환 1년 전인 1971년에 종료되었다. 그래서 오키나와의 조선인들에게는 협정영주권을 신청할 기회조차 주어지지 않았다.[56] 1950~1960년대의 여러 조약을 통해 냉전에 편입된 오키나와와 한국은 미국을 중심으로 간접적인 관계를 맺는다.[57] 이에 남한 정부 또한 미국이 통치하는 오키나와와 관련된 일에 대해 적극적인 태도를 취하지 않았다.[58]

이런 상황은 1972년 5월 15일, 오키나와가 일본으로 반환되면서 바뀌었다. 오키나와의 조선인들에게 본토에 상응하는 법적 지위를 부여해야 했던 일본 정부는 1945년 8월 15일 이전에 일본으로 들어왔다는 것을 증명해줄 사람과 신병 인수인을 제시하는 오키나와 자이니치에게 재류 특별 허

---

56   임경화, 앞의 글, 2015, 554쪽.

57   오세종, 앞의 책, 2019, 143~144쪽.

58   1960년대 남한 정부가 오키나와에 남은 조선인들의 상황을 알고 있었으면서도 미국과 일본에 별 요청을 하지 않은 자세한 경위에 대해서는 임경화, 앞의 글, 2015, 555~558쪽을 참조할 것. 1965년 한일기본조약에서 남한 측 대응의 초점이 북한과의 냉전적 체제 대결에 맞춰짐으로써 또 하나의 중요한 목적이던 식민지 관계의 청산이 사라진 과정에 대해서는 장박진, 《식민지 관계 청산은 왜 이루어질 수 없었는가: 한일회담이라는 역설》, 논형, 2009를 참조할 것.

가를 내리기로 결정했다. 단, 이렇게 하지 못하는 조선인은 남한으로 강제송환된다는 규정을 달았다. 그로부터 3년 후인 1975년 10월, 배봉기는 입국관리소에 자신이 오키나와에 '위안부'로 온 조선인임을 밝히고 재류 특별 허가를 신청했다. 이때 배봉기가 처한 상황은 국가가 강제로 끌고 온 피해자에게 그 사실을 스스로 증명하도록 강제한 결과였다. 이는 배봉기와 같은 이들이 식민지 지배의 유산이라는 점을 국가 스스로 폭로했다는 점에서 역설적이었다.[59] 덧붙여 이는 미국이 오키나와 시정권을 행사하고 있었을 당시 무국적자로 비가시화된 오키나와의 자이니치들이 미국과 일본, 남한의 담합과 동의에 기반한 냉전 체제의 유산이라는 사실도 함께 폭로한 것이기도 하다.

배봉기의 등장은 즉시 일본 미디어의 관심을 받았다. 배봉기가 특별 재류 허가를 받은 경위는《류큐신보》,《오키나와타임스》등 오키나와 지역신문은 물론 전국지에 보도되었다. 다큐멘터리 감독 야마타니 데츠오는 1978년부터 배봉기를 인터뷰해 1979년 5월 〈오키나와의 할머니〉를 완성했다. 이 영화는 일본 전역에서 순회 상영되었다. 또한 저널리스트이자 작가인 가와다 후미코는 1979년부터 배봉기를 인터뷰해 1987년《빨간 기와집》을 출판했다.

---

59   김미혜, 앞의 글, 2017, 154쪽.

특히 〈오키나와의 할머니〉 순회 상영은 한국 언론에서
도 보도되었다. 그러나 "우리 여성의 수모와 치부이기 때문에
국내에서는 '데이신따이(정신대)'에 대해서는 일부러 꺼내놓
고 싶지 않은 사건으로 덮어두고 있는 실정이었다."(《동아일
보》1979년 9월 21일자) "'보아서는 안 될 영화를 또 봤군' 얼굴
을 붉히며 극장을 나서던 한 재일교포의 뒷모습이 뇌리를 떠
나지 않는다."(《경향신문》1979년 9월 28일자)와 같은 문장에서
알 수 있듯, 배봉기와 전 '위안부'들의 삶을 심층 취재가 필요
한 진지한 주제로 다루기보다 일회성의 사소한 이야깃거리
로 취급하는 방식의 보도였다. 남한에서 '위안부' 문제를 진
지하게 다룬 보도는 윤정옥이 네 차례에 걸쳐 현지 답사한 기
록을 1990년 1월 《한겨레신문》에 싣기까지 10여 년이 넘는
세월을 기다려야 했다.[60]

《동아일보》와 《경향신문》의 기사에서는 '위안부'를
'민족의 수치'로 여기는 반식민 민족주의의 가부장적 태도

60　　"집단투신한 절벽은 '자살의 명소'로-이화여대 윤정옥 교수 '정신대'
　　　원혼 서린 발자취 취재기", 《한겨레신문》, 1990년 1월 4일자; "이화여대
　　　윤정옥 교수 '정신대' 원혼 서린 발자취 취재기 2-오키나와", 《한겨레
　　　신문》, 1990년 1월 12일자; "이화여대 윤정옥 교수 '정신대' 원혼의 발자
　　　취 취재기 3-타이 핫차이", 《한겨레신문》, 1990년 1월 19일자; "이화여
　　　대 윤정옥 교수 '정신대' 원혼의 발자취 취재기 4-파푸아뉴기니", 《한
　　　겨레신문》, 1990년 1월 24일자. 윤정옥은 1981년에도 《한국일보》에 배봉
　　　기와의 만남에 대해 기고한 바 있지만 당시에는 별 반응을 불러일으키지
　　　못했다.

가 두드러지지만 이것이 전부는 아니다. 1977년 4월 23일 조총련계 신문인《조선신보(朝鮮新報)》는 배봉기와의 인터뷰를 대서특필한다.[61] 이는 1975년 '위안부' 증언 이후 접근한 민단과 조총련 중에서 배봉기가 조총련계 인사들과 가까워졌음을 보여준다. 특히 조총련 활동가 김수섭, 김현옥 부부와는 사망하기 전까지 친밀하게 지냈다.[62] 김미혜는 1999년 나눔의 집 활동가였던 혜진 스님에게서 북한을 지지하는 조총련 사람들이 배봉기를 지원했기 때문에 한국에서 그녀의 존재가 거의 알려지지 않았다는 이야기를 들었다고 쓴다.[63] 오세종 또한 오키나와에서 "배봉기를 보살펴준 김씨 부부가 조선총련이라는 이유로 비판하는 분위기도 있었다."[64]고 전한다. 이와 같은 추측은 단순한 억측을 넘어서 실재였을 가능성이 높다. 실제로 오키나와 자이니치의 법적 지위에 별 관심을 갖지 않았던 남한 정부가 오키나와의 일본 반환 시기가 가까워

---

61 〈일제시기 오키나와에 끌려온 한 할머니의 피의 고발〉,《朝鮮新報》 1977년 4월 23일자. 朴金優綺,〈インタビュー - 金賢玉上に聞く〉,《人権と生活》, Vol. 35, 2012에서 재인용.

62 윤정옥은 1990년《한겨레신문》기고문에서, 윤정옥과 동행했던 김혜원은 책에서 1980년 오키나와 방문 당시 윤정옥을 만났던 배봉기가 1988년에는 조총련계의 김이라는 여성의 요청에만 응하느라 자신을 만나주지 않았던 일화를 전한다. "이화여대 윤정옥 교수 '정신대' 원혼 서린 발자취 취재기 2 - 오키나와",《한겨레신문》, 1990년 1월 12일자. 김혜원,《딸들의 아리랑: 이야기로 쓴 '위안부' 운동사》, 허원미디어, 2007.

63 김미혜, 앞의 글, 2017, 151쪽.

64 오세종, 앞의 책, 2019, 274쪽.

저오자 관심을 갖기 시작한 주요한 이유는 일본 본토 조총련의 영향력 확대를 우려해서였다. 당시 남한 외무부는 1971년부터 조총련의 동향 파악을 주요 업무로 삼았다.[65]

　게다가 '위안부'를 포함해 오키나와에 강제 연행된 조선인들에 대한 조사를 최초로 실시한 이들은 일본 정부도 남한 정부도 아닌 조총련 소속 조선인들과 몇몇 일본인이 주축이 되어 만든 민간 진상조사단이었다.[66] 배봉기의 상황이 처음 알려졌을 때도 재나하 대한민국 영사관 최공천 영사는 이전에 들어보지 못한 첫 케이스로, 영사관에서는 본인의 호적만 확인했으며 그다음 일은 듣지 못했다고 말했다.[67] 1972년 조총련과 일본인이 함께한 민간 조사단의 보고서가 '위안부'로 강제 연행된 여성의 사례를 보고하고 있음에도[68], 1975년 배봉기의 등장을 '첫 케이스'라고 표현한 것은 오키나와의 조선인 '위안부'의 발화를 듣고자 하는 청중이 당시 남한에 없었음을 보여준다. 남한에 있어 오키나와는 "핵무기 문제에 대한 일본의 신경과민이 미치지 않는 핵 기지로서 중국과 북한을 봉쇄하는 반공의 보루이자 미군 주둔을 통해 일본의 재무장을 억제하는"[69] 군사적·국가적 의미의 안보 요충지였을 뿐이다.

65　　임경화, 앞의 글, 2015, 569~570쪽.

66　　임경화, 앞의 글, 2020; 오세종, 앞의 책, 2019, 238~253쪽.

67　　오세종, 같은 책, 271쪽.

68　　임경화, 앞의 글, 2015, 569~573쪽.

특히 오키나와가 일본에 반환된 1972년 남한은 박정희 대통령의 비상조치 발표와 유신헌법 통과로 삼엄한 분위기였다. 그보다 1년 앞선 1971년 미국 닉슨 대통령은 5년 안에 주한미군을 철수하겠다고 밝혔으며, 실제로 주한 미 7사단을 일방적으로 철수시켰다. 박정희는 유신 체제를 "공산 침략자들로부터 우리의 자유를 지키자는 체제"[70]로 정당화하며 군대를 동원해 국회를 해산하고 정당 활동도 중단시켰다. 유신 체제는 1979년 10월 26일 박정희가 그의 부하 김재규가 쏜 총에 맞아 사망할 때까지 지속되었다.

이러한 상황에서 북한을 지지하는 조총련계 자이니치는 '우리'와 다른 존재로 타자화되었다. 1959년 12월 975명의 자이니치가 북한행을 택하면서 남한에서 "조국을 등진 배신자" 이미지로 표상되었는데, 이것이 박정희 정권 시기에도 지속된 것이다.[71] 특히 1960년대 말부터 1970년대 초까지 신문들은 조총련계 자이니치를 "간첩"과 동일시하는 기사를 쏟아냈으며, 1974년 8월 15일 자이니치 2세 문세광의 육영수

---

69   같은 글, 575쪽.

70   "대한뉴스 제1003호—건군 26돌 국군의 날(1974년 10월 1일)", 《KTV 아카이브》, 2016년 12월 8일. https://www.youtube.com/watch?v=m8aUJr-rr-jk (2024년 7월 22일 접속)

71   김범수, 〈박정희 정권 시기 "국민"의 경계와 재일교포: 5·16 쿠데타 이후 10월 유신 이전까지 신문 기사 분석을 중심으로〉, 《국제정치논총》 제56집 제2호, 한국국제정치학회, 2016, 197~200쪽.

저격 사건 이후 "북한의 지령에 따라 반한 활동을 일삼는" 조총련 소속 자이니치가 '우리 국민'에서 배제되는 경향은 더욱 강해졌다.[72] 이즈음 등장해 조총련계 신문인 《조선신보》와 인터뷰하고 조총련 활동가들과 친분을 맺었던 배봉기의 이야기에 남한 사회가 귀 기울이기에는 남북 간의 냉전적 대결 구도가 너무 일상화되어 있었던 것이다.

주검을 둘러싼 경합: 지워지는 목소리

이제부터는 탈냉전기에 재구성된 동아시아 포스트식민 냉전 체제가 배봉기의 주검을 둘러싼 경합에 미친 영향과 이러한 경합이 드러내는 '서발턴을 대신해 말하기'의 정치가 또다시 그녀의 발화를 지우는 메커니즘을 고찰한다.

민단과 조총련의 유골 소유권 분쟁: '대신 말하기'를 통한 삭제

1985년 고르바초프의 소련 공산당 서기장 취임과 개혁으로 본격화된 글로벌 탈냉전과 1987년 한국의 민주화는

---

72   김범수, 〈1970년대 신문에 나타난 재일교포의 표상: 《경향신문》, 《동아일보》, 《조선일보》 기사 분석을 중심으로〉, 《일본비평》 제17호, 서울대학교 일본연구소, 2017, 297쪽.

일본군 '위안부' 문제가 사회운동으로 확장하는 데 획기적인 계기가 되었다. 탈냉전과 민주화의 열기 속에서 1970년대부터 기생 관광과 유신 반대 운동에 앞장선 한국교회여성연합회는 1988년 4월 '여성과 관광문화'라는 국제 세미나를 개최했다. 이 자리에서 수년간 개인적으로 답사를 하고 증언과 자료를 모았던 윤정옥이 '정신대와 우리의 임무'라는 제목의 '위안부' 실태 조사를 발표했다. 이 발표는 큰 파장을 불러일으켰고, 한국교회여성연합회 산하 정신대연구위원회의 설치, 1990년 1월 윤정옥의 《한겨레신문》 연속 기고로 이어진다. 이 흐름을 이어받아 1970~1980년대 민주화 운동 과정에서 성장한 남한의 여성운동 단체들은 1990년 11월 한국정신대문제대책협의회(정대협)를 설립했고, 1991년 8월 14일 김학순이 '위안부'로서의 삶을 증언하고 제국 일본의 가해를 고발하기에 이른다. 이러한 흐름은 반세기 가까운 세월 동안 토착적 기억(vernacular memory)으로 머물렀던 일본군 '위안부'를 진지한 사회적 의제이자 초국적 기억(transnational memory)으로 끌어올린 계기로서 의미가 있다.

배봉기 또한 남한 사회의 변화에 관심을 가졌던 것으로 보인다. 그녀를 돌본 조총련 활동가 김현옥이 2012년 재일본조선인인권협회가 발행하는 잡지와 가진 인터뷰에 따르면, 배봉기는 1988년 서울올림픽대회 당시 한국의 고향에 함께 가지 않겠느냐는 일본인 기자의 권유에 "가고 싶지만 고향에도 미군 기지가 있기 때문에 갈 수 없다."고 대답했다. 또 1989년 북한에서 열린 세계청년학생축전에 참가한 남한의 임수경에 관심을 보였으며, 특히 1990년부터 시작된 북일 수교에 크게 기대했다고 한다.[73] 그런 그녀가 1991년 10월 18일 사망한 채로 발견되어 19일 장례식이 치러졌을 때 관심을 가진 남한 언론은 없었다. 당시 정대협 대표였던 윤정옥이 오키나와에서 전한 부고를 《한겨레신문》이 짤막하게 보도한 게 전부였다.[74]

　　그녀의 삶에 대한 깊이 있는 관심을 대신한 것은 유골의 소유권을 둘러싼 민단과 조총련 간의 갈등이었다. 배봉기의 1주기에 즈음해 조총련은 생전 배봉기가 한, 외국 군대 없는 통일 조국에 돌아가고 싶다는 말을 유언으로 간주해 그녀의 유골을 오키나와에 안치하고 관리하겠다고 나섰다. 그런데 민단이 찾은 배봉기의 친척, 정확히는 배봉기 언니의 아들이 유골을 고향에 안치하고 싶다는 뜻을 밝힘에 따라 이들 간의 갈등이 법적 분쟁으로까지 번진 것이다.

　　배봉기가 사망한 지 닷새가 지나 발견되었기 때문에 그녀가 생의 마지막에 어디에 머무르고 싶어 했는지 우리는 알 수 없다. 다만 1987년 출판된 《빨간 기와집》과 1989년의

73　　朴金優綺, Op. Cit., 2012, 12~13쪽.
74　　"위안부삶 첫 증언 배봉기 할머니 별세",《한겨레신문》, 1991년 10월 25일자.

인터뷰에 기초해 1991년 완성된 박수남 감독의 다큐멘터리 〈아리랑의 노래: 오키나와에서의 증언〉, 2017년 완성된 〈침묵〉에서 배봉기의 인터뷰를 보면 고향에 대한 그녀의 심정은 조총련에서 주장하듯 '외국 군대가 주둔해 있는 분단된 땅'이라는 해석으로 환원할 수 없을 것으로 보인다. 그녀는 고향행을 권하는 가와다 후미코에게 "오키나와에 오고 나서 두세 번인가, 이런 꿈을 꾸었어요. 고향에 갔는데 집이 없더군요. …… 잠에서 깨어 생각해보니까 너무나 쓸쓸한 거예요. 꿈에서는 자주 갔어요."라고 말하는가 하면[75], 영화 〈침묵〉에서 재일 여성인 박수남 감독에게는 일본어와 한국어를 섞어가며 "나 고향 가봤자 뭐라 고향에 가봤자 아는 사람도 없으니 오히려 외로울 뿐이야. 마아, 난 고향이니께 가보고 싶지. 하지만 돌아가도 아는 사람 없으니까."라고 말하기도 했다. 가보고 싶고 꿈에서도 자주 갔지만 이제는 '집'도 '아는 사람'도 없기 때문에 가기 망설여진다는 말을 어떻게 해석할 수 있을까? 이를 망자에 대한 애도와 어떻게 연관 지을 수 있을까?

가야트리 스피박(Gayatri C. Spivak)은 이제는 포스트식민 페미니즘의 고전이 된 논문 〈서발턴은 말할 수 있는가?(Can the Subaltern Speak?)〉에서 서발턴을 '대신해' 말하는 행위의 위험성을 지적한다. 그녀는 독일어 단어 vertreten

75   가와다 후미코, 앞의 책, 2014, 275쪽.

에 대한 마르크스의 구분, 즉 '대신하다(vertreten)'와 '재현하다(darstellen)'라는 두 가지 의미 구분을 전유해, 식민지기 인도에서 행해진 사티(sati)[76]를 대신하려 했던 영국의 제국주의자들과 인도의 반식민 민족주의자들 모두를 비판한다. 영국의 제국주의자들에게 사티는 야만적인 행위였고, 과부들은 자신의 의지에 반해 불태워진 희생자였다. 반면 인도의 반식민 민족주의자들은 과부들이 자신의 의지로 죽음을 선택했다고 주장했다. 양쪽 다 인도의 과부들을 대신해서 말하고자 했으며, 그를 위해 과부들을 각자 자신들의 관점대로 재현했다. 대신 말하기 위한 재현은 여성들의 다양성과 복잡성을 무시하고 이들을 단일한 희생자 또는 적극적 행위자라는 양극단으로 묘사했다. 결국 남은 것은 제국주의와 민족주의의 이데올로기적 욕망이었다.[77]

배봉기의 경우에도 비슷한 일이 벌어졌다. 민단은 배봉기 친척의 바람을 빌려 그녀를 '제국 신민'으로서 살았던 식민지기의 고향인 충청남도 신례원, 꿈에서는 자주 가지만 '집'도 '아는 사람'도 없을 그곳으로 돌아가고 싶어 한 사람

---

76   남편이 죽어 그의 옷가지 등을 불태울 때 아내도 불길에 뛰어들어 같이
      죽는 인도의 관습.

77   Gayatri C. Spivak, "Can the Subaltern Speak?," in Cary Nelson and Lawrence
      Grossberg eds., *Marxism and the Interpretation of Culture*, Macmillan,
      1988, pp. 271~313.

으로 재현하고 대변하고자 했다. 반면 조총련은 배봉기가 미군이 주둔하고 있는 분단된 한반도에는 돌아가고 싶지 않은 사람으로 재현하고 대변하고자 했다. 양쪽 다 배봉기의 생애사에서 특정한 부분만을 단일하게 재현하고 대신 말함으로써, 그녀가 오키나와에서 사망했다는 데서 비롯하는 다양하고도 풍부한 의미를 삭제하고 남북한 체제 대결을 재상연한 것이다. 식민주의와 냉전, 국가 및 남성에 의한 여성 폭력을 하나의 육체에 응축한 채로 평생 국가 간 틈바구니에서 살았던 배봉기라는 존재, 그러한 존재의 복합성과 그가 귀향에 대해 가질 수밖에 없는 복잡다단한 감정의 결을 재현하고자 하는 시도가 우선했다면 어땠을까? 그랬다면 유골을 어느 일방의 소유로 결론 내리기보다 오키나와의 이웃들과 고향의 사람들이 함께 망자를 애도하는 방식을 고안할 수 있었을지도 모른다.[70]

78   배봉기의 유골은 소송이 진행되던 1997년에 오키나와에서 열린 배봉기 위령제에 참석한 조카 신동진이 고향에 모시고 가는 것으로 마무리되었다. 이 과정은 다큐멘터리 〈침묵〉에서 자세히 그려진다. 박수남 감독은 '위안부' 문제가 국가 또는 민족을 중심으로 도구화되는 데 저항해, 배봉기의 유골이 '귀국'하는 것이 아니라 고향으로 '귀환'하는 것이라는 데 의미를 부여했던 것으로 보인다. 이에 대해서는 별도의 연구를 통해 밝힐 예정이다.

남한의 무관심: '귀향'하지 않은 '위안부'에 대한 몰이해

민단과 조총련의 '대신 말하기'의 정치로 삭제되다시피 한 죽음의 다양성과 복합성은 이에 대한 남한 사회의 무관심으로 더 앙상해진다. 여기서 1991년 당시 민단과 남한 정부의 이해가 반드시 일치한 것은 아니라는 점을 살펴볼 필요가 있다.

1990년 남한은 소련과 수교한 뒤 중국과의 수교 또한 모색하고 있었고, 노태우 대통령의 7·7 선언과 남북총리회담의 개최로 남북한 관계 또한 화해 분위기가 만연했다. 반면 남한과 일본은 북방 진출을 둘러싸고 미묘한 신경전을 벌이고 있었으며, 북한은 다른 사회주의 국가들과 마찬가지로 경제난의 해소와 새로운 국제 관계 모색이라는 과제를 안고 있었다.[79] 이러한 상황에서 1991년 1월 30일 북일수교회담이 개최되기에 이른다. 이 회담은 2년여 동안 총 여덟 차례 개최되었으며, 특히 북한은 1992년 열린 6, 7차 회담에서 '위안부' 문제에 대한 배상을 요구했다. 남북 관계가 화해의 분위기에 싸여있었으며 북일 수교 회담이 한창이던 시기, 그리고 북한이 일본에 '위안부' 문제의 배상을 요구한 시기와 배봉기의 사망 및 1주기가 정확히 겹친다. 그런데 조총련이 이 상황을

---

79   양기웅·김준동, 〈북일수교협상(1990-2006)의 결렬(決裂)과 재개(再改)의 조건〉, 《일본연구논총》 제23호, 현대일본학회, 2006, 113~162쪽.

최대한 활용한다고 본 민단이 배봉기 친척의 바람을 들어 유골 소유권 분쟁에 적극적이었던 반면[80], 남한 정부와 사회는 이에 대해 1975년 배봉기의 사정이 처음 알려졌을 때처럼 별 관심을 보이지 않았다.

남한 정부와 사회가 1975년 배봉기의 삶이 알려졌을 때나 1991년 즈음 배봉기의 죽음이 유골을 둘러싼 분쟁으로 치달았을 때나 모두 별 관심을 보이지 않았던 이유가 같지는 않다. 앞서 살펴본 것처럼 1975년에는 공고한 동아시아 냉전 체제의 하위 파트너로 자리매김한 남한에서 북한을 지지하는 조총련과 깊은 관계를 맺은 '위안부'의 삶에 관심을 보이는 것이 금기시되었다. 냉전의 이데올로기는 배봉기와 같은 이의 삶에 관심을 갖고 발화를 듣고자 하는 청중의 형성을 허락하지 않았던 것이다. 반면 1991~1992년 남한은 글로벌 탈냉전과 민주화의 흐름을 타고 이룬 남북한 유엔 동시 가입 및 8차에 걸친 남북 총리 회담, 남북 기본 합의서와 비핵화 선언 채택이라는 성과를 깨뜨릴 어떤 이슈도 탐탁치 않아 했던 것으로 보인다.[81] 이처럼 남북한 화해 무드는 배봉기의 죽음 그리고 이를 둘러싼 오키나와 민단과 조총련의 갈등에 대한 이

---

80   다큐멘터리 〈침묵〉에서 민단 사무국장 김동선은 1992년 오키나와를 방문한 일본 사회당의 참의원 위안부 조사단을 조총련이 나서서 배봉기의 유골이 있는 절로 안내했고, 이를 통해 '위안부' 여성들의 피해 경험과 현실을 해결해야 할 문제로 제시했다고 말한다.

해를 가로막았다. 배봉기의 입장에서 생각했을 때, '화해 무드'가 한반도의 분단 이전 '제국 신민'으로서 '위안부'로 끌려갔다가 돌아오지 못한 이들을 분단 이후의 논리로 범주화하는 데 머물러 있다는 점은 분명 아이러니다.

흥미롭게도 1991~1992년은 남한에서 일본군 '위안부'가 사회적 의제로 떠오르고 남북한과 일본의 시민사회가 이 문제에 연대하기로 한 역사적인 시기이기도 하다. 1991년부터 1993년까지 일본과 한국, 북한에서 네 차례 열린 '아시아의 평화와 여성의 역할 토론회'는 당시 동아시아 일본군 '위안부' 운동의 결실이었다. 이 토론회는 일본 사회당 참의원이자 일본부인회 회장이었던 고(故) 시미즈 스미코(清水登子)와 한국의 반독재 운동가이자 여성운동가였던 고(故) 이우정이 1987년부터 논의해온 결과로, 일본에서 1차와 4차, 남한에서 2차, 북한에서 3차 토론회가 개최되었다.[82]

81   〈침묵〉에서 김동선 사무국장과 박수남 감독은 남한 정부가 배봉기 유골의 귀향 문제에 적극적으로 나서주면 좋겠으나 북한과의 관계 때문에 그러지 않는다고 지적한다. 남한 국내 정치의 측면에서 보면, 보수 세력을 대표했던 노태우 당시 대통령이 글로벌 탈냉전의 흐름에서 시도한 전향적인 북방 정책과 현실주의적 대북 정책의 엇박자가 탈냉전적 정책과 연관된 여러 이슈의 폭넓은 수용과 일관된 정책 실행을 어렵게 했을 가능성이 높다. 이에 대해서는 이정철, 〈탈냉전기 노태우 정부의 대북정책: 정책연합의 불협화음과 전환기 리더십의 한계〉, 《정신문화연구》 제35권 제2호, 한국학중앙연구원, 2012, 131~159쪽을 참조할 것.

82   문소정, 〈일본군 '위안부' 문제와 남북여성연대〉, 《통일과 평화》 제7집 제2호, 서울대학교 통일평화연구원, 2015, 216~217쪽.

특히 배봉기 사후 1주년 즈음인 1992년 9월 1일부터 6일까지 북한에서 열린 3차 토론회는 남한의 주요 일간지 대부분이 보도할 정도로 큰 관심을 모았다. 이 토론회에서는 남북한 및 일본 참가자들 중심으로 발제와 토론이 이뤄졌지만 미국과 독일의 교포 여성들도 참석했다. 북한은 '위안부' 문제를 남북한이 함께해야 하는 민족 문제임을 강조했고[83], 일본 여성들은 가해국의 시민이자 천황제 사회의 피해자로, 함께 연대해야 할 주체로 간주되었다.[84] 그러나 배봉기와 같이 '귀향'하지 않은 '위안부'의 주검을 둘러싼 오랜 이데올로기적 대결과 직면하려는 움직임은 지금까지 알려진 바로는 없었다. 배봉기의 49재가 열린 1991년 12월 6일, 김학순이 도쿄지방재판소에 최초로 위안부 피해보상 소송을 청구했다는 사실을 돌이켜보면[85] 이러한 무관심은 해석할 필요가 있다.

말하자면 국제 연대와 탈식민을 지향했던 일본군 '위안부' 운동이 국가 간 틈바구니에서 생을 꾸리고 죽음을 맞았던 '위안부'들에게까지 시선을 돌리지는 못한 것이다. 즉, 남한 사회가 '위안부' 문제가 안고 있는, 일본 제국의 식민 지배와 냉전이 강제한 위계질서의 착종에 대한 시야를 확보하는

---

83   "'위안부' 공동대처 합의 큰 성과, 평양토론회 다녀온 이효재 대표 기고",《한겨레신문》1992년 9월 8일자; 문소정, 같은 글, 224~225쪽.

84   같은 기사.

85   길윤형 기자, 앞의 글, 2015.

데는 그로부터 또다시 20여 년 가까운 시간이 필요했다. 그리고 그것은 우리가 목도하고 있듯 아직도 충분하지 않다.

나가며

나는 이 글에서 배봉기의 사례를 통해 일본군 '위안부' 문제를 사유하는 주요한 틀로서 식민주의의 지속과 냉전 질서의 착종을 제기하고, 이러한 포스트식민 냉전 체제가 그녀의 삶과 죽음을 비가시화한 메커니즘을 규명하고자 했다. 이를 위해 버트런드가 시도한 서발턴 침묵의 메커니즘을 참조했다. 〈표 3〉은 지금까지의 분석을 토대로 배봉기가 삶과 죽음을 통해 말하고자 한 것을 침묵시키는 메커니즘을 정리한 것이다.

배봉기는 전후 오키나와에서 살기 위해 자신을 드러내야만 했던 순간 이전에는 전쟁 전과 전쟁 후의 삶에 대해 발화할 수 없었다. 일본 제국령이었다가 전후 미국의 통치를 받은 오키나와에 '제국 신민'으로 들어왔다가 '무국적자'로 살아야 했던 배봉기의 역정은 결코 드러낼 수 없었던 것이기 때문이다. 또한 자신을 드러낸 이후 오키나와에서는 그녀의 이야기를 들어주는 청중이 있었지만, 남한에서는 그러한 청중이 형성될 수 없었다. 미국이 주도한 동아시아 냉전 체제의 하

<표 3> 배봉기의 발화를 침묵시키는 메커니즘

침묵의 유형	서발턴의 발화 행위를 억제하는 강제된 침묵			타인이 대신 발화하는 데서 생겨나는 침묵
침묵의 메커니즘	발화 행위에서의 침묵	발화 수반 행위의 좌절	발화 수반 행위의 불능	–
배봉기의 경우	증언 이전의 삶	증언 이후의 삶에 대한 남한의 반응: 무반응	주검에 대한 남한의 반응: 무관심	주검을 둘러싼 민단과 조총련의 경합
논리	배제			중첩

위 파트너로서 남한은 조총련과 관계 맺은 이들에 대한 관심을 금기시했다. 또한 배봉기의 죽음은 민단과 조총련 간 경쟁적인 '대신 말하기'의 정치를 활성화했고, 이는 배봉기라는 존재의 복합성과 귀향에 대해 가질 수밖에 없는 복잡다단한 감정을 단순화했다. 탈냉전과 민주화의 흐름 속에서 '위안부' 문제에 대한 공간이 열리고 있었던 남한 사회는 귀향하지 않은, 즉 국가의 경계 안에 있지 않은 '위안부'들에 대한 시야를 제대로 확보하지 못해, 그녀의 주검을 둘러싼 이데올로기적 갈등을 대면하지 못했다. 이 또한 냉전 체제의 지속으로 봐야 할 것이다.

2015년 한일 위안부 합의는 1965년 한일기본조약을 더욱 악화된 방식으로 반복했다고 지적받았다. 사실 '위안부' 문제의 첫 단추를 잘못 끼운 것은 그보다 훨씬 이전인 극동군사재판까지 거슬러 올라간다. 1946년부터 1948년까지 열린 극동군사재판은 식민 지배에 대한 일본 제국의 책임을 묻지 않았고, 이는 일본을 국제사회의 일원으로 복귀시킨 1951년 샌프란시스코조약에서도 반복되었다. 당시 남한은 샌프란시스코조약에 당사국으로 참여하고자 했지만, 식민 지배에 대한 일본의 책임을 거론하는 것이 내심 마땅치 않았던 영국과 일본의 강한 반대와 다른 연합국들의 동의로 인해 참여하지 못했다.[86] 이처럼 미국 주도의 전후 세계 질서는 일본과 남한 그리고 북한 간의 관계를 규정하는 가장 강력한 틀로 작동해 왔다. 배봉기는 이 체제가 한 개인의 삶과 죽음을 어떻게 틀 지으며 그녀가 말하고자 한 바를 어떻게 침묵시키는지 보여주는 강력한 사례. 이제 포스트식민 냉전 체제가 침묵시킨 복잡다단한 이야기를 듣고 이해하며 재현하는 작업이, 그리고 이를 통해 현재의 국제 질서를 탈구축하는 과제가 우리의 몫으로 남아있다.

---

86   Yoneyama, Op. Cit., 2016, pp. 25~30.

2부

일본군 '위안부' 연구를 역사화하기

6. '위안부' 망언은 어떻게 갱신되는가

신자유주의 역사 해석으로 결속하는 수정주의 네트워크

김주희(덕성여대 차미리사교양대학 교수)

• 김주희, 〈"무엇을 더 숨길 게 있나": '위안부' 망언의 본질주의를 넘어〉, 《여성과 역사》 제34호, 한국여성사학회, 2021, 39~84쪽을 단행본 형식에 맞게 수정·보완한 글이다.

들어가며

2021년 2월 하버드대학교 로스쿨의 존 마크 램지어(John Mark Ramseyer, 이하 램지어) 교수가 쓴 논문 〈태평양전쟁기 섹스 계약(Contracting for sex in the Pacific War)〉이 《국제법경제리뷰(International Review of Law and Economics)》에 게재됐다는 소식이 알려지면서 국내는 물론 국제사회로부터 맹렬한 비판이 이어졌다. 각계각층에서 '위안소' 피해부정론을 펼치며 식민 지배를 정상화한 램지어를 규탄했다.

램지어의 논문은 제2차 세계대전 당시 일본군 '위안소'를 "민간업자들이 기지 옆에 설치한 반관(半官) 매매춘 업소(semi-official brothels)"라 정의하고 '위안소'가 매춘부와 업주의 상호 계약을 통해 운영되었다고 설명했다.[1] 다시 말해 램지어는 일본군 '위안소'가 민간인이 설치한 군대 매매춘 업소의 일종이며, '위안부'들은 강제 동원된 피해자가 아니라 노동 계약의 당사자라고 주장한 것이다. 일본군 '위안부'들이 성 노예가 아니라 계약 성 노동자라는 주장은 '아베의 스승'으로 알려진 하타 이쿠히코부터 《반일 종족주의》를 쓴 이영훈까지 극우 역사수정주의자들이 오랫동안 반복해왔

---

1   J. Mark Ramseyer, "Contracting for sex in the Pacific War," *International Review of Law and Economics*, Vol. 65, 2021, p. 1.

다. 이러한 말은 '망언(妄言)'이라 불렸으며, 램지어의 논문은 '위안부' 부정론자들의 망언 네트워크를 통해 탄생한 하나의 '사태'였다.

이 글은 망언 그 자체인 램지어의 논문을 분석한다. 하지만 이러한 망언을 '친일적인' '국적을 가진 말'로만 인식하고 반격하는 것을 넘어, 여성을 '무지한 자'의 위치에 머무르도록 하는 망언의 전략을 넘어, 램지어의 논문을 망언으로 만드는 로직을 포함해 여성에 대한 폭력을 지식화하는 분석 방법에 대한 여성주의적 고민을 이어가고자 한다.

정희진은 미치코 가쿠타니(Michiko Kakutani)가 거짓과 혐오가 일상이 된 시대에 진실을 실종시키는 주범으로 포스트주의를 지목하자, "포스트는 시간이 아니라 주체, 장소, 인식자의 위치성에 대한 개념"이라며 "진실은 시공간의 횡단을 통해 구성"된다는 비평을 내놓았다.[2] 문제를 해결하려고 문제를 만들어낸 담론 질서 안으로 다시 들어갈 필요는 없다는 것이다. 포스트주의야말로 단 하나의 진실을 만들어내는 권력을 질문하는 도구가 될 수 있음을 상기하면서, 이 글은 '위안부' 문제에 대한 포스트식민주의적 역사 쓰기를 통해 식민주의를 지속시킨 망언의 그림자를 분석한다. 나아가

---

2   정희진, 〈포스트트루스 시대의 인간의 조건〉, 미치코 가쿠타니, 《진실 따위는 중요하지 않다: 거짓과 혐오는 어떻게 일상이 되었나》, 김영선 옮김, 정희진 해제, 돌베개, 2019, 199~200쪽.

망언의 그림자를 넘어서는 데 있어 피해자 여성의 주체 위치와 앎을 지식화하는 페미니스트 공유 지식의 역할을 함께 강조하고자 한다.

망언의 그림자

망언은 '이치나 사리에 맞지 아니하고 망령되게 말함'이라는 사전적 뜻을 지닌다. 그것은 국적 불문의 헛소리이지만, 오랜 시간, 특히 냉전 이후 민주화 이행기인 1990년대 한국에서는 주로 언론을 통해 일본 각료의 역사 왜곡 발언이 망언으로 분류되었다. 1994년 8월 14일자 《동아일보》 기사에서와 같이 "한국의 신문사 조사부에는 망언파일이라는 게 있는데" 이 "망언파일은 일본인의 독차지"라는 지적이 대표적이다.[3] 1990년대 초반 '위안부' 피해자들이 사회적으로 모습을 드러내고 일본군 '위안부' 문제를 다루는 시민운동이 시작됨과 동시에 일본에서 발신된 '위안부' 망언이 집중적으로 쏟아졌고, 망언은 이때부터 민족적 공분을 불러일으키는 저널리즘 용어로 자리 잡았다.

1990년대 중반부터 일본에서는 역사 교과서에 일본

3   "횡설수설",《동아일보》, 1994년 8월 14일자.

군 '위안부' 문제를 수록하는 것에 대해 항의하기 시작했고, 1996년에는 극우단체인 '새로운 역사 교과서를 만드는 모임'이 결성되었다. '위안부' 여성들이 위안소에서 많은 돈을 벌어들인 '매춘 여성'이라는 주장은 결국 '위안소' 제도가 무지하고 빈곤한 식민지인에게 오히려 이로웠다는, 제국주의 지배를 정당화하려고 덧붙은 말이다. 그와 같은 주장에는 식민지 여성들에 대한 성적 낙인을 자연화하면서 피식민지인을 열등한 방식으로 인종화해 지배를 정상화하려는 의도가 포함되어 있다. 제국주의 지배 권력은 과학적 지식을 범주화하고 전유함으로써 자동적으로 피식민지인을 '무지한 이들'로 분류해 위계를 재생산한다.

'위안부' 피해를 부정하고 조롱하며 모욕하는 문제는 항상 "헛소리, 엉터리 말, 실없는 지껄임"의 하나인 망언으로 통칭되어 언론의 주목을 받았다. 하지만 망언의 오랜 역사에도 불구하고 그 내용과 형식이 우리 사회를 성찰하는 개념으로 사용되지는 못했다. 망언이 '의미를 확보하지 못한 지껄임'으로 지칭되고 성토되는 과정에서 망언을 가능케 한 근저의 인식론이나 망언과 망언 아닌 것 간의 차이는 제대로 다뤄지지 못했다.

1945년 이후 한국의 식민 지배를 정당화한 일본발 망언은 한국 측의 사죄 요구에 따른 일본 측의 사죄와 짝을 이뤄 주기적으로 등장한 것을 알 수 있다.[4] 일본발 망언과 한국 사회의 분노라는 순환 구조에서 분노는 항상 망언으로부터 촉발되는데, 이는 일찍이 양현아가 '위안부' 문제에 대한 진상 규명을 요구하는 시도가 일본 측에 담론적 주도권을 부여하는 효과를 낳는다고 지적한 것과 맞닿는다.[5] 다시 말해 망언의 그림자 속에서 식민 지배에 대한 분노의 형식과 방향을 결정하는 것은 망언이라는 이야기다. 일본으로부터 발신된 다종다양한 망언은 한국 언론의 떠들썩한 보도와 한국 사회의 격한 반응을 통해 수신되면서 비로소 망언이 된다. 이 과정에서 망언이 우리 사회를 잠식한 지배적 지식 체계와 어떻게 연결되어 있는지 따지는 것은 경시되기 마련이다.

물론 망언으로 촉발된 분노는 새로운 흐름의 동력이 되기도 했다. 일본 사회당의 모토오카 의원이 종군위안부, 일명 조선인 정신대에 대한 조사를 정부에 요청한 데 대해 노동성의 시미즈 츠타오 직업안정국장은 1990년 6월 "민간업자들이 군과 함께 데리고 있었던 종군위안부 실태를 조사해 결

---

4   정근식, 〈일본 보수층의 식민지 지배에 관한 인식과 '망언'의 사회사〉, 《현대사회과학연구》 제8권 제1호, 전남대학교 사회과학연구소, 1997, 51~92쪽. 정근식은 일본 보수층의 망언이 끊이지 않는 것은 단순히 개인의 본심이 우연하게 튀어나오기 때문이 아니라, 일본에서 식민 지배를 철저하게 비판하지 못했고 한일협정 등으로 전쟁에 대한 책임이 희석되었기 때문이라고 지적한다.

5   Hyunah Yang, "Revisiting the Issue of Korean "Military Comfort Women": The Question of Truth and Positionality," *Positions: east asia cultures critique*, Vol. 5, Iss. 1, 1997, pp. 51~72.

과를 낸다는 것은 솔직히 말해서 할 수 없는 일"이라고 답변했다.[6] 이처럼 거대한 망언에 분노한 한국의 여성 단체들은 한일 양국 정부를 상대로 공개서한을 보내고 일본 외무성을 방문하는 등 활발하게 활동했다. 그러다 조직화의 필요성을 절감하고 한국교회여성연합회, 정신대연구회, 한국여성단체연합이 중심이 되어 1990년 11월 16일 한국정신대문제대책협의회(이하 정대협)를 발족하기에 이르렀다.[7] 1991년 광복절 전날 당시 67세의 김학순 '할머니'는 기자회견장에서 "당한 것만 해도 치가 떨리는데 일본 사람들이 정신대란 사실 자체가 없었다고 발뺌하는 것이 너무 기가 막혀 증언하게 됐다."고 말했다.[8] 이처럼 망언은 분노한 피해자와 지지자들이 드러나도록 만드는 효과가 있었다.

　　일본발 망언이 모든 저항 활동의 유일한 원인이라고 말할 순 없다. 이 시기 위안부 동원과 관리에 일본 군대와 정부 수뇌부가 깊이 관여했다는 사실을 담은 미군 심리전 부대의 공식 문서 및 일본 방위청 도서관 문서도 속속 발견되기 시작했다. 그 과정에서 1992년 1월 16일 방한한 미야자와 총

6　　"'정신대 망언' 여성계 진상조사",《한겨레신문》, 1990년 10월 21일자.
7　　이효재,〈일본군 위안부 문제 해결을 위한 운동의 전개과정〉, 한국여성의전화연합 엮음,《한국 여성인권운동사》, 한울아카데미, 2020, 186쪽.
8　　한혜진 기자, "挺身隊(정신대)로 끌려간 金學順(김학순) 할머니 눈물의 폭로 戰線(전선)의 노리개 "짓밟힌 17세"",《경향신문》, 1991년 8월 15일자.

리는 한국 국회 연석에서 일본 정부의 관여를 시인하고 사과의 뜻을 표시했고, 이후 1992년 가토 고이치 관방장관 담화, 1993년 고노 요헤이 관방장관 담화를 통해 일본군과 일본 정부의 책임을 인정하는 내용의 공식 발언이 이어지기도 했다.

그럼에도 망언은 계속되었고 한쪽은 부정하고 다른 쪽은 분노하는, 가해-피해의 규범적 문법 체계가 관성적으로 재생산되고 있다. 망언의 부정적 효과는 무엇보다 피해자의 자리를 협소하게 만든다는 점이다. 피해자의 말은 피해의 양상이 얼마나 다양한지를 드러내는데, 망언은 피해자의 말을 듣지 못하게 만든다. 야마시타 영애는 일본에서 '위안부' 문제 부정파의 논조가 대두함으로써 '모델 피해자'상 중심의 활동이 강화되었음을 지적한 바 있다.[9] '위안부' 망언이 등장할 때마다 언론과 정치권에서는 각종 보도와 논평을 쏟아냈지만, 민족주의적 관점에서 '위안부' 피해자들의 피해를 호소하고 일본의 사과와 보상을 요구하는 식의 문제 제기는 보호할 만한 여성을 선별함으로써 피해자다움을 고착화할 수밖에 없었다. 민족주의 담론은 민족을 결속시키는 상징적 매

9 야마시타 영애, 〈한국의 '위안부' 증언 청취 작업의 역사: 기억과 재현을 둘러싼 노력〉, 우에노 지즈코·아라라기 신조·히라이 가즈코 엮음,《전쟁과 성폭력의 비교사: 가려진 피해자들의 역사를 말하다》, 서재길 옮김, 어문학사, 2020, 96쪽. (上野千鶴子·蘭信三·平井和子 編,《戰爭と性暴力の比較史へ向けて》, 岩波書店, 2018)

개자로 여성을 위치시키기 때문에, 외세에 의해 강제 동원된 순수한 피해자라는 민족주의적 피해의 논리는 민족 와해에 대한 분노일 뿐 여성의 피해를 규명하고자 하는 시도로 이어지지 못한다.

수요시위가 시작된 지 20년 뒤인 2011년 일본 대사관 앞에 등장한 '소녀상'과 해외로까지 이동하고 있는 무수한 복제 '소녀상'이 대표적이다. 단 하나의 얼굴로 대표되는, 말이 없는 소녀 동상은 어쩌면 이 시대 한국에서 가장 사랑받는 여성의 형상일 것이다. 하지만 2015년 박근혜 정부에서 피해자들의 의견을 고려하지 않은 채 '위안부' 문제의 '최종적, 불가역적' 종결을 선언한 한일 합의안을 발표했고, 이 합의에 주한 일본 대사관 앞의 소녀상에 대한 한국 정부의 '해결', 다시 말해 철거가 포함되었던 점에서 합의안을 인정할 수 없는 시민들에게 소녀상은 다시금 강력한 저항의 상징이 될 수밖에 없었다. 일본발 '위안부' 망언과 식민지 미화로 이뤄진 가해 부인(否認)의 정치는 '위안부' 운동에 대한 국내적 결속을 만들어냈지만, 이와 동시에 '위안부' 운동이 반일 활동으로 대중화되면서 여성주의적 지식의 확산을 위축시킨 효과가 있다.[10]

10   2008년부터 정대협의 상임대표를 지낸 윤미향은 2020년 제21대 국회의원 선거에서 더불어시민당 비례 7번으로 출마를 선언했는데, 당시 그의 포스터에 적힌 구호가 "21대 총선은 한일전이다!"였다.

무엇보다 망언을 둘러싼 대리전 속에서 '위안부' 피해자들은 '무지한 자'로 위치 지어진다. 예컨대 램지어는 여성들이 '위안소'에 알고 갔으므로 피해자가 아니라고 말한다. 여성이 계약을 이해했으며 알고 갔다는 이야기는 '위안부'는 매춘부이기 때문에 강제 동원이 아니라는 망언의 본질주의적 속성을 대표한다. 이것이 본질주의인 이유는 피해가 상황이 아니라 자격에서 발생한다고 믿기 때문이다. '매춘부'는 '위안소'에서 어떤 거래가 가능한지 '아는 자'로 분류되고, 이에 대항하는 '소녀'는 자연히 '무지한 자'가 된다. 본질주의적 가정이 되풀이되는 동시에 피해자의 앎과 지식은 방치된다. 어떤 이들은 램지어의 논문이 분석할 가치가 없다고 말하지만, 이를 도외시한 결과 역사부정론을 넘어서려면 한복 입은 소녀상을 전 세계에 확산해야 한다는 식의 주장이 여전히 우리 사회에서 반복되는 실정이다.

'위안부' 생존자 이용수는 2020년의 기자회견에서 '성노예'라는 단어가 "더럽고 속상하다."며 그것은 국제사회를 설득하기 위한 말이지 자신을 설명하는 말은 될 수 없다고 말했다. 하지만 이는 진지한 토론으로 이어지지 못했다. 심지어 한국에서 열린 일본군 '위안부' 문제에 대한 국제 콘퍼런스에서 더 많은 "한국 측의 영어 논문"이 나와야 한다는 주장도 제기되었다. '위안부' 문제를 '국제' 무대에서 한일 양국의 정치 싸움으로 냉정하게 인식하자는 의미일 것이다. 하지만 정말 그러한가? '위안부' 문제가 홀로코스트처럼 지역적 경계를 넘어 초국적 기억의 일부가 되었으므로 더는 일본과 다른 아시아 국가 간 논쟁에만 국한되지 않는다는 평가에도 불구하고[11], 정작 국내에서 '위안부' 문제는 '한일전'일 수밖에 없지 않느냐는 냉소가 계속되고 있다.

부정론자들의 게임

'합리적 경제인'이라는 전제

그간 램지어의 논문 〈태평양전쟁기 섹스 계약〉은 인용된 자료의 왜곡과 오류 등 학문적 진실성 위반이라는 차원에서 주요하게 문제시되었다.[12] 이러한 문제의식에 전적으로 동

---

11 Carol Gluck, "What the World Owes the Comfort Women," in Jie-Hyun Lim and Eve Rosenhaft eds., *Mnemonic Solidarity: Global Interventions*, Palgrave Macmillan, 2021, pp. 103~104.

12 '위안부' 계약을 증명하는 법령과 계약서가 없다는 점, 전시의 조선인 여성은 물론 일본 헌병도 '위안부'라는 단어를 현재와 같은 의미로 사용하지 않았으므로 계약이 있었다고 하더라도 그 본질이 모호했다는 점, 당시 공·사창 제도에 관한 이해가 결여된 점, 그 외에도 논문에서 사용된 자료의 오류를 들어 학술 윤리 기준을 위반했다는 지적까지 학계에서 다양한 문제 제기가 있었다. 강성현, 〈'램지어 사태'로 본 역사부정의 논리와 수법 비판〉, 《황해문화》 제111호, 새얼문화재단, 2021, 238~261쪽; 김승우, 〈미국 신자유주의의 역사 만들기: 시카고학파와 '램지어 사태'의 과거와 현재〉, 《역사비평》 제137호, 역사문제연구소,

의하면서 이 글은 램지어의 논문이 누구의 관점에서 지식과 역사를 서술하는지를 중심으로 분석, 비판하고자 한다. 특히 위 논문이 전제하는 계약에 대해 단지 그가 남아있는 계약서를 증거로 제출하지 못한 문제를 넘어, 자유로운 계약이라는 경제적 상상력이 현실의 억압적 성별 관계를 포함하는 지배-피지배 관계를 옹호하는 방식으로 작동한다는 것을 지적하고자 한

2021, 237~268쪽; 김은경, 〈"인가된 무지"와 전략적 무시가 낳은 참사: '램지어 사태'에 대한 관견〉, 《역사연구》 제41호, 역사학연구소, 2021, 13~27쪽; 김창록, 〈'램지어 사태': 일본군'위안부' 부정론의 추가 사례〉, 《역사비평》 제135호, 역사문제연구소, 2021, 174~197쪽; 박정애, 〈교차하는 권력들과 일본군'위안부' 역사: 램지어와 역사수정주의 비판〉, 《여성과 역사》 제34호, 한국여성사학회, 2021, 1~37쪽; 한혜인, 〈제국의 시선들이 놓치고 있는 것들: 램지어 사태가 보여주는 것〉, 《역사와 현실》 제120호, 한국역사연구회, 2021, 3~17쪽; 석지영, "위안부 이야기의 진실을 찾아서", 장여정 옮김, The New Yoker, 2021년 3월 13일; Tessa Morris-Suzuki, "The 'Comfort Women' Issue, Freedom of Speech, and Academic Integrity: A Study Aid," The Asia-Pacific Journal: Japan Focus, Vol. 19, Iss. 5, No. 12, 2021; Amy Stanley, Hannah Shepherd, Sayaka Chatani, David Ambaras and Chelsea Szendi Schieder, ""Contracting for Sex in the Pacific War": The Case for Retraction on Grounds of Academic Misconduct," The Asia-Pacific Journal: Japan Focus, Vol. 19, Iss. 5, No. 13, 2021; Andrew Gordon and Carter Eckert, "Statement," The Asia-Pacific Journal: Japan Focus, Vol. 19, Iss. 5, No. 14, 2021; Alexis Dudden, "The Abuse of History: A Brief Response to J. Mark Ramseyer's 'Contracting for Sex'," Asia-Pasific Journal: Japan Focus Vol. 19, Iss. 5, No. 15, 2021. 서강대학교 트랜스내셔널인문학연구소(CGSI)는 홈페이지를 통해 램지어의 논문으로 촉발된 국내외 아카데미의 논쟁을 다루는 아카이브를 제공하고 있다. http://cgsi.ac/bbs/board.php?bo_table=ramseyer (2024년 7월 22일 접속)

다. 김승우는 램지어의 전공인 법경제학에 주목하면서 "경제적 인간과 비용-편익 분석을 가지고 사회 모든 분야의 평가 기준으로 시장경제를 내세"운 학문 분과라고 정의했다. 나아가 그의 논문이 "미국 신자유주의 역사 만들기"의 일환이라면서 과거 시카고학파 학자들이 경제 분석을 통해 기존 역사학 담론에 대한 수정주의적 개입을 만들어냈음을 강조했다.[13] 모든 역사 분석은 모름지기 당파적 해석의 결과겠지만, 램지어의 논문이 특히 자유 시장 이데올로기를 역사적 사실로서 제시하는 시의적 맥락에 대해서도 고민해야 할 것이다.

　　램지어의 논문은 매춘업자와 매춘부 사이 섹스 계약을 통해 일본군 '위안소'가 운영될 수 있었음을 설명한다. 그는 '위안부' 피해자들이 (그에 따르면 '매춘부들'이) 고되고 위험하며 평판 하락을 상쇄할 만큼 충분히 높은 소득을 기대하며 스스로 직업을 선택했다고 기술했다.[14] 이에 더해 '위안부'들의 계약 기간 역시 정해져 있었다면서, 예컨대 전방에서는 리스크(risk)를 반영해 기간이 2년으로 명시되었다고 기술했다.[15] 요약하자면 램지어는 일본군 '위안소'를 민간업자들이 운영한 매춘 업소로 보았으며, 업자와 여성 간 계약 사항에 인센티브를 포함한 '위안부'의 수입과 고용 기간이 포함되었

13　　김승우, 같은 글, 244쪽.
14　　Ramseyer, Op. Cit., 2021, p. 1.
15　　Ibid., p. 7.

다고 주장했다.[16]

　　문제는 군 '위안부'의 모집과 운영에 일본군이 개입한 적 없다는 망언을 구축하는 논리다. 전쟁기 '위안소'를 다루는 챕터는 논문의 3장에 해당하지만, 막상 그 분량은 전체 논문의 4분의 1이 채 되지 않는다. 대신 2장에 많은 분량을 할애해 태평양전쟁 전 일본과 (그가 줄곧 "한국"이라고 언급하는) 식민지 조선에서의 매춘 제도, 여성과의 계약 논리, 여성 모집 방식에 대해 설명하고 있다. 전쟁기 '위안소'에서의 섹스 계약을 분석한다는 포부를 밝힌 램지어는 논문에서 '식민지 조선'이라는 표현 대신 줄곧 '한국'이라는 명칭을 사용하는데, 논문 초록에서 그 단서를 찾아볼 수 있다. 램지어는 "'위안소'라고 부르는 전시 매춘 업소를 둘러싼 남한과 일본 사이의 장기화된 정치적 논쟁이 여기 개입된 계약상의 역학 관계를 이해하기 어렵게 만든다."[17]는 문장으로 논문을 시작한다. 인종화, 젠더화를 통해 작동하는 '위안소'를 중심으로 한 식민주의 정치

16　　램지어의 논문이 단순히 '위안부' 피해자를 식민지기 공창제와 함께 언급했기 때문에 비판받아야 한다는 것은 아니다. 공창 시설과 군 '위안소' 제도의 다양성과 연속성에 관한 여성사 연구를 진행해온 박정애는 공창과 '위안부'의 모호한 경계를 염두에 두고 "공창제와 '위안부' 제도의 관계에서 우리가 질문을 해야 할 대상"은 "공창/위안부 제도를 두었던 공권력"이라고 밝혔다. 박정애, 〈일본군 '위안부' 문제의 강제동원과 성노예: 공창제 정쟁과 역사적 상상력의 빈곤〉, 《페미니즘연구》제19권 제2호, 한국여성연구소, 2019, 64쪽.

17　　Ramseyer, Op. Cit., 2021, p. 1.

학에 대한 지평을 삭제한 채, 동시대 한일 내셔널리즘의 경합이라는 출발선에서 일본군 '위안부' 문제에 관한 논의를 시작하고 있는 것이다. 쟁점이 되었던 식민지 여성의 '성 노예 계약'의 의미 분석은 증발한 채, 정작 그가 비난하고 있는 것은 한국의 내셔널리즘이다. 한일 정치 논쟁이라는 이원적 지평 위에서 "일본군 '위안부'는 많은 돈을 번 계약 매춘부"라는 '위안부'의 일반적 형상이 램지어의 논문에서도 도출되고 있다.

  2장과 3장을 연결하는 핵심 논지는 '계약'이다. 램지어는 일본과 한국의 매춘 업소, 나아가 일본군 '위안소'에 여성이 유입되는 과정을 계약의 논리로 설명함으로써 강제 연행을 부인한다. 이때 그는 사기와 기만을 일삼는 개인 행위자로 한국인 모집업자들을 부각한다. 램지어는 "1910년 일본이 공식적으로 한국을 합병"하고 "1916년 한국 전역의 매춘 업소에 대해 (일본과) 균일한 면허 규정을 부과"했지만[18], 문제는 일본 정부도, 한국 정부도, 일본군도, 위안소도 **아니라**, 바로 "수십 년 동안 젊은 여성들을 속여서 매춘 업소에서 일하도록 만든 **한국인 모집업자들**"이며 이 지점이 "일본과 구분되는 한국의 문제"였다고 지적한다.[19] 이러한 설명 뒤로 전쟁기 '위안소'에 대한 챕터가 이어진다. 이와 같은 배치는 일본군

18   Ibid., p. 4.
19   Ibid., p. 5. 강조는 인용자.

'위안소'의 문제를 무질서한 식민지에서 유독 극성이었던 모집 사기꾼이라는 개인의 문제로 이동시킨다. 동시에 그의 논의에서 이러한 모집 사기꾼은 극단적이긴 해도 예측이 가능한, 부연하자면 행동을 확률적으로 수치화할 수 있는 경제인(homo economicus)으로 그려진다. 매춘 업소와 여성의 계약 논리를 설명하려고 이 논문은 게임이론(game theory)을 분석 프레임으로 표방하고 있기 때문이다.

게임이론은 게임과 같은 상황에 처한 행위자가 또 다른 행위자의 행동을 예측하면서 최대 이익에 부합하도록 행동하는 것을 수학적으로 분석하는 경제이론을 일컫는다. 경제학자 김완진의 설명에 따르면, 게임이론에서 핵심은 "경제적 합리성"이며, 게임이론이 "경제적 합리성의 개념과 관련하여" "하나의 커다란 분수령"을 만들어냈다고 단언한다. "게임이론이 도입되기 이전의 경제학의 전통적인 분석 대상은 완전 경쟁시장"이었는데 현실에서 "완전 경쟁적인 시장은 극히 드물게 존재"하기 때문에 "이해관계가 상호의존적인 다양한 사회현상, 국가 간의 경쟁 등의 상황"을 "게임적인 상황"으로 제시하는 것이다. 게임이론은 이러한 "게임적인 상황에서 합리적인 개인들이 어떻게 상호작용하는가에 관해 분석"하기에 적절한 이론이라고 소개된다.[20]

램지어는 2장의 전반부에 해당하는 일본의 매춘 챕터, 그중에서도 "계약 논리"에 해당하는 챕터에서 게임이론을 소개한다. 이러한 이론적 프레임은 일본의 공창제와 "유사한 계약"이 사용된 식민지 조선의 매춘 업소와 전시 '위안소'에서의 계약이 동일한 논리로 작동함을 뒷받침하기 위한 전거로 사용되었다.[21] 전시 '위안소'에서 여성들이 경험한 극한의 폭력은 게임이론에 따라 수학적으로 예측할 수 있는 상황으로 간주되고, 모집 사기꾼 역시 게임적 상황에 놓인 한 명의 행위자로서 단순히 리스크(약속을 지키지 않음)를 만들어내는 인물로 분류된다.[22] 어차피 게임적인 상황은 불확실성을 전제하기 때문에 행위자들의 행동은 확률적 예측이 가능한 범주 안에 놓이는 것이다.

램지어는 '위안부' 피해자들이 계약이라는 합리적 경제행위에 참여한다는 주장을 게임이론을 도입함으로써 사실로 전제하고 있다. 그는 게임이론이라는 이론적 틀을 표방하고 있을 뿐, 논문에서 어떤 수학적 계산도 내놓지 않는다. 그가 표방하는 게임이론은 업소와 여성 간 "신뢰할 수 있는 약

20   김완진, 〈경제적 합리성과 게임이론〉, 《철학사상》 제20권, 서울대학교
      철학사상연구소, 2005, 24~25쪽.
21   Ramseyer, Op. Cit., 2021, p. 4.
22   다음의 연구를 통해 경제학에서 자연 요소와 같이 예측할 수 없는 불확
      실성(uncertainty)과 확률적으로 예측할 수 있는 위험(risk)을 구분하
      는 방식을 살펴볼 수 있다. Frank Ellis, *Peasant Economics: Farm House-
      holds and Agrarian Development*, Cambridge University Press, 1988, pp.
      82~101.

속(credible commitment)"에 기반한 게임적 상황을 전제하는 도구로 소환된다. 이러한 경제 논리는 게임의 규칙과 질서를 지정하고 공유한 자들이 만들어낸 이데올로기적 가상에 의존하고 있다. 합리적 인간으로서의 경제인이라는 모형을 통해 사회적 현실을 분석할 때 현실과 동떨어진 지식이 생산될 뿐 아니라, 지배적 권력관계를 드러내지 않음으로써 기존의 패권적 경제 질서를 옹호하는 결과가 초래되는 것은 주지의 사실이다. 무엇보다 이러한 모델은 인간의 본성을 동질화하고 일반화하려는 본질주의적 보편주의에 근거해 사람들 간의 차이를 배제와 차별의 이유로 자연화하고 정당화하는 원리로 사용된다.[23] 프랑스의 사회인류학자인 질베르 리스트(Gilbert Rist)는 경제인 모형이 "동일한 인간의 본성"에 대한 가정을 통해 결국 "보편주의 심리학"이라는 불가능한 임무를 수행하고 있다고 비판했다.[24]

---

23   여성을 생물학이라는 이데올로기를 통해 일반화하면서 여성 간의 차이를 소거해 결과적으로 특권적 위치에 선 여성들의 문제만을 '여성 문제'로 표상하는 젠더-본질주의가 식민주의와 공존한다는 논의로 다음 논문을 참고할 수 있다. 나는 이 논문에서 일본의 페미니스트 지식인 우에노 지즈코가 여성 혐오를 병리화하는 방식으로 본질주의적 입장을 취하고 있음을 지적했다. 김주희, 〈우에노 치즈코의 젠더-본질주의 비판〉, 《여성문학연구》 제47호, 한국여성문학학회, 2019, 13~53쪽.

24   질베르 리스트, 《경제학은 과학적일 것이라는 환상》, 최세진 옮김, 봄날의책, 2015, 68쪽. (Gilbert Rist, *L'économie ordinaire entre songes et mensonges*, Presses de Sciences Po, 2010)

램지어 역시 사례의 오독과 섣부른 일반화를 통해 '위안부' 여성들에 관한 상상적 심리 분석에 머물고 있다. 그는 매춘 업소의 여성들이 자신의 평판에도 해롭고 모집업자에게 사기당할 위험도 있는 일을 한다는 걸 "이해했고(understood)", 이에 선불금을 받거나 충분한 임금을 받는 것에 "동의한(agreed)" 것이라고 설명했다.[25] 심지어 자료를 왜곡하면서까지 열 살의 일본인 소녀 오사키가 해외 성매매 업소에 가면서 선불금을 받은 사례를 다루면서, "이미 그녀는 그 직업이 무엇을 요구하는지 알고 있었다(knew)."는 분석을 내놓아 전 세계의 연구자들에게 집중적인 비판을 받았다.[26] 램지어는 매춘 업소의 일반적 계약 논리를 게임이론으로 분석하는 챕터의 다섯 문장으로 된 도입부에서 매춘부 여성이 (상황을) "이해했다(understood)"라는 말을 세 문장에 걸쳐 사용했다. "여성이 이해했다." 혹은 "여성이 동의했다."는 반복적 표현은 그가 제시한 매춘 업소 내 행위자들 간의 "신뢰할 수 있는 약속"이라는 게임이론의 논리를 뒷받침하고자 소환되었다고 할 수 있다.

"여성이 이해했다."는 그의 진단에 등장하는 여성은 누구일까? 피해 생존자들이 지난 30년간 동원의 강제성을 주

---

25   Ramseyer, Op. Cit., 2021, p. 3.
26   램지어의 논문에서 자료가 의도적으로 누락되고 왜곡되는 것에 대해서는 다음의 논문을 참고할 것. Amy Stanley et al., Op. Cit., 2021, p. 4.

장해온 상황에서, 누가 그에게 '위안부' 피해자들의 심리를 대변하는 역할을 부여했을까? 이러한 논의는 한일 내셔널리즘의 경합을 넘어 현대 한일 성 산업 종사자 여성들의 선택과 동의를 옹호하는 논리로 수렴되고 있다고 해도 위화감이 없다. 램지어는 여성이 경험하는 폭력을 인간의 자연적 본질에 의거한 합리적 선택 논리, 즉 계약으로 재현하면서 식민 지배를 옹호하는 데 그치지 않고 시장 질서를 통해 운영되는 성매매 비즈니스까지도 옹호하고 있는 셈이다.

게임이론과 '공유 지식'

어떤 이론이든 현실에 적용할 때 신중해야 하지만, 특히 추상적 경제이론을 통해 불평등이 얽혀있는 사회 현실을 분석할 때는 신중한 접근이 필수적이다. 한 경제학자는 칼럼에서 램지어가 '위안부' 이슈에 게임이론을 적용한 것을 비판하면서 게임이론은 "어떤 질문에 대해 보편적이고 불변하는 결론을 얻는 추론 법칙이 아니"라고 일갈했다.[27] 이 장에서는 게임이론을 통해 개개인의 문화적 행동이 조정되는 장면을 정교화하고자 한 마이클 최(Michael S. Chwe)의 분석을 참조해 '위안부' 문제를 다른 각도로 이해하고자 한다.

마이클 최는 합리적 인간이라는 추상적이고 본질주의

---

27   김재수, "게임이론 왜곡한 램지어", 《매일경제》, 2021년 4월 13일자.

적 가정을 작동시키지 않고 행위자들이 자신의 행동을 결정하는 것에 어떤 정보와 앎이 결합하는지 질문하며 논점을 구체화했다. 그는 '모두 함께 광장에 모입시다'라는 누군가의 메시지만으로는 의사소통이 성공할 수 없으며 "메시지 전달이 성공적이려면 각 개인이 그런 사실을 알 뿐만 아니라 다른 사람들도 그렇게 알고 있다는 사실을 알아야 한다."고 설명했다. 다시 말해 인간이 자신의 행동을 조정하려면 "다른 사람들이 안다는 데 대한 앎, 즉 '메타지식(metaknowlege)'을 필요로 한다."면서 "공유 지식(common knowledge)"이라는 개념을 제시했다.[28]

램지어는 "신뢰할 수 있는 약속"을 통해 개인이 자신의 행동을 결정한다고 설명하는데, 마이클 최의 관점에 따르면 "신뢰할 수 있는 약속"이 바로 공유 지식이 될 것이다. 여성들이 '위안소' 모집업자니 업주를 신뢰하려면 '위안소' 경험에 대한 공유 지식이 필요하다. 하지만 '위안부' 피해자들

---

28 마이클 S. 최, 《사람들은 어떻게 광장에 모이는 것일까?: 게임이론으로 본 조정 문제와 공유 지식》, 허석재 옮김, 후마니타스, 2014, 23~25쪽. (Michael Suk-Young Chwe, *Rational Ritual: Culture, Coordination, and Common Knowledge*, Princeton University Press, 2001) 게임이론이 전공인 그는 "램지어 교수의 논문을 우려하는 경제학자들의 편지(Letter by Concerned Economists Regarding "Contracting for Sex in the Pacific War" in the International Review of Law and Economics)"를 통해 전 세계 학자들의 비판 서명을 이끌어낸 장본인이기도 하다.

은 '위안소'에 도착해서야 다른 '위안부' 여성들을 만날 수 있고 그곳 생활에 대한 지식을 얻을 수 있다. 여성들에게 신뢰를 만들어줄 지식은 공유된 적이 없다. 램지어는 이러한 신뢰를 보여주는 사례로 전차금 대출만을 제시할 뿐인데, 기실 '매춘부로 팔려간 딸'은 성별화된 채무 노예의 오래된 형상이기도 하다.[29] 다시 말해 전차금을 통해 여성들이 성매매 업소에 인입된 사례는 여성이 경제적 기회를 활용한 것이 아니라 인신매매되었음을 증거한다.

나아가 램지어는 일본군 '위안부' 피해자 문옥주의 사례를 들어 '위안부' 여성이 계약 노동자임을 증명하고자 했다. 문옥주를 "가장 대담한" 사례로 소개하면서 그녀가 병사들에게서 팁을 받았고 은행 계좌에 돈을 모았으며 랑군 시장에서 보석을 산 경험을 소개했다.[30] 하지만 '위안소'에서 팁으로 받은 돈을 저금했고 그 저금을 현금화해서 많은 돈을 모았다는 사실은 그녀가 '위안부' 피해 생존자라는 사실과 충돌하지 않는다. 게다가 문옥주는 해외에서 저금한 돈을 인출하지 못해 이중의 피해를 경험했다. 귀국 직전 문옥주가 고향

29   데이비드 그레이버, 《부채, 그 첫 5,000년: 인류학자가 다시 쓴 경제의
       역사》, 정명진 옮김, 부글북스, 2011, 332~333쪽. (David Graeber, *Debt:
       The First 5,000 Years*, Melville House, 2014); 거다 러너, 《가부장제의 창
       조》, 강세영 옮김, 당대, 2004, 172~173쪽. (Gerda Lerner, *The Creation of
       Patriarchy*, Oxford University Press, 1986)
30   Ramseyer, Op. Cit., 2021, p. 6.

의 어머니에게 돈을 일부 송금한 적이 있는데, 그때 송금을 담당한 병사가 저금이 있다면 전부 보내는 게 좋을 것이라고 조언한 일화를 두고 그녀는 "그 군인은 일본이 (전쟁에서) 질 거라는 것을 아마 알고 있었겠지."라고 회고했다. 해방 이후 문옥주는 "군사우편저금 통장을 소중하게 간직하고 있었지만, 일본이 패전해버렸기 때문에 아마도 돈을 돌려받을 수 없을 거라고 포기해버렸다."고 한다.[31] 이후 일본 우정성은 한일 청구권 협정을 근거로 이 저금을 지급하지 않았다.

'위안부' 계약을 게임이론으로 설명하고자 한다면 계약 당시 문옥주는 무엇을 알고 있었다고 말할 수 있을까? 중일전쟁 이후 조선이 병참기지가 되고 법령이 '내지'와 조선에 차등적으로 적용되며 자금과 물자, 인력에 대한 강압적 동원 정책이 추진되었던 전시 상황에서, 가난한 식민지 여성은 무엇을 지식으로 공유하고 있었을까? 램지어가 많은 분량을 활용해 인용했듯이 문옥주는 사이공과 랑군의 시장과 거리를 매우 인상적으로 증언하고 있다. 그녀는 악어가죽 핸드백을 들고 녹색 레인코트를 입고 하이힐을 신고 사이공 거리를

---

31   문옥주 회고록을 출판한 모리카와 마치코는 일본의 시민들과 함께 문옥주의 군사우편저금 찾기 운동을 전개한 활동가이기도 하다. 문옥주 구술, 모리카와 마치코 정리,《버마전선 일본군 위안부 문옥주: 문옥주 할머니 일대기》, 김정성 옮김, 도서출판 아름다운 사람들, 2005, 161쪽. (森川万智子,《文玉珠: ビルマ戦線楯師團の慰安婦だった私》, 梨の木舎, 2015)

활보하던 날을 떠올리며 "지금도 그날의 기억을 떠올리면 아주 그립고 그때의 자신만만함이 되살아나는 기분이 든다."고 말했다.[32] 하지만 그가 '위안소' 생활 중 보고 겪은 해외 풍경에 대한 경이로움이나 자신감의 원천이었을 우편환을 현금화하지 못한 경험을 공유 지식에 대한 증거라고 할 수는 없다. 그보다 이는 전쟁 당시 젠더·민족·계급이라는 변수에 따라 비대칭적인 형태로 정보가 제공되었음을 반증하는, 지식 공유의 경계에 대한 증거다. 일본인 병사와 달리 문옥주는 패전에 대한 정보를 갖고 있지 못했다는 사실이 단적이다.

'위안부' 피해자 중에는 자신이 있었던 '위안소'가 어디에 있었는지도 몰랐고, 일본이 패전했다는 소식도 뒤늦게 들었으며, 심지어 본인이 '위안부'였다는 사실도 해방 이후에야 안 경우가 많다. 박정애는 병사들이 성적 '위안' 시설의 의미로 군 '위안소' 외에 "육군 오락소, 장교클럽, 삐야, 유곽, 기루, 매춘숙 등"의 호칭을 사용했으며, 그들에게 '위안부'보다 더욱 익숙했던 말도 "창기, 작부, 삐, 예기, 창부, 낭자군 등"이었다고 분석했다.[33] 조선인 '위안부'는 일본인 '위안소'에 배치되어 있기도 했다.[34] 다양한 지역의, 다양한 명칭의, 다양한 종류의 '위안소'와 '위안부'에 대한 일반화된 문

---

32   같은 책, 133쪽.

33   박정애, 앞의 글, 2019, 64쪽.

제의식은 전쟁이 끝난 이후 '위안부' 문제가 수면 위로 올라온 1990년대를 전후해서 만들어졌기 때문에, 당시 여성들은 '위안부'됨에 대한 공유 지식을 가질 수 없었다.

처음으로 마츠모토는 울고 있는 우리들에게 그곳이 위안소라고 말했다. 그리고는 군인을 상대하면 돈을 벌 수 있으니 참고 일할 것, 군인들이 표를 가지고 올 테니 그것을 받아 하루분씩 자기에게 넘길 것, 조선에 돌아갈 때 받은 표를 합계한 금액을 4대 6으로 나누어 6할을 우리들에게 돌려줄 테니 제대로 일하라 등 몇 가지 설명을 덧붙였다.[35]

일본군 식당에서 일하는 줄 알았던 문옥주는 만달레이의 '위안소'에 도착하자 조선인 군인에게서 "너희들 속아서 왔구나, 불쌍하게도. 너희들이 잘못 안 거야. 여기는 삐야(위안소)야."라는 말을 들었다. 그리고 조선인 소개업자 마츠

---

34   동티모르인 거주자는 딜리에 일본인 '위안소', 인도네시아인 '위안소', 티모르인 '위안소'가 있었다고 증언하지만, 마쓰노 아키히사는 일본인 '위안소'로 알려진 시설이 사실상 조선인 '위안소'로 추정된다고 주장한다. 조선인 '위안부'가 동티모르에 있었다는 사실은 총독의 보고서나 주민 증언에 등장하나, 일본인 '위안부'에 대한 증언은 전무했기 때문이다. 마쓰노 아키히사, 〈일본군의 동티모르 점령과 '위안부' 제도〉, 이승희 옮김, 한국여성인권진흥원 일본군'위안부'문제연구소 감수, 한국여성인권진흥원 일본군'위안부'문제연구소, 2022, 58쪽.

35   모리카와 마치코, 앞의 책, 2005, 77쪽.

모토에게 비로소 '위안소' 생활과 규칙에 대한 인내를 받았다. 하지만 램지어는 "어떤 산업에서도 사람들은 서로를 속인다."고 받아친다.[36] '위안부' 피해자 여성들이 업주와 모집업자의 사기와 기만, 인신매매까지 예측하고 계산하며 행동했다는 주장이다. 폭력에 내몰린 이들의 경험을 경제인 모형으로 해석하면 이들이 교환 가능한 다른 이익을 계산해 폭력을 스스로 선택했다는 설명이 가능해진다. 여성주의자들은 오랜 시간 정치경제적 추상화는 추상화될 수 없는 외부의 구체적 존재를 통해서만 존재할 수 있다고 설득해왔다. 하지만 극우 자유주의자인 램지어는 경제인의 추상적 형상에 식민지 여성의 신체와 인종을 부여하면서 피지배자들이 지배적 질서를 세운 것처럼 호도하고 있다. 동시에 이처럼 극단적인 상황을 여성의 선택이라고 옹호한 것은 여성의 판단과 활동이 궁극적으로 경제적이지 않다는 차별적 태도를 견지한 것이기도 하다.[37]

---

36 Ramseyer, Op. Cit., 2021, p. 6.

37 경제학의 기본 전제인 합리적 경제인(rationally economic man)이라는 개념이 발생론적으로 남성을 상정하고 있다는 논의로는 다음의 연구를 참고할 수 있다. Jane Humphries, *Gender and Economics*, Edward Elgar Publishing, 1995. 현대사회에서 과학적 투자와 비과학적 투기를 구분하는 데 성별을 본질화하는 가정이 적용되고 있음을 드러낸 논문으로는 다음의 연구를 참고할 수 있다. 김주희, 〈'투기부인'이라는 허수아비 정치: 두 편의 사적 다큐멘터리 분석을 중심으로〉, 《젠더와 문화》 제12권 제1호, 계명대학교 여성학연구소, 2019, 111~148쪽.

우리는 오히려 램지어와 그의 논문에 게임이론을 적용해볼 수 있다. 사회학자 세실리아 리지웨이(Cecilia L. Ridgeway)는 마이클 최의 공유 지식 개념을 활용해 성별 불평등한 상황이 사회문화적으로 지속되는 이유를 탐구했다. 리지웨이에 따르면, 성에 대한 공통된 문화적 믿음으로서의 성별 고정관념은 사회에서 성별 관계의 물질적 구조를 만들어내는 암묵적인 문화적 규칙, 다시 말해 공유 지식으로 작동하고 있다. 이러한 공유 지식이 다시금 사회적 관계와 게임적 규칙을 만들어내는 원리로 작동하면서 성별 불평등을 강화하고 있다는 것이 그의 주장이다.[38] 이러한 연구를 참고한다면 우리는 램지어가 '부정론자들의 게임'에 참여하고 있음을 알 수 있다.

마이클 최에 따르면, "공유 지식은 집단적 조정을 도울 뿐만 아니라 집단과 집단적 정체성, '상상된 공동체(imagined community)'를 창출할 수도 있다."[39] 램지어 논문의 주장은 일본 우익뿐 아니라 한국과 미국의 역사수정주의 집단과 "결합하고 강화"되어 자신들의 입장을 집단화하고 있다.[40] 이영훈을 비롯한 한국의 극우 인사들은 램지어 논문을 규탄

---

38   Cecilia L. Ridgeway, *Framed by Gender: How Gender Inequality Persists in the Modern World*, Oxford University Press, 2011, pp. 88~89.

39   마이클 S. 최, 앞의 책, 2014, 23쪽.

40   강정숙, 〈램지어교수 논문을 매개로 일본정부의 책임 다시 보기〉,《페미니즘연구》제21권 제1호, 한국여성연구소, 2021, 215쪽.

하는 미국의 학자들에게 "외부인은 위안부 문제를 논할 권한이 없다." "당신의 개입은 이성적 토론을 방해할 뿐이다."라는 이메일을 보냈다고 한다.[41] 이때 이들은 한국인을 내부인으로 칭하는 것 같으나 이 논쟁이 램지어의 논문으로 촉발되었음을 상기할 때, 여기서 전제하는 '내부인'이 바로 '위안부' 부정론을 공유하는 자들임을 알 수 있다. 최근 램지어는 한 심포지엄에서 자신을 지지해준 "친구들"에게 감사 인사를 전하면서 스스로를 "정직하게 진실을 말하는" 자로 위치 지었다.[42]

조경희는 2000년대 일본의 역사부정론자들이 반(反)페미니즘 운동에 집중했다면서 일본군 '위안부' 부정론을 통해 역사부정론과 여성 혐오가 연동되어온 장면을 언급했다. 그는 일본의 역사부정 대표 세력이 "모성의 복권을 내걸고 여성들의 자율적 영역을 부정하는 한편 '위안부'를 매춘부로 불러 피해자들과 성 판매 여성을 동시에 모욕하는 담론을 반복적으로 재생산"했음을 지적했다.[43] 망언은 "수면 아래에

---

41   박성호 기자, ""'위안부' 개입 말라" … 극우 인사들 미국에 메일 공세", 《MBC》, 2021년 2월 14일.

42   박순종 기자, ""학자에 대한 '암살미수' 행위를 자랑으로 여겨" … 램자이어 교수 첫 입장문 전문(全文)", 《펜앤드마이크》, 2021년 4월 24일.

43   조경희, 〈보론_부정의 시대에 어떻게 역사를 듣는가〉, 강성현, 《탈진실의 시대, 역사부정을 묻는다: '반일 종족주의' 현상 비판》, 푸른역사, 2020, 259쪽.

가라앉아 있어서 드러나지는 않지만, 빙산의 일각과 동일한 인식을 공유하고 있는, 거대한 침묵하는 다수"의 문제이며[44], 결국 차별적 시선을 공유하는 네트워크를 통해 작동된다. 그러므로 '위안부' 문제의 핵심은 정부나 군이 아니라 사람을 속이는 민간업자이며 '위안부' 여성들은 모든 사람이 그렇듯 상대를 살펴 자신에게 이로운 행동을 할 뿐이라는 램지어의 주장은, 젠더·민족·인종·계급에 대한 본질주의적 편견을 공유하는 한·미·일 극우 집단, 나아가 "침묵하는 다수"가 연쇄적으로 만들어내는 혐오의 메타지식 안에서 공명하고 있다. 한·미·일 극우 집단은 '위안부' 부정론으로 대표되는 인종주의적이고 여성 혐오적인 공유 지식을 통해 상호 지지를 기대하고 예측하면서 망언을 통해 동성사회적 "상상된 공동체"의 멤버십을 획득함으로써, 미국을 중심으로 한 학계와 정계를 '위안부' 문제의 "주전장"으로 삼으려 하고 있다.[45]

---

44   윤명숙, 〈일본군 위안부 문제에 대한 일본사회의 인식〉, 《한일민족문제연구》 제7호, 한일민족문제학회, 2004, 85쪽.

45   다음의 책은 포스트냉전 시대 탈경계적 전후보상 문화의 확산과 함께 '정의의 미국화'라는 새로운 국면이 등장한 상황을 잘 설명하고 있다. 리사 요네야마, 《냉전의 폐허: 미국의 정의와 일본의 전쟁범죄에 대한 태평양횡단 비평》, 김려실 옮김, 부산대학교 출판문화원, 2023.

'세계'- 이동의 지식과 현장의 여성주의

송원근 감독의 다큐멘터리 〈김복동〉(2019)에는 일본을 방문한 '위안부' 생존자 길원옥의 바로 앞에서 우익 인사가 혐오 발언을 하는 장면이 나온다. 길원옥은 그 말들 사이를 묵묵히 지나간다. 2016년에는 누군가가 일본 대사관 앞의 소녀상을 망치로 가격하는 테러를 저질렀는데, 한 신문사가 수요집회에 참석한 길원옥이 소녀상의 훼손 부위를 덤덤하게 보고 있는 모습을 보도했다. 윤미향 당시 정대협 상임대표는 길원옥의 옆에 서서 동상에 난 상처 부위를 가리키고 있다.[46]

피해자들은 이러한 혐오 발언과 폭력으로부터 적극적으로 보호받아야 하지만 현실은 그렇지 못하다. 일상에서 자기 전략을 갖고 행위성을 발휘하며 살아가는 여성들의 성적 피해에 여전히 무감한 현실에서, 우리는 일본군 '위안부' 피해자들을 의심하고 비난하는 사람들 앞에 서야만 하는, 그런 삶을 살아가는 피해자들의 곤혹스러운 위치성과 전략에 주목하지 않을 수 없다. 망언과 반격의 핑퐁 게임이 관성적으로 반복되는 동안 피해자들은 말 없는 동상이 되어야 했다. 반격의 정치가 동일한 얼굴을 한 소녀 동상을 중심으로 이뤄지면

46　　홍금표 기자, "[포토] 망치테러로 상처입은 소녀상 보는 길원옥 할머니",《일요시사》, 2016년 6월 8일.

서 피해자의 다종다양한 생존 경험은 드러나지 못했다.

안해룡 감독의 다큐멘터리 〈나의 마음은 지지 않았다〉 (2007)는 자이니치 '위안부' 피해자 송신도의 투쟁을 다룬 영화다. 영화는 '재일 '위안부' 재판을 지원하는 모임'의 활동가들과 함께 일본에서 10년간 '위안부' 문제에 대한 공식 사과를 요구하는 법정 투쟁을 이끈 송신도 '할머니'를 기록했다. 송신도의 법정 싸움은 결국 대법원 패소로 끝났지만, 그녀는 영화에서 "나의 마음은 지지 않았다."고 말하며 눈물을 흘리는 활동가들을 격려한다. 이 영화에서 특히 눈에 띄는 일화가 하나 있다.[47] 1993년 극단 한두레는 도쿄에서 〈소리 없는 만가〉라는 연극을 공연했는데, 이때 극단 관계자가 송신도에게 한복을 선물했다. 사람들이 분장실에서 '할머니'에게 한복을 입혀주는데 송신도는 중국으로 끌려간 이후 치마저고리를 입어본 적이 없어서 옷고름 매는 법을 다 잊어버렸다면서 "이까짓 것 필요 없다. 이런 꼴사나운 걸 입고. 기왕 주려면 기모노를 줄 것이지. 여긴 일본이니까 일본인답게 살아야 돼. 이런 치마저고리 아무짝에도 소용없어."라고 말했다. 이에 대해 '지원 모임'의 한 활동가는 '할머니'가 민족과 오랫동안 동떨어져 살아오신 흔적이라고 생각하고 안타까워했다. 시간이 흘

---

47   2019년 동료 연구자 이헌미와의 대화에서 영화 분석에 대한 아이디어를 얻었고, 출판 사용 승인을 얻었음을 밝힌다.

러 1998년 송신도는 나눔의 집을 방문했는데, 이때 그녀는 김순덕 '할머니'의 한복을 빌려 입고 나눔의 집 마당에서 장구 소리에 맞춰 춤을 췄다고 한다. 영화에서 활동가들은 "재판 과정에서 우리도 변했지만, 할머니도 변했다는 것을 알 수 있는 장면이기 때문에 굉장히 인상적"이었다고 말했다.

"재판 과정에서 할머니도 변했다."는 말은 무슨 의미일까? 할머니의 변화는 한복과 전통 춤으로 증명되며 망언의 관성 안에서 수행되고 관찰된다. 망언은 피해자를 위축시키고 자신이 재현되는 방식에 대해 사회적으로 또 피해자 스스로 검열하도록 만든다. 영화를 보는 관객뿐만 아니라 영화에 등장하는 활동가들도 한복을 입고 기뻐하는 할머니의 모습에 마침내 안도한다. 송신도가 어색하게 걸친 한복은 '위안부' 피해자 자격에 대한 본질주의적 패싱(passing)을 만들어내는 표식으로 비친다.

망언이 지속될수록 피해자의 말은 망언의 프레임에 갇힐 수밖에 없다. 그런 점에서 망언은 피해자를 속박하고 검열해 2차 피해를 만들어낸다. "피해자들에게 가장 심각한 고통을 초래하는 비난과 소문 문제는 법적 조치로는 해결되지 않는다."는 점에서, 권김현영은 일찍이 성폭력 2차 피해의 사회적 공모 성격에 주목했다.[48] 그러므로 피해 부정과 모델 피해자상에 잠식된 망언의 관성을 넘어 '위안부' 문제에 대한 페미니스트 공유 지식의 지대를 확대하고자 하는 노력은 여성이 경험한 폭력을 새로운 지식으로 만들어내고자 하는 사회적 연대 활동이라고 볼 수 있다. 그러므로 우리는 '위안부' 망언을 사유함에 있어 망언의 발신지와 수신지에서 누가 피해자다운 피해자로 승인되고 있는지, 그것이 어떻게 여성들의 삶에 대한 이해 불가능성을 만들어내고 있는지를 우선적으로 성찰할 필요가 있다.

작년에 젊은 시절 권번에서 알았던 이씨가 권하여 맨 처음 이 사실을 신고할 때만 해도 중국 이야기는 밝히지 않았다. 그때는 창피스러운 일을 뭐 전부 다 이야기하랴 싶어 남방 갔다온 이야기만 했었다. 하지만 내 이야기가 다 알려질 대로 알려진 지금 무엇을 더 숨길 게 있나 싶어 기억나는 대로 모두 다 이야기했다. 이제 이야기를 다하고 보니 가슴이 후련하다.[49]

'위안부' 문제에 대한 여성주의적 청취가 시작된 이래 피해 생존자들은 "지금 무엇을 더 숨길 게 있나."라고 반문하며 폭력 피해 경험을 증언했다. 문옥주는 정부 신고 당시

---

48   권김현영, 〈성폭력 2차 가해와 피해자 중심주의의 문제〉, 권김현영 엮음, 권김현영·루인·정희진·한채윤·〈참고문헌 없음〉 준비팀, 《피해와 가해의 페미니즘》, 교양인, 2018, 32쪽.

49   문옥주 증언, 〈내가 또다시 이리 되는구나〉, 한국정신대문제대책협의회·한국정신대연구소 엮음, 《강제로 끌려간 조선인 군위안부들 1》, 한울, 1993, 165쪽.

16세에 만주 둥안성(東安省)의 '위안소'에 가게 된 일은 함구했다고 말한다. 그는 만주에서의 '위안부' 생활에 대해 "우리는 어느 정도 자유스러웠다."고 말한 바 있다.[50] 둥안성에서 도망쳐 돌아온 문옥주는 18세에 돈을 많이 주는 식당에 가자는 친구의 제안을 수락해 버마(현재는 미얀마)로 향했다. 그는 "나는 이미 버린 몸이라 생각하고 있던 터라 어찌 됐던 돈이라도 많이 벌자 다짐하며 곧장 수락했다."고 당시를 설명했다.[51]

그러나 문옥주의 놀랍도록 생생한 기억력과 진솔함은 그를 결국 '위험'에 처하게 만들었다. 그의 증언은 이후 이영훈, 램지어 등을 비롯한 극우 인사들에게 짜깁기되어 집중 공격의 대상이 되었다. 국내에서는 이들 극우 인사의 공격을 망언 취급하며 무시했지만, 그렇다고 문옥주의 증언이 대항 지식으로 나타날 수 있었던 것도 아니다. 램지어가 말한 게임이론에 내입하자면, 위험을 계산하는 경제인으로서 문옥주는 피해를 의심받을 수 있는 이야기를 삭제했어야 한다. 그러나 문옥주는 그렇게 하지 않았다. 물론 어떤 피해자들은 다양한 이유로 자신의 특정 경험에 대해 입을 다물거나 삭제하기도 한다.[52]

---

50   같은 책, 153쪽.

51   같은 책, 155쪽.

52   김명혜, 〈미완성의 이야기: 일본군 '위안부'들의 경험과 기억〉,《한국문화인류학》제37권 제2호, 한국문화인류학회, 2004, 16쪽.

허윤은 최근 '위안부' 재현에서 실화를 근거로 했다는 '진정성'의 정치가 오히려 획일적 피해자상을 강화해왔음을 근거로 들면서, '위안부' 운동과 그 재현에 대해 깊이 있게 고민해야 한다고 분석했다.[53] 여성주의 연구자들은 피해 증언의 사회적 성격에 대해 지적해왔으며, 이런 맥락에서 우리 사회에서도 말하기를 멈추고 피해자의 말을 들어야 한다는 "공감적 듣기"[54]가 요청되었다. 또한 말하는 자는 듣고자 하는 사람들의 기대에 반응하는 것이기 때문에 우리가 과연 피해자들에게서 무엇을 듣고자 하는지에 대한 성찰이 필요하다는 분석도 있었다. 대표적으로 김은실은 2020년 열린 '위안부' 콘퍼런스에서 "페미니즘의 담론 없이 군위안부 여성들의 경험과 고통을 설명할 수 없으며, 민족주의 담론이 여성 경험을 침묵시킨다."고 지적했다. 또한 "군위안부의 존재와 그들의 삶의 실상을 한국 사회가 어떻게 듣고 수용할 것인지, 그것을 어떤 틀로 수용할 것인가는 한국 사회와 일본 사회의 큰 과제"라면서 피해자들이 이미 다양한 방식으로 말해오고 있었지만, "어떤 말은 응답되고 어떤 말은 응답되지 못했다."고 분석했다. 이에 일본군 '위안부' 문제를 여성의 고통 문제로

---

53   허윤, 〈일본군 '위안부' 재현과 진정성의 곤경: 소녀와 할머니 표상을 중심으로〉, 《여성과 역사》 제29호, 한국여성사학회, 2018, 131~163쪽.

54   김수진, 〈트라우마의 재현과 구술사: 군위안부 증언의 아포리아〉, 《여성학논집》 제30권 제1호, 이화여자대학교 한국여성연구원, 2013, 66쪽.

다시 제기하려면 새로운 방식의 듣기의 정치학, 듣기의 해석학에 접근해야 한다고 주장했다.[55] 이는 《증언집》 6집의 채록 작업을 이끈 김명혜의 "'사실 찾기'라는 탐정가의 역할을 접고, 어떤 종류의 고백을 일본군 '위안부' 경험자들로부터 듣고 싶어 하는지, 그리고 어떤 종류의 지식을 검열하여 생산해내는지 등을 자문해볼 때가 되었다."[56]는 제안과 연결된다.

그런 의미에서 이제부터는 페미니스트 공유 지식을 확대하려고 '위안부' 피해자들의 말을 청취하고 해석하는 인식론적 도구로서 "현장의 여성주의"와 '위안부' 피해자의 "세계 이동"이라는 개념을 살펴보고자 한다. 페미니스트 문화연구자인 캐런 캐플런(Caren Kaplan)은 〈트랜스내셔널 페미니스트 비판 실천으로서의 현장의 정치학(The politics of location as transnational feminist critical practice)〉이라는 글에서 마리아 루고네스(Maria Lugones)의 ''세계'-이동("world"- traveling)'이란 개념을 적극적으로 가져온 바 있다. 먼저 '현장의 정치학'은 에이드리엔 리치(Adrienne Rich)가 1980년대 미국 페미니즘 안에서의 인종주의와 호모포비아 그리고 엘리트주의의 헤게모니를 비판적으로 해체하고자

---

55 김은실, 〈"민족담론과 여성", 그리고 25년 후〉, 서강대학교 트랜스내셔널인문학연구소 주최, 2020 CGSI 콘퍼런스 〈'위안부' 피해자의 말, 한국사회는 응답할 수 있는가〉 발표문, 2020년 8월 27일. (미간행)

56 김명혜, 앞의 글, 2004, 18쪽.

주창한 개념이다. 하지만 현실에서 현장은 차이와 위계를 통해 본질화되기도 한다. 이에 페미니스트 철학자인 이상화는 리치의 현장의 정치학을 '현장의 여성주의'라는 말로 재개념화하면서, 이를 여성에 대한 보편주의적 가정에 기인한 지구적 여성주의(global feminism)에 대항하는 개념으로 위치시켰다. 여성주의적 실천과 연대에 입각한 차이의 생산을 위해 여성의 정체성을 본질화하는 것을 넘어, 지역적 특수성과 지구적 보편성을 동시에 갖는 방식으로 여성을 정의하자고 제안한 것이다.[57]

현장의 여성주의는 그간 한국 사회에서 '위안부' 운동에 함께했던 연구자와 활동가 들이 전쟁과 여성 인권 차원에서 '위안부' 피해자들의 증언을 청취하고 문제를 고민해온 맥락을 포함한다. 여기서 캐플런은 기존의 획일적 현장 또는 로컬 개념을 넘어서기 위한 트랜스내셔널 페미니즘의 이론적 자원으로 루고네스의 '세계'-이동 개념을 빌려온다. 이를 통해 현장을 제국주의적 관광과 같이 획일적으로 대상화하고 소비하지 않으면서도 다양한 이동과 배치에 따른 복합성을 고려한 비판적 실천의 공간으로 확장하고자 하는 것이다.[58] 이때 루고네스가 지적했듯이 유색인 여성들에게 강제되었던,

---

57   이상화, 〈지구화 시대의 현장 여성주의: 차이의 존재론과 연대의 실천론〉, 이화여자대학교 한국여성연구원 엮음, 이상화·김은실·허라금 외, 《지구화 시대의 현장 여성주의》, 이화여자대학교 출판부, 2007, 53쪽.

타자의 세계로 이동하는 경험이 인종주의에 의해 다시금 평가절하되는 악순환이 발생한다는 것에 주의해야 한다.[59]

여성, 특히 식민지 여성들의 세계 이동의 경험은 남성 지식인들의 경험과 달리 거대한 가부장제 질서의 폭력과 착종되어 있다. 충분한 교육을 받지 못한 식민지 빈곤 계층의 여성들은 정보를 제대로 제공받지 못한 채 때로는 납치되어, 때로는 기대하며 해외에서 '위안소' 생활을 했다. 식민지의 빈곤은 신뢰(credit)의 필수적 속성인 미래에 대한 예측과 계산을 불가능하도록 만들었다. 제국주의 지배 질서는 이러한 불확실성의 위험을 개인들에게 전가했고, 전쟁에 동원된 이들은 자신도 잘 모르는 장소를 배회하고 이동하면서 제국의 건설에 참여했다. 그리고 죽음의 전장에서 '운이 좋은' 몇몇 여성은 생존했고 귀환할 수 있었다. 이후 이들은 정조 이데올로기를 앞세우면서 재현되었고, 이에 따라 강하게 성별화된 대

58 Caren Kaplan, "The Politics of Location as Transnational Feminist Critical Practice," Inderpal Grewal and Caren Kaplan eds., *Scattered Hegemonies: Postmodernity and Transnational Feminist Practices*, University of Minnesota Press. 1994, p. 150.

59 Maria Lugones, "Playfulness, "World"–Travelling, and Loving Perception," *Hypatia*, Vol. 2, No. 2, 1987, p. 4. 루고네스의 "world"–traveling 개념을 ''세계'-여행'으로 번역하고 도나 해러웨이의 '상황적 지식(situated knowledges)' 개념을 보충하는 방식으로 여성주의 인식론을 이론화한 논문에 대해서는 다음을 참고할 수 있다. 정연보, 〈상대주의를 넘어서는 '상황적 지식들'의 재구성을 위하여: 파편화된 부분성에서 연대의 부분성으로〉, 《한국여성철학》제19호, 한국여성철학회, 2013, 72~77쪽.

한민국에서 오랜 시간 침묵하며 살았다. 젊은 시절 해외에 다녀온 경험이 있다는 소문과 불임, 후처(後妻) 경험 등 비규범적 혼인 생활은 이들을 침묵하도록 만든 이중의 기제로 작동했다. 그런 점에서 이들이 말할 수 없었던 것은 '위안소'를 중심으로 한 성적 폭력에 대한 기억인 동시에, '세계'-이동의 경험이었다.

예컨대 문옥주가 기차 여행을 했던 경험, 화려한 시장을 구경한 경험, 우편환을 현금화하겠다는 악착같은 의지 모두 "모르고 갔다."는 증언과 공존한다. 김학순은 자신을 강간한 조선인 남성의 도움으로 '위안소'를 빠져나와 그와 함께 해방 전까지 중국 전역을 이동하며 생존했다. 역설적으로 또다른 폭력을 통해 생존할 수 있었던 김학순은 남편과 아들이 모두 죽고 홀로 살며 "취로사업에 나갔다가 우연히 원폭 피해자인 한 할머니"를 만나 그에게 자신이 "군위안부였다는 사실을 이야기했다."[60] 어디에서도 자신의 고통을 말할 수 없었던 가난한 두 노인이 취로사업에서 만나 말하기 시작하면서, 이들은 생존자로서 또다시 '세계'-이동을 할 수 있었다.[61]

---

60   김학순 증언, 〈되풀이하기조차 싫은 기억들〉, 한국정신대문제대책협의회 · 한국정신대연구소 엮음,《강제로 끌려간 조선인 군위안부들 1》, 한울, 1993, 44쪽.

61   미국의 '핵우산' 아래의 팍스 아메리카나(Pax Americana) 체제가 피해자들의 침묵을 통해 유지되고 있다는 논의로는 다음을 참고할 수 있다. Joohee Kim, "Going transnational? A feminist view of "comfort women"

여성들이 어떤 시기에 품은 기대는 다른 때에는 체념이 되었고, 어떤 시기의 피해는 또 다른 때에 자원이 되었는데, 이처럼 시차가 있는 거대한 가부장적 폭력의 체계는 한 여성의 안에서 체험과 기억으로 쌓여있다. 이들 피해 생존자가 평생을 걸쳐 이동한 '세계'는 이들이 강제적으로 내몰린 동시에 생존을 위해 스스로 구축한 곳이다. '위안부' 운동이 시작되고 연대자들이 생긴 이래, 피해자들은 자신들을 45년간 침묵시킨 망언의 프레임을 걷어내고 자신들의 경험을 "기억나는 대로 모두 다 이야기했다."[62] 이제 피해자의 생존 서사는 피해자 자격론이라는 망언의 본질주의적 논리와 그것이 유도하는 대리전을 극복하고, '세계'-이동이라는 페미니스트 공유 지식을 활용해 더욱 다양한 방식으로 해석되고 논의되어야 할 것이다. 현장의 여성주의자들은 '위안부' 피해자들의 경험을 '세계'-이동자의 경험으로 이해하는 동시에, 이들이 이동한 '세계'를 적극적으로 드러내고 분석해야 할 책무가 있다. 진상 규명과 피해자 보호는 민족주의 담론을 넘어 철저하게 현장의 여성주의 관점에 기반해야 할 것이다.

---

memorials," *Asian Journal of Women's Studies*, Vol. 26, No. 3, 2020, pp. 397~409.

62   문옥주 증언, 앞의 책, 1993, 165쪽.

페미니스트 공유 지식의 확대를 위하여

램지어의 논문 〈태평양전쟁기 섹스 계약〉은 게임이론이라는 방법론을 통해 '위안부' 문제 역시 자유 시장이 만들어낸 필연적 결과라고 강변함으로써 제국주의의 폭력과 식민 지배를 자연화하고 정당화하는 결과를 초래했다. 나아가 그는 이익을 추구하는 합리적 경제인이라는 가상의 경제적 상상을 피해자 개인에게 적용하면서 '위안부' 여성들이 업주들과 '신뢰할 수 있는 약속'이라는 공유 지식을 통해 섹스 계약을 맺었다고 분석했다. 이러한 경제적 합리성 이론이 전제한 '방법론적 개인주의(methodological individualism)'의 문제는 오랜 시간 여성학, 인류학, 역사학, 정치경제학 분야의 학자들에게 비판받았다.[63]

램지어는 매춘 업소와 여성들 사이의 계약이 신뢰에 기반했다고 강변한다. 하지만 망언의 네트워크 속에서 여성은 계약 성 노동자임에도 피해자라고 주장하는, 신뢰할 수 없는 사람이 된다. 그렇다면 '위안부' 피해자들은 계약 당시에는 신뢰할 수 있었는데, 전쟁이 끝나고 나서는 신뢰할 수 없다는 말인가? 이때의 신뢰(혹은 신뢰 없음)는 경험적 관계에서 부여되는 것이 아니라 본질적으로 주어진다. 여성들이 '알

---

63   질베르 리스트, 앞의 책, 2015, 66쪽.

고 갔다'는 이야기 역시 앎에 대한 것이 아니라 '''위안부'는 매춘부'이기 때문에 강제 동원이 아니라는 망언의 본질주의적 속성을 대변할 뿐이다.[64]

　　'위안부' 여성들의 앎은 이들이 '위안부'로 동원된 이후 피해가 발생하고 생존을 도모하는 상황, 그리고 해방 이후 귀환한 한국 사회에서 '성적으로 훼손된 여성'이라는 메타포를 통해 소위 '식민의 상처'가 통용되는 과정, 나아가 또 다른 '위안부' 피해 생존자들이 자신의 피해 경험을 공식적으로 진술하기 시작하고 1990년대부터 여성운동과 궤적을 함께한 이후를 통틀어서 형성되었다고 봐야 한다. 다시 말해 이러한 앎은 단순히 '위안부' 계약에 대한 앎이 아니라 피해 자체에 대한 앎이며, 이런 측면에서 여성들의 앎이 형성된 시기를 중요하게 고려해야 할 것이다. 그러므로 이제 페미니스트 공유 지식은 누구의, 어떤 인지(認知)인가를 물을 뿐만 아니라 어떤 '시점'의 인지인가를 함께 묻는 방식으로 정의되어야 할 것이다. 망언의 논리가 관성적으로 간과하는 피해자들의 증언과 분기하는 기억이 바로 페미니스트 공유 지식을 확대하

64　램지어는 이에 더해 이들이 '위안소'에 모르고 갔다고 하더라도 그것은 개인 업자에게 속은, 운 나쁜 케이스일 뿐이라고 덧붙인다. 하지만 그의 논문을 관통하는 것은 '''위안부'는 매춘부'라는 아이디어다. 강정숙의 "창기도 처음부터 창기로 태어나지 않는다."는 말이 이러한 망언에 대한 반박에 해당할 것이다. 강정숙, 앞의 글, 2021, 229쪽.

기 위한 출발점이다.

　나는 이 글에서 다양한 '위안부' 피해자들의 말을 청취하고 해석하기 위한 현장의 여성주의적 실천으로서, '위안부' 문제를 이해하는 데 있어 '위안부' 피해 생존자들의 '세계'-이동 경험을 중요하게 고려해야 한다고 제안했다. 이러한 '세계'-이동의 인식론은 피해자를 비난하는 데 동원되는 자격론으로부터 피해를 중심으로 한 사회 분석으로 논점을 이동하자는 제안을 포함한다. '피해자다움'은 결국 누구에게 신뢰의 사회적 자격이 주어지는지에 관한 문제다. 피해자 여성 개인을 남성이나 지배자와 동일하게 본질화하고 고립시키는 자유주의적 상상력은 여성으로서 경험하는 피해의 다층적 차원이 드러나지 못하도록 한다. 일찍이 페미니스트 정치학자인 캐럴 페이트먼(Carole Pateman)은 자유주의적 계약에는 반드시 성별이라는 성보가 포함된다고 주장했다. 이러한 페미니스트 계약론에 따르면 시민적 자유는 여성의 예속을 통해 증명된다는 역설이 발생한다.[65]

　여성주의 정치경제학의 시각에서 보자면 성매매 체제 안에서 여성은 사인 간 계약의 단독자로 존재하지 않는다. 여성은 다수의 여성 체인(nexus) 내의 이동하는 혹은 교체되는

65　캐롤 페이트먼, 《남과 여, 은폐된 성적 계약》, 유영근·이충훈 옮김, 이후, 2001.

당사자로 등장한다. 램지어는 "여성의 일하겠다는 약속은 신용 연상(credit extension)을 가능케 했다."고 주장하면서, 여성이 업주에게서 전차금을 받았다는 사실로 '위안부' 계약이 정당했음을 입증하려 했다.[66] 하지만 여성이 일을 한다는 약속을 통해 돈을 받았다는 것은 여성의 존재 자체가 신용을 보장하는 '담보'임을 의미하며[67], 그렇기 때문에 '위안부' 여성들은 군수품과 같이 취급되며 전쟁에 동원될 수 있었다.

문옥주가 1992년 "무엇을 더 숨길 게 있나."라고 반문한 장면을 떠올려보자. 램지어는 페미니스트 공유 지식의 일부인 그녀의 증언을 무슨 비밀이라도 폭로한다는 듯이 부정의 증거로 사용하고 있다. 사실 "공유 지식은 어떤 의미에서 비밀의 반대말"이다.[68] 우리는 여성들이 스스로 구체적인 얼굴과 고통의 경험을 드러냈을 때 그녀들을 신뢰받지 못할 대상으로 추락시켜온 우리 사회의 비밀을 폭로하고, 여성주의 지식을 '위안부' 문제의 공유 지식으로 삼을 수 있는 방식을 다양하게 모색해야 할 것이다. 신자유주의 역사 만들기 기획으로서의 '위안부' 망언은 민족사 왜곡을 넘어 성차별적인 형태로 여성들의 지식과 일상을 왜곡하고 있다.

66   Ramseyer, Op. Cit., 2021, p. 3.
67   김주희, 《레이디 크레딧: 성매매, 금융의 얼굴을 하다》, 현실문화, 2020.
68   마이클 S. 최, 앞의 책, 2014, 33쪽.

7. '인정' 이후 글로벌 지식장

영어권의 일본군 '위안부' 연구의
동향과 과제[●]

김은경 (한성대 소양·핵심교양학부 교수)

●   이 글은 김은경, 〈일본군'위안부' 기억 장소로서 초국적 지식장: 영어권의 '위안부' 연구를 중심으로〉, 《역사연구》 제42호, 역사학연구소, 2021, 13~59쪽을 수정·보완한 것이다.

'인정' 이후: 비가시화와 '과잉' 가시화 사이에서

일본군 '위안부'의 역사는 이제 관련 당사자나 '귀속국'을 떠나 국제적인 지평에서 논의되고 있다. 캐럴 글럭(Carol Gluck)은 '이동하는 비유(travelling trope)'로서 글로벌 기억 경관에 등장한 일본군 '위안부'에 주목했다. 그는 '위안부'가 홀로코스트 희생자처럼 '상징 권력'을 가진 '글로벌 희생자'로 보편화되는 순간, 그것은 일본이나 아시아인의 손을 떠난 문제가 된다고 했다.[1] 또한 미국에서 '위안부' 연구를 이끈 마거릿 스테츠(Margaret D. Stetz)는 미국 대학에서 초국적 텍스트로서 '위안부'를 가르쳐야 하는 이유와 필요성을 제기하며 '위안부'학("Comfort Women" Studies)의 가능성을 전망했다.[2]

이것은 '위안부' 역사가 국제사회의 인정 체계 안으로 편입돼 글로벌 기억 장소로 이동했다는 사실을 말해준다. 군

---

1   Carol Gluck, "What the World Owes the Comfort Women," in Jie-Hyun Lim and Eve Rosenhaft eds., *Mnemonic Solidarity: Global Interventions*, Palgrave Mcmillan, 2021, pp. 94~95.

2   Margaret D. Stetz, "Representing "Comfort Women": Activism through Law and Art," in Torry D. Dickinson and Robert K. Schaeffer eds., *Transformations: Feminist Pathways to Global Change*, Routledge, 2008, p. 248; Margaret D. Stetz, "Teaching "Comfort Women" Issues in Women's Studies Courses," *Radical Teacher*, No. 66, 2003.

이 글럭과 스테츠의 말을 빌리지 않더라도, 1990년대 이후 국제연합(United Nations, 이하 '유엔') 특별보고관의 보고서와 여러 나라의 의회 결의안 등을 통해 '위안부' 피해가 국제적으로 '공인'된 것은 잘 알려져 있다. 이것은 피해자와 활동가가 지난 30년 동안 힘겹게 벌인 인정 투쟁의 결과라고 할 수 있다. 시민권과 사회적 권리로서 '기억의 권리'를 주장해온 기억 활동가의 요구[3]에 대한 국제사회의 응답인 것이다. 아직도 '위안부' 피해를 부정하고 지우려는 세력의 공세가 지속되는 상황에서 피해자에게 힘을 보태는 국제사회의 지지는 분명히 반길 만한 일이다.

그렇다면 '인정' 이후의 상황은 어떠한가? 일본군 '위안부' 역사가 글로벌 기억장(global mnemonic fields)으로 이동했다는 것은 그 피해를 공식화하고 승인하는 것 이상의 담론적 효과를 발휘한다. '위안부' 역사가 '글로벌'이라는 싱싱적 공간으로 이동하면서 그 기억이 어떻게 배치되고 기억 정치가 발휘하는 효과가 무엇인지는 그 자체로 탐구 대상이다.

로라 강(Laura Hyun Yi Kang)은 아시아계 미국인의 위치에서 '위안부'를 둘러싼 초국적 (페미니즘) 연대의 이상을 날카롭게 심문했다. 여성 억압이나 젠더화된 피해의 '아시아화(Asianization)'가 학계와 초국가적 기구, 비정부기구

---

3   Gluck, Op. Cit., 2021, pp. 88~89.

(NGO) 등을 통해 공식적으로 유포되고 있다는 지적은 글로벌 공론장에 등장한 '위안부' 역사의 현실을 냉정하게 보여준다.[4] 이는 '위안부' 여성의 피해가 '보편 세계'인 글로벌 층위로 수렴될 때 소거되는 로컬리티와 재생되는 타자화의 문제를 고민하게 한다.

　　잔혹함의 척도인 홀로코스트에 견줘 경쟁적으로 '위안부'를 희생자화하려는 동아시아 각국의 태도 역시 글로벌 기억 공간의 현실에서 빼놓을 수 없는 문제다.[5] 2021년 3월《아시아·태평양 저널: 재팬 포커스》의 특집기획인〈공적 역사로서 일본군 '위안부'〉의 서문에는 그에 대한 우려의 목소리가 담겼다. 저자들은 동아시아에서 앞다퉈 홀로코스트를 민족서사와 연관시키려는 희생자 경쟁이 병리학적 징후라고 비판했다. '위안부' 피해가 홀로코스트의 '기준'에 미치지 못해서가 아니라, 그런 경쟁 속에서 '위안부' 역사가 단순화되고 '다크 투어리즘'으로 상품화될 가능성이 있기 때문이다.[6]

4　　Laura Hyun Yi Kang, *Traffic in Asian Women*, Duke University Press, 2020, pp. 41~50.

5　　이 문제에 관한 임지현의 문제 제기와 비판은 다음을 참조. 임지현,《희생자의식 민족주의: 고통을 경쟁하는 지구적 기억 전쟁》, 휴머니스트, 2021, 23~50쪽.

6　　Mark R. Frost and Edward Vickers, "Introduction: The "Comfort Women" as Public History: Scholarship, Advocacy and the Commemorative Impulse," *The Asia-Pacific Journal: Japan Focus*, Vol. 19, Iss. 5, No. 3, 2021.

‘위안부’ 문제가 글로벌 공론장에서 가시화됨과 동시에 나타난 ‘과잉’ 가시화와 ‘글로벌 희생자’의 상징성을 둘러싼 쟁투는 ‘인정’ 이후를 고민하게 한다. 특히 전자는 젠더화된 피해가 인종화되는 현실을 드러내는 중요한 문제다. 일본군 ‘위안부’ 문제가 ‘후진’적이고 ‘취약’한 아시아의 인권 실태쯤으로 인식되거나 아시아 여성이 거대한 폭력의 무력한 피해자로 재현되는 현실은 우리 학계가 함께 머리를 맞대고 풀어야 할 숙제다.

　　이 글에서는 일본군 ‘위안부’에 대한 기억을 생산하고 소비하는 중요한 행위자로 영어권 지식장에 주목한다. 그동안 동아시아 학계는 일본군 ‘위안부’를 한중일 등 관련 ‘당사자’의 문제로 인식하고 이들 나라에서 생산된 자료와 연구에만 관심을 뒀다. 물론 동아시아 삼국이 그 피해 실태를 밝히는 데 큰 역할을 한 것은 분명하다. 하지만 그것이 탈냉전이라는 국제정치의 변화와 유엔의 여성 인권 관련 개념(인신매매, 성노예, 전시 성폭력, 젠더 기반 폭력 등)의 발전에 기대어 이뤄졌음을 부정할 수는 없다. 따라서 이 글에서는 영미 학계의 연구 동향과 성과를 검토해 ‘위안부’ 지식장의 편향을 극복하고 상호 교류와 비판적 연대의 기초를 마련하고자 한다. 이는 ‘위안부’ 문제가 동아시아의 민족주의적 의제로 제한되는 현실을 극복하는 한편, ‘글로벌’ 지식장의 위계적인 담론에 비판적으로 개입하려는 시도다.

초기의 피해 실태 연구는 어떻게 진행되었나

1990년대에 들어서 일본군 '위안부'는 여러 정치·사회적인 변동으로 인해 국제적이고 지역적인 층위에서 공론화되었다. 이에 대해서는 탈냉전과 동북아의 정세 변화, 한국의 민주화와 여성운동의 발전, 여성 폭력과 여성 인권에 대한 국제사회의 인식 고양 등이 그 배경으로 꼽힌다.[7] 무라야마 도미이치(村山富市) 총리의 사과 성명 발표와 유엔의 각종 보고서 제출[8], 2000년 일본군 성노예 전범 여성국제법정(이하 2000년 여성국제법정), 2007년 미국 연방의회의 일본군 '위안

---

[7]   국제기구에서 영향력이 큰 미국 사회의 변화도 여기에 한몫했다. 미국 대학과 문화 산업에서 인구통계학적 변화(아시아계 미국인 증가)와 담론 변화(젠더와 인종 이슈 부상)가 일치했던 것도 상황 변화를 추동했다. 로라 강은 미국에서 아시아계 미국인의 위안부 이슈 제기가 인종주의, 제국주의, 계급 편향에서 페미니즘을 구원하는 기능을 했으며, 미국 아카데미에서 주변화된 주체들에 의한 기억과 재현을 가능하게 만들었다고 평가했다. Kang, Op. Cit., 2020, pp. 1~14, 42~43.

[8]   Ustinia Dolopol and Snehal Paranjape, *Comfort Women: An Unfinished Ordeal - Report of a Mission*, International Commission of Jurists, 1994; Radhika Coomaraswamy, "Report on the Mission to the Democratic People's Republic of Korea, the Republic of Korea and Japan on the Issue of Military Sexual Slavery in Wartime," UN Doc.E/CN.4/1996/53/Add.1, January 4, 1996; Gay J. McDougall, "Contemporary Forms of Slavery: Systematic Rape, Sexual Slavery and Slavery-like Practices during Armed Conflict, Final report submitted," UN Doc.E/CN.4/Sub.2/1998/13, June 22, 1998.

부' 사죄 결의안, 2013년 미국 캘리포니아 글렌데일의 '평화의 소녀상' 건립, 2015년 한일 외교부의 위안부 합의 등이 관련 연구를 추동한 계기적 사건이다. 특히 2013~2015년 무렵부터 북미와 유럽에서 언론 보도가 급증했다.[9] 언론과 학계의 관심이 커진 것은 미국에서 '위안부' 동상 설립을 둘러싼 논의가 해당 지역을 넘어 중요한 정치 문제로 부상했기 때문이다. 동아시아의 제국/식민의 문제가 미국의 젠더, 인종, 민족 등 이슈와 결합하면서 논쟁에 불을 지폈다. 중국계 미국인들의 과거사 재조명 움직임이 거세지는 가운데(2015년 샌프란시스코 차이나타운에 태평양전쟁기념관 건립), 한국계와 중국계를 비롯한 아시아계 연대는 한미일 동맹을 굳건히 하고 중국을 견제하려는 미국 정부를 자극했다. 여기에 더해 과거사가 한일 갈등을 부추기는 요인으로 지목되면서, '위안부' 문제는 아시아·태평양 안보의 관점에서 재맥락화되어 국제정치의 현안으로 등장했다.

운동과 연구를 촉발한 최초의 사건은 1991년 '위안부' 생존자 김학순의 증언이었다. 영어권에서는 1992년 무렵부터 유키 다나카(Yuki Tanaka)를 비롯한 연구자들이 '위안부'

---

9   민유기·염운옥·정용숙 외, 경희대 글로컬 역사문화 연구소 기획,《전쟁과 여성 인권: 세계의 일본군 '위안부' 문제 인식》, 심산, 2021, 23쪽 〈그래프 1〉 참고.

문제를 알리는 기고문을 각종 학술지에 게재하기 시작했다.[10] 1993년 필리핀 아시아여성인권평의회의 필리핀 '위안부' 희생자특별조사보고서[11], 1990년대 중반 네덜란드계 오스트레일리아인 얀 루프 오헤른(Jan Ruff-O'Herne)과 필리핀의 마리아 헨슨(Maria Rosa Henson)의 자서전, 한국정신대문제대책협의회(이하 정대협)가 수집한 증언집의 영어 번역서 등이 발간되면서 관련 연구를 추동했다.[12]

초기 연구들은 영어권에 '위안부' 피해 실태를 알리는 데 집중했다. 1993년 앨리스 채(Alice Y. Chai)가 '아시아·태평양 페미니스트 관점'에서 '위안부' 역사와 연대 운동을 다룬 논문을 발표한 것을 시작으로[13] 1995년에 조지 힉스(George Hicks)의 단행본이 출간되어 큰 주목을 받았다.[14] 생

---

10   Yuki Tanaka, "Informit Article: The Comfort Women," *Arena Magazine* No. 1, Oct. 1992.

11   Dan P. Calica and Nelia Sancho, eds., "War Crimes on Asian Women: Military Sexual Slavery by Japan during World War II – The Case of the Filipino Comfort Women," Asian Women Human Rights Council-Philippine Section, 1993.

12   Jan Ruff-O'Herne, *Year of Silence*, ETT Imprint, 1994; Maria R. Henson, *Comfort Woman: Slave of Destiny, with illustrations by the author*, Sheila S. Coronel, ed., Philippine Center for Investigative Journalism, 1996.

13   Alice Y. Chai, "Asian-Pacific Feminist Coalition Politics: The "Chŏngshindae/Jūgunianfu" ("Comfort Women") Movement," *Korean Studies*, Vol. 17, 1993, pp. 67~91.

14   George Hicks, *The Comfort Women: Sex Slaves of the Japanese Imperial Forces*, Souvenir Press, 1995a; George Hicks, *The Comfort Women: Japan's*

존자들을 직접 만나 피해 조사 활동을 한 유엔 조사관들의 연구는 초기 실태 파악에 큰 역할을 했다. 그에 힘입어 데이비드 슈미츠(David Andrew Schmidt), 우스티나 돌고폴(Ustinia Dolgopol), 보니 오(Bonnie B. C. Oh) 등이 연이어 연구를 발표했다. 돌고폴은 일본 정부와 군이 '위안부' 제도의 설립과 '위안부'의 모집·이송에 책임이 있다고 지적했다. 또 일본 정부가 피해자를 위한 보상금을 지급하는 법안을 제정해야 한다고 주장하면서도, 개별 가해자를 형사 기소하는 것에는 회의적인 태도를 보였다. 현실적으로 범죄 입증이 어렵다고 보기 때문이다. 한 가지 흥미로운 것은 연합국도 피해자에 대한 책임 의식을 가지고 피해자 치유를 위한 건강 센터와 기념관 건립에 힘쓸 것을 권고한 점이다. 연합국이 전후 '위안부' 피해 사실을 알고도 책임자를 기소하거나 적절하게 조치하지 않아 여성들의 고통이 가중되었던 것에 대한 책임을 물은 것이다.[15]

힉스는 전쟁기 군 위안소는 언제 어디서나 존재했지만, 일본군 '위안부'는 아시아 전역의 여성들을 어린 시골 소

Brutal Regime of Enforced Prostitution in the Second World War, W. W. Norton, 1995b. (조지 힉스, 《위안부: 일본 군대의 성노예로 끌려간 여성들》, 전경자·성은애 옮김, 창작과비평사, 1995)

15 Ustinia Dolgopol, "Women's Voices, Women's Pain," *Human Rights Quarterly*, Vol. 17, No. 1, 1995.

녀부터 나이 든 매춘부까지 강제로 동원한 폭력적인 제도라는 점에서 차이가 있다고 주장했다. 또 일본군이 조선인 여성을 선호했던 이유가 성병 보유자가 적고 상대적으로 피부색이 옅었기 때문이라며 최초로 인종주의 문제를 제기했다.[16]

마거릿 스테츠와 보니 오는 1996년 미국 조지타운대학교에서 워싱턴정신대문제대책위원회(WCCW) 등의 지원으로 일본군 '위안부'를 주제로 학술 대회를 개최하고 그 성과를 단행본으로 출간했다. 그들은 아시아와 서구 사회에서 중요한 역할을 하는 군 성 노예 피해자의 유산을 탐색할 필요가 있다고 강조했다.[17] 이 저서에서 보니 오는 사기, 노예 습격(slave raids), 가택 수색, 길거리 납치 등의 동원 방식을 설명하며 동원의 강제성을 강조했다. 또 여성들이 오랫동안 침묵할 수밖에 없었던 이유로 조선의 유교와 순결 의식 그리고 전후 연합군의 묵인 등을 지적했다.[18]

학술 성과가 많지 않았던 2000년대 이전 연구는 대부분 일본에서 출판된 저서를 주요 논거로 활용했다. 요시미 요시아키(吉見義明)의 연구서와 자료집, 센다 가코(千田夏光)의

---

16   Hicks, Op. Cit., 1995b.

17   Margaret D. Stetz and Bonnie B. C. Oh eds., *Legacies of the Comfort Women of World War II*, Routledge, 2001, pp. x iii~x iv.

18   Bonnie B. C. Oh, "The Japanese Imperial System and the Korean "Comfort Women" of World War II," in Ibid., p. 10.

《종군위안부(從軍慰安婦)》(1973), 김일면의《천황의 군대와 조선인 위안부(天皇の軍隊と朝鮮人慰安婦)》(1976)는 가장 많이 인용된 저서다.

조지 힉스는 특히 김일면의 저서에 의존했다. 주지하듯, 김일면은 '위안부' 연구가 본격화되기 이전에 산재한 자료를 찾아 저술하면서 참전 군인 회고록의 시각을 무비판적으로 적용했는데, 힉스 역시 이를 그대로 채용했다. 힉스의 저서(1995b)는 2024년 7월 현재 구글 학술검색에서 확인한 인용 수가 500회를 넘는다. 물론 그를 비판적으로 참고한 연구가 없지 않지만, 영미 학계에서 그의 초기 저작이 미치는 영향력이 여전히 커서 우려스럽다.

힉스가 정확한 출처를 제시하지 않고 에세이처럼 서술한 것은 논외로 하더라도, 가볍게 넘길 수 없는 문제가 많다. 그는 1장 〈마르스와 비너스(Mars and Venus)〉에서 신화를 소환해 군인과 성 착취 관계를 낭만화하고 이것을 어느 시대에나 있었던 일로 본질화했다. 군인 출신이라면 "정상적인 사회적·감정적 배출구를 박탈당한 채 남자들만으로 구성된 공동체에서 강박관념에 사로잡히듯이 섹스에 집착한 사실을 누구나 기억할 것"이라며 남성의 이성애적 성욕을 전제하는 서술도 문제로 지적할 수 있겠다.

또한 2장 제목으로 사용한 '인육시장(The Flesh Market)'처럼 피해를 자극적으로 재현하는 용어와 표현을 빈번하게 사용했다. 김일면의 글을 참고해 "일본 여자들은 직업 매춘부들이었으므로 성적 흥분을 위장하는 일에 능란했으며, 이는 고객으로부터 급속한 반응을 불러일으켜─매춘부의 진짜 목적인─성적 관계에 신속한 종결을 지었다. …… 반면에 한국 여자들은 연속적인 접대로 육신이 지치기 전까지는 일본인 여자들보다는 훨씬 더 꾸밈없는 반응을 보였다."며 피해를 전시하며 관음증적 시선을 내비쳤다.[19] 심지어 오스트레일리아에서 출간한 판본은 1938년 중국 닝궈시(宁国市) 위안소의 '위안부'가 속옷만 입고 촬영 자세를 취한 전신 사진을 표지에 사용했다. 이처럼 초기 영어권 공론장에서 '위안부' 역사는 한편으로 여성 폭력과 제국주의적 야만을 고발하는 방향으로 전개되었지만, 다른 한편으로 성폭력을 과잉 성애화하여 재현함으로써 아시아 여성을 타자화하는 지식 생신을 반복했다.

---

19   Hicks, Op. Cit., 1995b, p. 66. 인용은 한글 번역서를 참고했다. 조지 힉스,
      앞의 책, 1995, 77~78쪽.

주요 논쟁 지점은 어디인가

전시 성폭력 대 구조적 성폭력

1990년대에 들어 설치된 구(舊)유고슬라비아 국제형사재판소(ICTY)와 르완다 국제형사재판소(ICTR)는 무력 분쟁에서 발생한 성폭력 사건을 전시 성폭력으로 규정했다. 니콜라 헨리(Nicola Henry)는 뉘른베르크재판이나 도쿄재판과 달리, 현대 전범 재판소가 성폭력, 강간, 노예화를 인도에 반하는 범죄 등으로 기소할 수 있게 된 의미를 설명했다. 그것은 첫째, 강간을 처벌할 수 있는 전쟁 행위로 인정한 점, 둘째, 가해자가 자신이 저지른 범죄에 책임을 지도록 한 점, 셋째, 목소리를 박탈당해온 피해자가 재판 과정에 참여하게 된 점, 넷째, 전쟁범죄로서 강간의 역사를 기록해 집단 기억을 보존한 점 등이다.[20]

이런 국제사회의 변화에 따라 전쟁과 군사화를 중시하는 연구가 늘어났다. 유키 다나카는 일본군 '위안부'를 일본군의 구조적 특징뿐만 아니라 남성성과 군국주의가 뒤엉킨 복합적인 문제로 봐야 한다고 주장했다. 여성의 몸에 대한 폭력과 식민 지배는 상징적 유사성이 있으며, 남성성은 인종

---

20   Nicola Henry, "Witness to Rape: The Limits and Potential of International War Crimes Trials for Victims of Wartime Sexual Violence," *The International Journal of Transitional Justice*, Vol. 3, Iss. 1, 2009, p. 115.

주의 또는 내셔널리즘과 깊이 연관되어 있다고 강조했다. 일본 육·해군과 외교 부처가 협력해 '위안부' 제도 설립과 운영에 관여했음을 주장하는 한편, 미국과 영국, 오스트레일리아의 군 보고서 등을 통해 연합군이 주둔지에서 군 위안소(military brothel)를 관리한 사실을 밝혔다. 또한 전후 일본 정부와 미 점령 당국의 공모로 일본에서 성매매가 다시 확산했다고 비판했다. 이런 사실을 통해 '위안부' 제도의 관행이 궁극적으로 전쟁과 군사화에 기인하는 것임을 강조했다.[21]

테사 모리스 스즈키(Tessa Morris-Suzuki)는 연합군의 사설 위안소를 거론하며 연합군 역시 이 문제에서 벗어날 수 없다고 비판했다.[22] 이를 통해 "역사 기록은 전쟁이 여성에 대한 온갖 성폭력의 가능성을 크게 늘린다는 걸 보여준다."며 "전쟁을 폐지하는 것은 세계적인 수준에서 성폭력을 줄이는 훌륭한 방법이 될 것"이라고 했다.[23] 하지만 모리스 스즈키는 일본군 '위안부' 제도를 모든 전쟁에서 보편적으로 발생하는 것으로 보는 시각과 거리를 두며, '위안부' 제도의 폭력적 특

---

21   Yuki Tanaka, *Japan's Comfort Women: Sexual slavery and prostitution during World War II and the US occupation*, Routledge, 2002.

22   Tessa Morris-Suzuki, "You Don't Want to Know About the Girls? The 'Comfort women', the Japanese Military and Allied Forces in the Asia-Pacific War," *The Asia-Pacific Journal: Japan Focus*, Vol. 13, Iss. 31, No. 1, 2015.

23   Ibid., p. 15.

징을 강조했다.

구조적 성폭력의 관점에서 전시 성폭력 패러다임에 반대하는 주장은 매우 논쟁적이고 중요한 의제를 담고 있다. 그런 연구 경향의 선두에 있는 캐럴라인 노마(Caroline Norma)는 군사적 환원주의를 강하게 비판했다. 군사적 환원주의는 전시 성폭력이 전장의 가혹한 환경 속에서 어쩔 수 없이 발생한 결과라는 시각을 전제한다는 것이다. 노마는 전시 성폭력 패러다임이 그보다 파급력이 큰 평시 구조적인 성폭력을 간과하는 결과를 낳는다고 보고, 그동안 배제되어온 일본인 '위안부'와 성매매 여성을 '위안부' 논의에 포함해야 한다고 강력하게 주장했다.[24]

또한 노마는 정대협이 '위안부' 기념관을 '전쟁과 여성 인권 박물관'으로 이름 지은 것을 거론하며 이는 '위안부' 문제를 지나치게 일반화하고 포괄적으로 재현하는 것이라고 비판했다. 전시 군 주둔지 성매매를 인권 침해로 보지 않는 영어권 문헌에 대해서도 비판의 날을 세웠다. 전시 성매매 문제를 다룬 수많은 저서가 "강제된" 형태와 "자유로운" 형태를 구별하고 "강제 매춘"만을 "전쟁 수단"으로 규정하는 문제를 노정하고 있다면서 그 한계를 지적했다.[25] 세이야 모리타(Seiya Morita) 역시 전시 성폭력 패러다임은 폭력이 왜 성적인 형태로 나타나는지 제대로 설명하지 못한다면서 이를 평시 성폭력 구조의 문제로 봐야 한다고 주장했다.[26]

노마와 모리타처럼 공창제나 인신매매 등 성 착취 구조를 일본군 '위안부' 제도의 배경으로 설명한 연구는 적지 않다. 전시 성폭력 패러다임이 '위안부' 연구에서 주된 흐름으로 자리 잡기 이전에 나온 앨리스 채, 카즈코 와타나베(Kazuko Watanabe), 존 리(John Lie) 등의 초기 연구가 주로 그와 같은 논의를 이끌었다. 앨리스 채는 '위안부' 문제는 여성 동원에 결정적인 역할을 한 일본군의 책임이 명백하다고 전제하면서도, 다른 한편으로 그것은 가라유키상(からゆきさん)이나 쟈파유키상(ジャパゆきさん)과 군국주의, 가부장제, 국가관리 성 산업이라는 면에서 역사적인 연속성과 구조적인 유사성이 있다고 했다. 여성들의 상황은 서로 달랐지만, 일상과 노동조건(working conditions)이 비슷했다는 것이다.[27] 와타나베 또한 전시와 평시를 아울러 여성의 몸을 폭력적 상황으

24   Caroline Norma, *The Japanese Comfort Women and Sexual Slavery During the China and Pacific Wars*, Bloomsbury Academic, 2016. (캐롤라인 노마, 《'위안부'는 여자다: 여성주의 관점으로 '위안부' 역사를 복원하다》, 유혜담 옮김, 열다북스, 2020, 350~355쪽)

25   Caroline Norma, "The First #METOO Activists: Contemporary Campaigning in Support of the Former Japanese Military "Comfort Women"," *Cross Currents*, Vol. 69, Iss. 4, 2019, pp. 441~447.

26   Seiya Morita, "Sexual Violence in Wartime and Peacetime: Violence Against Women in the 20st Century," *The Asia-Pacific Journal: Japan Focus*, Vol. 19, Iss. 5, No. 9, 2021.

27   Chai, Op. Cit., 1993.

로 몰아넣었던 인신매매 제도와 군 성 노예제를 비판했다.[28] 존 리는 근대 초 일본 성 산업 발흥, 일본군 '위안부' 제도 설립, 전후 미군 위안 시설과 성 산업 등을 같은 맥락에서 서술하고 "포주로서 일본 국가는 현대 가부장제 국가의 극단적인 행태"라고 주장했다.[29]

앞서 언급한 노마는 전전-전시-전후의 연속적인 성 착취 시스템 속에서 일본군 '위안부' 제도의 성격을 분석한 대표적인 학자다. 근절주의 관점에서 위안부 문제를 보는 그녀는 '위안부' 생존자 정의 운동에서 페미니스트들이 성 착취 문제를 직시하는 데 실패했다고 비판했다. 일본군 '위안부' 제도가 민간 성 착취 산업을 판박이처럼 모방했다며 성 산업과의 관련성을 제기했다. 이는 '위안부' 제도가 전시에 독자적으로 개발된 특수 사례라는 시각에 반기를 든 것이다. 이에 피해자로서 자격이 있는 여성과 그렇지 않은 여성을 가르는 연구 시각과 운동 관행을 맹렬히 비판했다.[30] 세이야 모리타 역시 '위안부' 제도가 평시와 분리된 전쟁범죄가 아니라 평시와 연결되어 있고 제도화된 여성 폭력이라고 주장했

28   Kazuko Watanabe, "Trafficking in Women's Bodies, Then and Now: The Issue of Military "Comfort Women"," *Peace Change*, Vol. 20, Iss. 4, 1995.

29   John Lie, "The State as Pimp: Prostitution and the Patriarchal State in Japan in the 1940s," *The Sociological Quarterly*, Vol. 38, No. 2, 1997.

30   캐롤라인 노마, 앞의 책, 2020, 37~51쪽.

다. 또 성 노동을 옹호하는 자유주의 이론가들이 일본인 '위안부'를 개인의 의지로 선택한 성 노동자로 보는 것은 역사수정주의의 논리와 크게 다를 바 없다고 비판했다.[31]

　　노마와 모리타가 그동안 '위안부' 공론장에서 간과한 문제를 제기했다는 점에서 그들의 공로를 어느 정도는 인정할 수 있다. 하지만 그들이 '위안부' 제도의 폭력성을 단일한 요인으로 환원한다는 비판을 피하기는 어려워 보인다. 전시 성폭력이 평시 성폭력의 전시 버전이라고 하더라도, 식민지 여성의 대규모 동원과 어린 여성까지 무차별적으로 동원했던 것은 제국주의나 전쟁 변수가 아니고서는 설명하기 어렵기 때문이다. 무엇보다 전시 성폭력론을 옹호하는 학자들 가운데 전쟁을 폭력의 유일한 원인으로 보는 경우는 드물다. 예컨대 니콜라 헨리는 전시 성폭력은 평시 성폭력이나 위계에 따른 폭력과 분리할 수 없다며 교차적 관점을 중시했다. 전시 강간 교차 모델은 젠더 · 인종 · 민족 · 나이 · 사회경제적 처지로 인해 피해를 겪은 전시 성폭력 희생자들의 복합적인 경험을 이해하는 데 매우 유용한 접근법이라는 것이다.[32]

　　여기에서 한 가지 분명히 해둬야 할 사실이 있다. 구조적 성폭력에 주목한 연구를 '위안부' 피해를 부정하는 것과 같

31　　Morita, Op. Cit., 2021.

32　　Nicola Henry, "Theorizing Wartime Rape: Deconstructing Gender, Sexuality, and Violence," *Gender Society*, Vol. 30, No.1, 2016, pp. 51~52.

이 취급해서는 안 된다는 점이다. 이들은 '위안부' 피해를 부정하거나 축소하기는커녕 그 피해가 알려진 것보다 훨씬 광범위함을 강조한다. '위안부'와 공창제 모두 여성을 성 노예로 만드는 국가 관리하의 성 착취 시스템으로 보기 때문이다.

　　흥미로운 사실은 '위안부' 제도와 공창제를 직접 연결하지 않더라도, 많은 연구 논저에서 '위안부(comfort women)'와 함께 군 매춘/매춘부(military prostitution/prostitutes), 강제 매춘(forced prostitution) 등의 용어를 한 논문에서 사용한 사례가 적지 않다는 것이다. 용어의 혼용은 국제사회의 논의 과정에서 비롯된 것으로 보인다. 로라 강이 자세히 다뤘듯이, 20세기 초 국제사회에서 논의가 시작될 무렵부터 성 노예는 성매매, 인신매매와 분리된 문제가 아니었다.[33] 또한 1998년 유엔 인권위원회 특별보고관 게이 맥두걸(Gay J. McDougall)은 〈전시하 조직적 강간, 성 노예제와 그와 유사한 관행〉에 관한 최종 보고서에서, 1926년 노예협약에 비춰 성 노예의 개념을 설명한 뒤 "성 노예는 또한 모든 형태는 아닐지라도 거의 대부분의 강제 매춘(forced prostitution)을 포함한다."고 서술했다.[34] 카르멘 아르히바이(Carmen M. Argibay)는 강제 노동, 강제 매춘, 성 노예 등의 개념 차이를 언급하면서도 이것이

33　　Kang, Op. Cit., 2020, pp. 56~82.
34　　McDougall, Op. Cit., 1998, pp. 12~13.

모두 국제법 위반으로 맥락상 크게 다르지 않다고 했다. 다만 2000년 여성국제법정에서 피해 생존자들이 '매춘부'라는 오명을 써 그들의 고통이 심해졌음을 거론하며 사려 깊은 설명을 덧붙였다. 강제 매춘은 본질적으로 성 노예와 다르지 않지만 같은 수준의 의미를 전달하지는 않는다는 것이다. 즉, 강제 매춘은 여성을 강간하는 남성의 관점을 반영하지만, 성 노예는 피해 여성의 입장을 대변한다는 것이다.[35] 이것은 '성 노예냐 매춘부냐'와 같이 협소한 이해 방식을 넘어설 수 있는 단초를 제공한다.

성 노예론 대 성 노예 비판론

1993년 8월 유엔 인권소위원회는 '전시 중 조직적 강간, 성 노예 및 노예와 유사한 관행에 대한 심층 연구'를 수행할 특별보고관의 임명을 촉구하는 결의안을 채택했다. 1995년 린다 차베스 보고서, 1996년 라디카 쿠마라스와미 보고서, 1998년 게이 맥두걸 보고서 등 유엔 특별보고관이 제출한 보고서는 국제사회가 일본군 '위안부' 제도를 성 노예제로 규정하는 데 결정적인 역할을 했다. 쿠마라스와미 보고서는 일본군 '위안부'를 '성 노예제 및 그와 유사한 관행'

---

35 Carmen M. Argibay, "Sexual Slavery and the Comfort Women of World War II," *Berkeley Journal of International Law*, Vol. 21, Iss. 2, 2003, pp. 386~388.

의 명백한 사례로 적시했고, '위안부'라는 용어가 피해자의
고통을 반영하지 못하므로 이를 "군 성 노예(military sexual
slaves)"로 바꾸는 것이 적절하다고 제안했다.[36] 또 1998년
국제 형사 재판소 로마 규정(Rome Statute of the International
Criminal Court)은 국제 형사법 역사에서 처음으로 성 노예 규
정을 명시했다. 이 규정은 '강간, 성노예, 강제 매춘, 강제 임
신, 강제 불임 또는 이와 유사한 형태의 성폭력'을 전쟁범죄
및 반인도적 범죄로 판단할 수 있도록 했다.[37] 영어권 학계는
유엔 보고서의 권위를 인정하고 국제법의 변화를 수용하며
후속 논의를 전개했다.

　　켈리 애스킨(Kelly D. Askin)은 유엔 보고서에 언급된
것처럼 제2차 세계대전기 일본군 '위안부' 제도를 명백한 성
노예제이자 노예제와 유사한 관행으로 봐야 한다고 힘주어
말했다. 성폭력 피해자인 '위안부'가 과거에 강제 매춘의 피
해자로 불렸던 것을 비판하는 한편, 새로운 국제 규범에 따라
그것을 성 노예제로 규정한 의미가 매우 크다고 평가했다. 그
러면서 강간과 성 노예, 강제 매춘의 차이를 설명하고, 강제
매춘보다 성 노예가 더 포괄적인 개념일 수 있다고 했다. 또
강제와 자발 문제에 대해서도 견해를 밝히며, 위안소(comfort

36　　Coomaraswamy, Op. Cit., 1996, pp. 4~5.

37　　Kelly D. Askin, "Comfort women: Shifting shame and stigma from vic-
　　　tims to victimizers," *International Criminal Law Review*, Vol. 1, 2001, p. 7.

station)를 매춘소(brothel)로 부르거나 매춘(prostitution)과 연결하는 것에 반대했다. 그것은 마치 여성들이 아무런 강압도 받지 않은 상태에서 자유로이 위안소에 들어가 일종의 대가를 받고 자기가 원하면 언제든지 떠날 수 있음을 암시하기 때문이다. 또한 그것은 콘돔 사용 요구나 상대 인원수 제한, 특정 형태의 성관계와 신체적 폭력 거부 등과 같이 마치 피해자의 선택권이 허용되었던 것처럼 오해하게 만든다는 것이다. 결국 이것은 범죄에 면죄부를 줄 수 있다며 우려를 표했다. 물론 상대적으로 좀 더 나은 생활 조건에 놓인 피해자도 있었지만, 좋은 음식과 옷, 사치품을 받았다고 해서 여성들이 갇힌 상태에서 반복적으로 강간당했다는 사실이 바뀌지 않는다고 강조했다. 피해자가 처한 조건의 좋고 나쁨이 폭력적 피해를 결정하는 요소가 아니라는 것이다.[38]

　　2000년 여성국제법정의 판사이자 국제여성법률가협회 회장이었던 카르멘 아르히바이는 '위안부' 제도를 국제법을 위반한 성 노예제로 봤다. 그 주요 근거로 제2차 세계대전 이전에 이미 국제사회가 노예제를 금지하고 있었던 사실을 제시했다. 그것은 대략 다음과 같다. 첫째, 일본 정부는 1926년 노예금지협약에 서명하지 않았지만, 1937년 난징 강간 사건 후 국제 관습법을 명확하게 이해하고 있었던 점으로

38　　Ibid., pp. 14~15.

보아 노예금지협약이 일본에 구속력이 있었다. 둘째, 일본 정부는 포로 또는 점령지 민간인의 노예화를 금지한 1907년 헤이그협약 제4조와 부속 규정에 서명했다. 셋째, 1996년 국제노동기구(ILO) 전문가위원회는 일본군 성 노예 제도가 1930년 강제 노동에 관한 협약을 위반했다고 판결했다. 위원회는 국제인권규약에서 강제 노동을 허용하는 예외 조항이 '위안부' 제도에는 적용되지 않는다고 밝혔다. 즉 여성의 성적 자율성이 긴급 상황이라는 명목으로 희생되어서는 안 된다는 점을 분명하게 밝힌 것이다. 넷째, 1904년, 1910년, 1921년, 1933년 인신매매금지협약은 국제사회가 제2차 세계대전 이전부터 성 노예를 범죄로 인식했음을 보여준다. 다섯째, 강제 매춘을 인도주의 차원에서 금지하는 국제적 관례가 존재했다. 1919년 제1차 세계대전 전쟁위원회 보고서는 "납치, 강제 매춘을 목적으로 한 소녀와 여성의 인신매매"를 범죄로 규정했다.[39]

또 아르히바이는 제2차 세계대전 이후 노예금지법의 전개와 성 노예 인식의 변화 과정에 대해 상세히 서술했다. 그를 통해 범법 여부에 초점을 둔 '매춘부'는 '위안부' 할머니 또는 소녀를 지칭하기에 부적절하므로, 강제 매춘 대신 성 노예로 불러야 한다고 주장했다. 성 노예라는 용어가 생존자

39   Argibay, Op. Cit., 2003, pp. 380~382.

를 위한 것임은 말할 것도 없지만, 향후 비슷한 피해자들이 잘못된 낙인으로 고통받는 걸 막기 위해서라도 필요하다는 것이다.

일본군 '위안부'가 성 노예로 규정되기까지 국제사회의 논의 과정을 추적한 로라 강은 그것의 단일한 기원에 집착하기보다 다각적인 접근 방식을 취했다. '아시아 여성(Asian women)'을 방법론으로 삼아 그것이 구성되어온 방식에 주목한 것은 기존의 '위안부' 연구와 다른 독창적인 점이다. 로라 강은 일본군 '위안부'를 아시아 여성의 인권 침해나 임파워먼트(empowerment)의 모범 사례로 다루는 대신 새로운 관점을 제시했다. 미국의 권력/지식 구조 안에서 특정한 전문 지식(또는 무지)에 의해 활성화(또는 봉쇄)되는 다원적인 문제로 '위안부'를 재구성하자고 제안했다. 고통받는 몸에 대한 명목상의 동조나 공감적 동일시보다 "지식 체계와 앎의 방식으로서 아시아 여성"을 사유의 출발점으로 삼아야 한다는 것이다.[40]

로라 강의 책《아시아 여성 인신매매(Traffic in Asian Women)》은 여성 인신매매와 성 노예, 여성 폭력에 대한 인식 변화, 보상과 기념 문제까지 폭넓게 아우르며 '위안부' 연구의 지평을 넓혔다. 특히 인종주의와 제국주의 권력/지식 구

---

40   Kang, Op. Cit., 2020, p. 35.

조를 심문하며 국제사회에서 일본군 '위안부' 문제의 비가시화 또는 과잉 가시화를 분석했다. 로라 강은 성 노예 개념의 형성에서 두 개의 큰 흐름에 주목했다. 하나는 노예제와 인신매매에 대한 글로벌 거버넌스의 논의이며, 다른 하나는 여성 폭력에 대항해온 페미니스트 그룹의 연대 활동이다. 전자와 관련해 가장 눈에 띄는 대목은 '위안부' 제도를 여성 인신매매의 대표 사례로 규정한 점이다. 저서에서는 유엔에서 여성 인신매매와 강제 매춘이 노예의 범주에서 논의되었던 과정을 상세히 소개했다. 19세기 후반~20세기 초반 '백인 노예'의 문제부터 국제연맹(League of Nations)의 인신매매금지협약과 제2차 세계대전 이후 유엔의 논의를 아울렀다. 흥미로운 것은 전후 논의 과정이다. 연구에 따르면, 1953년 유엔총회는 의정서 개정을 통해 1926년 노예금지협약을 채택했는데 성 노예나 성매매는 포함하지 않았다. 유엔에서는 좀 더 넓은 범위의 협약을 검토하려 했으나 실현되지 못했고, 한스 엥겐(Hans Engen)이 1955년에 제출한 노예제 조사 보고서에서도 성매매를 포함하지 않았다. 로라 강은 이런 상황이 당시 국제 조사나 감시 체계에서 '위안부' 피해가 왜 보이지 않았는지를 부분적으로 보여준다고 설명했다.[41] 하지만 그 뒤에 유엔 경제사회이사회의 노예제 특별보고관 모하메드 아

---

41   Ibid., pp. 103~104.

와드(Mohamed Awad)의 1966년 보고서가 제출되고, 캐슬린 베리(Kathleen Barry)의 연구서를 비롯해 다수의 책이 출간되면서 성 노예에 대한 인식 전환이 이뤄졌다고 보았다.[42] 특히 1988년 유엔 인권위원회가 1988/42 결의안을 통과시켜 "인신매매와 성적 착취를 포함하는 현대적 형태의 노예제 철폐에 관한 향후 작업에서 행동 계획을 수립할 것"[43]을 요청하면서 '현대적 형태의 노예제 실무 그룹'이 등장했고, 이 무렵 여성인신매매반대연합(CATW)을 비롯한 비정부 조직이 등장하면서 성 노예 논의가 급물살을 탔다고 했다.

　　이런 국제사회의 변화에 힘입어 정대협은 1992년 유엔에 일본군 '위안부' 문제의 조사를 요청할 수 있었다. 초기 다양한 용어가 혼재되다가 1993년 10월 제2차 아시아연대회의에서 '일본군 성 노예(Japanese military sexual slavery)'라는 표현이 공식화되었다. 사라 소(Chunghee Sarah Soh)가 성 노예를 '1990년대 페미니스트의 꼬리표'로 평가절하한 데 반해, 로라 강은 1990년대 이전부터 행해온 페미니스트 연대 운동의 지평에서 그 개념의 형성 과정을 설명했다. 로라 강은 1970년대 성 관광과 군대 매춘에 반대한 아시아 여성 운동가들이 당시 여성들의 상태를 성 노예로 지칭한 것을 적극적으

42　　Ibid., pp. 88~96.
43　　Ibid., p. 99.

로 평가했다. 이를 통해 성 노예의 기원을 더욱 폭넓고 다원적인 관점에서 맥락화하려 했다.[44] 로라 강의 의도는 단지 일본군 '위안부'를 성 노예로 규정한 국제사회의 논의를 추적해 그 정당성을 재확인하는 데 있지 않다. 그보다는 국제적인 논쟁 과정에서 젠더 폭력과 피해가 규정되고 '아시아 여성' 또는 '위안부 여성'이라는 범주가 구성되었다는 주장을 통해 글로벌 담론장으로 이동한 '위안부' 지식의 현실을 성찰하려는 시도로 읽힌다.

위의 연구들과 달리, 성 노예론을 비판하는 연구도 등장했다. 물론 존 마크 램지어(John Mark Ramseyer)[45]가 제기하는 것처럼 '위안부'는 성폭력 피해자가 아니라 전쟁 중 고수익을 노린 계약 행위자(매춘부)라는 주장도 있다. 하지만 이는 학문적 논쟁을 위한 것이 아니므로 '위안부' 피해 사실을 부정하는 주장은 논외로 한다. 여기에서 다룰 성 노예론 비판 연구는 주로 성 노동론의 관점에서 여성의 행위성을 중시하는 경향을 띤다. 엘리사 리(Elisa Lee)와 사라 소의 연구가 대표적이다. 전자가 인권 담론의 서구 중심성과 이성애 규범성(heteronormativity)을 비판하며 그에 기초한 성 노예론에 의문을 제기했다면, 후자는 여성의 행위성을 강조하는 맥락에

44   Ibid., pp. 110~111.

45   J. Mark Ramseyer, "Contracting for sex in the Pacific War," *International Review of Law and Economics*, Vol. 65, 2021.

서 성 노예론을 비판했다.

엘리사 리는 유색 여성 페미니즘 비평과 유색 퀴어 비평의 관점에서 보편적 인권 프레임과 성 노예론을 비판했다. 그러면서 성 노예론을 지탱하고 있는 보편적 인권의 렌즈를 통해 '위안부' 문제를 볼 때 어떤 역사와 구조가 생략되는지 질문했다. 엘리사 리는 사라 소의 연구에 기대어 '위안부'를 "태평양전쟁기에 일본 제국주의 군대를 위해 성 노동자(sex workers)로 일한, 다양한 인종·국적·사회경제적 배경을 가진 젊은 여성과 소녀 들로 구성된 집단"으로 규정하고[46], "성 노예라는 서구의 지배적인 개념과 구별하기 위해 '위안부(wian-bu)'라는 용어를 사용한다."고 밝혔다.[47]

엘리사 리는 '위안부' 이슈가 '민족적 수치'에서 '여성 인권의 국제적인 상징'으로 변화한 역사적 과정을 탐색하고, 인권 담론에 기초한 성 노예론이 이성애 규범성과 서구 제국주의 논리를 반복한다고 주장했다. 또 사라 소와 후지메 유키(藤目ゆき) 등 선행 연구를 참고해 일본 공창제 폐지론의 페미니즘 인도주의가 결국 제국주의 이데올로기와 다르지 않다고 지적했다. 즉, 폐창론이 이성애 규범성에 기초해 성적 순

---

46   Elisa Lee, "Behind the Mask of Human Rights: "Comfort Women," Het-eronormativity, Empires," *Tapestries: Interwoven voices of local and global identities*, Vol. 4, Iss. 1, 2015, p. 1.

47   Ibid., p. 2.

결성을 강조하는 제국주의와 일맥상통하고 있으며, 이는 결국 당시 위안소 제도를 설립한 역사적 배경과 맞닿아 있다는 것이다. 엘리사 리는 그런 점에서 유엔이나 미국의 인권 레토릭과 이에 부응하는 페미니스트의 성 노예론은 제국의 확장과 유지에 기여해온 이성애 규범성과 인종주의를 은폐한다고 봤다.

스테파니 리몬첼리(Stephanie A. Limoncelli)는 인신매매가 국제사회 최초의 여성 인권 의제였던 이유는 인종주의, 제국주의, 가부장제적 내셔널리즘이 그 배경에 있었기 때문이라고 했다.[48] 그에 비춰보건대, 엘리사 리의 문제 제기는 타당한 면이 있다. 현대 정치철학에서 논쟁의 도마 위에 오른 인권 담론을 '위안부' 이슈와 연계해 재고할 필요가 있는 게 사실이다. 그렇지만 앞서 살펴봤듯이 성 노예론은 오랜 논의를 거쳐 공인된 것인 만큼, 엘리사 리가 노예제를 둘러싸고 전개되어온 다양한 논의를 지나치게 단순화했다는 비판을 피하기는 어려울 것 같다.

한편 사라 소는 영어권에서 '위안부' 연구자로서 명성

---

48   Stephanie A. Limoncelli, *The Politics of Trafficking The First International Movement to Combat the Sexual Exploitation of Women*, Stanford University Press, 2010, pp. 1~3.

이 높은 학자다.[49] 한국에서 일부 논문이 번역되기도 했으나[50], 여러 논쟁거리를 담고 있는 이슈가 충분히 소개되지는 않았다. 사라 소는 일본군 '위안부' 제도가 가부장제라는 폭력적인 구조와 '공적 섹스' 제도에 기인한다고 보고, '강제로 납치돼 일본군의 성 노예가 된 어린 소녀'라는 '정형화된 스토리'를 비판하는 데 초점을 뒀다. 한국이나 국제사회에서 '위안부'를 기존의 관행적인 표현인 '매춘부' 대신 '성 노예'로 부르는 방식은, "'위안부'는 일본군을 따른 매춘부였을 뿐"이라는 일본 신민족주의자들의 주장에 단순하게 반응하는 것에 지나지 않는다고 비판했다. 또한 강제 동원론과 성 노예론은 일부 '위안부' 여성이 성 산업 안에 존재했던 현실을 무시하는 것이며 여성을 무력한 희생자로 만든다고 비판했다.[51] 사라 소는 식민지기 젠더·계급·노동 이슈가 교차하는 가운데 여성의 경험이 구성되었다고 보고, 식민지 근대화에 따른 열린 공간에 주목했다. 사회 변화로 인해 가난한 젊은 여성

---

49   C. Sarah Soh, *The Comfort Women: Sexual Violence and Postcolonial Memory in Korea and Japan*, The University of Chicago Press, 2008.

50   소정희, 〈교육받고 자립된 자아실현을 열망했건만: 조선인 '위안부'와 정신대에 관한 '개인 중심'의 비판인류학적 고찰〉, 박지향·김철·김일영·이영훈 엮음,《해방 전후사의 재인식 1》, 책세상, 2006.

51   Chunghee Sarah Soh, "Prostitute versus Sex Slaves: The Politics of Representing the "Comfort Women"," in Margaret D. Stetz and Bonnie B. C. Oh eds., *Legacies of the Comfort Women of World War II*, Routledge, 2001, p. 81; Soh, Op. Cit., 2008, pp. 33~34.

에게 노동과 교육을 통해 '신여성'이 될 수 있는 기회가 생겼고, 가부장적 아버지의 통제에서 벗어나 경제적 독립을 꿈꿀 수 있는 장이 펼쳐졌다는 것이다. 이는 여성들의 독립 열망이 '위안부'가 된 배경이었음을 시사한다.

성 노예론 비판은 '위안부' 서사의 전형성에 대한 비판과 같은 맥락에 있다. 사라 소는 그동안 위안부 활동가와 연구자 들이 강제 동원과 성 노예 프레임에 맞춰 생존자 구술을 전형적인 이야기로 만든 결과, 그것에서 벗어난 경험을 가진 서발턴의 목소리를 듣지 못하게 만들었다고 주장했다. 이에 '판에 박힌 이야기'에서 벗어난 구술을 적극적으로 소개하고 일부 생존자의 구술 변화에 주목했다. 예컨대 '위안부' 생존자 이용수가 처음에는 친구와 야반도주했으며 "빨간 원피스와 가죽 구두"를 받고 기뻤다고 했으나, 후에는 일제 헌병에 의해 강제로 납치되었다고 말을 바꿨다며 이에 대해 상세히 서술했다.[52] 또 위안부 구술에 나타난 일본군과의 정서적 유대감을 언급함으로써 개별 여성의 사적 경험을 드러내고 거대 서사를 해체하려는 의도를 분명히 했다.[53]

사라 소의 저서는 한국의 보수적이고 남성적인 문화를 설명하는 글에 많이 인용된다. 일본 우익에게는 생존자 구

---

52   Ibid., pp. 99~101.

53   Ibid., pp. 181~189.

술의 신뢰성을 의문시하는 근거로 자주 활용되고 있다.[54] 저자는 자신이 일본 정부의 책임을 부정하는 게 아니라며 여러 차례 강조했다. 하지만 자신의 학문적 주장을 악용하지 말라며 일본 우익에게 경고하는 것만으로는 비판을 피하기 어려운 점이 많다.

사라 소의 주장에 대해서는 많은 비판이 제기되었지만, 몇 가지 더 중요하게 언급해야 할 점이 있다. 먼저, 행위성에 대한 해석이다. 구술 연구의 미덕은 구술 주체의 자기 해석과 의미화에 주목해 서발턴의 목소리를 들을 수 있는 통로를 제공하는 것이다. 하지만 연구자는 경험적인 구술로는 포착하기 어려운 비가시적인 폭력 구조에 예민하게 주의를 기울여야 한다. 이것을 위해서는 비가시화된 폭력 구조와 주체 행위가 충돌하는 접점을 치열하게 사유해야 한다. 무엇보다 여성의 행위성이 발현되는 장이 그 어떤 권력관계도 존재하지 않는 무중력의 투명한 공간이 아니라는 사실을 상기할 필요가 있다. 여성들의 열망이 비가시적인 거대한 폭력 구조와 맞닿아 있었던 현실의 아이러니에 대한 통찰 없이 여성의 행위성만을 떼어내는 것은 탈맥락적이고 탈역사적인 해석으로

---

54 2015년 이용수 생존자가 미국 캘리포니아의 글렌데일에서 증언할 때 고이치 메라('역사적 진실을 요구하는 세계연합회' 미국 의장)는 사라 소의 저서를 들어 보이며 그녀의 설명이 초기 증언과 다르다고 몰아세웠다. 이에 대해서는 미키 데자키 감독의 영화 〈주전장〉(2019) 참고.

귀결될 수밖에 없다.

　　또한 사라 소가 언급한 식민지 조선의 가부장제 문제도 재고할 필요가 있다. '위안부' 제도의 폭력 구조에 식민주의와 계급 문제뿐 아니라 가부장제가 연루되어 있었음은 누구도 부정하지 않는다. 문제는 이것이 일본이 행한 폭력만큼이나 나쁜 한국의 폭력 구조로 설명될 뿐만 아니라, '강제 동원된 성 노예'를 부정하는 근거로 쓰인다는 사실이다. 그러나 가부장제는 단순하게 한국의 문화적 특질로 환원될 수 없다. 식민지기 호주를 중심으로 재편된 조선의 가부장제는 천황제 파시즘과 분리될 수 없는 식민지적 근대성을 특징으로 하기 때문이다. 식민지 조선의 가족법은 일본 민법을 적용해 결혼한 여성의 법적 행위능력을 인정하지 않았다.[55] 기혼 여성은 결혼하지 않은 성인 자녀나 미성년 자녀와 마찬가지로 독자적으로 법률 행위를 하지 못했다. 남성인 친권자 또는 호주가 자신들의 처와 딸(결혼하지 않은 성년자, 미성년자)의 노동 계약을 맺는 주체였기 때문에 동일 호적 내 여성에 대한 가부장의 영향력이 클 수밖에 없었다. 식민지기 호주와 친권자가 천황제 국가의 하위 수행자이자 자본 축적의 협력자였다는 사실을 고려해보면, 여성의 몸이 재배치되던 전시체제기 가부장제의 작동을 천황제와 분리할 수 없다는 점은 분명하다.

　　이와 관련해 또 중요한 게 있다. 한국에서는 가부장제 문제가 내적 성찰의 계기를 제공하는 데 반해, 영미학계에서는 ('문명화'되지 못한) 아시아적 전통이나 특성으로 이해된다. 그러나 앞서 언급했듯이 아버지가 딸을 학대하거나 파는 것을 가부장제만으로 설명할 수는 없다. 그것은 조선의 전통이나 문화적 특질도 아니다. 그런데도 이를 유교나 아시아 문화로 보는 시각은 문화적 본질주의이며 오리엔탈리즘적인 사고다. 이런 본질주의적 접근은 정치사회적 구조를 비판적으로 분석하는 데 무력할 수밖에 없다.

　　마지막으로 구술 텍스트를 활용하는 연구자의 윤리 문제를 지적할 수 있겠다. 사라 소는 무책임하게 생존자의 구술이 변화했다는 사실을 언급해 생존자를 거짓말쟁이로 몰고 일본 우익에게 무차별적인 공격과 모욕을 당하게 방치했다. 같은 경험에 대한 구술일지라도 시간이 지나면서 내용이 달라질 수 있다는 것은 구술사 연구자에게 상식에 가깝다. 구술 변화는 단지 기억력의 쇠퇴에서 비롯되는 것만은 아니다. 기억은 정치사회적 영향 속에서 늘 새롭게 구성되기 때문이

55　　일제 식민지기 민법은 아내의 행위능력을 인정하지 않았다. 부동산이나 동산의 매매 및 임대, 소송 행위, 증여나 중재 계약, 상속 승인이나 포기 등을 할 때 아내는 남편의 허가를 받아야 했다. 남편의 생사가 분명하지 않거나 아내를 유기한 때, 남편이 금치산자이거나 준금치산자인 때, 남편이 금고 1년 이상에 처해 형의 집행 중에 있을 때, 부부의 이익이 상반하는 때에는 예외가 인정되었다. 김은경, 〈탈식민기 가족법과 여성의 국민화〉, 한양대학교 비교역사문화연구소 젠더연구팀 기획, 홍양희 엮음, 《'성'스러운 국민: 젠더와 섹슈얼리티를 둘러싼 근대 국가의 법과 과학》, 서해문집, 2017, 234~235쪽.

다. 연구자로서 그것을 규명하고 싶다면 훨씬 더 사려 깊게 접근해야 옳다. 비판의 방향을 생존자가 아니라 사회로 향하게끔 주의해야 했다. '전형적인 서사'를 요구하는 사회와, '두꺼운 텍스트(thick text)'일 수밖에 없는 성폭력 생존자의 구술을 손쉽게 들으려 했던 청중에게로 말이다.

나가며

1990년대 일본군 '위안부'는 국제사회에서 주목받는 여성 폭력 사례로 여성 인권의 상징이 되었다. 다양한 국적과 학문적 배경을 가진 학자들이 생산한 '위안부' 지식은 특정 국가나 집단에 특권을 부여하지 않는다. '위안부' 역사상이 고정되지 않고 세계 각지의 젠더·인종·계급 문제와 결합해 새로운 의제로 재탄생하고 있는 현실이 그것을 잘 보여준다. 지구적 기억이 지역적 기억과 만나고 과거의 기억이 미래의 기억과 융합되어 끊임없이 새로운 차원으로 전이되고 있다. 그런 점에서 일본군 '위안부'는 단단한 역사에서 유동적인 기억으로 변모해가고 있다고 볼 수 있다.

영어권 학계는 국제사회의 오랜 논의에 기초해 다양한 쟁점을 생산해왔다. '위안부' 실태를 규명하려 했던 초기 단계를 넘어 전시 성폭력이나 구조적 성폭력을 중시하는 연구, 국제적으로 공인된 성 노예론을 재확인하고 지식의 생산 과정을 탐색하는 연구와 그를 비판하는 연구 등 다양한 논의가 전개되었다. 그렇다면 초국적 역사로서 '위안부' 연구의 향후 과제는 무엇일까? 그 무엇보다, 그동안 보편적 가치로 여기던 '초국적 이상'을 심문하는 작업이 선행되어야 할 것이다. '초국적 이상'이 강조되는 가운데 지역성이 삭제되고 소수자가 주변화되는 타자화가 재생될 수 있기 때문이다. 서구 '제1세계' 중심의 인권 패러다임이 '위안부' 역사를 초국적 역사의 반열에 올려놓았지만, 다른 한편으로 그것이 '아시아'와 '여성'의 타자화로 기능하는 현실을 냉정하게 돌아볼 필요가 있다. 서구적 보편성, 이성애적 정상 규범, 국민국가 시스템에 기초해 형성된 인권 담론을 비판적으로 극복하는 작업은 일본군 '위안부'를 둘러싼 글로벌 공론장의 향후 과제가 되어야 할 것이다.

8. 유동하는 '위안부' 표상과 번역된 민족주의

1991년 이전 김일면, 임종국의 '위안부' 텍스트를 중심으로[*]

이지은(서울대 인문학연구원 선임연구원)

[*] 이 글은 이지은, 〈조선인 '위안부', 유동하는 표상: 91년 이전 김일면, 임종국의 '위안부' 텍스트를 중심으로〉, 《만주연구》 제25호, 만주학회, 2018과 이지은, 〈일본군 '위안부' 서사 연구〉, 서울대학교 국어국문학과 박사 학위논문, 2023을 토대로 재구성한 것이다.

들어가며

1991년 김학순의 증언은 피해자의 목소리를 공론장에 드러냈을 뿐 아니라, 여성의 수치로 여겨지던 성폭력 피해를 제국 군대의 전쟁범죄로 재인식하게 했다는 의의가 있다. 그런데 이러한 의의와는 별개로 '침묵을 깬' 공식 증언에 대한 강조는 거꾸로 이전의 시간(1945년 8월 15일~1991년 8월 13일)을 '침묵의 시간'으로 이해하게 만드는 경향이 있다. 사실 공식 증언 이전에도 '위안부'에 관한 다양한 형태의 텍스트가 존재했다. 전후 일본에서 쏟아져 나온 전쟁 기록물이나 참전 병사들의 수기, 문학 작품에서는 병사의 시선으로 재현된 '위안부'의 모습이 존재하며, 태평양전쟁에서 귀환한 조선인 학병의 수기에서도 간혹 전장의 '위안부'가 나타난다. 센다 가코(千田夏光), 김일면(金一勉), 임종국 등 한일 양국의 저널리스트들은 1970~1980년대에 이들 텍스트를 발췌·수집하여 본격적인 '위안부' 담론을 구성했다. 병사의 목격담, 참전 병사 출신 작가의 소설 등이 번역·복제·증식되어 '위안부' 인식의 두터운 심층을 이룬 것이다. 1991년을 기점으로 한 단절적인 시각에서는 '위안부' 담론의 기저를 놓치고 만다.

물론 병사들의 목격담을 피해자의 증언과 동일한 층위에서 다룰 수는 없다. 이에 목격담과 피해자 증언을 구별할 철학적 사유가 요청된다. 철학자 조르조 아감벤(Giorgio

Agamben)은 증언을 '목격자(testis)의 증언'과 '살아남은 자 (superstes)의 증언'으로 나눠 논의한 바 있다.[1] 흥미롭게도 라 틴어에서 'testis'는 '증인'이라는 뜻 외에 '고환'이라는 의미 도 지닌다.[2] 법정 용어로서의 증언(testimony)이 testis에서 유 래한 것도 여기에 기인하는데, 남성만이 시민이 될 수 있었던 로마에서는 증언을 위해 선서할 때 고환에 손을 얹었다고 한 다.[3] 이는 곧 법적 장치로서의 '증언'이라는 말 자체가 남성성 을 띠고 있음을 의미한다. 사법 장치는 객관적 심판 기관이라 생각하기 쉽지만, 어원을 통해 보건대 법률적 증언이라는 제 도 자체에 이미 남성성이 기입되어 있는 것이다. 이는 '위안 부' 문제에 있어서 두 가지 중요한 장면을 환기한다. 하나는 피해 생존자의 증언보다 '소문', 즉 'testis(남성 목격자)'의 증 언이 먼저 공동체에 유통되었다는 것이고, 다른 하나는 오랫

1   조르조 아감벤,《아우슈비츠의 남은 자들: 문서고와 증인》, 정문영 옮김, 새물결, 2012, 22쪽.

2   Robert K. Barnhart ed., *The Barnhart Dictionary of Etymology*, H.W.Wilson, 1988, p. 1129.

3   사타구니에 손을 얹고 맹세하는 장면은 성경에서도 어렵지 않게 찾을 수 있다. "아브라함은 이제 몹시 늙었다. 야훼께서는 매사에 아브라함 에게 복을 내려주셨다. 아브라함은 집안일을 도맡아 보는 늙은 심복에 게 분부하였다. '너는 내 사타구니에 손을 넣고 하늘을 내신 하느님, 땅 을 내신 하느님 야훼를 두고 맹세하여라. 내 며느릿감은 내가 살고 있는 이곳 가나안 사람의 딸 가운데서 고르지 않을 것이며, 내 고향 내 친척들 한테 가서 내 아들 이삭의 신붓감을 골라 오겠다고 하여라.'"〈창세기〉 24장 1~4절.

동안 법정에서 생존자인 '위안부'의 증언이 받아들여지지 않았다는 것이다.

한편 태평양전쟁 당시 '위안부'는 '군수품'으로서 취급되고 이송되었다고 한다. 이는 여성의 인권 유린만을 보여주는 것이 아니라, 사건의 장소가 전선(戰線, front line)이었음을 확인시켜준다. 오늘날 우리는 제2차 세계대전 종전 이후 사후적으로 재편된 '국경(border)'이라는 경계를 인식 틀로 삼아 '위안부' 문제를 바라보고 있지만, 기실 위안소라는 체계적인 성폭력 제도는 국경이 아니라 중일전쟁, 태평양전쟁 등의 전선에서 발생했다. 전선은 다양한 주체와 언어가 뒤섞이는 곳이자 그 자체로도 끊임없이 이동하는 경계다. '전장의 기억'을 분유하고 있는 이들은 재편된 국민국가 체제에서 각국으로 흩어지거나 국민국가에 온전히 귀속되지 않는 비국민으로 남았다. 이는 '위안부' 문제가 처음 불거진 장소가 전선에서 국경으로의 재편이 불연속적이었던 오키나와라는 점이나[4], 이른 시기 출간된 조선인 '위안부' 수기가 한국과 일본

---

4   신분이 밝혀진 이들 가운데 가장 이른 시기에 나타난 피해자는 배봉기인데, 그녀가 위안소 경험을 털어놓은 결정적인 계기에는 1972년 오키나와의 시정권(施政權) 반환 문제가 놓여 있다. 많은 조선인 군속과 군인 그리고 '위안부'가 이송되었던 오키나와는 일본 '본토' 가운데 유일하게 지상전이 벌어졌던 '전선'으로서 대규모 사상자가 발생한 곳이다. 종전 직후 불완전하고 분열된 형태로나마 동아시아 각국이 국민국가의 경계를 형성한 데 반해, 오키나와는 '일본군과의 평화조약(Treaty of Peace

어느 곳에도 온전히 귀속되지 않은 익명의 자이니치의 증언으로부터 생산되었다는 점에서 잘 드러난다. 목격담, 전쟁 회고담, 익명의 피해자 수기 등 산재되어 있던 '위안부' 서사는 국경을 횡단하며 재구성되었고, 이는 곧 '위안부' 문제를 둘러싼 민족주의 담론이 오롯이 민족 내부에서 형성될 수 없음을 의미한다.

따라서 이 글은 전선에서 형성된 기억이 사후적으로 재편된 국민국가 체제에서 생산되고, 이것이 국경을 넘어 유동하면서 번역·복제·증식되는 과정을 추적하는 것을 목표로 한다. 여기서 '번역하다(translate)'라는 말은 어원 그대로 반대편으로(trans) 이동(-latus) 하게 함(-ete)을 의미한다. 일본군 병사의 기억을 피식민 민족의 역사로 번역하는 과정에는 세 가지 층위, 즉 언어의 번역과 민족의 번역 그리고 젠더의 번역이 필요하지만, 이는 민족 남성에 의해 선택적으로 수행되었다. '위안부' 목격담이 생성되고 이것이 번역되는 과정을 살피는 작업은 한국 사회에 '위안부'가 인식되는 기원의 한 단면을 드러내는 일이자, '위안부'의 모습이 어떻게 왜

---

with Japan, 일명 '샌프란시스코평화조약')'에 의해 일본 국토로의 귀속이 유예되었고, 이로 인해 전선에서 국민국가 영토로의 재편이 불연속적이었다. 이에 관해서는 오세종, 《오키나와와 조선의 틈새에서: 조선인의 '가시화/불가시화'를 둘러싼 역사와 담론》, 손지연 옮김, 소명출판, 2019, 263~265쪽 참조.

곡되었는지 분석하는 일이기도 하다. 이 글에서는 왜곡의 양상을 분석하여 '위안부'에 투사된 한국과 일본 남성 주체의 욕망을 살펴보고, 그들이 어떻게 공모하고 분열하는지 드러낼 것이다. 그리고 이를 통해 민족주의 담론을 제국주의와 이분법적으로 대립시키는 논의 구도를 탈구축하고자 한다.

조선인 '위안부' 표상과 텍스트의 흐름

한국에서 '위안부'에 관한 본격적인 조사를 시작했던 이는《친일문학론》(1966)으로 잘 알려진 임종국이다.《친일문학론》은 1965년 한일 수교라는 '침략의 예감'에 대응한 실천적 결과로서, 임종국은 반민족 행위자/식민 지배자에 대한 기억을 복원하는 것과 같은 이유로 피식민자의 기억에 대한 글쓰기를 수행했다. 그는《친일문학론》이후 〈빼앗기고 끌려가고: 징용·징병·공출〉(《광복을 찾아서》, 1969), 〈여자정신대〉(《월간 중앙》, 1973년 11월), 〈징용〉(《월간 중앙》, 1974년 1월), 〈학도지원병〉(《월간 중앙》, 1974년 3월) 등 강제로 징용·징병된 사람들에 대한 글을 발표했다. 특히 〈여자정신대〉와 〈징용〉은 강제 징용·징병자의 체험담이 주를 이루고 있는데, 이는 많은 부분 자이니치 학자 박경식의《조선인 강제연행의 기록(朝鮮人强制連行の記録)》(未來社, 1965)에서 빌려온 것이다.

〈여자정신대〉는《조선인 강제연행의 기록》에서 인용한 옥치수(玉致守)의 체험담으로 시작한다. 1942년 육군 군속으로 징용된 그는 수송 부대에 배속됨으로써 동원되는 조선인 동포를 많이 목격할 수 있었고, 그 가운데는 조선인 '위안부'도 있었다.《조선인 강제연행의 기록》에 실린 증언에서 옥치수는 한일조약을 앞두고 보상에서 배제되는 '전 일본군 재일한국 상이군인'의 처지에 대해 호소하고, 자신들을 배제하는 일본 정부를 강하게 비판한다.[5] 사실 조선인 강제 연행에 관한 첫 번째 보고서라 할 수 있는《조선인 강제연행의 기록》은 1965년 한일협정이 이뤄지던 해 강제 연행에 대한 배상이 제대로 합의되지 않고 조약이 체결되는 데 항의하는 의미로 출간되었다. 따라서 옥치수의 호소는 당대 자이니치의 처지를 대변하는 것이기도 하다. 임종국은 이러한 맥락을 삭제하고 '위안부'를 목격한 부분을 절취해 '위안부'라는 누락된 기억을 재구성해보려 했던 것이다.

〈여자정신대〉는 옥치수의 체험담뿐 아니라 여러 회고나 증언 텍스트로 구성되어 있다. 개략적으로 살펴보면, "〈버마〉 파견군 참모이던 츠지 마사노부(辻政信)…… 수기《15대 1》"[6], "1944년 9월 남방항공부 필리핀 지부에 근무한 일본여

---

5   박경식,《조선인 강제연행의 기록: 1910-1945, 나라를 떠나야 했던 조선
인에 대한 최초 보고서》, 박경옥 옮김, 고즈원, 2008, 123~125쪽.

성 고마키 사치코(小牧左知子)의 《여군패주기》"[7], "〈사이판〉
도 일군 수비대"에서 살아남은 해군 아오키 다카시(靑木隆)
의 수기[8], "특별편성 해군육전대(海軍陸戰隊)의 기총대장으로
종군한 오다 유우지(大高勇治)의 수기《죽음의 섬은 숨쉬고 있
다》"[9] 등 일본군 장교 및 병사의 기록물과 조선인 노무자의
증언이 인용되어 있다. 특히 조선인 노무자의 증언은 한 명을
제외하고 모두 《조선인 강제연행의 기록》에서 발췌·요약한
것이다. 간간이 관련 법령이나 지원병 모집 현황 등의 제도적
인 사안을 설명하고 있으나, 체험자들의 이야기가 글의 주된
골격을 이루고 있다. 요컨대 〈여자정신대〉는 '위안부'에 관한

---

6   츠지 마사노부는 일본의 육군 군인이자 정치가다. 제2차 세계대전 당
     시에 활약했으며, 종전 후에는 대좌(대령)로 예편해 정치계에 입문했
     고, 베트남전쟁 중에 라오스를 방문했다가 실종되었다. 1950년대 일본
     에서는 막료 근무 경험을 가진 육·해군 영관급 엘리트 장교의 저작이 잇
     달아 출판되어 베스트셀러가 된다. 대표적인 예가 1950년에 출판된 츠
     지 마사노부의 《15대 1(十五對一)》(酣灯社, 1950)과 《잠행 3천리(潛行三千
     里)》(每日新聞社, 1950)다. 이 시기 일본의 전쟁 기록물에 관해서는 요시
     다 유타카, 《일본인의 전쟁관》, 하종문·이애숙 옮김, 역사비평사, 2004,
     95~99쪽 참조.
7   이는 《실록 태평양 전쟁 제5권: 이오지마 혈전부터 오키나와 옥쇄까지
     (実録太平洋戦争　第五巻　硫黄島血戦から沖縄玉砕まで)》(中央公論社, 1960)에
     수록되어 있다.
8   이에 관해서는 서명과 글의 제목이 소개되어 있지 않다.
9   오다 유지는 해군통신학교 고등과를 졸업한 후 태평양전쟁에 구축함 부
     대 사령관으로 참전했다. 임종국이 언급하는 책은 1951년에 발간된 《테
     니안: 죽음의 섬은 살아있다(テニアン―死の島は生きている)》(光文社, 1951)
     이다.

공문서도 당사자도 나타나지 않던 시기에 전장의 여러 증언을 모아 '위안부' 피해를 재구성하려 했던 시도다.

그러나 여러 자료를 섭렵한 저자의 노력에도 불구하고 실제로 '위안부'와 관련 있는 진술은 매우 적다. 예컨대 "최전선의 육지에까지 천황도(天皇島)의 낭자들이 진출해 있었으며 조선 여자들이 따르고 있었다."[10], "〈버마〉 파견군 각 사단에는 다수한 조선 여성이 위안부로서 배치되어 있었다. 일 개 부대에 대체로 20명 전후가 있었으며, 그녀들도 군인과 더불어 거의 전원이 사망하였다."[11]와 같은 단편적 서술이 각종 기록물에서 발췌한 '위안부'에 관한 진술이다. 이러한 사정으로 이 글은 "그럼 이들[조선인 '위안부'―인용자]이 죽어간 전선의 상태를 한 여성의 기록으로 들여다보자."[12], "그럼 그보다 〈고급〉일 수 없던 부류들은?"[13], "여자정신대원들도 그 끌려간 방식에는 추호도 다를 바가 없었다."[14], "그렇지만 14~15만 명이 동원됐다는 여자정신대원들에 대해서는 그 정도의 통계나마도 발표된 것이 없다."[15]라는 식으로 전개된다.

---

10   임종국, 〈여자정신대〉, 《월간 중앙》, 1973년 11월, 113쪽. 임종국은 이 부분을 츠지 마사노부의 《15대 1》에서 인용했다고 밝히고 있다.

11   같은 글, 113쪽. 해당 인용 부분에 대한 출처는 나타나지 않는다.

12   같은 글, 113쪽.

13   같은 글, 115쪽.

14   같은 글, 119쪽.

15   같은 글, 121쪽.

다시 말해 '위안부'와 관련한 단편적 진술을 제시하고 '위안부'가 죽어간 전장의 모습을 병사·군속의 전쟁 체험담을 통해 유추하도록 하는 것이다. 또는 일본군 고급 여성 사무원의 일화를 서술하고 "〈고급〉일 수 없었던" '위안부'의 고초를 상상하게 한다.

임종국의 〈여자정신대〉는 이듬해 3월《아시아공론(アジア公論)》에 같은 제목으로 번역되어 실린다. 이 일어판 잡지는 한국홍보협회가 "대외홍보활동을 더욱 강화하기 위해" 발간한 것으로, "국내 신문잡지에 게재된 논문, 기사, 문학작품 가운데 주요 내용을 발췌하여 재편집"하고 "일본 내 주요 기관 및 도서관에 배포"한 것이다.[16] 일본어로 번역된 〈여자정신대〉는 부제를 비롯해 소제목의 수정이 다소 있긴 하나 세부 내용에는 거의 변화가 없다. 애초《조선인 강제연행의 기록》을 비롯해 일본에서 발간된 전쟁 기록물을 수집·발췌해서 재구성한 이 글이 다시 일본어로 번역되고, 일본 독자를 향해 발신되었다는 점이 흥미롭다.

지원병 제2기 출신 金×병이 전한 바에 의하면―
한국인 다수를 포함한 여자군(群)이 〈트럭〉에 실려서 도착했

---

16   "〈아시아공론〉 발간 홍협(弘協) 일지역(日地域)에 배포",《매일경제》, 1972년 9월 8일자.

다. 이른바 〈여자정신대〉라는 위안부들이다. 막사는 칸막이를 해서 그들 여자군에게 배당되고 한 부대 전원이 광장에 정렬했다. 부대장은 뭐라고 훈시를 한 채 여자가 기다리는 숙사로 되돌아갔다.

병졸들은 칸막이를 한 막사 앞에서 줄 지어서서 초조하게 자기 차례를 기다렸다. 한 놈이 들어갔다 나오는데 10분 미만, 길면 10여 분이다. 15분만 되면 줄 지어 선 병졸들의 입에서 악다구니가 쏟아져 나왔다.

여자는 옷을 벗고 입고 할 여가도 없었다. 천정을 향한 채 누워서 그들은 한낱 나무토막에 불과했다. 시간이 흐름에 따라서 여자의 하반신은 벌겋게 물이 들기 시작했다. 행렬의 3분의 1이 줄기도 전에 그들은 의무실로 떠메어가고 말더라는 것이었다.[17]

인용문은 임종국의 〈여자정신대〉에 실린 증언 가운데 '위안부'에 대한 구체적인 일화로는 유일한 것이다. 위 단락은 1976년 자이니치 학자 김일면이 저술한 《천황의 군대와 조선인 위안부(天皇の軍隊と朝鮮人慰安婦)》(이하 《천황의 군대》로 약칭)[18]에 일본어 번역본으로 인용된다. 김일면의 책은 중일전쟁부터 태평양전쟁까지 전선의 상황과 일본 제국의 식민지 통치 정책을 배경으로 설명하고, 회고담·체험담·수기·전

---

17   임종국, 앞의 글, 1973, 115~116쪽.
18   金一勉, 《天皇の軍隊と朝鮮人慰安婦》, 三一書房, 1976.

쟁 기록물 등에서 발견되는 '위안부'의 모습을 발췌·인용해 그녀들의 구체적인 모습을 재구해내고 있다. 이러한 점에서 본다면, 이 책의 접근 방식 자체는 임종국의 〈여자정신대〉와 매우 유사하다고 할 수 있다.

임종국은 1981년 김일면의 책을《정신대실록》이라는 제목으로 번역했다. 그런데 무슨 까닭인지 임종국은 이 책을 번역하면서 저자 김일면의 이름을 명기하지 않고 자신을 '편저자'로 표기했다. 두 텍스트는 전체적 구성이나 주장에 큰 차이가 없다. 그러나 임종국이 단순히 언어의 '번역자'에만 머물러 있다고 할 수는 없다. 장·절 제목을 일부 고쳤으며, 극히 드물긴 하지만 불필요한 부분은 생략하기도 하고, 짧은 논평을 덧붙이기도 했다. 특히 임종국은 김일면이 〈후기〉로 덧붙인 작가의 말을 〈이 잔혹의 기록을 정리하면서〉라는 제목으로 각색했다. 임종국은 원저자 후기의 많은 부분을 삭제했는데, 그것은 크게 ① '노동자-여성-식민지' 해방을 함께 파악한 것, ② 신일본의 출발은 구폐의 적발에서 비롯된다고 한 것, ③ 여권(女權)을 강조한 것이다. 더불어 김일면은 여기 수집된 자료가 전후 경제 회복을 바탕으로 "전쟁터 향수에서 제멋대로 한 조각씩" 나온 것이며, 그것이 증언이긴 하지만 "아주 표피"일 뿐이라는 점도 지적했다. 임종국은 이러한 부분을 한국 독자에게 맞도록 삭제한 후, 후기의 말미에 '1981년 6월 편저자 임종국'이라고 서명했다.[19] 요컨대, 한국과 일본의 국경을 왕복하며 재구성된 '위안부' 텍스트의 흐름은 다음과 같이 요약할 수 있다.

《朝鮮人强制連行の記錄》(1965) →〈빼앗기고 끌려가고: 징용·징병·공출〉(1969), 〈여자정신대〉(1973년 11월)/〈女子挺身隊〉(《アジア公論》, 1974年 3月) →《天皇の軍隊と朝鮮人慰安婦》(1976) →《정신대실록》(1981) →〈에미 이름은 조센삐였다〉(인문당, 1982)[20]

---

19   임종국, 《정신대실록》, 일월서각, 1981. 이 책은 같은 출판사에서 《데이신따이: 정신대의 아픔》(1990), 《정신대: 온 삶을 갈가리 찢기운 정신대 여인들의 처절하고 생생한 현장 기록》(1992)으로 재출간된다. 두 책 모두 저자는 김정면(저자 김일면의 이름이 김정면으로 표기되어 있다), 번역은 임종국으로 표기되었다. 재출간은 임종국 사후의 일로, 그가 죽기 전까지는 수정되지 않았음을 의미한다. 와다 하루키 역시 "그 유명한 《친일문학론》의 저자가 왜 번역한 것을 자신의 편저로 바꿔 출판하였는지는 잘 모르겠다."라고 의문을 표했다. 와다 하루키, 《일본군 '위안부' 문제의 해결을 위하여》, 정재정 옮김, 역사공간, 2016, 56쪽. 추측해보건대 임종국은 여러 증언이 발췌되어 있는 《천황의 군대와 조선인 위안부》를 일종의 '자료집'으로 본 것이 아닌가 한다. 자신의 글 〈여자정신대〉가 이러한 기획을 선취했고, 〈여자정신대〉가 김일면의 책에 한 구절 인용되어 있어 그리 표기한 것이 아닐까 싶다. 한편 당시 한일 정세, 재일조선인과 남한의 관계 등을 숙고해볼 필요도 있다. 이영호는 김일면의 책이 임종국의 이름으로 출간된 것을 김일면의 국적 때문으로 추정한다. 이영호, 〈위안부 문제의 등장과 재일조선인 김일면: 잡지 《계간 마당(季刊まだん)》의 기사를 중심으로〉, 《일본학보》 제113호, 한국일본학회, 2017, 157쪽. 그러나 본문에서 지적했듯, 임종국은 단순히 문자의 번역만 수행하지 않았다. 여러 군데 나타나는 첨가와 삭제 흔적을 보건대, 임종국은 자신을 단순한 '번역자'로만 생각하지는 않았던 듯하다. 이에 이하에서는 이 책을 '김일면-임종국'의 《천황의 군대》-《정신대실록》으로 묶어서 다룬다. 양자를 대조한 후 차이가 없다면 번역본을 인용했다.

'제국-민족' 남성의 분열과 공모

김일면의《천황의 군대》는 "〈천황 군대〉의 괴기성과 야수성"을 폭로하고[21], "과거 세계사 오욕의 앙금인 식민지 쟁탈 전쟁의 잔혹 행위를 통하여 앞날의 역사적 교훈"[22]으로 삼는 것을 목적으로 하고 있다. 이때 '천황 군대의 괴기성과 야수성'의 요체가 위안소 제도다. 이 책은 "위안부 문제의 본질을 '조선 민족의 말살 음모'로 파악하고, 위안부 동원에서는 '인간사냥'과 같은 수법이 동원되었다."고 쓰고 있다는 점에서 "다분히 문학적인 책"으로 평가된다.[23] 그러나 이 책이 '문학적'인 것은 단순히 저자가 민족 감정에 휩싸여 서술했기 때문이 아니라, 이 텍스트가 수많은 '재현물'로 직조되어 있기 때문이다. 김일면은 마땅한 연구 성과와 증언자가 없는 상황에서 '전사(戰史)', '비사(祕史)', '비록(祕錄)' 등의 이름이 붙은 전 일본군 장교나 병사의 회고담, 참전 작가의 수기 등

---

20   참고로 임종국의《정신대실록》은 1991년 이전의 대표적인 '위안부' 서사인 윤정모의 〈에미 이름은 조센삐였다〉(1982)의 중요한 콘텍스트가 된다. 〈에미 이름은 조센삐였다〉의 최초 판본과 임종국과의 연향 관계에 관해서는 이지은, 〈민족주의적 '위안부' 담론의 구성과 작동 방식〉,《여성문학연구》제47권 제1호, 한국여성문학학회, 2019 참조.

21   임종국, 앞의 책, 1981, 303쪽.

22   같은 책, 305쪽.

23   와다 하루키, 앞의 책, 2016, 56쪽.

에서 '위안부'와 관련된 부분을 절취해 싣는다. 또 인용된 텍스트 중에는 일본 전후의 '육체문학' 작가로 알려진 다무라 다이지로(田村泰次郎)의 소설 〈춘부전(春婦伝)〉(《春婦伝》, 銀座出版社, 1947)도 포함되어 있다. 그뿐만 아니라 《주간 아사히 예능(週刊アサヒ藝能)》, 《주간 대중(週刊大中)》과 같은 일본의 남성 잡지에 실린 참전 병사, '위안부' 운영업자의 회고담까지 싣고 있다. 언급했듯 임종국의 〈여자정신대〉의 한 단락도 인용되어 있다.

김일면-임종국은 방대한 자료를 섭렵했음에도 불구하고 주로 일본군 병사의 회고담을 인용하면서 '위안부'를 병사의 시선으로 재현하고 만다. 이들은 일제의 '민족 말살 음모'에 분노를 감추지 않지만, 병사의 시선으로 성애화된 '위안부'의 모습에는 어떠한 비판도 제기하지 않는다. 예컨대 김일면-임종국은 일본군 병사 출신의 작가인 이토 케이치(伊藤桂一)의 글을 자주 인용하면서도 그의 동정적 시선에 내재해 있는 병사의 위치는 문제 삼지 않는다. 이토는 "병원에 근무하는 위안부들은 병사들의 오물까지 취급했던 만큼 그들의 심정을 잘 알아서 오히려 간호부들보다 더 알뜰하게 뒷바라지를 했다."[24]라고 회고하는데, "오물까지 취급해서",

---

24   임종국, 앞의 책, 1981, 135쪽. 여기서 임종국은 《천황의 군대》 122쪽의 "섹스(セックス)"를 "오물"로 번역했다. 따라서 해당 부분은 본래 '섹스까지 담당하는 사이였기 때문에 보다 살뜰히 보살폈다'는 의미를 담고 있다.

"심정을 잘 알게 되고", 그래서 "알뜰하게 뒷바라지"하는 정성이 생긴다는 것은 기실 '위안'하는 측이 아니라 '위안' 받는 측에서만 가능한 논리다. 문제는 김일면-임종국이 이러한 시선을 수용하고 있다는 점이다. 이는 김일면-임종국이 제국주의 권력에서는 피지배자 쪽에 있지만, 젠더 권력에서는 지배자 쪽에 위치하고 있기 때문이다. 이들은 일본 군대의 파렴치함과 잔혹함을 강조하면서 일본 제국에 강한 분노를 드러내지만, 젠더적 차별은 전혀 문제 삼지 않는다. 바로 여기서 선택적 번역이 일어난다. 제국과 식민지의 권력관계는 피식민자의 시각으로 전환되어 옮겨지지만, 젠더 관계에서의 비대칭적 권력은 인지되지 못한 채 단지 언어적 층위에서만 번역될 따름이다.

김일면-임종국은 조선인 '위안부'와 일본군 하급 병사의 연애와 동반자살을 그린 다무라 다이지로의 소설 〈춘부전〉을 사실 기록처럼 다루기도 한다. 〈춘부전〉은 조선인 하루미가 일본인 애인을 잊으려고 스스로 '위안부'가 되고 그곳에서 군대 부관의 정부(情婦)가 되지만, 그의 모욕적인 태도에 반발해 그 부하를 선택하고 사랑한다는 줄거리로 이뤄져 있다. 이 소설은 다무라의 5년 6개월간의 전장 체험을 바탕으로 쓰였으며, 그는 서문에 "일본 여성이 공포와 경멸감으로 가려하지 않았던 최전선에서 정신(挺身)하며 그 청춘과 육체를 바쳐 스러져간 수만의 조선 낭자군(娘子軍)에게 바친다."[25]라고 썼다. 다무라는 이 소설을 "조선 낭자군에게 바친다."라고 했지만, 여기에는 "작품의 큰 틀이라고 할 수 있는 권력 구조(젠더적/민족적)가 거의 문제시되지 않"아 결과적으로 "종주국 남성 작가의 '타자 표상'에 내재하는 폭력성"이 강하게 드러난다.[26] 주인공 하루미가 애인을 잊으려고 스스로 '위안부'가 된다거나, '일본군 병사–조선인 위안부'가 동일시되는 줄거리가 이를 잘 보여준다. 덧붙이자면 이 소설의 저변에는 장교만 상대했던 "일본의 여자들에 대한 복수심"이 서려있다. 〈춘부전〉은 자국 여성에게 상처받고 조선인 '위안부'에게 '위안' 받은 종주국 하급 병사의 판타지를 담고 있는 것이다.[27]

---

25   최은주, 〈전후 일본의 '조선인 위안부' 표상, 그 변용과 굴절: "춘부전(春婦伝)"의 출판/영화화 과정에서 드러나는 전후 일본의 전쟁기억/표상/젠더〉, 《페미니즘연구》 제14권 제2호, 한국여성연구소, 2014, 4쪽에서 재인용.

26   같은 글, 8~9쪽.

27   "전쟁의 기간 동안, 대륙 벽지에 배치된 우리 하급 병사들과 함께, 일본군의 장교나 그 정부인 후방의 일본 창부들로부터 경멸을 받으면서도 총화 속에서 그 청춘과 육체를 바쳐 스러져간 (조선) 낭자군은 얼마나 다수였던가. 일본 여자들은 전선에도 오지 않으면서 장교들과 함께 우리 하급 병사를 경멸했다. 나는 그녀들 (조선) 낭자군에 대한 울고 싶을 정도의 모정과 일본의 여자들에 대한 복수심이라는 감정으로 이 작품을 썼다." 인용문은 1947년 5월 긴자출판사에서 간행한 《춘부전》의 서문이다. 본래 〈춘부전〉은 1947년 4월 《일본소설》 창간호에 게재될 예정이었으나, 조선인 '위안부'라는 설정이 미연합군총사령부(GHQ/SCAP)의 검열 과정에서 문제시되어 수정된다. 검열 후 '조선 이름', '조선삐'와

그렇다면 김일면-임종국은 〈춘부전〉을 어떻게 이해했을까. 《천황의 군대》·《정신대실록》에는 〈춘부전〉이 소설이라는 점이 명시되어 있지 않고, "다무라가 군대에서 체험한 위안부와 장교와의 싸운 이야기"[28]라는 설명과 함께 인용된다. 김일면-임종국이 인용한 다무라의 소설 속에서 조선인 '위안부'는 "독한 마늘을 먹고 매운 고추를 먹은", "육체 그 자체가 독하고 매운 한 의사 표시"를 지닌 것으로 그려진다. 이 소설에서 "자기 육체를 좋아하는 사람은 끝까지 좋아하고 싫어하는 사람은 철저히 싫어"[29]하는 조선인 '위안부'는 의사가 분명한 그야말로 '주체적' 여성으로 나타난다. 그러나 실상 위안소라는 폭력적인 제도하에 조선인 '위안부'가 '독하고 매운 의사 표시'를 하거나 '자기 육체를 좋아하는 사람을 좋아'하는 감정을 느끼기는 매우 어려운 일이었다. 김일면-임종국은 이에 대한 문제의식이 전혀 없이 소설을 사료처럼 인용한다. 도리어 소설의 줄거리를 차용하면서 조선인

같은 민족명은 사라졌지만, 마늘과 고춧가루 같은 표현은 그대로 남아 있어 주인공이 조선인임을 충분히 추측하도록 한다. 김일면-임종국도 이 장면을 인용하며 《춘부전》을 조선인 '위안부'에 관한 증언으로 차용한다. 《춘부전》을 중심으로 일본의 전후 '조선인 위안부' 표상을 연구한 최은주는 《일본소설》에 실린 서문에 '조선'이 명시된 점, 본문 내용상 조선인임을 충분히 추측할 수 있다는 점을 들어 해당 인용문에 '(조선)'이라고 표기해놓았다. 인용문은 최은주, 같은 글, 9쪽에서 재인용.

28   임종국, 앞의 책, 1981, 155쪽.
29   같은 책, 163~164쪽.

'위안부'가 하급 병사를 사랑하는 것이 장교에 대한 복수였다고 여긴다. 이러한 끝에 다음과 같은 서술까지 등장한다.

"한국 삐는 병이 걸리지 않아서 좋더군. 상급들은 일본 창녀, 우리들은 한국 삐, 그런데 상관 녀석들이 몰래 우리들 영역을 침범하잖아."

이같이 말할 정도로 한국인 위안부가 좋았다고 전해지고 있다.

거기에는 두 가지 이유가 있었다.

그 하나는 좀 잘난 척 하는 일본 삐는 사병에게 매우 냉담하다는 것.

그 둘째는 한국 삐는

무엇을 하건 일본 여자보다는 훌륭하다는 점을 인정받기 위해서 애써 노력하고 있기 때문이었다.

거기다가 나이가 젊은 만큼 체격도 좋고 솔직하고 순정이 넘쳐있었다.

……

전선의 사병과 한국 삐와는 어느 의미에서 차원을 같이하고 있었고 사이좋은 동반자 같았다.[30]

---

30   같은 책, 173쪽. 강조는 인용자. 마지막 문장의 원문은 다음과 같다. "前線の兵隊と、朝鮮ピーとは、ある意味では次元を同じくしており、仲良くなる絆にもなっていた。" 金一勉, Op. Cit., 1976, 156面.

김일면-임종국은 병사의 직접 발화인 것처럼 서술된 장면에서 일본인 ‘위안부’가 하급 병사에게 냉담했으므로 병사들에게 조선인 ‘위안부’가 더 인기 있었다고 말한다. 조선인 ‘위안부’에 대한 병사의 태도는 앞서 언급했던 자국 여성에 대한 다무라의 “복수심”과 다르지 않다. 어디까지가 병사의 회고이고 어디까지가 김일면-임종국의 논평인지 알 수 없는 위의 인용문처럼, 일본군 병사와 민족 남성의 시선은 분리할 수 없을 만큼 뒤섞여 있다. 종주국 하급 병사가 자국 여성에 대한 배신감을 조선인 ‘위안부’를 통해 해소하고 있다면, 민족의 남성은 ‘인기가 더 좋은’ 조선인 ‘위안부’에게서 민족적 우월감을 찾으려 한다. 이들은 ‘위안부’를 완전히 성애화된 타자로서 인식한 후, 제국 내부의 남성 권력 관계 또는 제국-식민지 남성의 권력 관계를 조선인/일본인 ‘위안부’ 관계에 투사하고 있다. 김일면-임종국이 보인 일본에 대한 적개심에도 불구하고 병사의 증언과 이들의 서술이 위화감 없이 뒤섞일 수 있는 것은 양자의 시각이 제국으로부터 피식민 민족으로만 이동할 뿐, 근저에 깔린 여성 인식이 유사하기 때문이다. 결국 김일면-임종국은 제국 병사의 시선을 오직 민족적 적대선 저쪽에서 이쪽으로 번역하는 결과를 낳았다.

　　결국 다무라가 하급 병사와 조선인 ‘위안부’를 같은 층위의 피해자로 치부해버렸듯, 김일면-임종국 역시 아무런 논평 없이 일본군 하급 병사와 조선인 ‘위안부’를 “사이좋은 동반자"라 쓰고 만다. 이는 얼마 전 "동지적 관계" 등의 표현으로 논란이 되었던 박유하의《제국의 위안부》를 떠올리게 한다. 이처럼 유사한 표현이 나타난 것은《제국의 위안부》의 해당 부분 또한 〈춘부전〉을 경유해 '위안부' 문제에 접근하고 있기 때문이다.[31]《제국의 위안부》는 '위안부'와 병사 사이에 연애 관계가 성립했음을 제시하면서 이러한 목소리를 억압했던 것이 한국 사회의 가부장제라고 비판했으나, 흥미롭게도 그 비판의 언어는《제국의 위안부》가 그토록 비판했던 대상, 즉 민족주의 남성의 언어와 동일하다. 이는《제국의 위안부》가 기실 '제국 병사'의 언어를 구사하고 있음을 드러낸 것이자, 민족주의적 '위안부' 담론이 제국 남성의 기억을 '번역'해 이뤄졌음을 의미한다. 요컨대 민족주의 '위안부' 담론인《정신대실록》은 일본에서 생산된 병사들의 '비록', '비사'를 번역하며 생산되었고, 이는 모순적이게도 최근 민족주의를 비판하는 담론으로 재생산되면서 페미니즘을 횡령하는 결과를 빚었다.

31   박유하는《제국의 위안부》에 일본 군인과 연애를 했다는, 혹은 그를 그리워한다는 일본군 '위안부' 피해자의 증언을 실은 뒤, "설사 보살핌을 받고 사랑하고 마음을 허한 존재가 있었다고 해도, 위안부들에게 위안소란 벗어나고 싶은 곳일 수밖에 없기 때문에. 그렇다고 하더라도 그곳에 이런 식의 사랑과 평화가 가능했던 것은 사실이고, 그것은 조선인 위안부와 일본군의 관계가 기본적으로는 동지적 관계였기 때문이었다."라고 썼다. 박유하,《제국의 위안부: 식민지지배와 기억의 투쟁》, 뿌리와이파리, 2013, 67쪽.

만들어진 조선인 '위안부'의 목소리와 '수기'라는 형식

《천황의 군대》-《정신대실록》에는 병사의 목소리가 주를 이루는 가운데, 조선인 '위안부'의 수기가 딱 하나 등장한다. 일본의 근대전사연구회(近代戰史研究會)에서 펴낸 '여인의 전기(女の戰記)' 시리즈 1권《여자의 병기: 어느 조선인 위안부의 수기(女の兵器—ある朝鮮人慰安婦の手記)》(浪速書房, 1965)[32]로, 김일면-임종국은 이 책을 여러 번 길게 인용한다. 그런데 이 책은 피해자가 직접 쓴 '수기'라 보기엔 어려운 점이 많다.

그 이유는 첫째, 성적 학대 장면이 지나치게 성애화되어 있다. 특히 16~18세의 여성들이 본격적으로 '위안부' 생활을 하기 전에 일본군 장교에게 '바쳐지는' 장면에서는 소위 '숫처녀'라는 여성의 몸에 대한 외설적인 판타지가 노골적으로 표출되고 있다. '여인의 전기' 시리즈는 표면적으로 전시 최하위 주체였던 여성의 목소리를 복원하겠다고 선전했다.[33] 하지만 이 기획에서 여성의 전쟁 피해는 성적인 것에만 집중되어 있으며, 이는 독자의 관음증적 욕망을 자극하는

---

32   수기의 주인공인 김춘자(金春子)는 경기도 송파면 출신으로 16세에 정신대에 차출되어 '위안부'가 되었다. 같이 차출된 네 명의 16~18세 친구들과 함께 종로에서 업자에게 인계되고, 이후 신의주에서 압록강을 건너 만주의 안둥(安東), 창청현(長城縣) 등에서 '위안부' 생활을 하게 된다.

데 쓰이고 있다. 둘째, 김춘자 일행은 순사의 협박에 의해 강제로 차출되었음에도 불구하고, 큰 내적 갈등 없이 매우 자연스럽게 '애국봉사단'으로서 자신들을 정체화한다. 이들은 '강제 차출된 16~18세 여성→매춘부→애국봉사단'으로 스스로를 인식해가는데, 이러한 과정에서 병사나 업자와의 갈등은 물론이고 내적 갈등마저 찾아보기 어렵다. 셋째, '위안'에 대한 서술자(='나')의 인식이 앞서 살펴본 병사의 시선과 매우 흡사하다. '나(김춘자)'는 전장에서 살아 돌아온 병사들에게 "장사라는 입장을 떠나서 병사들을 소중히 해주고 싶"[34]었다고 말한다. 여기서 '장사'라는 말을 쓰지만, 또 다른 데서 김춘자 일행은 자신들을 "기생이나, 청루(靑樓)의 창부(娼婦)와는 다른", "병사들을 위로해줄 목적으로 조선에서 나온 애국봉사대원"[35]이라 칭한다. '나'는 '야마토 나데시코'와 같은 호명에 자부심을 느끼고, '위안' 행위를 '숭고한 애국'으로 의미화한다. 여성에 대한 성 착취를 군국주의 이데올로기에 입각해 '위안' 행위로 정당화하는 것이나, '위안부'와

---

33 근대전사연구회는 "15권의《여인의 전기》의 근본은 사실(事實)"이며, "모든 것이 사실을 정확히 묘사하려는 의도에서 편집된 것"이라 밝히고 있다. 일본근대전사연구회 엮음,《전장의 여인 나상》, 유근주 옮김, 현대사조사, 1966, 207쪽.《전장의 여인 나상》은《여자의 병기》의 최초 번역본이다. 원문과 차이가 없을 때에는《전장의 여인 나상》을 인용한다.

34 같은 책, 279쪽.

35 같은 책, 284쪽.

일본군 병사 사이의 권력관계를 삭제한 채 동류의식을 강조하는 것은 병사의 수기에서 자주 나타나는 서술이다.

　　마지막으로《여자의 병기》는 서사적 측면에서도 균열을 보인다. 우선 수기의 장르적 규약인 일인칭 시점의 제약을 벗어나는 서술이 자주 등장한다. 성폭력 장면은 주로 당사자들만 있는 공간에서 나타나지만, '나'는 동료의 경험에 대해서도 전지적 서술자처럼 전달한다. 이때 수기의 규약을 깨면서 전달되는 에피소드가 성폭력 장면이라는 점이 문제적이다. 또《여자의 병기》는 수기임에도 불구하고 '우리'라는 주어가 매우 빈번하게 사용된다. 어린 시절을 회상할 때엔 주로 '나'라는 주어가 나타나지만, '위안부'로 차출된 후에는 '우리'라는 주어가 압도적으로 많이 쓰인다. 이는 강제 동원된 조선인 여자들 사이의 동류의식을 감안하더라도 지나치다. 이러한 까닭에《여자의 병기》는 수기 형식을 취하고 있음에도 징모 이전의 일화를 제외하면 '나'의 개별성은 그다지 드러나지 않는다. 다섯 명의 조선인 '위안부'는 개성적 인물이라기보다 다양한 에피소드를 전달하기 위한 기능적 인물에 가깝다. 반면 '나'의 시선이 두드러질 때가 있는데 그것은 '나'가 동료 '위안부'의 몸을 관음증적 시선으로 바라볼 때다. 전시 성폭력 피해자가 동료의 몸을 섹슈얼하게 바라보는 장면은 이 '수기'가 불순한 의도로 '위안부'의 시선을 횡령하고 있음을 확인시켜준다. 나아가 여기서 은밀하게 여성의 몸을

바라보는 시선의 주체야말로 이 '수기'의 진정한 '나'일 것이라 추측하게 한다.[36]

그렇다면 이처럼 각색된 텍스트는 굳이 왜 '수기'라는 형식으로 출간되었을까. 《여자의 병기》가 발간된 당시엔 "다시 살아난 전쟁 기록물의 붐"이라는 기사가 날 만큼 전쟁 기록물이 쏟아졌다.[37] '쇼와 40년대(1965~1974)'의 전쟁 기록물은 그때까지 존재하던 전쟁의 '처절함'이 사라지고, 정서적이고 감상적인 색채를 띠는 회상의 형태가 두드러진다는 점을 특징으로 한다. 이 시기 전장의 죽음은 나라를 위한 숭고한 일로 채색되어 나타나기도 했다.[38] '여인의 전기' 시리즈는 이러한 분위기 속에서 출간되었다. 기획 의도와 내용의 불일치는 모순적인 두 가지 욕망, 즉 전범국으로서 이행해야 할 윤리적 의무를 수행하면서도 부활하고 있는 전쟁에 대한 향

---

36   다음과 같은 장면을 예로 들어볼 수 있다. "이것은 아무것도 아닌 것 같이 생각되지만 우리들에겐 대단한 발견이라고 할 수 있다. 나는 하나하나의 육체를 새삼스레 똑똑히 둘러보았다. 여자들은 여기엔 여자들밖에 없다는 안심감으로서 각자 개방적인 자태로 몸을 씻고 있었다. 나는 다시 한번 자신을 포함해서 5명의 몸뚱아리를 일종의 놀라움을 품으면서 바라보았다. 여자란 이렇게도 변할 수 있는 것일까. …… 나는 자신의, 어제 다르고 오늘 다르다시피 하여 갑자기 여자다와진, 팔이며 어깨 근방을 어루만져보면서 곰곰히 그 생명의 신비로움에 대해서 생각을 하고 있었다. 그러나 우리는 그렇게 오랜 시간을 두고 목욕을 할 수는 없었다." 같은 책, 256~257쪽. 강조는 인용자.

37   "生き返った戰記ものブーム", 《週刊言論》, 1967年 3月 22日. 요시다 유타카, 앞의 책, 2004, 155쪽에서 재인용.

38   같은 책, 123~126쪽 참조.

수를 충족시키고자 하는 출판 상업주의의 기만적 태도에 기인한다. 조선인 '위안부'의 '수기'는 전후 반성이라는 도덕적 허울을 마련하는 동시에, 패전의 상처와 제국에 대한 향수를 '위안'하는 서사가 될 수 있기 때문이다. 피해자 수기의 형식을 취함으로써 전쟁범죄를 '합법적' 혹은 '윤리적' 테두리 내에서 외설적으로 묘사할 수 있게 되고, 이는 곧바로 상업성과 직결되었다.[39] 서사학적 측면에서 보자면, 수기는 일인칭으로 서술될 수밖에 없는 장르로 일인칭 시점은 '작가-화자-주인공'을 동일한 인물로 받아들이게 해 사실 효과를 배가한다. 이와 같은 사실 효과는 '고발'과 '폭로'의 텍스트로서 수기에 신빙성을 부여하고 독자의 흥미를 유도한다. 반면 이면적 목표, 즉 판매고를 올리기 위한 엽기적인 성범죄의 외설적 재현은 일인칭 시점의 한계를 벗어나서 등장하는 유령적 서술자, 그리고 동료의 몸을 은밀하게 지켜보는 '나'의 시선을 통해 완수된다. 여기에 더해 수기임에도 불구하고 빈번하게 사용되는 '우리'라는 집단적 주어는 '조선인 위안부'라는 대상화

---

39   《여자의 병기》의 상업성은 한국어판 광고에서 잘 드러난다. 이 책은 일본에서 출간된 바로 이듬해 한국에서 '전쟁·남성·파시즘에 대해 고발'하는 텍스트로서 번역되었다. 당시 신문 광고를 보면 "여성의 손으로 된 전쟁 실기"라는 점을 강조하는데, 광고의 다른 한쪽에는 "일본에서 백만 부 매진! 여성 독자만도 삼십만 명이나 되는 날개 돋친 책!"이라는 홍보와 "섹스의 진수", "여체의 비밀"과 같은 외설적인 문구도 쓰여 있다. "광고-전장의 여인 나상",《동아일보》, 1966년 12월 22일자.

된 집단을 만들어낸다. 이때 '조선인 위안부'는 외설적인 재현에 의해 타자화되는 대상이자, 군국주의 이데올로기에 자발적으로 동화되어가는 식민지 여성이다.

이러한 탓에 《여자의 병기》는 매우 곤란한 텍스트가 된다. '위안부' 피해자의 목소리를 담고 있지만, 그와 동시에 군국주의 이데올로기에 상당히 침윤되어 있는 탓이다. 이에 《여자의 병기》가 국경을 통과해 한국에 들어오면서 몇 가지 대응이 나타난다. 우선 재번역(retranslation)이 일어난다.[40] 《여자의 병기》는 한국에서 1966년에 《전장의 여인 나상》이라는 제목으로 번역되었으나, 1981년 《죽음의 연주》라는 이름으로 다시 번역된다. 두 번째 번역본인 《죽음의 연주》의 편집자는 "이 어느 한국인 위안부의 수기는 본인이 직접 쓴 것은 아니라고 생각된다."라고 밝힌 데 더해, "일군(日軍)의 행위에, 아니 일제(日帝)의 행위에 합리화된 것이 많"다고도 지적

---

40   물론 이 텍스트가 거듭 번역된 데에는 한국 출판계의 상업주의 또한 주된 이유였던 것으로 보인다. 참고로 두 번째 번역본부터는 근대전사연구회 시리즈의 1~3권이 묶여 출간되면서 대표 저자(증언자)가 '힐테가르트 코호(또는 힐데가이트 쿳호)'로 표기되어 있다. 《여자의 병기》의 원문 및 재번역의 서지 사항은 다음과 같다. 近代戰史研究會 篇, 《女の兵器──ある朝鮮人慰安婦の手記》, 浪速書房, 1965; 일본근대전사연구회 엮음, 《전장의 여인 나상》, 유근주 옮김, 현대사조사, 1966; 힐테가르트 코호, 《죽음의 연주》, 박현태 옮김, 백미사, 1981; 힐데가이트 쿳호, 《인간 사냥꾼》, 유근주·조향 옮김, 글벗사, 1988; 신동숙 엮고 옮김, 《슬픈 여인의 나상 1·2》, 해맞이, 2003.

했다. 그럼에도 편집자는 "정신대란 이름으로 우리의 젊은 처녀들이 일선에서 그들의 욕망의 도구로 사용된 기록으로선 거의 유일한 것이라 생각해서 번역" 했다고 서술했다. 편집자는 "일본인의 편의에 의해 수정되어진 기록이란 점을 감안하고 읽"어야 한다고 주의를 주는데, 흥미롭게도 이는 단지 경고에만 그치지 않는다.[41] 원본과 대조해보면 1981년판에는 상당한 첨가와 삭제가 나타난다.

그렇다면 1965년 일본에서 발간된 《여자의 병기》(가)와 1966년 국내 최초로 번역된 《전장의 여인 나상》(나) 그리고 1981년 다시 한번 번역된 《죽음의 연주》(다)를 비교해 번역이 어떻게 변화했는지를 살펴보자.[42]

(1)-가. 《여자의 병기》

でも,私たちはともかく一日で百五十円ももうけたのだ。何でも部隊長の大尉さんの月の給料よりも多いぐらいだそうだ。一時間ばかり体を休めるために寝た。[43]

(1)-나. 《전장의 여인 나상》

그러나 어쨌건, 우리는 하루에 150원이나 벌은 것이다. **그건**

41　힐테가르트 코호, 《죽음의 연주》, 박현태 옮김, 백미사, 1981, 227쪽.

42　《전장의 여인 나상》(나)이 원본과 흡사하므로 특별한 차이가 없을 때는 《여자의 병기》(가)에 대한 해석을 (나)로 대신했다.

43　近代戰史硏究會 篇, Op. Cit., 1965, 147面. 강조는 인용자.

부대장인 대위의 월급보다도 많은 돈이라는 얘기였다. 한 시간쯤 몸을 쉬기 위해서 잤다.[44]

(1)-다.《죽음의 연주》

그러나 어쨌건 우리는 하루에 150원을 번 것이다. 한 시간쯤 몸을 쉬기 위해서 잤다.[45]

(2)-가.《여자의 병기》

"おまえたちの行くところは十カ所だ。ご苦勞だがな。"

"どこへでも行くわ。軍の命令なんでしょう。"

"ああ,そうだ。"

"それじゃ,名譽なことですもの。"

私たちは將校には朝鮮ピーとさげすみをもって呼ばれることはあっても,兵隊さんたちには,どこへ行っても大事にされることを知っていた。[46]

(2)-나.《전장의 여인 나상》

"너희들이 갈 곳은 열 군데다. 수고스럽지만⋯."

"어디라도 가겠어요. 군의 명령 아녜요."

"아아, 그렇지."

---

44   일본근대전사연구회 엮음, 앞의 책, 1966, 268쪽. 강조는 인용자.
45   힐테가르트 코호, 앞의 책, 1981, 300쪽.
46   近代戰史硏究會 篇, Op. Cit., 1965, 194面. 강조는 인용자.

"그렇담, 명예스런 일인 걸 뭐요."

우리는 장교들한테선 '조선치'라고 경멸당하는 일은 있어도, 병사들한테선 어디로 가나 소중히 다뤄지는 걸 알고 있었다.[47]

(2)-다.《죽음의 연주》

"너희들이 갈 곳은 열 군데다. 수고스럽지만……."

"하는 수 없지요. 군의 명령이라면."

"아아, 그렇지."

우리는 장교들한테선 '조선치'라고 경멸당하는 일은 있어도 병사들한테선 어디로 가나 소중히 다뤄지는 걸 알고 있었다.[48]

《전장의 여인 나상》(나)은 어휘 선택 등의 근소한 차이를 제외하고 원문과 거의 차이가 없다. 그런데《죽음의 연주》(다)는 이러한 차이 외에 생략된 부분이 있는데, 여기에는 분명한 의도가 있어 보인다. '(1)-다'의 경우 '위안부'가 '번 돈'이 장교보다 더 많았다는 서술을 삭제했다. 장면 (1)은 병사의 계급에 따른 월급을 제시하고, 위안소에 쓰는 돈이 그들 월급의 어느 정도를 차지하는지 설명하던 끝에 등장하는 서술이다. 바로 이어지는 장면에서는 장교의 숙소로 찾아갈 경

---

47   일본근대전사연구회 엮음, 앞의 책, 1966, 286쪽. 강조는 인용자.
48   힐테가르트 코호, 앞의 책, 1981, 322쪽. 강조는 인용자.

우 "출장화대라고 해서 5할을 더 받도록 되어있"다는 문장도 생략했다.[49] 장면 (2)는 격전지로 보낼 '위안부'를 차출하는 장면이다. 원문에서는 '위안부'가 "어디라도 가겠다."고 답하지만, '(2)-다'에는 "하는 수 없지요."라는 소극적인 대답으로 고쳐졌다. 또 다음에 이어지는 "명예로운 일이다."라는 대답은 아예 삭제한다. (1)의 경우 '위안부'가 '돈을 버는 것'을 의도적으로 삭제하고 있는데, 이는 사실 왜곡이라 판단한 결과일 수도 있고 돈을 번다고 하는 순간 '위안부'가 전쟁 '피해자'가 아니라 '매춘부'가 된다고 여긴 탓일 수도 있을 것이다. (2)에서는 '위안부'가 자신의 행위를 '애국'으로 의미화하는 대목을 삭제한다. 《죽음의 연주》의 번역자 박현태는 이런 사례뿐만 아니라 '위안부'가 병사에게 노골적으로 교태를 부리거나 '위안' 행위를 즐기는 장면, 일본 여성에게 경쟁심을 느끼는 장면 등의 서술을 축소 및 삭제해, 조선인 '위안부'를 피해자의 형상에 보다 가깝게 그리려고 한다.

---

49   "將校の中には,自分の宿舍へ泊まりに來いと伝令兵に言わせてくるものもある。そういう時は,花代が出花と言つて五割よけいになる。" 近代戰史硏究會 篇, Op. Cit., 1965, 150面. "장교들 가운데는 자기 숙사로 묵으러 오라고 연락병을 보내는 사람도 있었다. 그런 경우에는 출장화대(出張花代)라고 해서 5할을 더 받도록 되어있었다." 일본근대전사연구회 엮음, 앞의 책, 1966, 269쪽. 이 경우도 《죽음의 연주》에서는 강조한 부분이 생략되어 있다. 해당 부분은 힐테가르트 코호, 앞의 책, 1981, 301쪽 참고.

유동하는 '위안부' 표상과 생존자 증언의 의의

미심쩍은 텍스트《여자의 병기》에 대한 대응은 이 수기를 인용한 김일면-임종국의《천황의 군대》-《정신대실록》에서도 나타난다. 흥미로운 점은《여자의 병기》를 옮겨 쓰면서 김일면-임종국이 분리되기도 한다는 점이다. 다음의 인용문은 일본에서 출간된《여자의 병기》가 김일면의《천황의 군대》(나)와 임종국의《정신대실록》(다)으로 옮겨오면서 어떻게 변이하는지 한 번에 보여주는 사례다.

(3)-가.《전장의 여인 나상》
"이제 정작으로 중국에 왔어. 일본 색시가 어데서나 비싸게 팔리는 곳이야. **너희들도 열심히 벌어 두지 않으면 안 돼.**"

거게서 두 시간쯤 정거하고 있었다. 기관차가 바꿔지기도 하고 병사들에게는 그 고장의 국부 인회[애국부인회—인용자]가 플랫폼에서 지은 주먹밥이며 반찬을 나누어주고 있었다.

아버지는 그것을 보더니

"뭐야, 병정들에게만 맛있는 것을 주고, 우리에겐 아무것도 안 줄 작정인가. 어디, 나도 군속이라고 말하고 가서 너희들 몫까지 얻어다 줄까."

아버지는 별표가 붙어있지 않은 전투모를 쓰고 국민복(國民服)에 감발을 친 모습으로 화차에서 내려갔다.

그리곤 애국부인회를 뭐라고 얼렁뚱땅 속였는지 몰라도 열 명분쯤 되는 주먹밥과 반찬을 양손에 가득히 끌어안다시피 해 가지고 들어왔다.

"야, 멋있게 속여 넘겼지. 자 실컷 먹어라. 뭐라고 해도 배가 고파선 전쟁은 할 수 없으니까 말야."

아버지는 이런 때엔 꽤 친절했다. 좀 호색(好色)해서 탈이지 어지간히 우리들의 시중을 들어준 사람이라고 할 수 있었다.[50]

(3)-나.《천황의 군대》

"いよいよ支那へ入ったで。日本の娘が,どこでも高く売れるところだ。**あんたらにも, うんと稼いでもらわなあかんな。**"

こういわれても,田舎育ちの朝鮮の娘らは,それが何の意味だかわからなかった。彼女らは"軍隊慰安婦"の存在すら知らず,それが待ちかまえていることさえ知らなかった。あの旅館での恐ろしいでき事は,突如の悪魔に襲われたものと思っている。それほどに疑うことを知らない田舎娘だった。

そして,軍用列車とトラックに運ばれて,とある兵站基地に到着した日に,彼女らの宿の前にずらりと並んだ兵隊の群をみて,はじめて驚歎し,戦地の"慰安婦"にされる運命を知るのだった。そこで娘たちが,泣き喚きながら"**これが女子愛国奉仕隊のやることですか**"と引率の男にくってかかる。すると,**男(業者)**は,鬼の面相をしてどなりつけた。"**ばかたれ! おまえら,どこでお国のために働いていると思うとるの**

---

50   일본근대전사연구회 엮음, 앞의 책, 1966, 243쪽. 강조는 인용자.

か!"[51]

("드디어 중국에 들어왔다. 일본 여자가 어디서든 비싸게 팔리는 곳이다. **너희들도 돈을 많이 벌어줘야겠어.**"

이런 말을 듣고도 시골에서 자란 조선 처녀들은 그게 무슨 뜻인지 몰랐다. 이들은 '군대 위안부'의 존재조차 모르고, 그것이 기다리고 있는 줄도 몰랐다. 그 여관에서의 무서운 사건은 갑작스런 악마에게 습격당한 것이라고 생각한다. 그렇게 의심할 줄 모르는 시골 처녀였다.

그리고 군용열차와 트럭에 실려 어느 병참기지에 도착한 날 그들의 숙소 앞에 줄지어 늘어선 병정 떼를 보고 비로소 놀라 전쟁터의 위안부가 될 운명을 알게 되는 것이었다. 그래서 처녀들이 울부짖으며 "이게 여자애국봉사대가 하는 짓입니까"라고 **인솔하는 남자**에게 대든다. 그러자 **남자(업자)**는 귀신 얼굴을 하고 호통을 쳤다. "**바보 같으니! 너희들이 어디서 나라를 위해 일할 수 있다고 생각하는 거야!**")

(3)-다.《정신대실록》

"드디어 중국 땅에 들어섰군. 일본 처녀는 어디서나 값비싸게 팔리는 법이야. **너희들도 부지런히 돈벌이를 해줘야겠어.**"

그러나 시골 태생인 처녀들은 그게 무슨 뜻인지 잘 알 수가 없었다. 그녀들은 군대 위안부의 존재마저도 모르고 있었으며 그런

---

51   金一勉, Op. Cit., 1976, 77~78面. 강조는 인용자.

것을 기다리고 있다는 것조차도 모르고 있었다. 여관에서 벌어진 일은 갑자기 나타난 악마에게 습격당한 것쯤으로 생각하고 있었다. 그 정도로 무슨 일에 대해서든 의심할 줄을 모르는 시골 처녀들이었다.

군용열차에서 내려 이번에는 트럭으로 어떤 병참기지에 도착했을 때, 그녀들의 숙소 앞에 줄줄이 늘어서 있는 군인들의 모습을 보고 비로소 놀라는 것이었으며 자신들이 위안부로 전락된다는 운명을 생각하며 몸서리를 쳤다.

이 때문에 그녀들은 울고불고 아우성을 치며

"이것이 여자애국봉사대가 하는 일이란 말입니까!"

하고 덤벼들듯이 말했다.

그러자 **인솔자인 남자**는 화를 벌컥 내며 내뱉았다.

"뭐 이년들아! 어디서 함부로 주둥아리를 놀리는 거야?" [52]

(3)-가는 《여자의 병기》의 첫 번째 번역본 《전장의 여인 나상》으로 원문과 크게 차이가 없어 이를 인용했다. 해당 장면은 김춘자 일행이 중국에 도착하자 '아버지'라 불리는 업자가 여자들에게 돈을 많이 벌어야 한다고 주의를 주는 장면이다. 여자들은 별다른 저항을 하지 않을뿐더러 오히려 업자에게 친밀감을 표시한다. '아버지'라 불리는 포주는 여자들을 위해 먹을 것을 구해주고 '나(=김춘자)'는 아버지가 꽤

---

52   임종국, 앞의 책, 1981, 87~88쪽. 강조는 인용자.

친절한 사람이라 평한다. (3)-나와 (3)-다는《여자의 병기》를 인용한《천황의 군대》-《정신대실록》이다. 중국에 도착한 상황은 동일하지만,《천황의 군대》-《정신대실록》에서는 여성들이 '위안부'의 일을 이제야 깨닫는 것으로 변형되어 있다.《여자의 병기》에서 조선인 여성들은 장교들에게 강간을 당한 뒤 '위안'이 무엇인지 깨닫고 절망하지만, 이후 빠른 속도로 자신들을 '애국봉사대'로서 정체화한다. '반도의 여자들이 위안 말고 달리 나라를 위해 할 수 있는 일이 있을 줄 알았느냐'는 업자의 말은 사실 여성들이 처음 강간을 당했을 때 등장한다.[53] 그런데《천황의 군대》-《정신대실록》은 두 장면을 조합해 여성들이 중국에 도착해서야 '위안'이 무엇인지 깨닫는 것으로 바꿔놓았다. 그런데 임종국은 이렇게 변형된 서사마저 또다시 고쳐 쓴다. (3)-다에서는 '나라를 위한 일'이라는 말 자체를 삭제하고, 업자가 '위안부' 여성들을 폭력석으로 제압하는 것으로만 그린다.

이렇게 '경기도 송파면 출신 김춘자'의 삶은 가필과 각색을 거쳐《여자의 병기》라는 '수기'로, 이후에는 '조선 민족 말살의 음모'를 고발하고자 하는 책의 증거 자료로 변형·증식되었다. 민족 남성에 의한 재번역·재구성을 추동한 것은 무엇보다《여자의 병기》가 '신뢰할 수 없는' '수기'이기 때문

53   일본근대전사연구회 엮음, 앞의 책, 1966, 239쪽.

이었을 것이다. 확인한 바와 같이 이는 번역자·인용자의 적극적인 개입과 되받아쓰기(writing back)를 유발했다. 그런데 민족 남성의 탈식민적 고쳐쓰기에도 불구하고 이들이 전혀 감지하지 못했던 부분이 있다.

> 주인 남자나 여자는 대문간 방에 딱 앉아서 지키고 살림을 거기서 했다. 우리들이 도망갈까 봐 지킨다고 문 가까이에 있었던 것이다. 대청을 끼고 주인 방이 있고 방 다섯 개가 복도를 사이에 두고 마주 늘어서 있었다. …… 그 여자가 자기네더러 '오토상', '오카상'이라고 하라 했지만 그 말이 잘 나오지 않았다.[54]

위 인용문은 한국정신대문제대책협의회가 출간한 두 번째 증언집 중 일부분이다. '위안부' 증언자들은 위안소 운영업자들을 대개 '주인', '그 여자/그 남자', '관리인' 등으로 불렀지만, '어머니/아버지'라는 친족 용어를 빌려 부르는 경우도 있었다. 증언집을 보면 증언자들은 고향의 그리운 부모님을 '어머니/아버지'라 부르고, 업자들은 '오카상(おかあさん)/오토상(おとうさん)'이라 불렀다. '아주머니/아저씨'를 뜻하는 '오바상(おばさん)/오지상(おじさん)' 등도 마찬가지다.

---

54 김분선, 〈공장에 가서 돈을 벌려고〉, 한국정신대문제대책협의회·한국정신대연구회 엮음, 《강제로 끌려간 조선인 군위안부들 2》, 한울, 1997, 105쪽.

"여자들은 병원 근처에 열 명 배치 받아서 우리가 처음 가고 뒤로는 안 왔어요. 거기 오바상, 오지상은 우리 감시만 했어요."[55]라는 식으로 한국어로 증언하던 중에도 업자는 '오바상', '오지상'으로 지칭했다. 즉, '위안부' 피해자에게 '오카상/오토상'은 '어머니/아버지'라는 문자적 의미로 일대일 교환이 되지 않는 단어인 것이다.

　　이러한 점을 염두에 두고《여자의 병기》를 다시 읽어 보면 친부모를 가리킬 때는 'お父ちゃん 혹은 父(아버지)/お母ちゃん 혹은 母(어머니)'로, 포주를 가리킬 때는 'おとうちゃん(아버지)/おかあちゃん(어머니)'으로 표기됨을 알 수 있다. 사전적으로 동일한 의미를 굳이 다른 표기로 구분한 것은 이 둘이 같은 의미가 아니기 때문일 것이다. 위의 피해 생존자의 증언과 마찬가지로 이 수기의 모델이 되었을 '경기도 송파면 출신의 김춘자' 또한 일본어로 증언을 했든 한국어로 증언을 했든 '어머니'와 '오카상'을 교환되지 않는 단어로 사용했을 가능성이 크다. 다시 말해, 증언자가 고향의 엄마는 '엄마'로 포주는 '오카상'으로 발화한 것을, 수기의 편집자가 일본어로 채록 및 번역하는 과정에서 전자는 'お母ちゃん(혹은 母)'으로, 후자는 'おかあちゃん'으로 차이를 두어 표기했을 것으로 추정된

55　　김소란, 〈아무도 만나기 싫어〉, 한국정신대연구소·한국정신대문제대책협의회 엮음,《강제로 끌려간 조선인 군위안부들 3》, 한울, 1999, 54쪽.

다. 즉, 피해자의 증언을 토대로 각색되었으리라 추정되는 일본어 텍스트 《여자의 병기》조차 '어머니'와 '오카상'을 불완전하게나마 'お母ちゃん/おかあちゃん'으로 구별했던 것이다.

그러나 이는 한국어로 다시 번역되면서 '어머니/어머니'로 완전히 균질해졌다. 다시 말해 번역자·편집자 들은 일본어 텍스트의 진실성에 상당한 의혹을 품고 있었으나, 'お母ちゃん'과 'おかあちゃん'의 차이, 즉 '어머니'와 '오카상'의 차이는 인지하지 못했던 것이다. '오카상'이라는 아주 사소한 단어가 웅변하는 것은 '위안부'의 목소리가 발화되기 전까지 그들의 목소리는 번역된 목소리 혹은 누군가에 의해 재현된 목소리로 존재할 뿐이었으며, 그것은 언제나 재현자의 인식을 통과한 결과물이라는 사실이다. 일본에서 생산된 '위안부' 수기는 탈식민적 기획에 따라 여러 차례 되받아 쓰였지만, 그럼에도 생존자가 구사하는 '어머니/오카상'이라는 아주 사소한 단어조차 제대로 청취할 수 없었던 것이다.

1991년 이전 '위안부' 담론은 당사자가 드러나지 않은 채 주로 재현/표상(re-presentation)으로만 존재했다. 익히 알려져 있듯, 재현/표상은 어떤 실재를 다시(re, 再) 앞에 존재하게(presentation, 現前) 하는 것을 의미한다. 이때 표상은 문체, 수사적 표현법, 설명의 기교, 관습, 제도 등 역사적·사회적 여러 조건에 기반을 둔 표상 체계를 통해 생산되고 인식 주체의 위치성과 이데올로기에 연루되기 때문에, 언제나 있는 그대로를 묘사하는 것이 아니라 변형된 것으로 나타난다. 주의해야 할 점은 이 '변형된 것'으로서의 표상이 실재하는 대상을 배제하고 표상 기술에 의존해 하나의 존재로 인식된다는 점이다.[56] 오랫동안 피해자가 공식적으로 등장하지 않았던 '위안부' 문제야말로 표상이 존재를 대체한 가장 명시적인 경우라 할 수 있다. 지금까지 살펴본 참전 군인의 회고 속에 등장한 '위안부'나 이를 민족 수난사의 상징으로 번역한 '위안부'의 모습은 '있는 그대로'가 아니라 재현 주체의 욕망과 당대 사회의 성차별적 표상 체계에 연루된 것이며, 그러한 욕망에 따라 계속해서 변형·증식되어 왔다. 이 글은 1991년 이전 '위안부' 재현 텍스트의 흐름을 실증적으로 추적해 피식민지의 역사를 복원하려는 민족 남성의 시도가 탈식민주의적 의도에도 불구하고 '위안부'를 성애화하는 제국 병사의 시선에 공모했음을 드러냈다. 이는 곧 민족주의 '위안부' 담론을 제국주의 담론과 단순히 이항 대립적으로 파악할 수 없음을 역설한다. 동시에 '목격자'의 증언이 어떻게 복제·번역·증식되어 '위안부'에 대한 인식의 기층을 형성해왔는지 드러냄으로써 '살아남은 자'의 증언의 의의를 재확인시켜준다.

56   에드워드 W. 사이드, 《오리엔탈리즘》, 박홍규 옮김, 교보문고, 2009, 51쪽.

9. 일본군 '위안부'는 셀 수 있는가

'숫자의 정치'에서 벗어나 '바다의 기억'으로 나아가기[*]

이혜령(성균관대 동아시아학술원 교수)

[*] 이 글은 이혜령, 〈폐허, 바다의 기억: 일본군 '위안부'는 셀 수 있는가〉, 《대중서사연구》 제29권 제1호, 대중서사학회, 2023, 141~175쪽을 수정한 것이다.

들어가며

    2022년 12월 26일에 별세한 일본군 '위안부' 피해자 이옥선의 부고가 언론을 통해 보도되었다.[1] 나는 돌아가신 이옥선(1928~2022)을 2016년 서울국제여성영화제에서 상영된 박수남 감독의 다큐멘터리 〈침묵〉(2016/2017)을 통해 접했다. 박수남 감독이 속리산 부근 집으로 찾아가 그를 만난 장면이나 해방 후 고향에 돌아와 스스로 발길을 돌린 이야기를 할 때의 먹먹함과 달리, 이어지는 과거의 그의 모습은 달랐다. 1993년 일본 정부가 강제 동원은 인정하되 사죄와 보상은 할 수 없다고 입장을 발표하자, 그는 다른 피해자들과 함께 도쿄에 가서 사죄와 보상을 요구하는 시위를 벌였고 증언을 했던 것이다. 그는 지친 기색이 없었으며 소복 입고 장구 치는 모습이 인상적이었다.[2] 이옥선은 고향 대구를 떠나 속리산 법주사 근처에서 살며 한 스님의 권유대로 관광객을 상대로 장구를 치며 살았다고 한다. 박수남 감독은 도쿄에서 말 그대로 '가열찬' 시위를 벌인 그를 포함해 15명의 피해자가 정확히

---

1   고병찬 기자, "'위안부' 피해자 이옥선 할머니 별세⋯향년 94", 《한겨레》, 2022년 12월 27일자.

2   〈침묵〉은 2017년 최종 편집본이 나왔고 2020년 서울국제여성영화제에서 재상영되었다. 이에 대해서는 황미요조, "침묵의 번역, 혹은 번역할 수 없음의 재현―영화 〈침묵〉 리뷰", 일본군 '위안부' 문제 연구소 웹진 《결》, 2021년 10월 18일.

는 '현생존 강제 군대위안부 피해자대책협의회' 소속이라는
사실을 알았는데[3], 대책협의회는 한국정신대문제대책협의회
(이하 정대협)와 다른 조직이었다. 관객은 영화를 통해 대책협
의회가 알려지지 않은 까닭이 1994년부터 본격적으로 불거
진 '국민기금(여성을 위한 아시아 평화국민기금)'에 얽힌 입장 차
이와 갈등 때문이었음을, 그리고 그들과 동행한 박수남 감독
도 이 때문에 입국 금지를 당하는 등 크게 곤욕을 치렀음을 알
수 있다.[4] 이옥선은 1993년 정부에 일본군 '위안부' 피해자임
을 신고한 이후 30여 년간 일본군 '위안부' 문제를 해결하기 위
해 산 것으로 알려져 있다. 하지만 이제 그에 대해 더 자세히 알
아야 할 것이 생긴 것 같다.

그의 부고와 함께 알려진 사실은 비감하고도 낯선 것
이었다. 《한겨레》는 다음과 같이 시작되는 기사를 냈다. "90,
92, 92, 94, 94, 94, 94, 94, 95, 98. 정부에 등록된 일본군 '위안

---

3   몇몇 기사를 통해 이 조직의 회장은 김복선이었으며 이용수, 문옥주 등
     이 회원임을 알 수 있다. "정신대할머니 3명 시위도중 할복시도 일 대사
     관 앞서", 《동아일보》, 1994년 1월 26일자, 30면; "위안부 대책협 할머니
     들 출국", 《한겨레신문》, 1994년 5월 21일자, 14면; "방일 정신대협 할머
     니 일본 공무원에 구타당해", 《조선일보》, 1994년 6월 4일자, 27면. 김복
     선(1930~2012)은 1993년 3월 일본 정부의 '군위안부 조사청취단'의 방
     문에 증언하겠다고 나선 첫 번째 사람이었다. "김복선 할머니를 아십니
     까", 《강진일보》, 2016년 3월 10일자. 김복선은 김학순과 깊은 우의를 나
     누며 생존자로서 일본군 '위안부' 운동을 했다고 할 수 있다.
4   황미요조, 앞의 글, 2022; 정희진, "1997년 7월30일 경향신문, 9월6일 한
     겨레, 7일 연합통신", 《경향신문》, 2022년 9월 7일자 등을 참조.

부' 피해자 240명 중 생존한 10명의 나이다. 지난 26일 이옥선(94) 씨가 별세하는 등 올해에만 '위안부' 피해자 3명이 세상을 떠났다. 남은 피해자 10명은 평균 93.6살의 고령이다. 이들 생전에 일본 정부 사과와 배상을 받아내기 어려울 수 있다는 우려의 목소리가 나오는 이유다." [5] 이어서 기자들은 일본과의 관계 협력에 적극적인 현 정부 들어 "'위안부' 문제 해결을 위한 한국·일본 정부 움직임은 더디기만 하다."고 비판했다.

이 기사는 아예 생존한 일본군 '위안부' 피해자들을 숫자로만 표현했다. 그래도 소수이지만 활동가로 살아왔고 영화에도 등장했으며 신문지상에도 등장했던, 드물게 부고에 유족의 존재까지 드러낸 이옥선의 죽음도 어김없이 뺄셈의 수로 기능했다. 그들은 누구인가? 일본군 '위안부' 피해자라고 말할 수밖에 없다. 나중에 다시 이야기하겠지만, 그들은 대한민국 국적의 피해자다.

나는 지난 2015년 이 문제에 대한 한일 정부 간의 합의 이후 생사를 달리한 일본군 '위안부' 피해자에 관한 보도에서 남은 생존자의 숫자를 셈하는 것에 강조점이 놓여있음을 말한 바 있다. [6] 그런데 이 관행은 오래된 것이었다. 1996년부터 2021년까지 약 25년간 일본군 '위안부' 피해자의 부고 기

---

5   고병찬·박지영 기자, "'평균 94살' 위안부피해 생존자, 그 절박함 외면하는 정부",《한겨레》, 2022년 12월 28일자.

사를 사회적 기억의 텍스트로 분석한 연구에 따르면, "한 가지 흥미로운 점은 한국 신문들이 '위안부' 부고 기사 말미에 나머지 생존자 숫자를 표기했다는 사실이다. 신문은 운명의 시간을 재듯이 '위안부' 할머니들의 죽음을 숫자로 기호화했다. 생존자 숫자라는 '사회적 기표(記標)'는 '위안부'라는 역사적 유산과 흔적이 곧 영원히 소멸한다는 유한성에 대한 '기의(記意)'를 드러낸 것으로 해석해볼 수 있다."[7] 이처럼 담담한 진술에 동의하지 않기란 어렵지만 부고와 함께 따라오는 것이 관행이 된, 생존자를 숫자로 셀 수 있음은 무엇을 의미하고 무엇을 의미하지 못하게 되는지에 대해 다시금 이야기할 필요가 있다.

이에 김학순의 등장에서부터 이야기를 시작하고자 한다. 그는 한국에서 일본군 '위안부' 생존자를 셀 수 있기 이전에 등장한, 말하자면 첫 '한 명'[8]의 생존자로 자신을 드러낸

---

6 이혜령, 〈그녀와 소녀들 — 일본군 '위안부' 문학/영화를 커밍아웃 서사로 읽기〉, 오혜진 외, 《문학을 부수는 문학들: 페미니스트 시각으로 읽는 한국 현대문학사》, 민음사, 2018, 116~118쪽.

7 이완수·정영희·배재영, 〈일본군 '위안부' 할머니의 삶과 죽음에 대한 사회적 기억: 한국 일간신문 부고기사를 통해〉, 《한국언론정보학보》 제114호, 한국언론정보학회, 2002, 199쪽.

8 이 '한 명'은 김숨의 소설 《한 명》(2016)에서 따왔다. 이 작품은 마지막 한 명 남은 일본군 '위안부' 생존자가 죽음의 경각을 다툰다는 뉴스를 접한, 아직 커밍아웃하지 않은—정부에 피해 사실을 신고하지 않은— '그녀'가 병상에 누운 '한 명'을 만나러 가기까지의 이야기다.

사람이기 때문이다. 셈하기 이전에 등장한 그로 인해 일본군 '위안부' 문제를 둘러싼 의식의 고양은 상당했던 것 같다. 스스로도 놀람을 멈출 수 없었던 그의 증언에 모두 다 놀라지 않을 수 없었을 정도로 말이다. 나는 김학순의 증언을 다시금 쫓아가면서 세계인을 놀라게 한 제2차 세계대전과 관련된 '폐허'의 이미지를 상상해보고자 한다. 그런 후 일본군 '위안부'는 셀 수 있는가를 묻고자 한다. 이 물음은 일본군 '위안부' 운동과 기억의 궁극적 지향으로서 반전(反戰)을 되새기는 데 도움이 되리라 생각한다.

김학순의 경악

캐럴 글럭(Carol Gluck)은 지난 세기 말 제2차 세계대전의 재기억화가 과거의 전쟁을 현재의 정치와 문화의 관심사로 돌려놓았으며, 1990년대에 이르러서야 일본군 '위안부'는 '홀로코스트'와 '히로시마'처럼 "국경이나 문화적 경계에 얽매이지 않고 사회적·법적·도덕적 귀결을 수반했던 '트랜스내셔널한 기억'"의 일부가 될 수 있었다고 지적했다.[9] 이

---

9   캐롤 글럭, 양승모 옮김, 〈기억의 작용 – 세계 속의 '위안부'〉, 나리타 류이치 외, 《감정·기억·전쟁》, 소명출판, 2014, 222쪽. 캐럴 글럭은 최근의 글에서 일본군 '위안부'는 홀로코스트와 마찬가지로, 원래의 시간

과정에서 1991년 8월 14일 김학순(1924~1997)이 일본군 '위안부' 생존자로 커밍아웃했던 것은 결정적이었다. 김학순은 이날 첫 증언에서 "일장기만 보면 억울하고 가슴이 울렁울렁합니다."라고 말했다.[10] 같은 해 8월 20일 텔레비전 프로그램에서 일본 정부가 일본군 '위안부'의 존재를 부인하는 것에 대한 견해를 묻는 기자의 질문에 그녀는 다음과 같이 말했다.

나하고 같이 있었던 사람들 좀 나왔으면 좋겠어. 여북해서 내가 다 이름을 밝혔다니깐요. 본명을 몰라요. 내가 한국 이름, 조선 이름은 모르고 일본 이름, 그때 거기서 부르던 이름은 다 알거든요. 지금까지 기억하고 있어요. 누가 하나만이라도 나와줬으면 좋겠어. 일장기가 갈 때 이렇게 꽂힌 것을 보면 가슴이 주저앉은 것처럼 꽉 놀래 갖고 오매오매 저놈의 히노마루 아주 귀에가 박이었어요. 덴노헤이카 히노마루 하두 해가지고 귓구멍에가 박혔어요. 저놈의 히노마루 저놈에게 내가 이렇게 짓밟혀가지고 내가 평생을 요모양 요꼴이 되어버렸지.[11]

과 장소를 초월해 이동하는 비유(travelling trope)가 되었으며 제2차 세계대전 후 법, 증언, 권리, 정치, 책임의 관념에 있어 진화한 '세계 기억문화'를 형성했다고 평가했다. Carol Gluck, "What the World Owes the Comfort Women," in Jie-Hyun Lim and Eve Rosenhaft eds., *Mnemonic Solidarity: Global Interventions*, Palgrave Mcmillan, 2021.

10 "종군 위안부 참상 알리겠다", 《한겨레신문》, 1991년 8월 15일자, 14면.
11 "정신대를 증언한다", 《MBC PD수첩》, 1991년 8월 20일.

위의 진술은 간단치 않다. 일본군 '위안부'의 집합적 존재와 소외적 성격, 전 생애에 걸친 위안소 및 전쟁 기억의 시간성과 그것을 매개하는 상징 등을 단번에 드러낸다. 김학순은 자신과 같이 있었던 사람들이 나와서 자신의 목격자로 증언해주기를 바랐다. 그런 극적인 일은 금방 일어나지 않았다. 그녀는 정말 함께 있던 이들의 조선 이름을 몰랐을까, 아니면 알면서도 말할 수 없었던 것일까?[12] 1991년 12월 한국태평양전쟁희생자유족회가 주도한 아시아·태평양 전쟁 한국인 희생자 보상 청구 소송의 원고 35인에 포함된 세 명의 일본군 '위안부' 중 김학순만이 자신의 본명을 밝혔으며 다

---

12   남북 '위안부'들의 증언을 채록하고 사진을 남겨온 이토 다카시(伊藤孝司)는 북한의 정옥순(1920~1998)을 가장 인상 깊게 기억했다. 정옥순은 위안소에서 살해당한 여성들의 이름을 손가락으로 꼽으며 "계월이, 단월이, 명숙이, 개춘이, 분숙이……." 하며 한 사람씩 이름을 불렀다고 한다. 이토의 사진 중 널리 알려진 작업은 1992년 12월 9일 도쿄에서 열린 '일본의 전후 보상에 관한 국제 공청회'에서 김학순이 북한의 김영실의 증언이 끝나자 단상으로 한걸음에 올라가 통곡하며 껴안으려고 팔을 벌린 장면을 찍은 것이다. 한국여성인권진흥원, ""만나다, 그리고 보듬다"에 여러분을 초대합니다", 한국여성인권진흥원 블로그, 2019년 2월 28일. https://blog.naver.com/whrck/221477090162 (2024년 7월 22일 접속) 김학순은 "위안소에 우리 같이 있었잖아?"라고 물었다고 한다. "92년 12월 '전후보상 국제공청회'에서 극적으로 해후한 김학순 씨와 북한에서 온 김영실 씨(사진)", 《한겨레신문》, 1994년 6월 17일자, 11면. 정옥순의 증언에 대해서는 다음을 볼 것. 이토 다카시, 〈르포르타주 북한에 있는 성노예 피해자들〉, 《기억하겠습니다: 일본군 위안부가 된 남한과 북한의 여성들》, 안해룡·이은 옮김, 알마, 2017, 282~283쪽.

른 두 명은 본명을 감췄다.[13] 도쿄지방법원에 제소 절차를 밟고 나온 김학순은 기자회견에서 "일본에 온 어젯밤 자리에 누웠으나 감정이 복받쳐 잠을 이룰 수 없었어요. 나는 운 좋게 도망쳐 살아있지만 동료들은 그대로 내버려져 죽었습니다."[14]라고 말했다. 또 "나는 피붙이도 없으니까 이름이든 뭐든 말해도 괜찮아요. 몸도 마음도 갈기갈기 찢어졌어요. 돈을 얼마나 받은들 무슨 소용이 있겠습니까. 일본 사람들을 위해서 젊은 사람들에게 이런 사실을 전하고 싶은 것입니다."[15]라고 했다. 동료들은 그대로 내버려져 죽었다는 것과 신원을 밝히고 공적인 자리에 등장한다는 게 어렵다는 것. 이것이 김학순의 증언과 체험이 일깨워준 일본군 '위안부' 문제의 본질일 것이다. 그의 발언은 일장기(히노마루)에 대해 말하는 부분에서 격앙되다가 잦아드는 목소리로 끝난다. '히노마루'에 대해 말할 때 가슴에서 통증이 일어나고 환청이 들리는 듯한 순간, 김학순에게는 어떤 기억이 떠올랐던 것일까? 그는 어느 곳, 어느 시간대에 있었던 것일까?

김학순은 1991년 12월 9일, 종군위안부 문제 우리여성네트워크가 주도해 도쿄 YWCA에서 열린 '김학순 씨의 이야

---

13   "정신대 김학순 할머니 회견 소복차림으로 일제 만행 증언", 《경향신문》, 1991년 12월 7일자, 9면.
14   같은 글, 9면
15   "정신대 할머니의 눈물", 《동아일보》, 1991년 12월 6일자, 5면.

기를 듣는 모임'에서도 일장기를 언급했다.[16] 뜨거운 열기 때문에 그날 녹화했는지조차 잊고 있었다는 김부자의 소장 영상이 2021년 김학순 증언 30주년을 맞이해 국내 언론에 부분적으로 공개되었다.[17] 거기에도 일장기를 언급하는 대목이 있다. 또한 이나영의 최근 글을 통해서도 김학순 증언의 전후를 확인할 수 있다.[18] 김학순의 말은 이러했다.

나는 군대, 싸우는 군인만 쳐다봐도 떨리는데, 그리고 일본 깃발만 봐도 지금까지도 치가 떨려요. 이번에 오면서도 얼마나 내가 JAL이라는 뭐 비행기를 탔는데, 뭣 모르고 비행기를 타라고 해서 타고 오긴 하는데, 재판 때문에 오기는 해도, 비행기를 딱 타니까 날개 죽지 옆에 갔는데 밖을 내다보니까, 이렇게 내다보니까, 빨간 히노마루가 그려졌어요. 그래서 내가 이거를 왜 내가 왜 이 비행기를 타고 가야 하나. …… 너무너무 기가 막히고 그래서 잠도 내가 못 잤어요.

16   양징자, 〈김학순 증언과 일본 운동의 역사〉, 일본군성노예제 문제해결을 위한 정의기억연대 외 주최, 《김학순 공개증언 30주년 기념 국제학술회의》(자료집), 2022, 33쪽.

17   "'위안부' 공개 증언 30주년 – 김학순, 다시 우리 앞에 서다", 《KBS 시사직격》, 2021년 8월 13일.

18   이나영, 〈김학순 공개증언과 일본의 시민운동: 말하는 자와 듣는 자가 만들어낸 파장(波長)〉, 《젠더와 문화》 제15권 제1호, 계명대학교 여성학연구소, 2022, 109~145쪽.

전장에서 숱하게 본 일장기는 전쟁을 벌여 자신을 위안소로 내몬 일본의 상징이었으며, 그의 삶에 있어 일본이 시작한 전쟁 체험을 건드려 몸서리치게 만드는 정동적 기억의 매체이자 기억 이미지였다.

1997년 7월에 남긴 김학순의 마지막 육성 인터뷰는 그를 경악시킨 것이 무엇인지를 드러낸다.[19] 그는 1995년 정부의 지원으로 마련했다는 열 평짜리 임대아파트에서 평안한 모습이었다. 하지만 인터뷰 끝에 복용하는 약 꾸러미를 펼쳐 보이기도 했다. 백열 살, 백스무 살까지 살아서 아시아 여러 나라에 전쟁을 일으켜 피해를 준 '일왕'의 사죄를 자신의 귀로 듣고 눈으로 보고 싶다는 소망을 밝혔지만, 그해 12월 16일 병상에서 영면에 들었다. 김학순은 이 인터뷰에서 생부가 독립운동가들을 쫓아다니며 밥을 해줬으며 그들을 데려다 밥을 먹이기도 했더라고 증언했고[20], 아시아 여러 나라

---

19   ""나의 소원은…" 故 김학순 할머니의 마지막 증언", 《뉴스타파》, 2016년 1월 26일. 이 영상에는 1997년 7월 촬영된 김학순의 인터뷰가 들어있다. 인터뷰는 김리라가 진행, 촬영은 박정남이 한 것으로 나온다.

20   그 이전인 이토 다카시와의 인터뷰에서도 김학순은 아버지에 대해 다음과 같이 말했다. "아버지는 독립운동을 하고 있었기 때문에 조선에서 살 수 없었어요. 그래서 만주로 갔지요. 그곳에서 아버지는 어머니와 만났고, 길림성에서 내가 태어났습니다. 하지만 내가 백일잔치를 치르기도 전에 아버지는 돌아가셨습니다. 원인은 모릅니다." 김학순, 〈한국과 일본의 젊은이들에게 이 사실을 가르쳐야 합니다〉, 이토 다카시, 앞의 책, 2017, 221쪽. 김학순에 대한 이토의 취재는 1991년 10월 21일, 1992년 6월 1일, 1992년 12월 9일 그리고 김학순의 장례식이 치러진 1997년

에 피해를 준 전쟁을 시작한 일본의 '일왕'이 잘못했다고 사죄를 해야 인간이지 않겠냐고도 말했다. 인터뷰에서 인상적인 것은 그가 증언에 나서기 전 오랜 세월을 주저했던 까닭은 "남부끄러운 생각"으로 표현한, 가부장적 성 규범에 의거한 사회적 낙인만이 아니라[21] 죽음에 대한 공포 때문이었다고 이야기한 대목이다.

우리 죽으면, 우리 죽은 뒤, 나 죽은 뒤에는 말해줄 사람이 없는 것 같다 싶은 생각에 내가 이제 나이가 이만치나 먹고 제일 무서운 것은 일본 사람들이 사람 죽이는 거. 제일 그걸 내가 떨었거든. 언제나 하도 여러 번 봤기 때문에, 너무 많이 봤기 때문에. 끌려가서도 봤지만도 사람 죽이는 걸 너무 많이 봤고 죽인다는 게 무서워서…….

12월 18일까지 이어진다.

21 "젊은 때는 이렇게 나오지도 못했어. 남 부끄러운 생각에, 우선 부끄러운 생각부터 이제 늙으니까 좀 창피한 것도 이제는 괜찮아. 헤어나왔으니까. …… 젊어서는 남부끄러울 것 아니야. …… 세상에 남과 같은 세상을 못 살고 일본 군대에 끌려가서 그 '위안부' 노릇했다는 것이, 그것이 있을 수 있는 일이야? 그것이 기가 막힌 일이지. 그런데 그것을 우리 한국에서 오히려 알고 알면 상부에서라도 거시기 해줬어야 했는데, 그게 아니라 갔다 온 사람을 아주 천하게 생각하고 누가 상대를 안 하려고 하고 가치 없는 사람으로 인정하니까 밤낮 숨어서 울기나 했지. 소리 안 내고 눈물만 흘렸지, 말할 데가 없었어. 그렇게 했어, 우리가. 우리가 살아나온 세상이. …… 이제는 단순 생각하는 건 아무것도 없어. 그저 복수. 저놈들한테 잘못했다는 소리 듣는 거, 잘못했다 소리 듣는 것. 원이 그거야. 이제 다른 건 없어." 2016년 1월 26일 《뉴스타파》 영상의 김학순 인터뷰.

죽인다는 게 무서워서 젊어서는 사실 하고 싶어도 말을 못했어. 그랬
는데 나이가 들고 나니까 분하고 원통해서 죽겠어. 세상에 말을 못하
고 살다니. 내가 이런 말을 해놓고 내가 일본 사람들한테 죽을는지도
모른다 하면서도 내가 죽기 전에 말을 한번 해야 쓰겠다, 나 대신 말
을 할 사람은 없을 것 같다 싶어서 말을 하기 시작했지.[22]

김학순의 목소리를 듣고 또 듣고 옮겨 적어 읽고 또 읽
어보면, 그가 자신을 드러내어 말을 하면 일본 사람들에게 죽
임을 당할지도 모른다는 두려움 때문에 죽음에 가까워질 나
이가 되어서야 말하기 시작했음을 알 수 있다. 그의 삶은 "세
상에 말을 하지 못하고 살다니."라는 원통함을 끝내 풀지 못
한 채 전장 속에 있었음을 알 수 있다. '위안부' 생존자의 증
언은 청자들의 요구로 위안소의 방 한 칸에서 일어난 지속된
강간의 경험에 초점이 맞춰지곤 하지만, 그곳 역시 전장 한복
판이었다. 김학순에게 있어 숨을 거둘 때까지 이어진 증언 투
쟁은 자신의 목숨을 강탈할 수 있는 일본이 시작한 전쟁이 끝
났는지를, 또 지금-여기가 전장이 아닌지를 확인하려고 전장
을 떠올리는 정동적 체험의 반복적 재연이었다고 할 수 있다.
숱한 목숨이 스러져도 항의할 수 없었던 전쟁에 대한 증언을
하려고 그 자신이 일본군 '위안부'였음을 말해야 했다.

22   2016년 1월 26일 《뉴스타파》 영상의 김학순 인터뷰.

그것을 말하는 순간, 일본군 '위안부'였던 자의 증언은 그 전쟁의 한복판으로 돌아가 모든 이를 경악시키고 결코 잊을 수 없는, 삭제되기 어려운 전쟁에 대한 기억을 각인시켰다. 증언은 이전까지 상상도 못했던 전쟁의 폐허를 보여줬다. 역사부정론이란 폐허의 기억 이미지에 놀랄 수밖에 없었던 부정론자 자신의 놀람에 대한 삭제이자 부정이라고 할 수 있다. 이 폐허를 부인하려는 부정론자의 선택은 기껏해야 김학순을 비롯한 일본군 '위안부'들이 멈춰선 시간 이전의 시간으로 거슬러 올라가, 일본이 중일전쟁을 벌이기 전부터 식민지 조선의 여성들이 이미 가난했음을 제시하는 것뿐이다.

최근 캐럴 글럭은 김은실과의 대담에서, 세계 곳곳에서 소녀상이 건립될 때마다 요란스럽게 항의한 일본 정부가 오히려 일본군 '위안부'를 세계의 청자들에게 알려주고 조직적인 성 노예제가 지닌 상징적 의미를 일깨워줬다고 이야기했다.[23] 이를 바꿔 말하자면 일본 정부나 일본의 보수 세력이야말로 소녀상을 통해 자신들을 놀라게 한, 그 폐허의 기억 이미지를 강박적으로 확인하는 자들이라고 할 수 있다. 세계 곳곳에 세워진 소녀상은 '위안부'가 환기시키는 폐허의 기억이 특정한 도시나 장소로 제한될 수 없음을 드러낸다.

---

23   캐럴 글럭·김은실, "[캐롤 글럭-김은실 대담] 민족주의를 넘어서: 현재 진행형 일본군'위안부' 역사와 젠더 정치", 일본군 '위안부' 문제 연구소 웹진《결》, 2022년 8월 11일.

경계 없는 폐허, 바다의 기억

독일 작가 W. G. 제발트(Winfried Georg Sebald)는 〈공중전과 문학〉에서 제2차 세계대전 당시 독일 전역에서 이뤄진 연합군의 공습으로 폐허가 된 고향 할버슈타트(Halberstadt)를 어린 시절에 목격했던 알렉산더 클루게(Alexander Kluge)의 기록에, 발터 벤야민(Walter Benjamin)의 〈역사의 개념에 대하여〉에 등장하는 '역사의 천사'를 겹쳐서 독해했다.[24] 죽은 자들의 잔해가 쉼 없이 쌓이고 있는 폐허로부터 닥쳐오는 폭풍을 날개를 편 채 경악스러운 표정으로 마주하고 있는 '역사의 천사'는, 이경진에 따르면 제발트 자신의 문학적 지향이자 작가의 알레고리였다. 영국군의 독일 공습에서 여지없이 드러난 것처럼, 전쟁은 억제될 수 없는 자기 동력과 자기 논리로 움직이는 자연사가 되어버렸다. 제발트는 전쟁의 참혹한 폐허와 죽음을 기록하고 애도하는 것을 회피하고 망각한 전후 독일 문학과 작가들을 비판했던 것이다.[25] 2004년 광주에서 개최된 5·18 기념 학술회의 발표문에서 리

---

24 W. G. 제발트, 〈공중전과 문학〉, 《공중전과 문학》, 이경진 옮김, 문학동네, 2019, 95쪽; 발터 벤야민, 〈역사의 개념에 대하여〉, 《역사의 개념에 대하여 / 폭력비판을 위하여 / 초현실주의 외》, 최성만 옮김, 도서출판 길, 2008, 339쪽.

25 이경진, 〈옮긴이의 말: '역사의 천사'의 문학을 위하여〉, W. G. 제발트, 같은 책, 203~210쪽.

사 요네야마(Lisa Yoneyama)는 베냐민의 '역사의 천사'를 인용하면서 "1945년 8월 6일 히로시마 원폭 투하의 폐허"와 "2001년 9·11 세계무역센터의 폐허"를 이야기했다.[26] 요네야마는 이 두 개의 폐허를 두고 이뤄지는 기억의 정치는 지역적으로 차이가 있지만 공히 제국주의 침략의 역사와 과거에 대한 기억 상실을 조성하고 있다고 비판했다. 히로시마를 평화의 상징으로 기억하는 데 있어 원폭을 야기한 역사, 즉 일본의 식민주의, 제국주의, 군사적 침략 그리고 원자폭탄을 투하한 미국의 존재를 몰각하는 경향이 있으며, 세계무역센터의 폐허를 기억하는 데 있어서는 9·11 테러의 배후인 오사마 빈 라덴을 지원해온 미국의 존재와 책임이 질문되지 않고 있다고 비판한 것이다.[27]

제발트와 요네야마는 공히 제2차 세계대전의 재기억화를 주장하고 있으며, 승리와 패배의 영웅 서사 속에서 억압된 폐허에 대한 기억의 영역을 들춰냄으로써 죽은 자들을 기억하고 애도하는 윤리적 지평을 가능하게 할 역사철학적 사유의 형식을 성찰한다. 제발트에게 있어 베냐민의 역사철학은 근대 역사주의의 역사 서술이 해체되어야 함을 의미했는데, 제2차 세계대전의 홀로코스트나 대일 공습 경험은 사실

26   리사 요네야마, 〈폐허로부터: 기억의 정치를 조명하며〉, 《민주주의와 인권》 제4권 제1호, 진주 옮김, 전남대 5·18연구소, 2004, 207~109쪽.
27   같은 글, 109쪽.

을 연대기적이고 인과적으로 기록하는 방식의 역사 서술로 포착될 수 없기 때문이다.[28] 요네야마에 따르면, 베냐민의 역사는 "실제로 일어난 것으로서 과거의 목록을 작성하고 역사가 어떤 대안적 가능성을 결여한 것처럼 균질화하는" 근대적 역사 쓰기를 비판하면서 "역사적 진보의 친숙한 과정에 수많은 대위법―혁명적 '현재-시간'― 을 비춰주고 역사적 필연성에 의문을 제기"하는데, 이는 "만일 ~했다면"이라는 질문을 던지고 상상하는 형식을 취할 수 있다는 점에서 근대적 역사 서술과 다르다.[29]

　　나는 이들의 생각에 대체로 동의하지만, 김학순을 필두로 한 일본군 '위안부'들의 증언 투쟁으로 드러난 폐허는 과연 무엇인지를 묻고 싶다. 먼저 그 폐허를 놀란 표정으로 응시하고 있는 '역사의 천사'는 누구인가? 그것은 김학순이자 일본군 '위안부'들이자 우리다. 그리고 그 폐허는 전쟁의 폐허인 것만은 분명하지만, 히로시마나 할버슈타트처럼 특정한 국가의 영토인 지명으로 지시될 수는 없다. 어떻게 재건하고 기념할지 쟁론할 수 있는 도시도, 지역도, 마을도 아니다. 김학순이 증언한 폐허는 그가 태어난 중국의 지린(吉林)이라 해야 할지

28　임석원, 〈제발트에서 나타나는 기억이미지와 알레고리적 역사서술〉, 《뷔히너와 현대문학》통권 제37호, 한국뷔히너학회, 2011, 173~192쪽 참조.

29　리사 요네야마, 앞의 글, 2004, 116쪽.

유소년기를 보낸 평양이라 해야 할지 모를 고향도 아니고, 그녀를 위안소에서 탈출시켜준 사람과 부부의 연을 맺고 자식 둘을 낳은 상하이 프랑스 조계도, 배를 타고 전재민(戰災民)으로 돌아와 간신히 살았으나 딸은 콜레라로, 남편은 사고로 잃은 서울도, 또 혼자서 강원도 곳곳으로 장사를 하러 다니며 키운 아들에게 바다를 보여주려고 데리고 간, 결국 아들을 잃고 만 속초도 아니다.[30] 인생의 말년이 될 때까지 자신의 살아온 내력을 말할 수 없었던 한국의 어느 곳일까? 일본군 부대를 따라 들어가버린, 위안소가 있던 곳들이라 해야 할까? 그렇지 않을 것이다. 잔해도 시체도 머물 곳 없고 찾을 곳 없는 폐허. 그런 의미에서 일본군 '위안부'가 드러내는 폐허의 이미지는 땅이 아니라 바다의 이미지에 더 가까울 듯하다.

도미야마 다에코(富山妙子)의 그림 〈바다의 기억(海の記憶)〉 시리즈는 바로 그 폐허의 이미지를 제공한다.[31] 〈바다

---

30   김학순, 〈되풀이하기조차 싫은 기억들〉, 한국정신대문제대책협의회·한국정신대연구소 엮음, 《강제로 끌려간 조선인 군위안부들 1》, 한울, 1993, 33~44쪽.

31   한국에서 '5·18 광주의 화가'로 더 잘 알려진 도미야마 다에코는 윤정옥, 이효재 등과 만나면서 그들에게서 크게 영향을 받았다. 그들은 모두 조선인 일본군 '위안부'와 같은 세대였다. 도미야마 다에코는 일본의 식민지 지배와 전쟁 책임과 관련해 '위안부'를 주제로 삼은 〈바다의 기억〉 시리즈를 1986년에 완성했다. 마나베 유코, 〈월경하는 화가, 도미야마 다에코의 인생과 작품 세계: 포스트콜로니얼리즘과 페미니즘의 교차 지점으로부터〉, 《민주주의와 인권》 제21권 제1호, 전남대학교 5·18연구소, 2021, 94~101쪽 참조.

의 기억〉 시리즈는 조선인 일본군 '위안부'를 주제로 한다. 그 중 〈갈룽안 축제의 밤(ガルンガンの祭りの夜)〉은 남태평양 해 저에서 고향으로 돌아가지 못하고 남겨진 '위안부'들이 인도 네시아 발리섬의 축제일에 바닷속으로 돌아와 여전히 군복 을 벗지 못한 일본군과 해역의 사람들, '위안부'들과 함께 전 쟁 폭력을 심판하는 장면을 그려낸다.[32] 거기에는 바닷속에 가라앉아 죽어서도 살아있는 '위안부'들과 해골, 일본군, 일 장기와 총과 각종 사물, 샤먼과 원주민, 물고기와 새와 나무 가 모두 정면을 응시하고 있다. 리베카 코플랜드는 이 장면을 "새의 비행도, 행진하는 여인들도, 기도하는 자들의 중얼거 림도 모두 붙들려 있다. …… 축제가 함축한 열광적인 에너지 는 얼어붙어 그 자리에서 멈췄다. 소리도 들리지 않는다. 역 사가 침묵시켰기에."라고 해석했다.[33] 역사의 천사는 자신이 바라본 폐허로부터 자기 자신을, 아니 하나인지 여럿인지 식 별할 수 없는, 살았는지 죽었는지 모른 채 어른거리는 자들 을 본 것이지 않을까? 김학순은, 그리고 뒤를 이은 증언자들 은 자신이 살아온 모든 땅으로부터 박탈된 채로 침묵하며 살

32 최은주, 〈전후일본 미술계의 '위안부' 표상: 전중세대의 '번민'에 주목 하여〉, 《일본학연구》 제46호, 단국대 일본학연구소, 2015, 424쪽.

33 Rebecca Copeland, "Art Beyond Language: Japanese Woman Artists and the Feminist Imagination," in Laura Hein and Rebecca Jennison eds., *Imagination without Borders: Feminist Artist Tomiyama Taeko and Social Responsibility*, University of Michigan Press, 2010.

아왔지만 자신의 몸만이 그 폐허를 드러내줄 수 있는 유일한 장소였기에, 우선 자신의 몸을 드러내고 말을 함으로써 폐허의 정체를 보여줬다. 즉, 일본군 '위안부'는 일본이 시작한 전쟁이 벌어졌던 모든 땅과 바다를, 산과 섬을 연결하고, 그 전쟁을 새롭게 기억하려는 사람들을 잇고 연루시키는 실타래가 되었다. 그럼으로써 전에 없던 새로운 공동체 내지 폴리스(polis)의 창설자가 되었다고 해도 좋을 것이다. 그 공동체는 영토도 경계도 없다는 것, 그것이 세계 도처에 일본군 '위안부' 상이 세워질 수 있는 조건이다.

일본군 '위안부'는 셀 수 있는가?

리사 요네야마는 "벤야민 묘사에서 천사가 앞으로 나아가야 한다는 것이 중요하다고 생각한다."[34]고 말한다. 베냐민의 표현을 빌리면 "천사는 날개를 접을 수 없지만 이 폭풍은, 그가 등을 돌리고 있는 미래 쪽을 향하여 간단없이 그를 떠밀고 있"음을 생각해보자는 것이다. 나는 역사의 천사가 '등을 돌리고 있지 않은 채'라는 것을 강조하고 싶다. 역사의 천사는 등을 돌리지 않음으로써 폐허를 목도하고 현재화한다.

---

34   리사 요네야마, 앞의 글, 2004, 14쪽.

김학순은 "나를 열일곱 살 그때로 돌려달라. 돈이 아무리 있으면 무엇하느냐."[35]고 말했다. 이는 단지 과거가 회복될 수 없고 돌이킬 수 없음을 뜻하지 않는다. 그것은 비판적 역사 성찰에 있어 "만일 ~했다면"의 반사실적 질문에서 행위 주체가 적실하게 고려되어야 함을 뜻한다.[36] 식민지 조선의 가부장주의와 가난의 중첩이나, '위안부' 동원 사기(詐欺)의 주된 레퍼토리인 학교·공장·돈벌이 등을 비성찰적으로 논급할 때, 피해자들이 애초에 셈할 필요조차 없었던 존재로 간주되었음을 은폐하게 된다.

어떻게, 얼마나, 어디에서 모집되고 동원되었는지, 또 어디로 갔는지 전모를 증명할 증거 따위는 없다는 것이 일본 정부와 국내외 역사부정론자들의 근본적인 주장이다. 이들은 공개된 증거가 부분적인 것일 뿐이기에 피해 주장은 과장되거나 날조되었다는 논리를 편다. 그런데 생각해보자. 그런 따위의 증거 부족, 증거 부재야말로 일본군 '위안부'가 셀 수 없는, 애초에 그 삶과 죽음이 셀 필요조차 없는 존재였

---

35   "정신대 김학순 할머니 회견 소복차림으로 일제 만행 증언",《경향신문》, 1991년 12월 7일자, 9면.

36   리사 요네야마는 앞의 글에서 "만일 ~했다면"의 질문을 5·18 광주항쟁에 대한 학살을 다루고 있는 이창동 감독의 〈박하사탕〉에 대한 독해를 통해서 제시하고 있는데, "만일 ~했다면"의 주어를 언제나 개인—작중 김영호—으로 내세우고 있다. 이는 석연치 않은데, 그 질문법에는 광주 학살은 기정사실화되어 있기 때문이다.

음을 역설적으로 웅변하지 않는가. 일본군 '위안부'의 총수가 40만을 상회한다는 주장이 있는가 하면, 최소치로 잡아도 2만여 정도로 추정할 수 있다는 주장까지 제시된다. 중국에서 일본군 '위안부' 연구를 주도한 쑤즈량(苏智良)과 천리페이(陈丽菲)는 36~41만으로 추정하고, 중국인 '위안부'가 20만 이상으로 가장 많은 비중일 것이라고 주장한다.[37] 일찍이 하타 이쿠히코(秦郁彦)는 일본군 '위안부' 총수에 대한 여러 의견과 그 근거를 제시하고 논박하면서 자신의 추정치를 제시한 바 있다.[38] 역사수정주의의 학술적 근거와 '위안부' 피해를 부정하기 위한 프레임을 마련해준 하타[39]의 추정치가 2만으로 가장 적은 것은, '위안부'의 성격을 성 노예로 규명한 세계 '위안부' 운동가와 연구자 들의 주장을 논박하는 데 목적이 있다. 이러한 추정치의 현격한 차이는 박정애의 지적대로 일본군 '위안부' 개념과 범주상의 차이에서 비롯된 것이다.[40] 하타의 여러 추정치는 일본군의 숫자에서 추산되

37   쑤즈량·천리페이,《일본군 중국 침략 도감 제 19권: 일본군 '위안부'와 성폭력》, 이선이 옮김, 늘품플러스, 2017, 23~24쪽.

38   秦郁彦,《慰安婦と戦場の性》, 新潮社, 1999, 405面 참조.

39   하타의 논의는 최근 램지어 사태를 계기로 다시 비판받고 있다. 박정애, 〈교차하는 권력들과 일본군'위안부' 역사: 램지어와 역사수정주의 비판〉,《여성과 역사》제34권 제34호, 한국여성사학회, 2021, 17~20쪽 참조.

40   박정애, 〈피해실태를 통해 본 일본군'위안부'의 개념과 범주 시론〉,《사학연구》제120호, 한국사학회, 2015, 172쪽.

고 있다는 점에서 공통적이며, '위안부'들이 얼마나 죽었는지를 추정하려고 쓰인다고 할 수 있다. 하타가 2만 명으로 추산한 '위안부'의 9할 이상이 생환했다고 추정할 때[41], 나머지 1할인 2,000명의 죽음은 견딜 만하다는 태도야말로 경악할 일이다.

일본군 '위안부'의 정확한 규모는 비밀 문서고가 발견되지 않는 이상 알 수 없을 것이다. 이 셀 수 없음 자체를 숙고할 필요가 있다. 일본군 '위안부'에 비해 일본군으로 동원된 조선인의 추정치는 아주 구체적이다. 일본 정부의 공식 통계 가운데 최저치를 적용하면 육군특별지원병 1만 6,830명, 학도지원병 3,893명, 육군징병 16만 6,257명, 해군(지원병 포함) 2만 2,299명 등 군인 동원 총수는 20만 9,279명이라고 한다.[42]

어떻게 이들은 세세히 셈해질 수 있었는가? 다카시 후지타니(Takashi Fujitani)는 "조선인의 전시 동원으로 인해 이들은 직접적으로 생명, 건강, 생식 그리고 행복의 가치가 있는 인구 구성원이 되었다. 즉, 조선인들은 생명 관리 권력(bio-politics)과 통치성의 레짐 안으로 편입하게" 되었다고 주

41 　秦郁彦, Op. Cit., 1999, 406面.

42 　대일항쟁기강제동원피해조사및국외강제동원희생자등지원위원회 엮음, 《위원회 활동 결과보고서》, 2016, 124쪽. 일제강제동원피해자지원재단 홈페이지에서 재인용. https://www.fomo.or.kr/kor/contents/40 (2024년 7월 22일 접속)

장한다.[43] 강제 퇴거와 대량 학살을 낳은 무제한적인 전쟁이자 잔인성과 비인격성을 일상화한 제2차 세계대전기의 총력전[44]은 그의 논의 속에서 아직 죽지 않은 자들, 동원될 수 있고 살아있는 자들, 행복한 미래가 기약되어 있다고 약속된 자들의 숫자로 의미화되고 있다. 식민지민의 동원이 병사로든 노동자로든 그들의 죽음까지 셈할 수는 없었다는 데서 이 주장도 문제가 없지는 않다. 무엇보다 일본군 '위안부'는 생명, 건강, 생식 그리고 행복의 가치가 있는 인구 구성원으로서 일본인으로 편입되지 못했으며, 이는 비단 일본군 '위안부'에 국한되지 않는 특성이다. 애초부터 셀 수 없게 된 근본적인 이유는 바로 여기에 있었을 것이다.

죽음, 그리고 오랜 침묵에 잠긴 생존자들의 삶을 생각해보자면 셀 수 없는 자들을 셀 수 있는 존재로, 가시적이고 기지적인 존재로 범주화하는 작업은 김학순을 필두로 한 피

---

43   다카시 후지타니, 박선경 옮김, 〈죽일 권리와 살릴 권리: 2차 대전 동안 미국인으로 살았던 일본인과 일본인으로 살았던 조선인들〉, 《아세아연구》 제51권 제2호, 고려대 아세아문제연구원, 2008, 23쪽. 이 글은 Takashi Fujitani, *Race for Empire: Koreans as Japanese and Japanese as Americans during World War II*, University of California Press, 2011에 수록되었고, 이 책은 다카시 후지타니, 《총력전 제국의 인종주의: 제2차 세계대전기 식민지 조선인과 일본계 미국인》, 이경훈 옮김, 푸른역사, 2019로 번역되었다.

44   에릭 홉스봄, 《극단의 시대: 20세기의 역사(상)》, 이용우 옮김, 까치, 1997, 61~89쪽.

해 생존자의 커밍아웃에 힘을 받아 전개된 운동의 성과라고 할 수 있다. 앞에서 보았듯이, 김학순은 위안소에서 함께 있던 이들이 나타나주기를 간절히 바랐고, 이에 생존자들은 자신의 존재를 드러냈다. 박소현은 김학순의 증언과 제소를 시작으로 국가책임에 대한 사죄와 피해자 개인에 대한 보상을 요구하는 형태로 전개된 '위안부' 운동이, 피해 생존자들을 가시화하고 지원하는 전략으로서 '숫자의 정치'를 도입한 것은 불가피했음을 지적한다.[45]

정대협이 피해자 신고 전화를 개설하고 시민 모금 운동을 전개하면서 법 제정을 촉구한 결과, 1993년 5월 한국 정부는 〈일제하 일본군 위안부에 대한 생활안정지원법〉을 제정하기에 이른다. 정대협 20년사 편찬위는 이 과정이 일본 정부의 보상이 아니라 기금에 대응하기 위한 것이었다고 간단히 서술했다.[46] 이 법이 제정되기까지 상황은 긴박하게 돌아가고 있었다. 1991년 12월 6일 김학순 외 2명이 일본 정부에 보상을 요구하는 소송을 제기하자 한일 정부는 이 문제에 대응해야 했다. 1992년 1월 13일 가토 관방장관이 일본군의 관

45   박소현, 〈숫자의 정치'의 무력화와 일본군 '위안부' 기억: 표상의 주류화〉(토론문), 일본군 '위안부' 문제 연구소 엮음, 《2022 여성인권과 평화 국제심포지엄》 자료집, 2022.

46   정대협 운동 속에서 이 법의 제정 경위에 대해서는 다음을 참조. 한국정신대문제대책협의회 20년사 편찬위원회, 《한국정신대문제대책협의회 20년사》, 한울아카데미, 2014, 216~222쪽.

여를 최초로 공식 인정하고 조사를 명했다. 1992년 2월 25일부터 6월 25일까지 '정신대 피해자 신고 접수'를 받았다. 일본군 '위안부' 뿐만 아니라 근로정신대 피해자도 신고를 했다. 가토 관방장관은 1차 조사 결과를 발표하면서 일본 정부가 일본군 '위안부' 문제에 관여했음을 인정했다. 그리고 1993년 8월 4일 강제 동원 인정과 역사교육을 골자로 한 '고노 담화'가 발표됐다.[47]

그러나 이 과정에서 논의된 것은 보상이 아니라 기금이었다. 이미 조사 결과가 발표되고서부터 보상이 아니라 '정신대 구제기금'이 일본 정부 내에서 논의되고 있다는 보도가 나왔으며[48], 남북한 피해자들의 생활 안정 지원을 위한 기금의 구체적인 액수까지 논의되고 있다는 소식이 전해졌다.[49] 1993년 3월 김영삼 대통령은 대일 보상을 요구하지 않는다는 방침을 천명했고, 정부가 주진한 〈종군위안부 생활보호법〉은 4월 임시국회에 상정되어 5월 제정되었다. 이 법은 "일본에 금전적 보상을 요구하는 대신 종군위안부들에 대한 생활 안정 지원금 지급을 국가가 부담하고 임대주택 우선 임대권도

---

47 "〈일제 위안부〉 문제 일지", 《조선일보》, 1993년 8월 5일자, 2면. 이때의 피해자 신고에는 상당수의 근로정신대 신고가 포함되었다.

48 "정신대 구제 기금 검토", 《동아일보》, 1992년 1월 15일자, 2면; "발빠른 일본 서둘러 '불끄기' 의도 '정신대 피해구제' 숨은 뜻", 《한겨레신문》, 1992년 1월 16일자, 3면.

49 "일 〈정신대 보상기금〉 추진", 《동아일보》, 1992년 5월 16일자, 5면.

부여"하는 데 입법 취지가 있었다.[50] 법 제정을 전후해 "과거
사 규명 요구의 이면에는 '경제적 지원요구'가 있을 것이라
는 일본 내의 불유쾌한 연상의 고리를 끊는 데 최대역점을 두
어왔"으며, 대신 일본 스스로가 "자신들의 양심을 입증해야
한다."는 생각에서 일본의 반응을 기다려왔다는 것이 당시 한
국 정부의 입장이다.[51] 같은 해 8월, 강제성 인정과 역사교육
실시를 골자로 한 고노 담화가 발표되었다. 이로써 한일 정부
는 정부 차원의 대응이 매듭지어졌다고 간주하고자 했다. 한
국 정부의 보상 청구 포기 선언과 이에 대한 일본 정부의 환영
은 1965년 한일협정에 근거한 것이었다.[52]

이상의 과정을 통해 일본의 태평양전쟁으로 인한 피
해 또는 과거사 문제는 일본군 '위안부'에 초점을 맞추게 됐
다. 일본에서는 관부재판에서의 부분적인 승소가 일본군 '위
안부' 피해자에 국한된 것, 이후 건드리면 덧나는 상처가 된
'국민기금'의 대상 범위 제한도 마찬가지다. 국내에서는 정
대협이 피해자 증언과 재판 투쟁 등을 함께했던 태평양전쟁
희생자유족회와 거리를 두고 독자적인 운동으로 나아가는

50   "국회 본회의 통과 법률 요지",《동아일보》, 1993년 5월 19일자, 5면.

51   "新정부 후속실천 관심",《조선일보》, 1993년 8월 5일자, 3면.

52   이상의 논의는 다음 논문에서 그 흐름을 참조·발췌하고 당시의 신문 기
        사로 내용을 보충했다. 김정란,〈일본군 '위안부' 운동의 전개와 문제인
        식에 대한 연구: 정대협의 활동을 중심으로〉, 이화여자대학교 여성학과
        박사 학위논문, 2004, 59~77쪽 참조.

결과로 이어졌다.[53] 여기에 대한 전면적인 논의는 이 글의 범위를 벗어난다. 다만 나는 여기에 더해 1993년 〈일제하 일본군 위안부에 대한 생활안정지원법〉의 제도화·물질화도 무시하지 못할 효과를 발휘했음을 지적해두고자 한다.

물론 일본군 '위안부' 피해자 신고 및 등록은 공식적인 성격을 띤 만큼이나 여러 효과를 발휘했다. 이는 생존자들이 사회적 삶을 영위하는 데 다각적으로 기여했다. 비단 의료와 주거, 생활비 지원 등 복지적인 차원만은 아니었다. 그것은 전과 다른 사회적 삶의 결정적인 계기가 되었다. 김순악(1928~2010)은 '위안부' 등록증이라고 할 수 있는 '대상자 결정 통지서'를 액자에 넣어 벽에 걸어놓았다. 그는 정부가 자신의 힘들었던 삶을 인정해주는 것 같아서 기뻤다고 했다. 그리고 그는 이를 계기로 이웃과 시민운동가 들, 자신을 방문해오는 공무원들과 친밀한 관계를 형성하고 활력 있게 살아갔다.[54] 김순악도 반전/여성 인권 운동에 참여했다는 점에서, 정부 등록은 커밍아웃으로서의 증언, 증언으로서의 커밍아

53   정대협 운동에 있어 '유족회'와의 거리 두기와 독자화는 한일협약에 대한 해석, 여성의 경험의 특수성, 여성의 기본적 인권에 대한 강조 등의 인식이 종합된 현실적 판단이었다고 한다. 같은 글, 83쪽.
54   박문칠 감독의 다큐멘터리 〈보드랍게〉(2022); 차혜영, 〈'위안부' 등록 증〉(김순악 구술 참여기), 한국정신대문제대책협의회 엮음,《역사를 만드는 이야기: 일본군 '위안부' 여성들의 경험과 기억》(일본군 '위안부' 증언 집 6), 여성과인권, 2004, 235~236쪽 참조.

웃을 공신력 있는 것으로 만드는 장치였고 운동을 안정화·규범화하는 데 기여했다고 할 수 있다.[55] 일본군 '위안부' 증언집은 이처럼 신고와 등록 절차를 밟은 피해자들의 증언을 통해 만들어진 것이다.

　　앞서 언급했듯이 생존자를 셈하는 것이 긴급한 관례가 된 것은 생존자의 수가 실제로 줄어들고 있기 때문이다. 부고와 함께 언급되는 생존자의 수는 생존자의 증언에 의존해온 운동의 방식을 무겁게 보여준다. 또한 일본 정부의 공식적인 사과와 보상이라는 피해 생존자들의 요구가 30년이 지나도록 실현되지 않았음도 일깨운다.

　　일본군 '위안부' 피해자를 법적 등록의 대상으로 범주화하고 거기에 안착한 상황은 현재 한계에 다다랐다. 우선 신고와 등록은 일본군 '위안부' 피해자임을 승인받는 권위적일 뿐만 아니라 배타적인 형식이다. 국민기금부터 근래의 정의기억연대 논란에 이르기까지, 법적 등록이 '위안부' 피해 생

55　　최근에 이르러서는 다음과 같이 개정되었다. 〈일제하 일본군위안부 피해자에 대한 보호·지원 및 기념사업 등에 관한 법률 시행령(별지 제1호 서식)〉(개정 2018. 6. 5.)에 따른 '대상자 등록신청서'에는 신청인(피해자)의 신원과 함께 '일제하 당시 생활했던 상황' 기재란이 마련되어 있다. 신청자는 서식을 통해 '강제 동원 연도(년, 월)', '강제 동원 장소', '귀환 연도(년, 월)', '귀환 장소', '강제 동원 상황', '현지 생활', '귀환 상황', '현재 생활'에 대한 진술을 해야 한다. 한편 피해 부정과 혐오를 처벌하는 법 조항의 신설을 골자로 한 개정 법안이 발의되어, 이를 청원하는 개정 운동이 진행 중이다.

존자들의 사회적 맥락에 따른 다양한 입장의 표현을 억누르고 단일한 대응을 강제하는 물적 토대로 작용했음을 부인할 수 없다.[56] 또한 이는 '위안부' 운동의 대중화를 자극했던 문학/영화 텍스트의 서사 양식을 지배하는 형식이 되었다.[57] 일본군 '위안부' 피해자의 커밍아웃이 꼭 정부에 등록하는 방식으로 전개되지 않았다면 일본군 '위안부' 운동은 어떻게 전개되었을까를 상상해볼 필요가 있다. 이는 무엇보다 일본군 '위안부'에 국적이라는 경계를 부여해 고통과 의미의 경중을 달리하는 인식의 형성에 부지중에 기여한 것은 아닌지 돌이켜볼 필요가 있다.

김학순의 증언이 있기 16년 전인 1975년 자신이 일본군 '위안부'였음을 증언한 피해 생존자 배봉기(1914~1991)의 삶은 이 지점에서 시사점을 던져준다. 임경화와 김신현경의 연구가 이를 잘 보여준다. 미군이 통치하던 오키나와가 1972년 일본으로 반환된 후 오키나와에 거주하는 외국인의 법적 지

---

56   정희진, 앞의 글, 2022; 야마시타 영애, 〈제4장 한국에서 위안부 문제의 전개와 과제: '성적피해'라는 시각에서〉, 《내셔널리즘의 틈새에서: 위안부 문제를 보는 또 하나의 시각》, 박은미 옮김, 한울아카데미, 2012, 138~162쪽 참조. 특히 국민기금은 '위안부' 운동의 전개 과정에서 시각차이로 인해 누적되어 왔던 갈등이 총체적이고 극적인 양상으로 드러난 계기가 되었다. 야마시타 영애는 피해자와 국민, 지식인 활동가 들 사이의 공감의 토대가 '민족'에 머물렀던 것에서 그 원인을 찾을 수 있다고 지적한다. 같은 책, 144~149쪽 참조.

57   이혜령, 앞의 글, 2018.

위 문제가 새롭게 부각되자, 1975년 배봉기는 자신이 일본군 '위안부'로 오키나와에 왔음을 증언함으로써 '특별 재류' 자격을 얻었다. 임경화는 "이로써 배봉기는 30년 만에 국가에 등록되었다."라고 썼다.[58] 배봉기의 삶은 보이지 않게 살았던, 즉 셈해질 필요가 없던 존재로서의 일본군 '위안부'의 비인구적 성격을 삶 자체로 구현하고 있다. 최근 김신현경은 "귀환하지 않은/못한 일본군 '위안부'"인 배봉기의 삶과 죽음은 포스트식민 냉전 체제라는 힘이 주조했으며, 미국과 일본, 남한 간 위계질서의 착종 속에서 일본군 '위안부' 문제가 비가시화되고 서발턴의 침묵이 지속되고 있음을 날카롭게 논증했다. 나아가 국가의 경계 너머 '위안부'들에 대한 시야를 확보해야 함을 주장했다.[59]

나가며

여성가족부 사이트는 '위안부' 피해 생존자를 시·도

---

58   임경화, 〈마이너리티의 역사기록운동과 오키나와의 일본군 '위안부'〉, 《대동문화연구》 제112호, 성균관대학교 동아시아학술원, 2020, 494~495쪽.

59   이 책에 수록된 김신현경, 〈배봉기의 잊힌 삶 그리고 주검을 둘러싼 경합: 포스트식민 냉전 체제 속의 '위안부' 문제〉 참조.

별 지원 대상자로 분류하고 간단한 도표를 제시하고 있다. 최근에는 검색 경로가 예전보다 복잡해졌으며 언제부터인지 240명의 피해 생존자가 등록되어 있음조차 표시하지 않고 있다. 그 많은 분이 돌아가셨음을 숨기는 이 도표는 마지막 한 명마저 유명을 달리해 사라질 날을 냉담하게 기다리고 있는 것 같다. 단 한 명도 생존해 있지 않은 시와 도는 도표에 빈칸으로도 존재하지 않는 것처럼 말이다. 이 셈하기에서 생존자가 언젠가는 행정적인 지원이 종료될 인구일 뿐이라는 것을 알기란 어렵지 않다. 이 도표는 곡절을 지워버리면서 일본군 '위안부'의 의미를 형해화한다. 일본군 '위안부'에 국가의 경계를 긋는 것은 '전쟁 기계로서의 내셔널리즘'[60]을 진작시키고 동원하는 데 유용할 것이다.

러시아-우크라이나 전쟁은 끝을 모른 채 지속 중이며, 거기에 더해 우리는 이스라엘-하마스 전쟁을 목격하고 있다. 거듭되는 전쟁은 신냉전적 적대로 세계를 가르면서 미래의 전쟁을 더 가까운 곳으로 불러들이고 있는 것 같다. 그사이 새로운 경제성장의 동력으로 'K-방산'과 'K-원전'을 묶어서 팔고 일본의 핵 폐수 방류를 용인하는 대한민국 정부가 내세운 국익과 이념의 조합이 적대와 호전의 깃발을 열렬하게 펼

60   라다 이베코비치(Rada Iveković)·백영경, "[라다 이베코비치-백영경 대담] 젠더화된 폭력과 전쟁으로 얼룩진 우리 시대의 여성 연대", 일본군 '위안부' 문제 연구소 웹진《결》, 2022년 8월 11일.

력이고 있는 게 아닌가 하는 두려움이 번지고 있다.

이러한 상황에서 제2차 세계대전에서 일본군의 성 노예였던 이들의 죽음과 삶을 기억한다는 것은 무엇을 뜻하는가? 전후 폐허가 된 도시와 국가의 재건이라는, 경제 복원과 성장이라는 국민 서사에 안도하는 이들은 일본군 '위안부'는 돈 벌러 간 여자들일 뿐이라며 피해 생존자들에게 경제주의 서사를 역투사하고 있다. 거기에는 전쟁은 이기든 지든 진지하고 숭고하다는 기만적인 인식만이 아니라, 식민주의가 필연적으로 내재한 근대성의 논리를 식민지의 가난한 여성에게 들씌우는 파렴치하고 악랄한 사고가 도사리고 있다.

도미야마 다에코는 확장과 발전을 추구하는 근대성의 논리가 전쟁과 재앙 그 이상을 초래한다는 것을 2011년 3월 11일 후쿠시마 원전의 붕괴를 담아낸 〈바다로부터의 묵시: 쓰나미(海からの黙示: 津波)〉에서 간절하게 표현했다. 로라 혜인에 따르면, 이 그림은 불교의 사천왕이 불타고 있는 바다에 강림해 문명과 우리를 슬프게 꾸짖고 있는 모습을 그려낸 것이다. "도미야마의 비판은 그의 과거 작품에서처럼 전쟁이나 제국주의, 자본주의, 성차별을 향한 것이 아니라, 고통을 일으키는 모든 것을 더욱 정밀하게 다뤄 그의 초점을 불교의 중심 메시지와 일치시킨다. 그는 관객에게 우리 모두 이 어두운 땅의 음울한 손님이라는 것을 깨닫게 한다."[61] 한·미·일 정부가 군사주의와 발전주의를 해조음으로 삼아 합창하고 있

을 때, 또 다른 원폭을 겪고 있는 바다는 일본군 '위안부'들이 유동하고 있는 '바다의 기억'에 소용돌이를 일으키며 심판의 날을 재촉하고 있다.

여기서 '심판의 날'이란 당연히 디스토피아적인 세계상의 도래가 아니다. 여자근로정신대 피해자이자 '위안부' 피해자인 강덕경(1929~1997)의 그림 〈악몽-물에 빠짐〉은 바다가 불타오르지도 않고 심지어 더없이 아름다운 푸른색으로 보인다고 할지라도 물회오리 속에서 두 손을 뻗어 구원을 외치는 데서 심판이 시작됨을 보여준다.[62] "그 천사는 눈을 크게 뜨고 있고, 입은 벌어져 있으며, 또 날개는 펼쳐져 있다. 역사의 천사도 바로 이렇게 보일 것임이 틀림없다."[63] 그 푸

61   Laura Hein, "Revelation from the Sea," Imagination without Borders. 사이트의 한국어 번역 "바다로부터의 묵시" 참조. https://imagination-withoutborders.northwestern.edu/collections-ko/revelation-ko (2024년 7월 22일 접속)

62   강덕경의 삶에 대한 자세한 이야기는 다음을 참조. 도이 도시쿠니, 《'기억'과 살다: 여자근로정신대와 일본군 '위안부' 피해 생존자 강덕경의 일생》, 윤명숙 옮김, 선인, 2022. 이경신은 1995년경 혜화동 나눔의 집에서 진행된 도이 도시쿠니와의 인터뷰에서, 강덕경이 그림을 그리며 토로했던 심경을 기억해내면서 다음과 같이 말했다. "파랗게 그린 것은 물이고 물에 빠진 여성을 둘러싸듯 길게 이어진 곡선은 일본 군인의 팔입니다. '위안부'를 강요당했던 전쟁 지역에서 귀국하려고 탔던 배가 폭격 등으로 침몰해버렸습니다. 그중에는 일본군이 직접 폭파한 거라는 소문도 있습니다." 같은 책, 190쪽. 이 글을 수정하고 있을 때 강덕경의 그림을 떠올리게 해준 이는 시카고대학의 최경희 교수였다.

63   발터 벤야민, 앞의 책, 2012, 339쪽.

른 소용돌이는 경악에 찬 눈을 부릅뜬 채 팔을 내뻗고 있는 천사를 목격한 이들의 감을 수 없는 눈으로 보이기도 한다. "바닷속에 침몰한 배와 같은 환영이었던 것이 역사의 증언자로서 등장한" 김학순, "그로부터 이어서 차례로 이름을 내건 할머니들"…….[64] 역사의 천사가 목격한, 그리고 우리가 목격한 폐허의 회상적 메시지는 언제나 그 모든 전쟁의 중지와 약탈적이고 폭력적인 팽창을 추구하는 남근 중심적 세계 질서의 파국이다.

---

[64]　韓明淑·富山妙子,〈軍慰安婦と50年の闇〉,《世界》, 世界社, 1997, 52面.

10. 군 위안부 논의에서의 강제성 쟁점

여성주의와 민족주의는 대립하지 않았다

정희진(전 이화여대 초빙교수)

(군 위안부였던 배봉기 씨는) 하루에도 몇 명씩 군인을 상대해야 했던 빨간 기와집보다도 민간 술집에 어쩌다 찾아오는 손님을 상대하는 게 훨씬 더 괴로웠다고 했다. 빨간 기와집에서 겪은 수많은 군인들을 상대로 한 성매매가 여자들의 성만을 대상으로 삼은 데 비해, 어이없게도 민간에서는 매춘이라는 행위의 대상이 성에만 머물지 않고 용모나 감정, 색향 등 다양한 여성성으로 확장되었다.[1]

'위안부' 역사에는 (남성) 영웅이 없다. 아버지는 그들의 딸을 팔았고, 가족은 그들 가족 구성원을 배신했으며, 형제는 자기 자매를 보호하지 못했고, 정부는 여성 시민의 명예를 되찾기 위해 아무것도 하지 않았다. …… '위안부'가 존재한다는 사실은 누구나 알고 있다. 그것은 숨겨진 일이었다. 변화가 일어난 것은 그 '사실'이 지각되는 방식이다.[2]

1   가와다 후미코,《빨간 기와집: 일본군 위안부가 된 한국 여성 이야기》, 오근영 옮김, 꿈교출판사, 2014, 137쪽.

2   민디 코틀러(Mindy L. Kotler),〈'위안부' 문제해결 방안 연구: 결의안 통과 이후(Comfort Women: After Next)〉(2008년도 연구용역보고서, 미간행 자료집), 일제강점하강제동원피해진상규명위원회, 2008, 65쪽.

강제성 언설과 군 위안부 운동의 현재적 의의

2011년 8월 30일, 대한민국 헌법재판소는 한국 정부가 일본군 위안부[3] 피해를 두고 일본국에 이의를 제기하지 않고 방치한 것에 위헌 판결을 내렸다.[4] 국가가 마땅히 해야 할 것으로 기대되는 조치를 취하지 않는 부작위(不作爲) 행위를 했다는 것이다. 일본 정부가 군 위안부 문제에 법적 책임이 있음에도, 외교통상부가 한일 청구권 협정의 해석과 실시에 따른 분쟁을 해결하지 않은 것은 피해자들의 재산권, 인간의 존엄과 가치 및 행복추구권, 외교적 보호권을 침해한 것이라는 판결이었다. 일본군 위안부 109명이 청구한 헌법 소원 심판이 승소함에 따라 당시 이명박 정부는 큰 부담을 안았다.

한편 2022년 9월 29일, 한국의 여성운동은 8년 3개월에 걸친 투쟁 끝에 대법원으로부터 기지촌 성 산업 제도를 국가 폭력으로 인정받는 데 성공했다.[5] 이는 한국 사회가 기지촌 성 산업 종사자를 빈곤·인종·젠더·지역 등으로 인한 사회구조의 피해자로 인식했다는 점에서 중요한 판결이 아

---

3   이 글에서는 기존의 군 '위안부' 표기에서 작은따옴표를 생략한다. '군 위안부'는 '성 노예'의 완곡어법으로 사용되어왔는데, 이후 더 많은 논의가 필요하기 때문이다.

4   임기창 기자, "정대협 "정부, 위안부 문제해결 즉각 나서야"", 《연합뉴스》, 2011년 8월 31일자.

닐 수 없다. 기지촌 여성[6]들은 8·15 해방 후 미군정(美軍政, 1945년 9월 8일~1948년 8월 15일) 시기[7]부터 1980년대 후반 필리핀을 중심으로 한 이주 여성의 기지촌 유입, 즉 기지촌이 글로벌 성 산업의 중심지가 되기 전까지 한국 사회의 최하층 계급으로, '양공주' 등의 멸칭과 함께 미군 범죄에 노출되어 왔다. 대법원 판결은 한국 사회에 만연한, 성 산업 종사자에 대한 자발성 언설에도 불구하고 극한의 빈곤으로 인한 기지촌 여성의 '어쩔 수 없는 선택'이었다는 사실을 공식적으로 인정한 것이었다. 그들이 포스트식민 상황에서의 국가 폭력의 피해자라는 인식은 기존의 성매매 논쟁에서 강제와 동의 그리고 폭력과 노동의 이분법이 드러내는 비현실적 논의 구도를 해체할 수 있는 출발점이라고 할 수 있다.

사법부의 판단임을 전제하더라도 기지촌 여성이 국가 폭력의 피해자라는 담론과 비교했을 때, 일제시대 전시 성폭력으로서 군 위안부의 강제성 언설은 여전히 여성주의 내

---

5   강윤혁 기자, "대법, 미군 상대 성매매한 기지촌 여성…정부 배상책임 첫 인정",《서울신문》, 2022년 9월 29일자.

6   '기지촌 성 산업에 종사하는 여성'이 적절한 표현이지만, 이 글에서는 한국 사회의 기지촌이 이미 성애화된 공간이라는 인식이 강하다는 의미에서 '기지촌 여성'이라고 줄여 표기한다. 물론 이 단어는 기지촌 외부의 시각으로 당사자들의 자기표현이 아니라는 점에서 문제적이며, 임의적으로 사용한다는 점을 밝혀둔다.

7   정확히는 38선을 경계로 삼은 한반도의 미소군정기(美蘇軍政期)라고 해야 할 것이다.

외에서 매우 논쟁적이다. 지속되는 망언 정치, 일본군 위안부 피해자들의 전직(前職) 논란, 전형적인 피해자상을 재현한 소녀상 건립 운동 등은 강제성을 중심으로 한 인식을 반영한다. "위안부는 (자발적) 매춘부였다."는 역사부정론이 등장할 때마다 나타난 한국 사회의 방어적 태도는 가해국과 피해국의 민족주의만 강화시킬 뿐 여성에 대한 폭력에 대응할 수 있는 트랜스내셔널리즘의 상상력을 차단한다.

군 위안부 운동이 시작된 지 30여 년이 지난 지금도 일본군 위안부 문제는 전시 성폭력의 역사로 각인되기보다 피해자들의 직업·연령·국적 등의 조건과 강제성 여부, 피해자화가 군 위안부 문제를 둘러싼 주된 쟁점이 되고 있는 것이다.

한국 사회의 운동에서 일본군 위안부가 주로 '납치'로 재현(再現, re-presentation)되었다면, 기지촌 여성들은 극심한 빈곤과 가족 부양의 의무 속에서 주한미군의 훈련지를 따라다닌 일명 "담요 부대(部隊)"[8]로 불리며 현현(顯現, presentation)한 이들이었다.

주권을 완전히 박탈당한 일제 식민 치하는 물론 형식적 주권을 보장받은 포스트식민 상황에서 왜 기지촌 성 산업은 사법부의 판단으로나마 구조적인 폭력으로 인식되는데,

---

[8] 미군정 시기부터 담요를 가지고 미군의 훈련지를 따라다니며 야영지에서 성을 판 여성들을 말한다.

군 위안부들은 이를 증명하려고 여전히 투쟁해야 하는 것일까. 다시 말해, 군 위안부 경험의 강제성이 명백함에도 불구하고, 왜 군 위안부 문제는 강제성 담론의 자장에 갇혀있는 것일까.

일상의 젠더를 고려하지 않고 전시에 가해국이 피해국 여성을 일방 납치한 것으로 군 위안부 문제를 바라본다면, 젠더로 인한 성폭력은 군 위안부 제도의 분석 요소가 아니라 전쟁 피해의 부산물일 뿐이다. 그렇다면 이제까지 군 위안부 운동의 주된 담론이었던 민족주의와 여성주의의 갈등은 실재하지 않았다는 말이 된다. 전시 성폭력은 단지 남성 중심의 전통적 국제정치 차원에서 부수적인 피해일 뿐이고, 군 위안부 운동은 민족민주운동의 여성 파트, 즉 사회운동의 성별 분업(gender division of labor)이 되어버린다. 사회운동에서 성별 분업은 전체 운동과 부분 운동이 따로 있고, 전자는 남성이, 후자는 여성이 담당하는 위계 구조를 말한다.

군 위안부 운동의 현재적 의의는 무엇인가? '우리는' 왜 이 운동을 하는가? 군 위안부 운동은 일상의 반(反)성폭력 운동이나 미투 운동과 연결되고 있는가? 군 위안부 운동이 민족주의에 그저 덧붙는 데 그치거나 '우리에게는 군 위안부 카드가 있다'며 통치 세력의 젠더 레버리지(자국 여성의 피해를 볼모로 외국과 협상하는 행위)로 활용된다면, 군 위안부들의 참혹한 경험과 이후 치열했던 운동이 현재의 성폭력을 줄일 수 없다면 위안부 운동을 왜 하는가에 대한 발본적(拔本的) 질문을 하지 않을 수 없다.

이 글은 한국 사회에서 고노 담화를 둘러싼 위안부 제도에 대한 여성운동의 인식과 '전시 성폭력' 피해자로서 일본군 위안부와 '평시 성 산업'의 일원으로서 기지촌 성 판매 여성의 상황을 중심으로 강제성 여부가 한국 사회에서 왜 그토록 중요하게 다뤄지는가를 분석하고 그 과정과 의미를 생각해보는 시론이다.

일본인 위안부라는 쟁점

'우리는 공창과 다르다': 고노 담화에 대한 정대협의 반응

1932년부터 1945년까지 일본은 현대 역사에서 가장 큰 규모의 성 노예 제도를 체계적으로 기획하고 운영했다. 약 16만 명 중 80퍼센트가 조선인이었고, 전체 피해자 중 4분의 1에서 3분의 1 정도만 살아남은 것으로 추정된다. 당시 일본의 피식민자였던 피해자들은 위안소 설치 지역과 피해자들의 국적을 고려하면 일본·조선·대만·홍콩·만주·버마(현재는 미얀마)·말레이시아·싱가포르·인도네시아·필리핀·네덜란드·러시아 여성까지 다양하다.[9] 이 중 일본 여성은 가해국의 국민이자 군 위안부 제도의 피해자다.

물론 여전히 수많은 반대 주장이 있다. 다음은 일본 우익 진영의 전형적인 의견이다. 현대사 연구자인 니혼대학 교수 하타 이쿠히코(秦郁彦)는 "군 위안부는 1만 2,000명이고 강제 연행은 없었으며, 민족별로는 일본 여성이 가장 많았고 위안부의 95퍼센트 이상이 생환했으며, 위안부에 대한 생활 원조는 다른 전쟁 희생자에 비해 다섯 배나 융숭했다."고 주장했다.[10]

이러한 상황 속에서 1993년 8월 4일 일본 내각의 관방장관[11] 고노 요헤이(河野洋平)는 일명 고노 담화를 발표했다. 정식 명칭은 '위안부 관계 조사 결과 발표에 관한 고노 내각 관방장관 담화(慰安婦関係調査結果発表に関する河野内閣官房長官談話)'로, 위안부 문제에 대해 일본이 가해국임을 인정한 정부 최초의 공식 발표문이다. 고노 담화는 당시 일본 시민사회의 변화를 반영한 중요한 사건이었다.

그러나 고노 담화는 일본 정치권의 보수화와 우익 세

---

9   Gabriel Jonsson, "Can the Japan-Korea Dispute on "Comfort Women" be Resolved?", *Korea Observer*, Vol. 46, No. 3, Autumn 2015, p. 492. 조애나 버크, 《수치: 방대하지만 단일하지 않은 성폭력의 역사》, 송은주 옮김, 정희진 해제, 디플롯, 2023, 312쪽에서 재인용. (Joanna Bourke, *Disgrace: Global Reflections on Sexual Violence*, Reaktion Books, 2022)

10   〈'위안부 전설'을 재조명한다〉, 와다 하루키·오누마 야스아키·시모무라 미츠코 엮음, 《군대위안부 문제와 일본의 시민운동》, 이원웅 옮김, 오름, 2001, 207~209쪽.

11   한국의 국무총리에 해당한다.

력의 반발로 일본 내부에서 힘을 잃어갔다. 한국의 경우[12] 정부의 무관심에 가까운 소극적 태도와 더불어 진보 진영이 일본의 양심적 세력과 전략적 관계를 맺을 준비가 되어 있지 않아 충분히 논의되지 못했다. 고노 담화는 글자 그대로만 보면 배상을 제외하고 한국 사회가 요구한 거의 모든 내용을 언급한 획기적인 것이었으나, 이후 양국은 그 의미를 살려내지도, 성과로 이어가지도 못했다. 아래는 고노 담화의 전문(全文)이다. 일본 외무성 홈페이지에 일본어와 영어로 게재되었다.

이른바 종군위안부 문제에 관해서 정부는 재작년 12월부터

---

12   고노 담화 발표 당시에는 이에 대한 국내 연구가 거의 없었다. 민족주의에 기반한 분노 일색이었다가 최근에 와서 민족주의의 틈새가 유연해지자 주로 한일관계사, 일본정치를 전공한 연구자들이 언급하고 있다. 위안부 문제에 대한 공식 문서를 처음 발표한 요시미 요시아키가 대표적이다. Yoshimi Yoshiaki, "The Kōno Statement: Its Historical Significance and Limitations," in Rumiko Nishino, Puja Kim, Akane Onozawa eds., *Denying the Comfort Women: The Japanese State's Assault on Historical Truth*, Routledge, 2018. 현재 고노 담화를 집중적으로 다룬 국내 석·박사 학위논문은 없다. 다만 고노 담화를 포함해 1960년대부터 2014년까지 일본 정부의 입장에 관한 전반적 연구로는 조가빈, 〈일본군 '위안부' 제도 긍정과 부정의 정치적 쟁점: 일본 정부의 공식적 입장 표명을 중심으로〉, 서강대학교 정치외교학과 석사 학위논문, 2020(지도교수 류석진) 참조. 이 밖에 필자가 참고한 글로는 이상훈, 〈일본군위안부문제에 관한 정치적 언설의 영향〉, 《일본연구》 제82권, 한국외국어대학교 일본연구소, 2019, 109~133쪽이 있다.

조사를 진행해왔으나 이번에 그 결과가 정리됐으므로 발표하기로 했다.

이번 조사 결과 장기간, 그리고 광범위한 지역에 위안소가 설치돼 수많은 위안부가 존재했다는 것이 인정됐다. 위안소는 당시의 군 당국의 요청에 따라 마련된 것이며 위안소의 설치, 관리 및 위안부의 이송에 관해서는 옛 일본군이 직접 또는 간접적으로 이에 관여했다.

위안부의 모집에 관해서는 군의 요청을 받은 업자가 주로 이를 맡았으나 그런 경우에도 감언(甘言), 강압에 의하는 등 본인들의 의사에 반해 모집된 사례가 많았으며 더욱이 관헌(官憲) 등이 직접 이에 가담한 적도 있었다는 것이 밝혀졌다. 또 위안소에서의 생활은 강제적인 상황하의 참혹한 것이었다.

또한 전지(戰地)에 이송된 위안부의 출신지에 관해서는 일본을 별도로 하면(日本を別とすれば, excluding those from Japan) (강조는 필자) 한반도가 큰 비중을 차지하고 있었으나 당시의 한반도는 우리나라의 통치 아래에 있어 그 모집, 이송, 관리 등도 감언, 강압에 의하는 등 대체로 본인들의 의사에 반해 행해졌다.

어쨌거나 본 건은 당시 군의 관여 아래 다수 여성의 명예와 존엄에 깊은 상처를 입힌 문제다. 정부는 이번 기회에 다시 한번 그 출신지가 어디인지를 불문하고 이른바 종군위안부로서 많은 고통을 겪고 몸과 마음에 치유하기 어려운 상처를 입은 모든 분에 대해 마음으로부터 사과와 반성의 뜻을 밝힌다. 또 그런 마음을 우리나라로서 어떻게 나타낼 것인지에 관해서는 식견 있는 분들의 의견 등도 구하면서 앞으로도 진지하게 검토해야 할 일이라고 생각한다.

우리는 이런 역사의 진실을 회피하는 일이 없이 오히려 이를 역사의 교훈으로 직시해 가고 싶다. 우리는 역사 연구, 역사 교육을 통해 이런 문제를 오래도록 기억하고 같은 잘못을 절대 반복하지 않겠다는 굳은 결의를 다시 한번 표명한다.

덧붙여 말하면 본 문제에 관해서는 우리나라에서 소송이 제기돼 있고 또 국제적인 관심도 받고 있으며 정부로서도 앞으로도 민간의 연구를 포함해 충분히 관심을 기울이고자 한다.[13]

당시 한국정신대문제대책협의회(이하 정대협)는 반대 의사를 명확히 했는데, 이는 현재까지도 이 문제가 왜 강제성 여부로 반복되고 있는가를 보여준다는 점에서 중요한 쟁점이다.

고노 담화 발표 직후 8월 4일, 정대협이 이를 반박하는 성명서에서 특히 문제 삼은 표현은 "또한 전지(戰地)에 이송된 위안부의 출신지에 관해서는 일본을 별도로 하면 한반

---

13   일본 외무성 홈페이지 '고노 담화' 일문 페이지와 영문 페이지 참조. 일문 페이지 https://www.mofa.go.jp/mofaj/area/taisen/kono.html. (2024년 7월 22일 접속) 영문 페이지 https://www.mofa.go.jp/a_o/rp/page25e_000343.html (2024년 7월 22일 접속) 국문 번역은 이세운 기자, "일본군 위안부 동원 강제성 확인한 '고노담화' 전문",《연합뉴스》, 2014년 6월 20일자 참조.

도가 큰 비중을 차지하고 있었으나 당시의 한반도는 우리나라의 통치 아래에 있어 그 모집, 이송, 관리 등도 감언, 강압에 의하는 등 대체로 본인들의 의사에 반해 행해졌다."에서 "일본을 별도로 하면"이었다. 이처럼 정대협은 고노 담화 중에서도 한 구절에 주목하고 다음과 같은 입장을 발표했다(전문의 일부).

　　라) 위안부의 출신지: "전지에 이송된 위안부의 출신지로서는 일본인을 제외하면 한반도 출신자가 많다"고 되어 있다. 그러나 일본인 여성은 성노예적 성격의 강제 종군위안부와는 그 성격이 분명히 다르다. 일본 위안부는 당시 일본의 공창제 아래에서 위안부가 되었고, 돈을 받았고, 계약을 체결하였고, 계약이 끝나면 위안부 생활을 그만둘 수 있었다. **일본인 위안부를 은근슬쩍 이 보고에 집어넣은 것은 강제 종군 위안부의 성격을 흐리기 위함으로 보인다.**(강조는 필자)[14]

　　일단 "일본 위안부는 당시 일본의 공창제 아래에서 위안부가 되었고, 돈을 받았고, 계약을 체결하였고, 계약이 끝나면 위안부 생활을 그만둘 수 있었다."는 정대협의 주장은 명백히 사실(史實)이 아니다. 30여 년 전 정대협이 발표한 입

14　　한국정신대문제대책협의회,《정신대 자료집 IV: 강제 종군 위안부 문제와 일본의 법적 책임》, 1993년 9월 30일, 111~112쪽.

장문은 성 산업에 종사하는 여성에 대한 인식의 한계를 그대로 드러냈다. 당시 여성 단체 상근자였던 필자 역시 정대협과 같은 입장이었다.

2000년 일본군 성노예 전범 여성국제법정(이하 여성국제법정)을 준비했던 전 일본평화박물관(Women's Active Museum on War and Peace, WAM) 관장 이케다 에리코(池田惠理子)는 다음과 같이 말했다.

일본인 '위안부' 중에는 '공창'이었던 여성들이 많았다. 하지만 실명을 밝히며 나오는 사람이 적어 그에 대한 실태 파악이 늦었다. 한국 측은 그녀들을 위안부 피해자로서 '여성국제법정'의 원고로 하는 것에 이의를 제기했다. 그러나 이 역시 전문가들의 의견을 듣고 논의를 거듭하는 과정에서, 한국도 피해자를 직업이나 출신으로 구분하거나 차별해서는 안 된다는 일본의 견해를 받아들이게 되었다. '여성국제법정'에서 일본인 '위안부'는 증언대에 서지 못했지만, 오키나와의 츠지 유곽에 있던 우에하라 에이코 씨와 대만의 임대 유곽에 있던 사와타 노리코(가명) 씨의 사례가 있었다.[15]

15   이케다 에리코, 〈'일본군 성노예제를 재판하는 2000년 여성국제전범법정'의 성과와 경험을 말한다〉, 이화여자대학교 개최·한국여성연구원 주최, 《한일시민연대로 보는 일본군 '위안부' 문제 연구서 발간 및 국제워크숍》 자료집, 2023년 8월 25일 참조.

여성주의는 전시든 전시가 아니든 젠더에 기반한 폭력(gender based violence)인 성폭력 피해 여성의 국적과 직업에 따라 피해자임과 피해자 아님을 구분하지 않는다. 전시 성폭력은 극도로 젠더화된 폭력이다. 피해국의 남성 시민이 가해국 여성 군인의 성 노예가 되는 일은 없다. 군 위안부의 진상을 밝히는 데 있어 일본인 위안부와 '동급'으로 논의되면 군 위안부의 진상 규명이 어려워진다는 것일까.

당시 정대협 외에 이 문제를 담당한 사회 세력도 없었지만(그만큼 열악한 처지에서 활동했지만), 정대협의 이 같은 반응은 일본 공창제에 대한 이해 부족으로 보인다. 그러나 일본의 공창제에 대한 인식이 있었다고 해도, 가부장제 사회의 기본 지배 원리인 섹슈얼리티를 매개로 한 여성의 이분화, '돈을 벌러 자원한 매춘 여성(일본인 위안부)'과 '아무것도 모르고 끌려간, 순진한 피해 여성(조선인 위안부)'이라는 대립 문법은 한국의 군 위안부 운동이 무엇을 염두에 두면서 지속되었는가를 질문하게 한다.

군 위안부 피해가 일제시대의 불가피했던 '민족의 아픔'이라면, 앞서 말한 대로 군 위안부 운동은 가해자가 한국인인 현재의 반성폭력 운동이나 미투 운동과는 연결될 수 없다. 그러므로 군 위안부 운동의 현재적 의의가 일상의 성폭력 추방이라고 주장하는 것은 모순이다. 전시 성 노예 제도인 군 위안부는 남성의 성욕이 전쟁과 같은 '비상시'에는 '더욱 제어할 수 없다'는 신화에 기반하고 있다.[16] 남성 문화는 성 노예제가 '일반 여성을 보호하기 위한 필요악'이라는 가부장제 사회의 일상성에 호소한다. 이러한 이데올로기가 널리 퍼져 있기 때문에 군 위안부 제도가 작동할 수 있었다.

고노 담화에 대한 정대협의 강력한 비판은 1993년 9월 15일 제87차 수요시위에서 발표된 〈정신대 수요시위에 참가하는 우리의 입장〉에서 더욱 구체화되었다.

16 남성의 제어할 수 없는 성욕은 전시든 평시든 언제나 신화다. 필자가 인터뷰한 베트남전 참전 군인은 자신이 가장 그리웠던 것은 "커피와 모차르트였다."고 해서 필자를 놀라게 했다. 인터뷰이는 이후 전두환 정권에서 정책 참모로 근무했는데, 필자는 이 남성이 교육받은 중산층이기 때문에 전시 성폭력에 무관심했다고는 생각하지 않는다. 남성들은 전쟁에서 섹슈얼리티만 고민하지 않는다. 《서부전선 이상 없다》나 《무기여 잘 있거라》 등 전쟁과 관련한 남성들의 경험이 드러난 서사에서 도색 잡지나 성폭력은 등장하지 않는다.

성폭력은 전쟁 자체나 전쟁 승인(勝因)의 필수 요소가 아니다. 그런 점에서 무성애자(asexuals)의 가시화는 남성 중심의 이성애 제도에서 성의 폭력화, 상품화, 제도화, 본질화('3대 욕구')를 비판할 수 있는 인식의 근거가 된다. 앤절라 첸, 《에이스: 무성애로 다시 읽는 관계와 욕망, 로맨스》, 박희원 옮김, 현암사, 2023. (Angela Chen, *Ace: What Asexuality Reveals About Desire, Society, and the Meaning of Sex*, Beacon Press, 2020) 또한 히라이 가즈코, 〈병사와 남성성: 위안소에 간 병사/가지 않은 병사〉, 우에노 지즈코·아라라기 신조·히라이 가즈코 엮음, 《전쟁과 성폭력의 비교사: 가려진 피해자들의 역사를 말하다》, 서재길 옮김, 어문학사, 2020; 하세가와 히로코, 〈의례로서의 성폭력: 전쟁 시기 강간의 의미에 대해서〉, 코모리 요우이치·타카하시 테츠야 엮음, 《국가주의를 넘어서》, 이규수 옮김, 삼인, 1999 참조.

일본 정부는 지난 8월 4일 강제 종군위안부 문제 2차 진상조사를 발표하였다. 이 조사는 전체적으로 볼 때 일본의 전쟁범죄라는 본질을 회피한 것이며, 강제성에 대해서는 매우 미약한 수준의 인정이라는 것과 미야자와 정권하에서 문제를 서둘러 마무리 지으려는 것으로 이러한 기만적인 조사에 분노를 금할 수 없다. …… 이 외에 더 구체적인 문제점을 안고 있는데,

첫째, 위안부가 어떤 존재인가에 대한 성격이 빠져있다.

둘째, 위안소가 존재했던 지역에서 조선(당시)과 대만이 빠져있다.

셋째, 위안부의 총수를 추측할 수 없다는 불성실한 태도로 시종일관하고 있다.

넷째, 공창제 출신의 일본 위안부와 강제 종군위안부인 한반도 여성들을 동일시하고 있다.

다섯째, 위안부 모집에서의 강제성 시인이 매우 모호하다.

여섯째, 위안부를 현지에 방기한 것, 집단몰살 시킨 것과 명령체계에 대한 언급이 전혀 없다.

…… 진상 조사를 위해서 일본 정부와 국회는 위에서 지적한 문제점을 보완하여 3차 보고서를 제출하기를 바란다.[17]

17   한국정신대문제대책협의회,《끝나지 않는 외침: 일본군 '위안부' 문제 해결을 위한 수요 시위 성명서 모음집(1992년 1월 8일 1차~2004년 3월 17일 600차)》, 2004, 54~55쪽, 비매품.

이처럼 고노 담화는 민족주의적 입장에서 일방적으로 해석되었다. 당시 한국 사회에는 '일본'이 신뢰할 수 없는 내부 동질적 집단이라는 인식이 지배적이었다. 그리고 일본의 양심적 시민과 지식인을 일본의 모든 역사를 대표해 자동적으로 '우리'에게 누적적 보상을 해야 하는 존재로 인식했고, 그들의 헌신을 당연시하는 경향이 강했다. 이러한 한국 사회의 모습은 식민주의[18]의 본질인 피아의 이항 대립적 사고를 전형적으로 보여준다.

이날 '한국여신학자협의회 기독교여성평화연구원, 정신대 수요시위 참가자 일동' 명의의 마지막 구절은 "남북이 하나 되어 정신대 문제 해결하고 민족 자존 회복하자."였다. 시간이 지날수록 활동은 정대협 사무실 위주로 진행되었다. 정대협은 결성 당시부터 말 그대로 한국의 거의 모든 여성운동 단체의 협의체로서 위 성명서는 한국 여성주의 진영의 의식을 대표한다고 해도 과언이 아니다. 정대협뿐만 아니라 한국 사회 전반이 군 위안부 제도를 전시 성폭력으로서 국적을 초월한 여성의 피해라는 인식에 이르지 못했다.

18 　여기서 식민주의는 일제의 식민주의가 아니라, 프란츠 파농의 (포스트)식민주의 이론을 말한다. 그에 의하면, 헤겔의 변증법과 달리 지배자와 피지배자 사이는 적대하면서도 변증이 일어나지 않는다. 이러한 상황 속에서 형식적인 이항 대립은 계속되고 피지배자는 자신을 성찰하기 힘들다. 프란츠 파농, 《검은 피부, 하얀 가면: 포스트콜로니얼리즘 시대의 책읽기》, 이석호 옮김, 인간사랑, 1998.

한편 한국의 여성주의 세력은 국제 무대에서 이 문제를 보편적 인권 침해라고 주장했고, 이는 군 위안부 운동의 큰 성과였다. 한국의 여성운동은 국제사회에서 전시 성폭력을 문제화한 모범적인 사례였다.[19]

이처럼 한국의 여성운동은 국내에서는 민족주의적 태도를, 해외에서는 트랜스내셔널 연대를 강조한 것이다. 군 위안부의 피해를 설명하는 데 있어 '일본인 여성과 한국인 여성은 다르다'는 인식은 모든 여성이 저마다 다르다는 여성주의 일반론에 따른 것이 아니다. 당연히 군 위안부 여성의 상황과 경험은 저마다 다르다. 일본인 위안부와 조선인 위안부는 국적과 지역에 따른 차이가 있고, 일본인 위안부 내부에도 차이가 있다. 문제는 어떻게 달랐고 그 구조는 무엇인가다.

공장제, 전시 민족주의, 취업 사기: 일본인 위안부의 상황

한국의 군 위안부 운동은 일제의 전시 성폭력을 전 세계에 폭로하고 피해국의 연대를 추동했지만, 1970년대 미국의 래디컬 페미니즘이 성 판매 여성, 레즈비언과 연대한 것과

---

19   이효재, 〈일본군 위안부 문제 해결을 위한 운동의 전개과정〉, 신혜수, 〈여성관련 국제인권협약과 여성운동〉, 한국여성의전화연합 기획, 정희진 엮음, 《한국 여성인권운동사》, 한울아카데미, 1999. 1999년 이 글을 쓸 당시 신혜수는 정대협 국제협력위원장이었고, 이후에도 유엔여성차별철폐위원회 위원 등 국제사회에서 활약했다. 또한 1992년 정대협 초기부터 실행위원으로 경력을 시작해, 2003년부터 2006년까지 공동대표를 지냈다.

같이 일본인 위안부 피해자와 함께하지는 못했다.

일본 내 여성주의자들은 자국 우익의 협박 아래서도 한국의 여성운동을 지원했다. 그러나 필자는 여성주의자들을 포함해 일본의 양심 세력이 자국의 피해자와 연대하기보다, '피해자 조선'을 지원함으로써 '제국의 양심으로서 안전한 지위'를 확보하려는 경향이 있었다고 생각한다. 이는 일본에서 군 위안부 문제를 다루는 데 있어서 한국 여성, 일본 여성, 자이니치 여성이 일본인 피해자와 맺는 관계와 지식 생산에 영향을 미쳤다.

가부장제 사회에서 여성은 국민 범주에서 제외되고 그중에서도 성 산업에 종사하는 여성들은 더욱 그러하다. 1990년대까지 일본 사회에서는 일본인 위안부의 존재가 드러나지 못했다.[20] 한국 사회와 마찬가지로 '매춘부였으니 피해자가 아니다'라는 인식과 가해국 국민이므로 민족주의적 맥락에서 피해자로서 가시화되기 어려웠다.

전시 성폭력 피해는 국적으로 환원될 수 없다. 일본인 피해자의 상황이 드러나고 연구될 때에야 이 문제가 식민지 문제를 넘어 여성에 대한 보편적 폭력 문제로 자리 잡을 수 있

---

20   야마시타 영애, 〈추가장. 일본인 위안부를 둘러싼 기억과 담론: 침묵이 의미하는 것〉, 《내셔널리즘의 틈새에서: 위안부 문제를 보는 또 하나의 시각》, 박은미 옮김, 한울아카데미, 2012. (山下英愛, 《新版 ナショナリズムの狹間から: 〈慰安婦〉問題とフェミニズムの課題》, 岩波書店, 2022, 第5章 참고)

고, 이는 피해자의 국적을 넘는 트랜스내셔널 연대로 이어질 수 있다. 국적에 따라 피해가 달랐다는 현실은 역사의 일부다. 국적은 무시할 수 없는 변수다. 하지만 국적에 따른 여성들의 피해 정도를 강조하다 보면 군 위안부의 발생 원인인 젠더화된 민족주의가 투쟁의 수단이나 심지어 대안이 되기 쉽다.

군 위안부가 된 일본인 여성의 상황은 빈곤과 자국 남성에 의한 취업 사기라는 측면에서 조선과 다르지 않았다. 그러나 한국 사회에서 군 위안부에 대한 대중의 인식은 '대낮에 아무나 납치'하는 것과 같은 상상(image)이 주를 이루고, 일본인 위안부는 '원래 창녀'였다는 여론이 지배적이다.

일본 여성의 피해 경험은 빈곤과 공창제에 대한 이해 없이는 불가능하다.[21] 일본의 공창제는 가난으로 인해 유기된 극빈층 여성들의 취업처를 넘어 '머물 곳'에 가까웠다. 이마무라 쇼헤이의 영화 〈나라야마 부시코〉(1983)에서 묘사한 것처럼 일본에는 큰 기근이 발생했을 때 인구를 조절하는 관

---

21   조선의 공창제에 대한 대표적인 문헌으로는 다음의 작업이 있다. 야마시타 영애, 〈제1장 일본군 위안소제도의 배경: 조선의 공창제도〉, 같은 책; 강선미·야마시타 영애, 〈천황제 국가와 성폭력: 군위안부 문제에 관한 여성학적 시론〉, 《한국여성학》 제9집, 한국여성학회, 1993, 52~89쪽; 박정애, 〈일본군'위안부' 문제의 강제동원과 성노예: 공창제 정쟁과 역사적 상상력의 빈곤〉, 《페미니즘 연구》 제19권 제2호, 한국여성연구소, 2019, 45~79쪽; 宋連玉, 《植民地〈公娼制〉に帝国の性政治をみる：釜山から上海まで》, 有志舍, 2023.

행이 있는데, 노인과 영아 살해가 그것이다. 영아 살해에서 피해자는 대부분 여아였고, 이 같은 관습을 '솎아내다'는 뜻의 '마비키(間引き)'라고 불렀다. 사회가 '솎아낸' 과정에서 살아남은 여성들이 갈 곳은 공창밖에 없었다. 일본 국적의 위안부 중 일부는 공창 생활보다 전쟁터로 자원하는 것이 더 나았다고 증언한다. 이들이 1945년 이후, 전쟁에 참여한 일본 병사들의 모임(전우회)에도 참석했다는 점은 다른 나라의 피해 여성들과 확연히 다른 점이다. 위안부가 되기 전부터 다른 출구 없이 계속 성을 팔아야 했던 여성들에게 위안부 경험은 '새로운 선택'이었고, 생환 후에도 자국에서 자신을 알고 있는 집단은 전우회밖에 없었던 것이다.[22]

공창 출신인 경우가 많았으므로 빈곤과 가족 관계 등에서 보면, 자국 내 지위는 한국의 피해자들보다 낮았다고 볼 수 있다. '일본인 위안부 모두가 공창 출신'이라는 낙인 속에

---

22   전쟁과 여성에 대한 폭력 리서치 액션센터, 니시노 루미코·오노자와 아카네 책임편집, 《일본인 '위안부': 애국심과 인신매매》, 번역공동체 잇다 옮김, 논형, 2021. 일본 국적 피해자의 가시화와 연구는 2000년 도쿄 법정 이후 전쟁과 여성에 대한 폭력 리서치 액션센터(Violence Against Women in War Research Action Center, VAWWRAC)를 중심으로 한 일본 페미니스트들이 본격적으로 진행하기 시작했다. 이 글에서 일본 국적 군 위안부에 대한 자료는 전적으로 전쟁과 여성에 대한 폭력 리서치 액션센터에 빚지고 있다. 이 단체는 '전쟁과 여성에 대한 폭력 일본네트워크(바우넷재팬)'가 발전·개칭해 2011년 출범했다. https://vawwrac. blogspot.com (2024년 7월 22일 접속)

서 각국의 피해 여성 중 그들이 살고 있는 공동체 내부에서는 가장 참혹한 지위였을지 모른다.

2000년 12월 도쿄에서 열린 여성국제법정에서 일본인 위안부는 한 명도 증인의 자리에 서지 못했다. 다만 일본의 여성학 연구자 후지메 유키(藤目ゆき)는 "엄밀히 특정할 수 있는 일본인 피해자는 두 명뿐"이라고 말했다. 익명의 하이난(海南)섬과 오키나와의 피해자 사례만을 언급한 것이다. 훗날 후지메 유키는 (가해국 여성의 입장을 드러내는) 자신의 발언이 주저와 저항, 역설적 의미가 적지 않았다고 밝혔다.[23]

제2차 세계대전에서 일본의 피해국 위안부들의 상황은 한국의 여성운동의 성과로 드러나고 여러 나라가 활발하게 연대했지만, 일본인 위안부에 대한 증언과 가시화, 연구는 최근의 일이다. 군 위안부 정책 전반에 대해 일본 정부가 '정부 관여 부인'을 '정부 관여'로 바꾸게 만든 요시미 요시아키(吉見義明)의 관련 자료 중에는 일본 정부가 자국 여성의 모집을 포함해 위안소를 통제하고 감독했음을 증명하는 문서가 있다. 1938년 3월 4일자 '군 위안부 종업부(軍 慰安所 從業婦) 등에 관한 모집에 관한 건'이 바로 그것이다.[24]

---

23   후지메 유키, 〈'2000년 여성국제전범법정'의 한 쟁점: 일본인 '위안부' 문제의 공소와 그 의의〉, 김은실, 〈초국가적 경계에서 일어나는 지식/언설의 정치학을 생각하며〉,《당대비평》제14호, 생각의나무, 2001.

24   吉見義明 편집해설,《자료집 종군위안부》, 김순호 원문 번역, 서문당, 1993.

일본인 위안부의 피해 경로는 크게 두 가지다. 첫째는 전쟁터에 나가면 전차금(빚)에 얽매여 끝이 보이지 않던 매춘 생활에서 벗어나 자유의 몸이 된다는 희망이었고, 또 하나는 국민으로서 애국심이었다. 당시 일본은 크게 세 가지 방식으로 자국 여성을 동원했다. ① 내무성에 의한 위안부 직접 징집 명령, ② 내무성의 명령으로 파견군이 직접 자기 출신 지역에서 징집, ③ 아시아·태평양 전쟁 시기에 해군이 전쟁 지역별로 도항(渡航)할 때 징집이 대표적인 방식이었다. 일본 정부는 지시와 은폐라는 두 가지 방법을 활용해 군 위안부를 모집했다. 군의 명령하에 위안부 징집의 주된 '앞잡이'가 된 이들은 다음과 같다. ① 공창 업자, ② 묵인된 사창 업자나 요정, ③ 그 밖의 민간인(어용 상인, 제대 군인 등). 이들은 조선인 위안부 모집과 비슷하게 취업 사기에 납치, 유괴 등 강제 연행까지 감행하며 일본인 위안부를 징집하고 위안소를 개설하는 데 앞장섰다. 이때 강제 연행의 법적 형태는 ① 약취(略取) 목적과 인신매매, ② 국외 이송 목적과 약취, ③ 국외 이송 목적과 유괴, ④ 국외 이송 목적 인신매매, ⑤ 약취와 피매자(팔린 여성)의 국외 이송 등이었다.[25]

　　한편 전쟁 중인 조국에 여성이 애국하는 방법 중 하나로 군 위안부를 선택한 이들도 있었다. 남성과 여성 모두 자원

25　　니시노 루미코·오노자와 아카네 책임편집, 앞의 책, 2021, 81~127쪽.

입대는 있을 수 있는 일이었다. 다만 여성의 경우 여성이 공동체에 '봉사할' 수 있는 자원 중 하나가 성이었을 뿐이다. 군위안부에 자원한 어느 일본 여성은 아버지의 반대를 무릅쓰고 "나라를 위해서예요. 누군가는 꼭 해야만 하는 일이니 보내주세요."라고 직접 가족을 설득했다. 극빈층 출신 중에서는 "죽으면 야스쿠니 군속으로 신사에 모셔진다."는 일본 정부의 주장에 속은 경우도 많았다.

야스쿠니 신사(靖國神社)는 일본이 벌인 주요 전쟁에서 숨진 246만여 명을 신격화하고 제사 지내는 일본 최대 규모의 신사다. 특히 제2차 세계대전 중 A급 전범의 위패를 모아놓은 곳으로서 추모가 아니라 추앙의 공간이라고 해도 지나치지 않다. 그러나 "우리는 나라를 위해 일한다."고 외치며 자국의 군인을 위안하려고 종군을 자원했던 그녀들은 (당연히) 신사에 '모셔지지 못했다'.[26]

군 위안부 운동과 기지촌 여성운동의 접점

1990년 초반, 군 위안부 운동과 기지촌 여성 고(故) 윤금이 사건 관련 운동이 동시에 그리고 동일한 경험 주체에 의

26   같은 책, 38~42쪽.

해 시작되었음에도, 피해자의 '강제성/자발성'에 대한 여성운동의 대응에는 큰 차이가 있었다. 이는 강제성 언설을 살펴보는 데 주목해야 할 대목이다. 30여 년이 지난 지금 소위 '여성주의의 대중화 시대'에 비해 당시 여성주의 세력은 매우 적었다. 주로 민주화 운동(학생운동, 노동운동, 통일운동) 출신의 여성 활동가가 주축을 이뤘다. 이들은 '전체 운동과 부분 운동'이라는 논리 속에서 여성운동에 참여한 경우가 많았다.

한국 여성에 대한 외세의 폭력이라는 이슈에 주목했다는 점에서 여성운동에 진입한 경로와 계기가 비슷한 여성들이 왜 기지촌 여성에 대해서는 직업을 문제 삼지 않았을까. "군 위안부는 강제로 동원된 식민지 시대의 불행, 기지촌 여성은 분단 사회에서 가장 고통받는 민중"이라는 인식은 당시 윤금이 대책위 지원 활동을 했던 필자 역시 마찬가지였다.

정대협이 1990년 초반부터 발행했고 많은 운동가와 연구자 들의 노력을 통해 만들어진 일본군 위안부 증언집 시리즈는 위안부와 관련된 사실을 알리는 데 크게 공헌했고, 이후에는 증언의 정치 및 윤리와 관련된 논쟁을 낳은 중요한 문헌이다. 단행본 시리즈에는 모두 '강제로 끌려간~'이라는 제목이 붙었다.[27] '강제 동원'은 군 위안부 운동의 핵심 주장이

---

27   한국정신대문제대책협의회·한국정신대연구소 엮음, 《강제로 끌려간 조선인 군위안부들 1》, 한울, 1993; 한국정신대문제대책협의회·한국정신대연구회 엮음, 《강제로 끌려간 조선인 군위안부들 2》, 한울, 1997; 한

었다. 피해자의 전직(前職)이 성 산업과 관련이 없어야만 대중적인 설득력을 가질 수 있다고 판단했기 때문이다. 강제성은 대중적인 구호였다기보다 피해자임을 증명하는 유일한 논리였다.

1992년 윤금이 투쟁에 참가한 운동가 대부분이 군 위안부 활동도 병행했다. 전국의 민족민주운동 단체들은 거의 다 대책위에 이름을 올렸지만, 이 중 주도적으로 활동한 이들은 서울의 여성 단체 상근자들과 전국여대생대표자협의회(전여대협) 활동가들이었다. 윤금이 투쟁은 민족해방(National Liberation, NL) 계열 대학생들의 동원력과 열정에 힘입은 바 크다.

당시 공식적인 윤금이살해사건공동대책위원회(윤금이공대위)는 모두 20대 남녀 활동가들로 구성되었다.[28] 이들은 미군의 불의에 항거하고 미군 철수와 미군 범죄 근절을 외쳤다. 한국교회여성연합회 상근 간사, 서울지역총학생회연

국정신대연구소·한국정신대문제대책협의회 엮음,《강제로 끌려간 조선인 군위안부들 3》, 한울, 1999; 한국정신대문제대책협의회 2000년 일본군 성노예 전범 여성국제법정 한국위원회 증언팀 엮음,《강제로 끌려간 조선인 군위안부들 4: 기억으로 다시 쓰는 역사》, 풀빛, 2001; 한국정신대문제대책협의회 2000년 일본군 성노예 전범 여성국제법정 한국위원회·한국정신대연구소 엮음,《강제로 끌려간 조선인 군위안부들 5》, 풀빛, 2001.

28   윤금이 투쟁은 사건이 일어난 1992년 10월부터 1993년 4월 1일 주한미군범죄근절운동본부가 발족하기 전까지 계속되었다. 운동본부에서 처음 상근으로 일한 이들은 86학번 남성과 87학번 여성으로, 모두 학생운동가 출신이었다(여성은 학생운동으로 수배 중에 기지촌에서 활동했다).

합(서총련) 반미소위, 경기북부시민연대, 한국대학총학생회
연합(한총련) 활동가, 여성의전화 상근 간사, 서총련 반미소
위(장기수 후원회 활동), 전국대학생대표자협의회(전대협) 여
성위, 전여대협 의장, 전대협 활동가, 한총련 투쟁국, 한국여
성단체연합 상근자 등 총 11명이었다.

　　여기서 중요한 점은 이들의 인식이다. 기지촌 여성의
피해에 대한 '우리'의 저항은 당연한 것이었고, 피해 여성이 성
산업 종사자라는 사실은 전혀 중요하지 않았다. 물론 이는 윤
금이가 미군에게 참혹하게 살해된 피해자였기 때문이다. '가
장 민중'인 기지촌 여성은 미 제국주의의 억압과 피해를 상징
했다. '양공주 하나로 미군의 심기를 건드려서는 안 된다'는 입
장을 가진 이들조차 군 위안부와 기지촌 피해를 '혈맹'에 따라
오는 결과라고 주장했지, 강제와 자발로 구분하지 않았다.

　　정대협의 정식 창립일은 1990년 11월이지만 그 기반
이 형성된 것은 1980년대 말부터였다.[29] 정대협은 최초의 기

29　　아래는 장준환 감독의 영화 〈1987〉(2017)이 제작·상영되면서 민주화
　　　운동가족협의회 활동가들을 취재한 인터뷰 기사다. 윤정옥 교수가 고
　　　김학순을 만난 것은 1991년 7월이므로, 이들의 기억은 착오다. 그러나
　　　여성운동과 민주화 운동의 관계를 살펴보는데 참고가 될 수 있다. "자
　　　녀를 둔 50~60대 여성이 많이 활동했던 민가협은 때론 생각지도 못한
　　　반응을 이끌어내기도 했다. 이경은씨는 민가협의 투쟁이 억압적인 사
　　　회 분위기에서 숨죽이고 살던 이에게 용기를 준 에피소드를 하나 소개
　　　했다. 때는 1987년 8월, 서울 중구 삼각동에 위치한 민가협 사무실에 한
　　　60대 여성이 찾아온 것이다. 일본군 위안부 피해 사실을 처음 세상에 알

지촌 여성운동 단체인 두레방(1986년 창립)과 비슷한 시기에 창립했는데, 정대협이 본격적으로 활동하기 시작한 1992년 10월 26일 기지촌 성 산업에 종사하던 윤금이 사건이 발생했다. 미군에 의한 한국 여성 혹은 기지촌 여성에 대한 성폭력과 살인은 미군정부터 있던 일이었고, 주둔 이후 연간 2,000여 건의 미군에 의한 강도, 강간, 절도 등 피해가 빈번했다.[30] 기지가 소재한 지역의 대처는 미비했지만, 이 사건을 계기로 윤금이 씨는 '주한미군 범죄 운동사의 전태일'로 불릴 만큼 미군 범죄에 대한 한국 사회의 대응도 달라지기 시작했다. 윤금이의 직업과 성을 판매했다는 당시 상황을 문제시한 세력은 없었다. 당시 가장 지배적인 현실 인식은 '그들(미군)'에게 '우리(한국 여성)'가 처참하게 당했다는, 민족주의에 기반한

린 김학순 할머니였다. 이씨는 '8월쯤이나 6층에 있던 민가협 사무실에 할머니 한 분이 거즈 손수건을 들고 찾아온 거다. 자기가 정신대에 있었는데 죽기 전에는 한을 풀어야겠다고 하셔서 얼른 재근 언니(인재근 의원)를 불렀고, 언니가 윤정옥 소장(정신대연구소)에게 연락을 했다. 김학순 할머니께 어떻게 오셨냐고 여쭤보니 민가협 이름에 '가족'이 들어 있어서 용기를 냈다고 하셨다'며 '민가협 활동을 하면서 그렇게 여기저기 명함을 뿌리고 다녔는데 우연히 우리가 뿌린 명함을 보고 연락을 해 오셨던 것'이라고 말했다." 백철 기자, "〈1987〉의 시작을 알린 민가협 여성 활동가들",《경향신문》, 2018년 1월 27일자.

30   주한미군범죄근절운동본부 홈페이지(http://usacrime.or.kr/doku/doku.php, 2024년 7월 22일 접속)와 주한미군범죄근절운동본부, 고유경 정리,《평화의 불씨 26년의 기록: 윤금이공대위 1년, 주한미군범죄근절운동본부 25년》, 민중의소리, 2018 참조.

이분법적 사고에 기반하고 있었다. 기지촌 여성에 대한 한국 남성의 성폭력은 문제되지 않았다.

당시는 인신매매, 아내 폭력, 성폭력(강간) 등 반성폭력 운동이 시작될 무렵이었고, 여성운동 '세력'이라 함은 여성 단체의 상근자 수를 의미했다. 윤금이 씨의 죽음을 계기로 한 반미 운동은 주한미군 철수, 민족의 자주통일 등 민족주의적 대의를 선명하게 드러냈다. 윤금이 씨의 성장 과정과 직업 특성상 가족이 전면으로 드러나지 못했기 때문에 피해자(유족)와 운동 세력 간의 직접적인 갈등은 없었다. '87 체제' 이후 성장한 학생운동을 중심으로 한 민족주의의 동원력은 이후 1993년 주한미군범죄근절운동본부라는 상설기구의 출범으로 이어졌다.

이 운동에서 가장 주된 대립은 '자주'에 대한 보수 세력과 진보 세력의 인식 차이에서 비롯했다. 이른바 '반미 자주 세력'은 "민족자주의 회복만이 제2의 윤금이 사건을 예방할 수 있다."고 했고, '보수 반공 세력'은 "여자 하나 때문에 한미동맹에 문제가 생겨서는 안 된다."고 강변했다.

윤금이 사건 대책 운동에서 여성주의와 민족주의의 갈등은 소수의 여성 활동가들이 피해 여성의 사진을 미군 범죄의 심각성을 알리는 데 활용했던 운동 방식을 비판한 정도에 그쳤다. 한국전쟁 후의 극심한 빈곤과 미군 주둔이라는 새로운 사회질서 속에서 기지촌 여성은 "민간 외교관, 달러를

버는 애국자"이자 전쟁 신부(war brides)였다.[31]

피해자 범주의 임의성을 묻는다

한국 현대사에서 미군 위안부와 일본군 위안부의 차이는 무엇일까. 기지촌 성 산업은 미군을 위해 한국 정부가 개입하고 운영한 제도였지만, 일본군 위안부 제도에 비해 성매매의 성격이 강하다. 기지촌 여성에 대한 한국 사회의 전반적인 태도는 멸시였지만, 좀 더 정확히 말하면 무지였다. 그들은 공적인 존재가 아니었기 때문이다.[32]

기지촌 여성들은 약소국의 종속적인 상황과 개인의 빈곤으로 인해 기지촌의 일원이 된 것이기에 자발성이나 강제성 여부는 문제시되지 않았다. 그들은 구조적 피해자였고 그들의 선택은 불가피한 것이었다. 한국전쟁 후 그들은 가족을 부양하려고 '미군에게 몸을 팔았다'. 기지촌 관련 언설이

---

31 캐서린 H.S. 문, 《동맹 속의 섹스》, 이정주 옮김, 삼인, 2002.

32 무지한 이유 중 하나는 남한의 미군 기지가 전 세계의 미군 주둔국(약
    145개국) 중 단위 면적당 가장 많은 면적과 숫자를 기록함에도 불구하고
    기지촌이 지역 차별로 인해 게토화되어 있었기 때문이다. 그래서 실상
    을 아는 이도 적었다. 1970년대 필자는 당시 서울시 은평구 진관외동에
    소재한 한국기자협회에서 지은 기자촌(記者村)에서 살았는데, 이를 '기
    지촌'으로 발음하거나 기지촌이라고 확신하는 이들을 많이 만났다.

본격적으로 대두된 것은 민주화 운동의 영향으로 1990년대 미군 범죄가 가시화되면서 기지촌 성 산업이나 환경문제가 드러나면서부터다. 이런 상황에서 한국의 남성들은 자기연민과 수치심, 죄책감을 또다시 여성들에게 투사했지만, 여기서도 성매매에 대한 여성들의 강제와 동의 여부는 문제시되지 않았다. 1992년 19세의 미군 케네스 마클에게 살해된 당시 26세의 윤금이 씨는 의심할 여지 없는 피해자였고, 그동안 죽어간 동료들도 마찬가지였다. 한국 사회는 기지촌 여성을 혐오하고 비하했을망정 공론장에서 '자발적 선택'이 강조되지는 않았다.

　　1970년대 남성 저자들에 의해 일본군 위안부의 역사가 일부 드러나기는 했지만[33], 일본군 위안부나 기지촌 성 산업 등 외세에 의한 한국 여성의 제도화된 성적 피해는 오랫동안 표면에 올라오지 못하다가 1990년대 이후 동시에 가시화되었다. 필자는 이와 같은 동시성이 중요하다고 본다. 그간 많은 여성주의자가 이 과정을 민족주의와 여성주의 사이의 갈등으로 분석했다. 다시 말해 '제3세계의 특수성'을 드러냈

33　　金一勉 編, 《軍隊慰安婦: 戰爭と人間の記錄》, 現代史出版會, 1979. 김일면(金一勉)은 자이니치로, 본명은 김창규다. 위안부와 관련된 1970년대의 저작으로는 千田夏光, 《從軍慰安婦: "声なき女"八万人の告発》, 双葉社, 1973이 가장 널리 알려져 있다. 센다 가코(千田夏光)가 쓴 이 책은 1991년 한국에서 千田夏光, 《종군위안부》, 이송희 옮김, 白書房으로 번역 출간되었다.

다는 것이다. 그러나 한국 사회에서 '여성주의는 민족주의의 동원력을 이용하겠다'는 언설만 있었을 뿐, 여성주의와 민족주의가 실제로 대립하지는 않았다.

기지촌 여성이 한국 사회에서 시민권을 얻는 방식은 살아생전이 아니라 미군에 의해서 죽임을 당할 때뿐이다. 그들은 "죽어야만 살 수 있는 사람들"이었다.[34] 기지촌 여성은 평상시에 '양공주'로 천대받았지만, 잔인한 방식으로 미군의 피해자가 되면 '민족의 순결한 딸'로 재현되었다. 조선 시대의 열녀 문화처럼 여성은 죽어야만 공동체의 일원이 될 수 있었다.

반면 군 위안부 운동에서 피해 여성은 살아있는 증언자이자 활동가였으며, 그들의 존재는 전시 성 노예제의 증거였다. 그렇기 때문에 '살아있는 올바른 피해자'여야 했다. 죽어 돌아오지 못했으면 몰라도 생존해서 피해를 증명하려면 강제성을 강조하는 것이 가장 중요했다. 김은실은 1994년에

---

34   '윤금이 투쟁'에 대해서는 정희진, 〈죽어야 하는 여성들의 인권: 한국 기지촌여성운동사 1986~1998〉, 한국여성의전화연합 기획, 정희진 엮음, 앞의 책, 1999 참조. 한편 남편을 잃은 여성에게 자결을 강요했던 조선 시대의 문화나 '위안부는 고향에 돌아오지 말고 자결해야 한다' 등의 언설은 젠더를 이용한 타자화, 죽음의 정치의 대표적인 사례다. 숭배와 혐오의 이중 잣대가 오래도록 유지되어온 서구 역사에서 '죽어야만 살수 있는' 타자화된 집단에 대한 논의로는 데어라 혼,《사람들은 죽은 유대인을 사랑한다》, 서제인 옮김, 정희진 해설, 엘리, 2023 참조.

발표한 글 〈민족 담론과 여성〉에서 '강제로 끌려간 여성들의 최후 역시 얼마나 강제적으로 재현되는지'를 분석한다.

일제가 여성들에게 준 수치 때문에 수많은 군 위안부 여성들이 조국의 땅에 발을 내딛지 못하고 부산항 앞바다에서 꽃 같은 목숨을 던졌다는 아름답고 순결한 혼을 지닌 한국 여성에 관해 회자되는 이야기들은, 어떻게 해서든지 군 위안부 생활에서 도망쳐서 조국의 땅에 온 여성들, 그리고 전쟁이 끝난 뒤 조국으로 돌아온 많은 군 위안부 여성들의 삶을 비공식화시킨다.[35]

강제는 가해자의 일방적인 행위이기에 이것만 부각해서는 사태를 정확하게 파악하기가 어려워진다. 군 위안부에 강제성이 없었다는 이야기가 아니라 강제성만을 강조하면 상황이 가해와 피해의 구도로 단순해진다는 뜻이다. 특히 여성의 성과 관련한 논의 구도에서 여성은 '성녀(聖女)'와 '성녀(性女)'로 구분될 뿐이다. 강제성 담론이 피해자의 '정치적 순결성'을 요구하는 이유다.

강제성에 대한 지나친 강조는 여성에게 선택의 여지

---

35 김은실, 〈민족 담론과 여성: 문화, 권력, 주체에 관한 비판적 읽기를 위하여〉,《한국여성학》제10집, 한국여성학회, 1994, 18~52쪽. 군사주의와 젠더에 관련한 피해자의 재현에 관해서는 富山一郎 · 鄭柚鎭 編著,《軍事的暴力を問う : 旅する痛み》, 靑弓社, 2018을 참조.

를 좁히고 피해자 개인의 삶을 삭제하며 피해자들을 동질적인 집단으로 재현해버린다. 위안부는 강제로 끌려갔고 아름다운 죽음을 맞이해야 했다. '소녀상'은 이를 대표적으로 재현한다. '소녀'는 평화도 위안부도 완전히 재현할 수 없는 기표이지만, 여전히 한국 사회에서 소녀상은 '강제로 끌려간 군 위안부'를 상징한다. '적합한 피해자'는 누군가를 배제해야만 가능하다. 피해자의 개념은 그 사회의 규범에 따라 선택적이다.

여성주의와 민족주의는 대립하지 않았다

여성에 대한 젠더 기반 폭력의 연속적 구조, 즉 가부장제 안에서 일상을 영위하는 여성들에게 강제와 자발의 구분은 허구다. 만일 강제와 자발 중 하나만으로 여성(모든 피지배자)의 삶을 설명한다면, 여성은 '죽은 채로 살아있거나' 저항하다 죽을 수밖에 없을 것이다. 남성 중심의 이성애 제도에서 성 역할(아내 폭력)-여성 노동의 성애화-섹슈얼리티의 매춘화-제도화된 성 산업 – 성폭력(rape)-여성 살해(femicide)라는 개념의 연쇄에서 강제와 자발을 완전히 분리할 수는 없다. 여성들은 강제와 자발의 이분법 속에서 끊임없이 협상한다. 강제성 담론은 인간의 행위가 개인의 선택에 의한 동의와 그렇지 않음(끌려감, drafted)이라는 두 가지 방식만 존재한다고 보는 자유주의적 인식의 산물이다.

식민지기의 조선과 일본 역시 각각 내부가 동일한 단일 공동체가 아니다. 아시아 각국의 여성들이 위안부로 끌려간 데에는 '대동아공영권(大東亞共榮圈)'을 내세우며 천황제 국가의 권위를 강조한 근대 일본의 권력 체제만이 있지 않다. 제국 일본의 권력 체제라는 외부적 압력이 관철될 수 있었던 것은 식민지 내부 체제에 모순이 존재했기 때문이다. 위안부의 동원은 조선의 민간·군·행정기관의 상호적 관계와 협력 없이는 불가능했다.

위안부라는 제도를 설명하려면 폭력을 가능하게 했던 인간의 조건, 삶의 모든 요소를 살펴봐야 한다. 성 노예제는 전쟁에 동원된 여성을 자원으로 만드는 제도다. 일본의 공식 문서에도 군 위안부는 '군수품(軍需品)'으로 표기되어 있다.[36] 이는 1930년대의 일본이 세계를 상대로 전쟁을 벌였던 급박한 상황에서 제국의 관할권에 있는 모든 여성을 총력전의 수단으로 삼았기 때문이다. 전시 성폭력 피해자인 위안부가 군수품으로 다뤄졌다면, 기지촌 여성은 분단이라는 대립 상황에서 안보를 위해 미군을 붙잡아두기 위한 '동맹 속의 섹스'였다.

---

36   조애나 버크, 앞의 책, 2023, 313쪽.

여성 간의 피해 차이와 경험은 여성주의 사유를 통해, 즉, 여성 간의 차이와 그것이 사회구조와 맺는 관계에 대한 사유를 통해 길어내야 한다. 단순히 민족주의적 맥락에서 차이가 있다고 주장하는 데 그친다면 가해자의 민족주의를 설명하려고 피해자(여성)를 도구화하는 인식 틀에, 한국 사회의 내셔널리즘을 돌아보지 못하게 하는 바로 그 구조에 빠지고 만다.

그간 한국의 군 위안부 운동은 한국 사회(정부) 전체를 대리해 외롭게 투쟁해왔다. 그리고 그 투쟁 대상은 역사를 부정하는 일본의 우익 또는 과거의 잘못을 사과하지 않는 일본 사회였다. 다시 말해 군 위안부 문제는 한국의 여성운동과 일본 우익이 대표/재현해온 것처럼 보이지만, 실상 한국 사회의 군 위안부 운동은 여성의 이름으로 민족(국가)의 피해를 대변해왔던 것이다. 일본의 진보적 지식인들이 자국의 오랜 공창제를 문제 삼기보다 '세계시민'으로서 옛 식민지의 운동을 지지한 노력을 볼 때, 그간 군 위안부 운동은 한일 양국에서 항상 민족주의적 의제였다고 할 수 있다.

민족주의와 여성주의는 대표적인 정체성의 정치다. 정체성의 정치는 집단 내 개인들이 '우리는 같다'는 관념을 수용하는 과정에서 도출된다. 이때 완전한 '정체(正體, identity)'는 실상 불가능하기에, 정체성의 정치는 사실 동일시(同一視)의 정치다. 따라서 정체성의 정치가 작동하려면 가장 동일시할 수 있는 적합한(authentic) 존재가 상정되어야 한다. 이는 민족주의에서 남성 시민이었고 여성주의에서는 중산층 여성이었다는 것이 정체성의 정치에 대한 대표적인 비판이다. 그러나 여성주의는 내부의 차이를 이론화함으로서 이 문제를 사유의 한계가 아니라 자원으로 발전시켰다.

가부장제 사회에서 작동하는 성폭력 피해자 정체성의 정치는 여성주의가 가장 극복하기 어려운 이슈 중 하나다. 피해를 피해 자체로 판단하지 않고 언제나 강제성과 저항의 정도를 문제 삼았기에 남성 공동체가 요구하는 피해자상은 다름 아닌 여성의 성 역할이었기 때문이다.

정체성의 정치는 배제의 정치이기도 하다. 여성 정체성의 정치에 있어 일본 여성이든 한국 여성이든 배제의 기준은 성 산업과 관련 있다. 민족주의와 젠더 양자는 서로를 전제한다. 즉, 민족주의도 젠더도 독자적으로는 성립하지도 작동할 수도 없다. 그런 의미에서 사회구조와 무관한 '여성의 시각'이란 존재하지 않는다. 특히 여성에 대한 폭력은 계급이나 인종 등 여성 간의 차이를 상기시키는 교차성과, 차이를 포용하면서 함께 행동하는 횡단의 정치를 동시에 요구한다.

민족주의와 젠더가 맺는 관계는 상황적이다. 그것은 로컬의 역사적 맥락과 해당 공동체 구성원의 행위성에 따라 크게 달라진다. 이제까지 군 위안부 이슈는 양국의 매춘 담론에 의존해왔다. 이는 사실상 민족주의가 규정한 여성의 모습에 머물러 있었다.

강제성 담론이 의미하는 것은 무엇인가

이제까지 군 위안부 문제는 민족주의와 여성주의의 불가피한 갈등인 것처럼 논의되어왔다. 그러나 군 위안부 운동은 사실상 성별 분업적 사회운동이었다. 특히 한국 정부는 군 위안부 문제를 방치함으로써 이 문제를 정대협에 사실상 위임했다고 해도 과언이 아닐 정도였다. 그렇기 때문에 정대협은 군 위안부 의제에 있어 한국의 사회운동 전반을 넘어 한국 사회, 더 나아가 국가를 대표해왔고 그런 역할을 떠안을 수밖에 없었다.[37]

사회운동의 범주를 넘어 전 국가적·민족주의적 기대를 한 몸에 받은 정대협 중심의 군 위안부 운동은 성을 둘러싼 이분법에서 자유롭지 못했다. 결국 피해와 고통은 여성운동을 전개한 사람과 군 위안부 피해자 들의 몫이 되었다. 여전히 여성운동은 군 위안부 문제가 전시 성폭력이 아니라 매춘 행위였다는 논리와 끊임없이 싸울 수밖에 없는 환경에 노출되어 있는 것이다.

---

37   정부가 군 위안부 문제에 완전히 손을 놓은 것은 아니다. 앞서 언급한 2011년의 헌법재판소 부작위(不作爲) 위헌 결정은 이명박 정부에 큰 부담이 되었다. 뒤이은 문재인 정부는 그 부담을 여성가족부로 이관시켰고 여성가족부 산하에 '일본군 '위안부' 문제 연구소'를 설치해 위안부 문제에 일부 대응했다.

한일 양국에서 빈번하게 벌어지는, 또한 이른바 '외국 전문가들'이 수행하는 망언의 정치에 대한 한국 사회의 반발은 위안부가 매춘 여성이 아니라는 주장을 뼈대로 삼은 민족주의를 작동시킨다. 이와 같은 논의가 반복되는 상황에서는 끊임없이 순결하고 수동적인 피해자상을 강조할 수밖에 없다. 민족주의는 한국의 여성운동이 국민을 설득할 수 있는 동력이 되었지만, 여성운동 스스로 선택한 아킬레스건이기도 했다. 군 위안부가 여성 섹슈얼리티에 대한 남성 공동체의 소유 인식, 민족주의의 상처로 기억되는 한 군 위안부 운동에 대한 근본적인 문제 제기는 묵살되기 쉽다.

'여성의 피해는 국적에 따라 다르다'는 주장의 전제는 무엇일까. 여성의 지위는 국적으로 환원된다는 것이다. 이런 관점이 전제하는 것은 여성이 국가 내부에서 동일한 지위를 갖는다는 인식이다. 당연히 난센스다. 자국의 피해 여성에 대한 일본 페미니스트들의 연구를 모아놓은 《일본인 '위안부': 애국심과 인신매매》는 한일 시민이 성 착취에 대항해 연대해야 위안부 문제를 진정으로 해결할 수 있다는 결론을 내렸다. 전시 성폭력은 평시 성 산업과 밀접하게 연관되어 있기 때문이다.

군 위안부 운동은 지금도 강제성 문제를 끊임없이 방어하고 논증해야 하는 상황에 놓여있다. 이 과정이 반복되면서 민족주의는 더욱더 강화된다. 여성주의에서 가장 쟁점이

되는 여성 간의 차이가 '겨우' 강제성 여부란 말인가. 강제성 담론은 피해자들의 맥락과 행위성, 이해를 무시한다. 다시 말해 로컬의 역사적 배경을 삭제한다. 그뿐만 아니라 가해자에 대한 집착과 인과응보적 사고를 넘어 피해자를 보살피는 회복적 정의(restorative justice)를 모색하기 어렵게 한다.

군 위안부는 일본이 벌인 전쟁의 피해자다. 피해를 증명하려고 강제성을 강조하는 언설이 봉사하는 가치와 이해관계는 무엇인지를 다시금 묻고 싶다.

지은이

권은선   중부대 연극영화학전공 교수. 영화평론가. 서울국제여성영화제에서 수석 프로그래머로 일했으며 현재는 집행위원이다. 〈증언, 트라우마, 서사: 한일 '위안부' 합의 이후의 일본군 '위안부' 영화〉(2019), 〈신자유주의 시대의 문화상품: 1990년대를 재현하는 향수/복고 영화와 드라마〉(2014) 등의 글을 썼다.

김신현경   서울여대 교양대학 교수. 《폭력개념 연구》(출간 예정, 공저), 《이토록 두려운 사랑》(2018), 《팬데믹 시대에 경계를 바라보다》(2022, 공저), 《페미니스트 타임워프》(2019, 공저), 《더 나은 논쟁을 할 권리》(2018, 공저) 등을 썼다. 연구 관심사는 친밀성과 젠더/섹슈얼리티, 미디어 산업과 노동 주체성, 포스트식민 냉전 체제하 여성의 몸/섹슈얼리티 구성이다.

김은경   한성대 소양·핵심교양학부 교수. *Rights Claiming in South Korea*(2021, 공저), 《학생문화사, 해방에서 4월혁명까지》(2018), 《한국 여성사 깊이 읽기》(2013, 공저), 《역사를 만드는 이야기: 일본군 '위안부' 여성들의 경험과 기억》(2004, 공저) 등을 썼다. 소수자 역사에 관심을 가지고 연구해왔다. 현재는 여성, 장애, 인종을 열쇠말로 소수자의 몸을 역사화하는 작업을 진행하고 있다.

김은실   이화여대 여성학과 명예교수. 한국 사회에서의 지식 생산과 문화 권력, 젠더와 섹슈얼리티의 정치와 사회 변화에 대한 관심을 업으로 하는 페미니스트 학자다. 《여성의 몸, 몸의 문화정치학》(2001), 《코로나 시대의 페미니즘》(2020, 공저), 《더 나은 논쟁을 할 권리》(2018, 공저), 《글로컬 시대 아시아여성학과 여성운동의 쟁점》(2016, 공저) 등을 썼다. 민족 담론, 몸의 정치, 지식 권력과 여성 지식인의 등장, 국가폭력, 젠더와 섹슈얼리티의 문화정치, 페미니스트 평화학, 생태학 등이 주요한 관심 분야다. 동료 페미니스트들과 토론하고 글을 쓰고, 즐겁게 살고자 한다.

김주희   덕성여대 차미리사교양대학 교수. 반성매매인권행동 이룸 이사. 《레이디 크레딧》(2020), 《불처벌》(2022, 공저), 《페미돌로지》(2022, 공저) 등을 썼다. 한국 자본주의 발전 과정에서 여성의 몸과 섹슈얼리티, 노동을 동원해온 문화, 금융, 제도, 국제정치와 여성의 경험에 관한 연구를 진행하고 있다.

박정애   동북아역사재단 연구위원. 동북아역사재단에서 '식민지 조선과 일본군'위안부'문제 자료집' 시리즈를 발간했다(현재 5권 6책).《함께 쓰는 역사, 일본군'위안부'》(2020), 〈국제연맹의 동양 여성매매 조사와 식민지 조선〉(《역사문화연구》제87호, 2023) 등을 썼다. 공론장 안에서 '위안부'를 둘러싼 논의가 '위안부'라는 말에 갇히거나 '역사 인식' 또는 '젠더 관점'이 휘발된 채 이뤄지고 있는 상황이 고민이다.

야마시타 영애   분쿄대학 문학부 교수.《新版 ナショナリズムの狭間から: 〈慰安婦〉問題とフェミニズムの課題(신판 내셔널리즘의 틈새에서: '위안부' 문제와 페미니즘의 과제)》(2022),《女たちの韓流: 韓国ドラマを読み解く(여자들의 한류: 한국 드라마를 읽는다)》(2013) 등을 썼다. 1988년에 한국에 유학해 일본군 '위안부' 문제 해결 운동의 초창기를 경험했다. 현재는 남북한 드라마와 젠더에 대해서 공부 중이다.

이지은   서울대 인문학연구원 선임연구원.《소셜클럽》(2024),《난민, 난민화되는 삶》(2020, 공저), 〈일본군 '위안부' 서사 연구〉(서울대학교 박사학위논문, 2024) 등을 썼다. 현재는 한국문학에 나타난 전쟁-여성-서사를 계보화하는 작업을 하고 있다.

이혜령   성균관대 동아시아학술원 교수.《한국 근대소설과 섹슈얼리티의 서사학》(2007),《민중의 시대》(2023, 공저),《문학을 부수는 문학들》(2018, 공저),《검열의 세계》(2016, 공저) 등을 썼다. 앞으로는 '위안부'를 은폐한 식민지 담론과 문학의 재현체계를 다시 들여다보고자 한다.

정희진   전 이화여대 초빙교수.《다시 페미니즘의 도전》(2023), '정희진의 글쓰기' 시리즈(전 5권, 2020~2022),《아주 친밀한 폭력》(2016),《정희진처럼 읽기》(2014),《페미니즘의 도전》(2005) 등을 썼다.《미투의 정치학》(2019),《성폭력을 다시 쓴다》(2018),《양성평등에 반대한다》(2016),《한국 여성인권운동사》(1999)의 편저자다. 다학제적 관점에서 글쓰기, 탈식민주의와 젠더 시각에서 한국 현대사를 재구성하는 데 관심을 가지고 공부하고 있다.

허윤   부경대 국어국문학과 부교수.《위험한 책읽기》(2023),《남성성의 각본들》(2021),《을들의 당나귀 귀 2》(2022, 공저) 등을 썼다. 남성성을 중심으로 한국 문학/문화/역사를 페미니스트 관점에서 연구하고 있다.

'위안부', 더 많은 논쟁을 할 책임

민족주의와 망언의 적대적 공존을 넘어

1판 1쇄 발행일 2024년 8월 12일

엮은이 김은실
지은이 권은선 김신현경 김은경 김은실 김주희 박정애 야마시타 영애 이지은 이혜령 정희진 허윤

발행인 김학원
발행처 (주)휴머니스트출판그룹
출판등록 제313-2007-000007호(2007년 1월 5일)
주소 (03991) 서울시 마포구 동교로23길 76(연남동)
전화 02-335-4422 **팩스** 02-334-3427
저자·독자 서비스 humanist@humanistbooks.com
홈페이지 www.humanistbooks.com
유튜브 youtube.com/user/humanistma **포스트** post.naver.com/hmcv
페이스북 facebook.com/hmcv2001 **인스타그램** @humanist_insta

편집주간 황서현 **기획** 김주원 **편집** 임미영 **디자인** 차민지
조판 홍영사 **용지** 화인페이퍼 **인쇄** 청아디앤피 **제본** 민성사

ⓒ 권은선 김신현경 김은경 김은실 김주희 박정애 야마시타 영애 이지은 이혜령 정희진 허윤, 2024

ISBN 979-11-7087-229-0 93330